WASEDA University Academic Series

早稲田大学学術叢書

10

帝政期のウラジオストク

―市街地形成の歴史的研究―

佐藤洋一
Yoichi Sato

早稲田大学出版部

A Historical Study on Forming Urban Space in Vladivostok Central District (1860's–around 1920)

Yoichi SATO is professor at the Faculty of Social Sciences, Waseda University, Tokyo.

An English summary of this book is on p.443.

First published in 2011 by
Waseda University Press Co., Ltd.
1-9-12-402 Nishiwaseda
Shinjuku-ku, Tokyo 169-0051
www.waseda-up.co.jp

© 2011 by Yoichi Sato

All rights reserved. Except for short extracts used for academic purposes or book reviews, no part of this publication may be reproduced, stored in a retrieval system or transmitted in any form whatsoever—electronic, mechanical, photocopying or otherwise—without the prior and written permission of the publisher.

ISBN 978-4-657-11702-1

Printed in Japan

目　次

序　章………………………………………………………………………1
　1. はじめに……………………………………………………………2
　2. 本書の構成…………………………………………………………4
　3. 本書の射程…………………………………………………………7
　4. 主要資料とその検討………………………………………………13
　5. 研究の方法…………………………………………………………25

第1章　ロシア極東植民都市の初期市街地計画における空間条件………39
　1. はじめに……………………………………………………………40
　2. 文献に見られる市街地計画前後の状況…………………………52
　3. 地図から捉えた3都市における初期市街地計画の空間条件……57
　4. 3都市間での比較…………………………………………………64
　5. 考　察………………………………………………………………68

第2章　帝政期におけるウラジオストク市街地骨格の形成……………81
　1. ウラジオストクにおける市街地の展開……………………………82
　2. 地区別に見る街区形状及びロット割り……………………………98
　3. 市街地骨格の形成と地形的・軍事的要因………………………112
　4. 考察　市街地形成過程から見るウラジオストクの特質…………120

第3章　中心市街地における各国人の居留とその空間展開
　　　　——20世紀初頭国際都市の実相………………………………125
　1. はじめに……………………………………………………………126
　2. 民族別にみた流入・居留パターン………………………………137
　3. 1910年代前半における家屋所有者リスト・商店リストの分析…173
　4. 中心市街地における社会層別にみた存在形態…………………191
　5. 考　察………………………………………………………………202

i

第4章　旧セミョーノフスキーバザール周辺における
　　　　街区形態の形成と変容……………………………………………217
　1．はじめに………………………………………218
　2．帝政期における市場空間とその活動………………226
　3．19世紀における街区形態の復元……………………235
　4．街区形態の現況………………………………240
　5．考　　察……………………………………247

第5章　スヴェトランスカヤ通り沿道における都市空間の形成と変容
　　　　………………………………………………………………………257
　1．はじめに………………………………………258
　2．沿道に現存する建築物………………………266
　3．沿道建築物の形成と変容……………………276
　4．考　　察……………………………………286

第6章　1920年代初頭を中心とした日本人の居留空間
　　　　――『浦潮日報』を主な史料として………………………………291
　1．はじめに………………………………………292
　2．分布状況及び現存する遺構…………………298
　3．商店形態と居住空間…………………………305
　4．都市空間の呼称からみた日本人の居留空間…317
　5．考　　察……………………………………322

第7章　ウラジオストク中心市街地の史的意義……………………………327
　1．ソビエト期以降の中心市街地とその歴史性の継承……………328
　2．今後の研究に向けての継承すべき課題と関連分野への示唆……346

資　料　編……………………………………………………………………357
　1．市街地図リスト………………………………358
　2．1907～1914年における家屋所有者リスト……373
　3．スヴェトランスカヤ通り沿道の都市空間に関する写真史料……391
　4．ウラジオストク都市形成に関する年表………418

あ と が き……………………………………………………429

索　　引……………………………………………………433

露 文 要 旨…………………………………………………437

英 文 要 旨…………………………………………………443

地図　浦潮の日本人商店・企業　1915（大正4）〜1922（大正11）……巻末

表記・用語法について

1. キリル文字の表記

　ロシア語キリル文字の表記は，特に明記した箇所以外では以下のアメリカ議会図書館（L.C.）システムによってラテン文字に翻字して示すことを原則とする。

А а — a	И и — i	С с — s	Ъ ъ — "
Б б — b	Й й — i	Т т — t	Ы ы — y
В в — v	К к — k	У у — u	Ь ь — '
Г г — g	Л л — l	Ф ф — f	Э э — e
Д д — d	М м — m	Х х — kh	Ю ю — iu
Е е — e	Н н — n	Ц ц — ts	Я я — ia
Ё ё — e	О о — o	Ч ч — ch	
Ж ж — zh	П п — p	Ш ш — sh	
З з — z	Р р — r	Щ щ — shch	

2. 固有名詞の表記

　ロシア語による人名・地名は，原則としてカタカナにて表記した。組織名は慣例・既往研究などを参考として，日本語の訳語をあてた。これらは初出箇所で翻字によるラテン表記を併記するようにした。また著者名に関しては，参考文献リストとの関わりをもたせる意味で，原著の場合はラテン表記で，日本語による訳書の場合は日本語表記で示すこととした。

　また旧満州地域（現在の中国東北）に関しては，現況及び地理的範囲を示す際には中国東北と呼び，ロシアまたは日本の植民地的な文脈で述べる場合は，歴史的な観点から原則として旧満州地域という言葉を用いた。

3. 面積，距離，長さなどの単位

　面積，距離，長さなどの表記は，基本的に当時のロシアの単位を用い，カタカナで表記した。なお，これらは複数形にて語尾が変化するが，混同をさけるため，以下の表記で統一した。本文中で使用した単位を以下に示す。

　＜面積＞
　　1デシャチン（desiatina）＝ 2400平方サージェン ＝ 1.09ヘクタール
　＜距離＞
　　1ウェルスタ（versta）＝ 500サージェン ＝ 1.067キロメートル
　＜長さ＞
　　1サージェン（sazhen）＝ 3アルシン ＝ 7フィート ＝ 2.134メートル
　　1フート（fut）＝ 1フィート ＝ 30.48センチメートル
　　1アルシン（arshin）＝ 約71センチメートル

序　章

1. はじめに

　本書では，日本から最も近いロシアの都市，ウラジオストクの歴史の一端を紹介することにしたい。

　ウラジオストクは今から150年前，1860年に開港し，日本海に面したロシア極東の港湾都市として，発展を続けてきた。1860年とはどういう時代であったのか。日本では前年に横浜や函館が開港し，外国人居留地が設置され，西洋列強の東アジア進出を本格的に受け入れ始めた。

　ウラジオストクも，そうした流れの中で生まれた都市と理解してもよい。清国領に進出したロシアによって領土化され，港が置かれたのである。「東方を支配せよ」という意味を持つこの都市の名前がその出自を物語っている。本書で扱われるのは，ロシア領となって以降，この地にソビエト政権が樹立する1922年までの都市内部の歴史である。

　ウラジオストクは，日本から最も近いロシアの都市でありながら，その実態はあまり知られていない。同じく日本から最も近い韓国の釜山(プサン)や中国の大連(ダルニー)と比較しても，訪れる人々の数も少なく，得られる情報も多いとはいえない。ソビエト時代に長らく外国人のアクセスや情報が遮断されていたことが大きいといえるであろう。

　とはいえ，現在の町の姿を，筆者が初めて現地を訪れた1991年のそれと比べると，大きく変わった感がある。現地で見かける観光客の数は大きく増え，建物も軒並みきれいになった。またロシア経済の活発化もあって，ビジネスチャンスも増加している。もちろん近年では，インターネット経由での情報も得られやすくなり，また，成田からの直行便も夏季に出るなど，アクセシビリティも向上しているのである。こうした状況の中で，我が国との関係も深い隣国の都市に対しての理解を深めることは，両国の交流や相互理解にとっても意義が深いといえるだろう。

　ウラジオストクの歴史をひもとくにあたって，興味深い点がいくつかあるの

で，はじめに指摘しておきたい。

　第1に，ウラジオストクは，ロシアが東アジアに進出する上で建設した都市の1つであり，ロシアの植民都市としてその基盤に特徴を有するという点である。

　同じく東アジアにロシアが建設した都市として日本でよく知られているのは，ハルビンや大連といった旧満州地域の都市であろう。この2都市の建設は19世紀末であるが，ウラジオストクはそれに先駆けて誕生し，これらの都市とは異なった特徴を有している。

　第2に，国際都市としての側面である。具体的には，さほど広くはない都市空間の中において，多民族居住が見られた点である。ロシア人はもとより，中国人，朝鮮人，そして日本人，さらには，イギリス，ドイツ，アメリカ，フランスなど西欧諸国からの商人なども来住し，生活空間を共有していたのである。

　第3には，日本との関わりが深いという点である。開港から間もなくして，さまざまな職業，階層の日本人がこの地で暮らしてきた。シベリア鉄道の建設以降は西洋への玄関口ともなったし，また，日露戦争，シベリア出兵など，日本が関わった戦争によっても，日本人たちは翻弄され，また，町にはさまざまな影響が現れたのであった。

2. 本書の構成

　本書は序章と全7章の本論からなる。
　まず序論として，序章で研究の視点と方法を示す。
　続く本論は，広域的なスケールからウラジオストク中心市街地の占める位置を検討する第1章〜第2章と，本研究の中心的な対象であるウラジオストク中心市街地の内部的な問題を扱う第3章〜第7章に分かれる。
　第1章では，ウラジオストクの都市形成の歴史的文脈を東北アジアにおいて，とりわけロシア極東という空間的広がりの中から探ることとする。
　本論の論述の導入として，愛琿条約（アイグン）（1858年），北京条約（1860年）に始まるロシアのプリアムール（アムール川流域）地方への進出を近代における帝政ロシアの東北アジア進出の画期として捉え，ロシア極東3都市，具体的にはウラジオストク，ハバロフスク，ブラゴベシチェンスクの初期市街化計画を検討し，ロシア植民都市の系譜におけるウラジオストクの位置・特質を確認する。
　第2章では，第1章に続き，1910年代までの間に市街地空間の形成がどのように進められ，市街地がどのように拡大したのかを，都市骨格，街区形態，土地ロットなどの空間条件という観点から明らかにし，軍事的要因，地形的要因との関わりからその特性を考察する。そして，以下の章で検討する中心市街地の特性を浮き彫りにする。
　第3章〜第7章では，ウラジオストク中心市街地の都市空間の形成を具体的に明らかにする。ここで直接の検討対象とするウラジオストク中心市街地とは1860年代という最も早い時期に街区割りが計画されていた地区を指す（図1）。
　周知のとおり，後のソビエト時代には全ての土地・建物が国家の所有に帰属しており，市街地の空間形成原理は帝政ロシア時代とは根本的に異なっている。ソビエト時代に急速な展開を見せた郊外の市街地と，帝政期に起源をもつ中心市街地の都市空間は著しく対照的な風景を見せている。
　つまりウラジオストク中心市街地は帝政ロシア時代に生み出され，かつ建設活動の集積が最も長く見られたエリアであり，その歴史的蓄積の把握に重点を

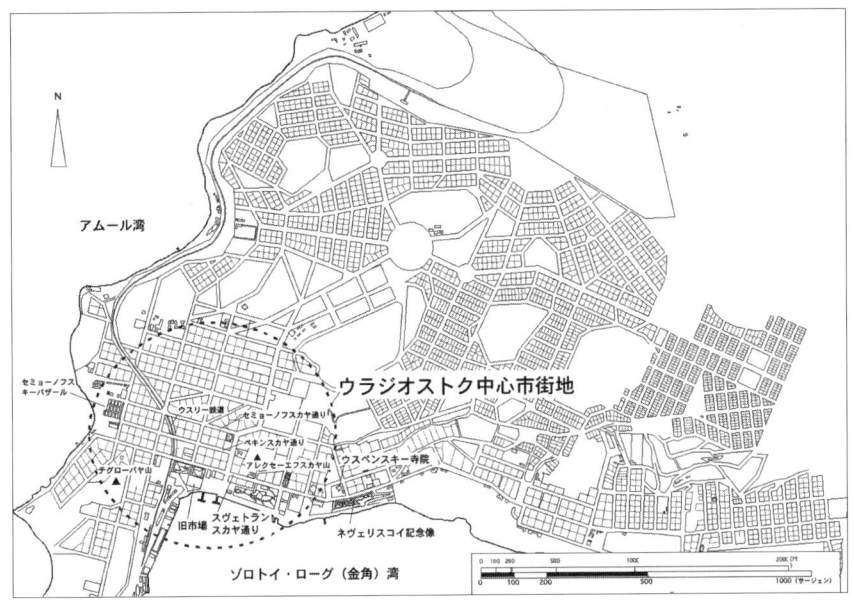

図1 ウラジオストク中心市街地
（出典：ベース図は "Plan Syshchestvuiushchago i Proektirovannago Raspolozheniia Oblastnogo Goroda Vladivostoka Primorskoi Oblasti" 1910）

おいて考察を進めていく。

　初期市街地計画は，帝政ロシアの手によってなされたものだが，第3章では，建築物・都市空間の形成の背後要因として，各国からの流入者を位置づけ，都市空間を実体化していった彼らの活動を，空間形成に関わる社会層，流入者の居留空間の分布という観点から明らかにする。

　続く第4章，第5章は，事例地区の形成に関するスタディであり，旧セミョーノフスキーバザール周辺における街区形態の形成（第4章）とスヴェトランスカヤ通り沿道の町並の形成（第5章）を明らかにする。前者はウラジオストクの商品経済の中心であったセミョーノフスキーバザールに関わりをもつ中国系の商人などによって作られたとされる高密で猥雑さをもった空間であり，「裏の顔」を担っていたのに対し，後者のスヴェトランスカヤ通り沿道の町並は，ロシア・ドイツ系などの比較的大きな商店などが軒を連ねる整然とした「表の顔」であった。この二者は帝政時代の空間構成が比較的明瞭に残存し，またウラジオストクの帝政時代の性格が反映されていると考えられるため，対象として取

序　章………5

り上げたい。

　また第6章では，日本人特有の視点から捉えたウラジオストクの都市空間について，現地発行の邦字新聞『浦潮日報（うらじお）』を主な史料として，1920年前後の状況を考察する。

　これらの検討を経た上で，最終的には第7章にて，結論として，空間形態の変容から見たウラジオストクの歴史的特質について考察し，最後に本研究の試みが，関連研究分野へ示唆するところについて述べることとする。

3. 本書の射程

　本書の内容は，以下の3つの問題領域を含むかたちで設定されている。1つはロシア極東都市・地域史研究であり，1つは，東北アジア近代都市形成史研究であり，最後に日本―ロシア極東関係史研究である。その概念的な関係を図2にて示す。以下，3つの領域それぞれの観点から，本研究を進める上でのいくつかの前提を述べることとする。

3.1　ロシア極東都市・地域史研究との関係

　我が国におけるロシア極東の都市研究は，これまでその成果の質を問うことができないほどに量的に貧弱であり，その研究枠組みの是非を問うまでにも達していなかった。逆にいえば，研究の視点の妥当性はひとまず措かれ，いかなる成果であっても研究自体に都市情報としての稀少価値が認められるという状況にあったといっても過言ではない。

　しかしながら，グラスノスチ（情報公開）以降の近年においては，極東における日露の学術交流も徐々に裾野を広げつつあり，例えばロシア近代史などの分野において，ロシア側の文献・史料を用いた極東の歴史に関する研究が発表され，上述の後進的状況から徐々に脱却しつつある。本研究もそうした状況の変化に後押しされて出される成果の1つであり，ロシア極東における都市の歴史的出自を積極的に問うという姿勢から研究を進めていくものである。

　Stephanは「ロシア極東 (Dalni Vostok Rossii)」という概念を歴史的に考える際には，一地方から世界の半分までという広範な事柄を参照せざるをえない，とし，その概念上の伸縮性を指摘する。これは西シベリアから東シベリア，カムチャツカ半島，ベーリング海峡を越えたアラスカへ，それに現在の極東地域，そして19世紀末には中国東北（旧満州地域）までへと拡張していった歴史的過程を一連のものとして検討する必要性を示している。

19世紀後半のヨーロッパにおいて南下政策に失敗したロシアは，世界への玄関口を極東に求め，アムール川流域に進出する。愛琿(アイグン)条約と北京条約という清国との国境条約を根拠にツングース系民族の生活空間であったこの地域に次々と拠点を築いていく。その代表的な都市が，ニコラエフスク及び第1章でも取り上げるブラゴベシチェンスク，ハバロフスク，ウラジオストクである。のちに中国東北（旧満州地域）へとロシアは侵攻し，鉄道と

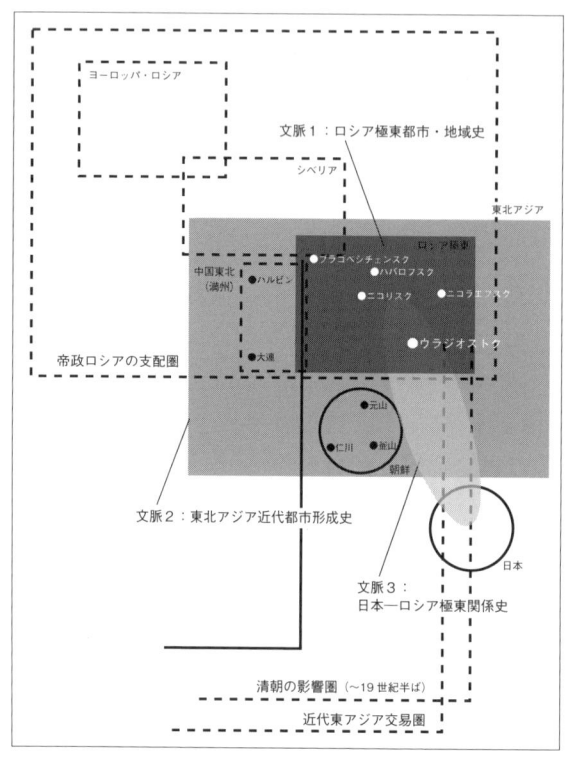

図2　本書が関係する3つの研究文脈

鉄道付属地における都市及び施設の建設を行う。そこでの代表的な都市は，ハルビン，大連(ダルニー)，旅順(ポルト・アルツール)である。このような東北アジア地域の帝政ロシアの東進・南下は，日露戦争でのロシアの敗北（1905年）まで続くが，この時期においてロシア極東及び中国東北は，アングロ・サクソン民族にとっての西部アメリカ同様，ロシア民族にとってのフロンティアであったといえる（図3参照）。

すなわち「ロシア」という枠組みからウラジオストクを見る場合は，図2に示すようにヨーロッパ・ロシアから東方へと連なるロシア人による開発史，あるいは植民都市建設史の系譜上に位置することとなり，そこでは本質的にはロシアの，あるいはロシア人の都市としてのアイデンティティが問われることとなる。

また，こうした視点からは，同じく帝政ロシアによりその後，東清鉄道の敷

8

設を契機に侵攻した中国東北も，ロシア極東と歴史的な延長線上で連続しているものとして捉えられうるのである。

近代東北アジアにおける都市形成の歴史を扱う本研究においては，したがって，ウラジオストクの都市形成を見る上での後背地として，上で見たような広がりの中から，特に東北アジアに進出した最初の近代主権国家としての帝政ロシアによる都市形成に着目し，その影響が及んだ範囲をさしあたりの問題領域として規定することとする。具体的には，1858年の愛琿条約以降に帝政ロシ

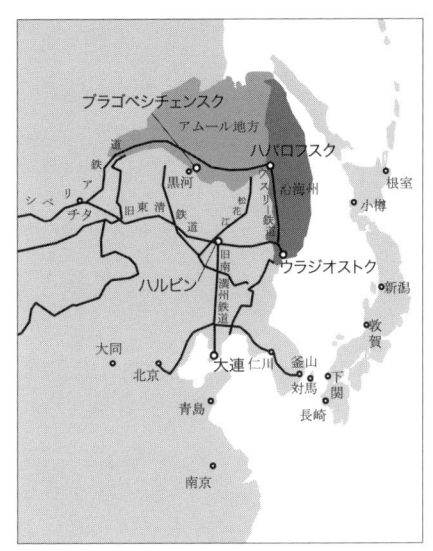

図3　20世紀初頭の東北アジア地域

アによる都市形成が及んだ地域として，ロシア極東（沿海地方・ハバロフスク地方・アムール州）及び中国東北を指す。

3.2　東北アジア近代都市形成史との関係

しかしながら一方で，こうした経緯のもとに生み出されたウラジオストクをはじめとするロシア極東諸都市内部の歴史に目を向ければ，純粋にロシアに，あるいはロシア人によって形作られたわけではないことは明らかである。ロシア極東の，ウラジオストク，ハバロフスク，ブラゴベシチェンスク，ニコラエフスク・ナ・アムーレ，ニコリスク・ウスリースキーは少なくとも1930年代初頭までは，ロシア人に限らず，中国人，朝鮮人，日本人それに欧米からの流入者を内包しており，民族構成的に見ても国際都市と呼べるような状況にあった。ロシア極東の近代都市形成を考える場合の前提条件として，まずこの多民族性（multi-ethnicity）という要因を無視することはできないのである。こうした特質は，ロシア極東のみならず，多かれ少なかれ東北アジア近代において共通に見られるものであり，この多民族性は東北アジア近代都市形成史という枠

組みを設け，都市間比較の問題を視野に入れることによってのみ，その具体相が明確になるものであろう。

　当該分野において，東北アジア近代都市形成への視点を包括的に明らかにした研究を，管見では見出しえないが，歴史学の分野においては，中見が「"北東アジア"からみた"東アジア"」という論文で，東北アジアに独自の文化の系譜を見出しうるのかという本質的な問題を提起している。歴史学においては，ツングース系民族を中心とした，独自の歴史的文化圏としての東北アジアを想定する見方があることを示し，国際関係上の地域枠組みとしての「東北アジア」と文化圏として捉えられる「東北アジア」は別のものである，としている。その上で，東北アジアの近代における共通した特質とは，「東アジア」からの大量の人口移動によってツングース系民族の生活空間が埋没していったことであり，こうした外部からの流入者により，「東北アジア」では，「東アジア」の周辺化といえる現象が起こってきていることを指摘する。

　この「東北アジアの近代化＝東アジアの周辺化」という構図は，東北アジアにおける近代都市形成を捉える際の基本的な前提を示しており，大変重要である。ロシア極東は愛琿条約，北京条約によってロシアに領有されるまでは，清国領であったという経緯をもっていたが（表1），ロシアによる領有を契機として現在の中国東北やロシア極東などの地域への，漢人，朝鮮人，日本人の流入という現象が生起した。例えば，東アジア交易圏といわれる主に華商による貿易ネットワークの北端において拠点となっていたのはウラジオストクである。

　ロシア極東や，その後に侵攻した中国東北（旧満州地域）の都市における建設過程は，帝政ロシアの領土拡張の意図及び遂行のための政策，そして都市建設への投資によって枠付けられながらも，都市内部の実質的な部分，すなわち建築物やその集積としての都市空間の形成という次元においては，多くの流入者によっていたという見方が可能である。実際のところ，ロシアの中心部から離れた極東の地では，近隣諸国からの流入者や流入するモノを当てにしなければ都市自体が機能しなかったという面があり，都市内部での様態は，実は多元的なものである。特に都市空間の多くの部分を形作ったアノニマスな建築物のもつ社会的な広がりをふまえて考える場合，その形成主体は単一ではなく，出自の異なる複数の文化集団を多元的に想定した方が実状に近いものと考えられる。

このような観点に立つと，ロシア極東の都市空間は，流入者によって各地からもたらされた文化・技術・材料が混合し，あるいはすみ分けられるなどして，流入と混合そして再構成が行われていった「場」である，という捉え方が可能となる。

　この観点は，また同時に前節で示した視点を浮き彫りにする上での背景をなすものだといえる。帝政ロシアが自らのアイデンティティをこの地域においてどのように創出しようとしたのか，という問題は，都市内部での民族混合的な状況という背景において，より明確に理解できるはずだからである。

3.3　日本―ロシア極東関係史研究との関係

表1　19世紀後半の清露関係略年表

1850年	ニコラエフスク開基
1856年	ブラゴベシチェンスク開基
1858年	愛琿条約でアムール川（黒竜江）が清露国境となる。沿海州は，両国共同管理に。この年ハバロフスク開基
1860年	北京条約で沿海州がロシア領に編入。ウラジオストク開基
1871年	ニコラエフスクよりウラジオストクへ海軍鎮守府が移転
1882年	義勇艦隊によるオデッサ―ウラジオストク間の定期航路開設
1891年	ウスリー鉄道起工。97年にハバロフスクまで通じる
1897年	露清同盟密約により，清国の領土を横断するルートで東清鉄道建設の合意，建設開始
1898年	ハルビン，ダルニー（大連）の都市建設開始
1900年	義和団の乱。ブラゴベシチェンスクでコサック兵による中国人大虐殺起こる
1904年	日露戦争（〜1905）。遼東半島，南満州鉄道，サハリン島の南半分を日本に譲渡

　帝政期におけるこうしたロシア極東の都市の特質を描こうとする時，そこには空間形成に関わった文化集団ごとに異なった複数の歴史像が表出されうる。いうまでもなく，都市空間文化の出自の多様性とは，歴史記述のレベルで翻訳するならば，複数の主体による豊かな歴史像の発話状態を指す。しかしながら，ソビエト体制においては，スターリン体制下における文化遺産の破壊に代表されるように，歴史観の一元的な管理体制のもと，発言に制約がもたらされ，多様な歴史像が語られることは困難であった。

　とはいうものの，グラスノスチ以降は公文書の公開に関する閉鎖的な状況が飛躍的に改善されてきており，特に革命前の歴史に関する関心は高く，ウラジオストクでは革命前後の各国人の居留に関する研究を行う研究者も出てきてい

る。[10]

　前述のとおり，ロシア極東の都市形成の特質を考える場合，そこに流入した外国人居留の問題は重要である。それは都市の歴史像を多様で豊富にするばかりでなく，東北アジア近代都市形成史研究に対する示唆をも含むものである。ロシア側の研究の一層の促進が望まれる一方で，居留者を送り出した国による研究も不可欠であることはいうまでもない。

　ウラジオストクは，1860年代前後の近代都市としての成立以降，1930年代初頭まで各国からの商人をはじめとする居留者が多く，日本人もその例外ではなかった。特に地理的な位置関係から近代以降の日露交流においては玄関口としての役割を担ってきた。しかしながら，ソビエト体制下の1930年代以降，ウラジオストクの閉鎖性が強められるとともに，日露交流の記憶は次第に薄れていったという経緯がある。1920年代までの日露交流史は，ウラジオストクの都市形成にも痕跡を残している。

　こうした点を踏まえ，日露交流史と都市形成史との関わりを重視し，特に日本人居留者の活動と居留，そこでの空間形成に関して明らかにすることは，本論を進める上での意義の1つである。

4. 主要資料とその検討

　本研究は帝政期ウラジオストクにおける都市空間形成を明らかにするものであるが，当時の文献，史料などは，論述の上で中心的な資料となっている。文献に限らず，新聞，地図，絵葉書，写真なども広く用いているため，以下では本研究で主に使用する資料グループを示し，その用法と資料としての妥当性と限界を検討しておく。もちろんこのほかにも，ロシア極東一般に関する文献なども参照しているが，ここでは主要に使用するものを取り上げる。

4.1　現地における文献史料

　本論文で用いる史料のうち，現地ウラジオストク発行及び所蔵のものを示し，その概要を示す。

1）公刊文献史料

　ロシア本国における歴史研究は，グラスノスチ以降その有り様が大きく変わった。ウラジオストクも例外ではなく，特に公文書の公開に関する閉鎖的な状況が飛躍的に改善されてきていることも後押しして，特に革命前の歴史への関心は高まりが見られ，関連する出版物も相次いで出されている。

2）非公刊史料

　現地の非公刊史料としては，ウラジオストクにあるロシア国立極東歴史資料館所蔵の市政関係アルヒーフ（Arkhiv：公文書）がある。本研究ではこれらの史料のうち，目録（"Primorskoe Oblastnoe Pravlenie. Obzor Fonda I" Tsentral'nyi Gosudarstvennyi Arkhiv RSFSR. Dal'nego Vostoka〈TsGA RSFSR DV〉, Tomsk, 1990）による整理を手がかりとして，「人口（naselenie）」「工業（Promyshlennost'）」「移民（Perecelenie）」「交通（Transport）」「商業（Torgovlia）」に関わる内容の史料群をきわめて部分的であるが，用いている。参照箇所で随時提示するが，「人口」

は主に統計資料，「工業」，「商業」は主に外国人商人に関する史料を，「移民」では市街地計画関連や土地所有関係，「交通」では主に街路，埠頭など市街地計画に関する史料を参照している。それぞれの引用，使用箇所でその内容を示すこととする。

ほかに「沿海地方民間計画研究所（Primorgrazhdanproekt）」による非公刊の市街地図資料集がある[11]。市街地図を中心に各地の公文書館等に収蔵されている図版資料が収録されている。

またウラジオストクの極東工科大学（Dal'nevostochnyi Gosudarstvennyi Tekhnicheskii Universitet〈DVGTU〉）建築学科における研究資料がある[12]。これはスヴェトランスカヤ通りのほか，ウラジオストクの目抜き通りに建つ建築物に関する解説テキストで，非公刊である。N.RiabovとV.Obertas両氏の指導のもとに行われた調査をまとめたものである。

4.2 日本語による文献・記録

ウラジオストクの歴史に関する研究に日本人が携わることがもつ独自の意義とは，多くの人の記憶から薄れていった日露交流の歴史的事実を掘り起こすことにあると考える。近年こうした観点からロシア極東を対象とした研究が増加しており，本研究はある面においては，それらの研究と共通の問題意識，意図をもつものである。これらの先行研究においても見られているとおり，当然のことながら，研究を進めるにあたっては，日本語による文献，記録が重要な役割を担う。

ウラジオストクと日本との歴史的な関係の深さは，主に1920年代までの間に日本語で書かれた文献を多く生み出しており，そうした史料に依拠して，日本人から見たウラジオストク像を問題にすることも可能である。ここではこれまでに筆者及び筆者らの研究グループが収集した文献を刊行年順に示した。復刻史料の場合は，オリジナルの刊行年を尊重している。対象文献は，国立国会図書館，北海道大学付属図書館，同北方資料室，函館市立図書館，早稲田大学中央図書館，東京外国語大学図書館に所蔵されているものである。可能な場合は史料の全部を，そうでない場合は一部をコピー，あるいは写真撮影により，入手している。総数は66点であり，形態は，書籍と雑誌記事である。

私見では，これらの文献，記録の刊行は，刊行にあたっての背景（日本人渡航者の動向や日露関係など）を踏まえると，概ね以下の5期に分けられる。

　①開港期（1860～1880年代）：日本語文献のうち，一番古いものは1875年の瀬脇の手記である。この瀬脇と村尾，鈴木，黒田の記録は，いずれも公務によってウラジオストクへ訪れた際のものである。この時期は，日本との定期航路の開設（1880年頃）や貿易事務館の設置があるものの，まだ民間の交流がそれほど盛んではない時期である。この時期の記録は主に，開港間もないウラジオストクと日本との交易や貿易の可能性を探るための官吏による訪問に際してのものであり，近代日本がまずはじめにウラジオストクへ向けたまなざしの性質をうかがうことができる。このうち，黒田，永山の記録は，いずれも世界旅行の途上でウラジオストクに寄港した際のものであり，また神戸はウラジオストク（「海参蔵」は中国名）に明治14年5月～15年5月の間滞在した際の記録を学術誌に寄稿したもので，その内容は，物価，貿易，文献情報など多岐にわたっている。

1. 瀬脇寿人「烏刺細窊斯杜屈見聞雑記」1875（所収：加藤九祚「浦潮物語（一）」『ユーラシア』No.4, 新時代社, 1972）。
2. 村尾元長『浦塩紀行・同附録物産品評書』開拓使, 1878。
3. 鈴木大亮『浦潮斯徳紀行』開拓使, 1879。
4. 神戸應一「海参蔵紀聞」1882（所収：『地学雑誌』（東京地学協会）1882年10月号から1883年10月号まで6回にわたり掲載）。
5. 黒田清隆『環游日記』出版社不明, 1887。
6. 永山武四郎「周遊日記」屯田兵本部, 札幌, 1888（所収：『明治欧米見聞録集成第17巻』ゆまに書房, 1987）。

　②19世紀末から日露戦争前まで（1890年代～1904年）：この時期の特徴は，徐々に地誌的に体系立った内容の文献（川上，松浦，角田）が出され始めていること，それに多くの旅行記が書かれていることである。この背景には，シベリア横断鉄道の開通によって交通拠点としての地位が確保され，日本海側の都市では航路開設ブームが起こったことが挙げられる。旅行記の多くは，朝鮮半島，

ロシア極東，満州への視察，見聞旅行などであり，特に日露戦争を直前に控えた数年間にはこうした視察旅行記の類が多く出されている。こうした旅行の出発点，あるいは終点としてウラジオストクが登場する。

7. 川上俊彦『浦潮斯徳』大倉保五郎，東京，1892。
8. 服部徹［図南］『浦潮之将来』前田菊松，大阪，1892。
9. 矢津昌永『朝鮮西伯利紀行』丸善，1894（復刻再収：『韓国地理風俗誌叢書第14巻』景仁文化社，ソウル，1990）。
10. 原田藤一郎『亜細亜大陸旅行日誌幷清韓露三國評論』青木嵩山堂，1894（所収：小島晋治監修『幕末明治中国見聞録集成第12巻』ゆまに書房，1997）。
11. 松浦充美『東露要港浦鹽斯徳』東京堂書店，東京，1897。
12. 石澤発身『白山黒水』博文館，東京，1900。
13. 村木正憲『清韓紀行』東京，1900（所収：小島晋治監修『幕末明治中国見聞録集成第5巻』ゆまに書房，1997）。
14. 溝口白羊「北遊雑記」1901（所収：加藤九祚「浦潮物語（三）」『ユーラシア』No.6，新時代社，1972）。
15. 野村喜一郎『露領浦潮斯徳港視察一班・対東露貿易意見』出版社不明，出版地不明，1901。
16. 首陽生「浦潮斯徳通信」黒龍会，東京，1901（所収：『黒龍』1901年8月，10月，11月に連載）。
17. 角田他十郎『浦潮案内』日露経済会，東京，1902。
18. 戸水寛人『東亜旅行談』有斐閣，東京，1903（所収：『幕末明治中国見聞録集成第14巻』ゆまに書房，1997）。
19. 加藤健之助「ウラジヴォストークに於ける人類学上の見聞」1903（所収：『東京人類学会雑誌』第18巻210号，1903.9，481-487頁）。
20. 八木富三，森弥三郎編『露領浦潮斯徳及韓国諸港商況調査報告書』森弥三郎，名古屋，1903。
21. 植村雄太郎『満洲旅行日記』偕行社，東京，1903（原典：『偕行社記事』第326号付録，偕行社，1903，（所収：『幕末明治中国見聞録集成第15巻』ゆまに書房，1997）。

③日露戦争後（1905～1917）：この時期においても，各種の視察報告が多数出

されている。日露戦争における日本の戦勝は，それ以前から見られていた日本海側都市（新潟，函館，金沢，京都，敦賀）における対外貿易の関心をさらに高めていたことをうかがわせる。同時に，現地の状況を写真帳によって詳細に報じるものや，夫人の日常生活を取り上げるもの，一種の旅行案内のようなものなどが出されており，その形式も多岐にわたっていくことがわかる。

22. 長田秋濤『新々赤毛布　露西亜朝鮮支那遠征奇談』文禄社，東京，1904。
23. 『沿海州写真帖』『写真画報』臨時増刊第35巻（1905年10月）博文館，東京，1905。
24. 川上とき子「浦塩斯徳の婦人界」（所収：『女学世界』第5巻第7号，1905年5月）。
25. 『浦港樺太視察報告』新潟，1907。
26. 函館商業同志会（西村彦次郎編）『浦潮商工業調査報告』函館商業同志会，函館，1908。
27. 大阪商船株式会社『浦塩航路案内』大阪商船株式会社，大阪，1908。
28. 杉村広太郎『大英遊記』有楽社，1908。
29. 川上俊彦『極東露領ト北満州』外務省通商局，東京，1910。
30. 風間正太郎編『朝鮮視察報告（附浦潮斯徳港）』新潟商業会議所，新潟，1910。
31. 拓殖局訳『露国極東移民事業』拓殖局，東京，1911。
32. 小林石次郎報『露領浦潮斯徳及北朝鮮視察報告』鈴木良也，新潟，1911。
33. 野村喜一郎『露領浦潮斯徳港視察録　勧業報告第一号』石川県内務部，金沢，1912。
34. 京都府『露領浦潮斯徳北朝鮮南北満州実業視察報告書』京都府，京都，1913。
35. 済軒学人編『浦潮斯徳事情』厳松堂書店，東京，1915。
36. 八十島金村編『浦潮斯徳　附西比利亜鐵道案内』八十島金村，敦賀，1915。

④シベリア出兵期（1918～22）：ロシア革命後のシベリア出兵期においては，ロシア極東に関する書物が多く出版され，またいくつかの雑誌では特集が組まれて，ウラジオストクに関する情報も大きく取り上げられるようになる。同時に満鉄調査部によるウラジオストクに関連するいくつかの報告書がまとめられている。[14]

37. 「秋季増刊西伯利号」『実業之日本』第21号（大正7年10月）実業之日本社，東京，1918。

38. 中村白葉「浦潮雑信」（所収：『ロシア評論』進文館，東京，1918に3回連載。第1巻第10号，第2巻第1号，第2号）。
39. 「浦潮斯徳特集」『日露実業新報』（大正8年5月号）東京，日露実業新報社，1919。
40. 杉原庄之助『浦潮小観』日露貿易案内社，東京，1919。
41. 鐵道院運輸局『西伯利鐵道旅行案内』鉄道院，東京，1919。
42. ダブリウ・ビストラム述（清水友次郎訳）『西伯利概観』（所収：「調査資料第十輯」南満洲鉄道総務部調査課，大連，1919，原著は『遼東時報』1919年3月号所載）。
43. 上田良太郎・山崎信芳『沿海州事情及邦人発展録』慰問タイムス社，ウラジオストク，1921。
44. 小林九郎『浦潮斯徳商港　調査報告書第10巻』南満州鉄道株式会社総務部調査課，大連，1921。
45. 小林九郎『露領沿海地方及北樺太　調査報告書第12巻』南満州鉄道株式会社社長室調査課，大連，1922。

⑤ソビエト以降（第二次大戦前）：日本軍撤兵後にウラジオストクの日本人は大幅に減り，またソビエト体制下へと変わったことから，この地に渡航して一旗揚げるということや，地方レベルで貿易の可能性を探るということが現実的でなくなり，現地の案内書やリアルタイムの旅行記は見られなくなる。しかしながら，日本の大陸政策の展開との関わりから，この時期において満鉄による各種の調査報告書（露文の翻訳物や貿易実績の報告書など）が大量に出版されるようになる。そのうち翻訳物の原典のほとんどは，満鉄が大量に入手した帝政時代のロシア語文献である[15]。また，後期になるとかつての復刻のようなかたちで，各種テクストが出版されている。

46. 太田覚眠『露西亜物語』丙午出版，東京，1925。
47. ウエ・グラーウエ（南満洲鉄道株式会社庶務部調査課［訳］編）『極東露領に於ける黄色人種問題』南満洲鉄道庶務部調査課，大連，1925。
48. 南満州鐵道株式会社哈爾濱事務所調査課『数字上より観たる浦鹽斯徳商港　哈調資料』南満州鐵道株式会社哈爾濱事務所調査課，大連，1926。
49. エス・ペ・シリケーヰッチ（南満洲鉄道株式会社庶務部調査課［訳］編）『露領極東の農業と植民問題』大阪毎日新聞社，大阪，1926。

50. 露国参謀本部編（南満洲鉄道株式会社庶務部調査課［訳］編）『露領極東地誌（上・下）』大阪毎日新聞社，大阪，1927。

51. エ・エヌ・アリソフ他（南満洲鉄道株式会社庶務部調査課［訳］編）『露領沿海地方の自然と経済（上・下）』大阪毎日新聞社，大阪，1927。

52. 南満洲鉄道株式会社庶務部調査課［訳］編『露領極東の資源と産業』大阪毎日新聞社，大阪，1928。

53. 極東水産漁猟業管理局編纂（南満洲鉄道株式会社庶務部調査課［訳］編）『露領極東の魚類及毛皮資源（上・下）』大阪毎日新聞社，大阪，1929。

54. ウエ・グラーウエ（南満洲鉄道株式会社庶務部調査課[訳]編）『極東露領に於ける黄色人種問題』大阪毎日新聞社，大阪，1929。

55. 南満州鐵道株式会社哈爾濱事務所『浦鹽斯徳港　哈爾濱事務所時報』南満州鐵道株式会社哈爾濱事務所，哈爾濱，1930。

56. 笹尾儀助「西伯利亜旅行日記　並露・清・韓三国境界線視察旅行」（所収：「青森県中央図書館プリント集第一」青森県中央図書館，青森，1935）。

57. 長尾博「在留二十年の浦潮斯徳放談」1936（所収：『月刊ロシア』1936年5月号）。

58. 満鉄調査部『沿海・アムール地方誌　露文翻訳　ソ聯極東及外蒙調査資料　第四十四編』南満洲鉄道，大連，1938。

59. 手塚律蔵「浦潮日記」（所収：『中央公論』1938.8，53-58頁）。

60. 永丘智太郎『極東ロシア殖民物語』拓殖奨励館，東京，1939。

61. 山内封介『浦塩と沿海州』日本電報通信社出版部，1943。

⑥第二次大戦後：ここに挙げた戦後の出版物は64を除き，以前に書かれたものの復刻ないし，再録である。

62. 八杉貞利「金角日記」（所収：八杉貞利著，和久利誓一監修『ろしあ路　八杉貞利日記』圖書新聞社，東京，1967）。

63. 加藤九祚「浦潮物語（一）～（四）」（所収：『ユーラシア』No.4～7，新時代社，東京，1972）。

64. 島田謹二『ロシアにおける広瀬武夫（上・下）』朝日新聞社，東京，1976。

65. 新潟市市史編さん室「『浦潮斯徳及樺太視察報告』　日露戦後期の新潟とウラジオストク」（所収：『市史にいがた』8，1991）。

66. 櫛谷圭司「小林存「鵬程日乗」にみる今世紀初めのロシア沿海州」（所収：新潟大学環日本海研究会，『東アジア周辺ネットワーク』環日本海論叢第2号，新潟，1993）。

　以上のとおり，ウラジオストクをめぐる記述は1870年代から主に1930年代まで生み出されているが，そこに含まれる内容や記述の形式は，時代によって変化がある。日本人がウラジオストクへ注ぐまなざしは，時代状況，特に東北アジア全体の政治情勢やロシアにおける政治環境の変化と密接に関係している。日本から大陸への玄関口としてのウラジオストクは，ウラジオストクそのものの記述もさることながら，この玄関口を通ったその先にある地域（東北アジア，あるいは満州地域，ロシア極東及びシベリア，モンゴル）に対する地域観を反映し，記述を枠付けるという側面があるのである。
　こうした記述は，その内容から，以下のカテゴリーに分けることができる。

　①＜地誌＞：ウラジオストクの地誌的な情報を体系的に示そうとする記述であり，自然地理的・人文地理的な記述によって構成されているもの。
　②＜現地旅行案内・手引書＞：主に現地に渡航する日本人向けに書かれており，地誌的な記述のほか，現地の慣習や日本人コミュニティの実態，あるいは税制などの説明にページを割くなど，現地生活や起業のための手引書的性格ももっている。
　③＜調査報告書＞：主に自治体・経済団体などがある目的をもって編成した視察団による視察調査報告。
　④＜旅行記＞：旅行による紀行文であるが，時系列的に記述がなされているもの。記述の主体は個人である。日記的記述の中に様々な現地の情報（統計データや地方政府・商業者との懇談内容など）が散見される。また，ウラジオストクのみを旅行先としているケースは少なく，朝鮮半島，満州，あるいはサハリン（旧樺太）などを広域に旅行しているケースが多い。
　⑤＜評論・ルポルタージュ＞：旅行者であるか，滞在者であるかを問わず，現地での見聞や体験の内容が，あるテーマのもとに記述されているもの。上の＜旅行記＞が時間に沿って線的に展開する記述を指し，＜ルポルタージュ＞は点的な記述，あるいは時系列整序を前提としない記述として，区別できる。
　⑥＜ロシア語文献の翻訳＞：文字通り，ロシア語文献の翻訳であるが，その

多くは帝政ロシア政府による視察録・調査報告書であり，主に南満洲鉄道株式会社などにより，編訳がなされたものである。

⑦＜その他＞

これらは，それぞれ本論文における有用性が異なる。すなわち，事実関係確定のための史料として使う場合と，ある種の観念・認識に関する情報を得るための史料とに分けられよう。

前者として用いうる記述はいくつかある。
- 統計資料，あるいは図表などの定量的データ：これは＜地誌＞，＜現地旅行案内・手引書＞，＜調査報告書＞，＜旅行記＞などいずれの形式においても何らかのかたちで載せられていることが多い。
- 日誌になどに見られる人名：どこで誰々とあった，ということが＜旅行記＞＜調査報告書＞の日誌という形式の中で綴られていることがままある。
- 本文以外の情報：また本文以外の情報も重要である。1つは次に触れる地図であり，また地元商店などが掲載している広告である。これらは当時の居留民の生活を考える上で，非常に有益な情報を与えている。

4.3 日本語新聞『浦潮日報』

日露交流史的な観点からのアプローチを考える上で，あるいは日本からの流入者のコミュニティの実態を知る上で，現地で出されていた日本語版新聞『浦潮日報』[16]も重要な史料である。この新聞は現地の日本人居留者を対象として発行されていたものであり，通常紙面は4面で構成され，1面には社説と重要記事，世界情勢，2面には世界情勢と日本の情勢，3面には国内や市内の事件等の記事がならび，4面には連載読み物と大きめの広告スペースが掲載されている。なお広告は1面から3面の紙面下部にも掲載されている。

この邦字新聞は上で触れた「案内書」のように都市の外部へ向けて書かれたものと違い，紙面上の記事そのものが居留民へと向けられている点で重要である。案内書などからはわからない都市内部の実状や居留民の考え方等をより詳細に知ることができる。また広告に関しても，日本国内へ向けて出される案内書に広告を掲載している商店・企業の中で，浦潮日報には掲載が見られないも

のも少なくない。またその逆のケースもある。これはその商店・企業がウラジオストクの日本人居留民に対してとっていたスタンスを表しているが，このように市内での日本人の暮らしや日本人社会内部での問題，市内を中心とした日本人をとりまく諸情勢を明らかにする際には重要な史料だといえる。

　ただ残念ながら現在日本国内において入手できるものは限られた時期のものしかない。現在日本にて所蔵されているのは敦賀市立図書館に創刊号（1917年12月9日）から56号（1918年2月23日）までが，また国立国会図書館に964号（1921年5月4日）から1375号（1922年9月30日）までがあるにすぎない。サヴェリエフによれば主にこれ以降の発行分がサンクト・ペテルブルグの国立図書館に所蔵されているとのことだが[17]，著者は未見である。

4.4　市街地図

　本研究においては，ウラジオストクの市街地図も対象として取り上げるが，これらも本研究を進める上で大きなウエイトを占める資料である。本論文にて使用する地図は資料編1にて示している。

　これらは，日本で発行されたものと，現地及びロシア当局により発行されたものに大別される。また，縮尺も様々であり，地図によって読み取りうる表記の内容が異なる。主に全体を通して読み取っていく内容は，市街地拡張過程（街路骨格パターン及び市街化エリア）と主要施設の位置であり，詳細な地図の場合は，建物の輪郭及び配置，オープンスペースの空間構成などを読み取りうる。

　なお，作図の基礎になる測量及び作図主体に関しての表記が見られるものは限られている。その他の地図にはベースマップのデータソースに関する記述はほぼ見られないことから，多くの場合は，何らかのかたちで他の地図をベースマップとして援用しているものと思われる。特に日本において発行されたものはその傾向が顕著である可能性がある。

4.5　写真・絵葉書

　写真・絵葉書は当時の都市景観ならびに建築物，それに都市空間全般の空間形態の把握のために用いている。使用したものは，古い町並が写された絵葉

書・写真及びそのコピー写真である。これらの所蔵場所は，アルセーニエフ郷土博物館（ウラジオストク），沿海地方研究協会地理学協会図書館（ウラジオストク），ハバロフスク郷土博物館，北海道大学付属図書館北方資料室である。このほかに1991年7月の訪問時に沿海地方民間都市計画研究所 Yuriy Smolyaninov 氏より寄贈されたもの，及び *Staryi Vladivostok*, Utro Rossii, Vladivostok 1992（邦題『古都ウラジオストク』米子今井書店，1993）に掲載されたもの，その他当時の日本発行の案内書などの書籍に掲載された写真も用いた。

このうち第5章での検討で使用したものを資料編3に掲出した。これらの絵葉書及び写真は，その構図から＜俯瞰景＞＜街路景観＞＜海からの遠景＞の3つに分けることができる。これに関しては第5章でそれぞれ例示しているので参照されたい。

利用にあたっては，まず，①構図・撮影地点，②被写エリアを明確にし，次に撮影時期の特定をした。撮影年代の特定にあたっては以下の①〜④の方向から検討した。

①絵葉書・写真に関する書誌的情報，またはそれが収録された文献中にある撮影年代の記述。

②絵葉書・写真に写された建築物・都市施設から推定：被写体となっている建築物と都市施設を基準として撮影年代を推定。

　ⅰ）撮影年代推定の基準となった建築物と都市施設

　　　建築物としては，第5章での作業により，建築年代の確定したもののみを利用した。都市施設としては，以下に示す被写体を基準とし，撮影年代を推定した。

・1891年：ウスリー鉄道起工／特にチグローバヤ山からの＜俯瞰景＞の場合，鉄道線路が被写エリアに含まれる。

・1897年：ネヴェリスコイ記念像建立／かなりの高さがあるモニュメント。＜街路景観＞の中にランドマーク的に写りこんでいる例がある。また，＜湾からの遠景＞においても視認できる。

・1899年：ウスペンスキー寺院完成／これもランドマークであり，ネヴェリスコイ記念像と同様に。

・1904年：旧市場撤去／撤去以前は，雑然とにぎわっている様子が確認できる。チグローバヤ山やアレクセーエフ山からの＜俯瞰景＞の被写エ

リア。
- 1907-09年：ウスリー鉄道立体交差工事／立体交差後はスヴェトランスカヤ通り，ペキンスカヤ通り，セミョーノフスキー通りに架橋されており，＜俯瞰景＞や＜街路景観＞の被写体。
- 1912年：スヴェトランスカヤ通りで路面電車敷設・運転開始／スヴェトランスカヤ通りにレールが敷設される。特に＜街路景観＞を捉えたものの中に確認できる。

ⅱ）撮影年代の推定方法

　ある絵葉書に，1900年に建造された建築物が写されている場合，1900年以降に撮影されたものである，と判断できるが，その際，同一アングル内に1905年以降において写り込むはずの都市施設がない場合，その絵葉書は1900年以降1905年以前に撮影された，と判断した。このケースで，1905年に建造された都市施設も写り込んでいる場合，撮影年代の絞り込みは不可能になり，ほかに判断材料となる被写体がなければ「1905年以降に撮影されたもの」と判断した。また逆に，1900年に建造された建築物も写り込んでいない場合は，「1900年以前に撮影されたもの」と判断した。

　③写り込んでいる出来事・事件から判断：＜建設工事＞＜行事＞が写されている場合がある。前者は建築年代が確定している場合，建造年からさかのぼって数年以内の撮影であると判断した。後者は建築物や都市施設の完成式典・除幕式などが写されている場合で，かなり正確な判断基準となった。

　④絵葉書自体のもつ「写真」以外の情報から判断：絵葉書の裏面には，出版者のほかに出版年も表記されている例がある。"Scherer, Nabholt & Co."というモスクワの版元から出された絵葉書シリーズには1904のタイプがあり，ここに写されているものは，1904年以前に写されたものと判断できる。

　これまでに調査しえた写真資料の撮影年代は，結果として1890年代から1910年代のものが大半を占めている。

5. 研究の方法

　ここでは建築・都市分野における先行研究との方法論的な関連を示しつつ，本書でとられる研究の方法を当該分野の研究文脈の中で示すこととする。まず，本研究の分析上の主要な概念を整理する。次にそれに付随して本研究の位置付けに関して，研究の方法という側面から検討することとする。また最後に本研究で用いられる用語に関して，述べることとする。

5.1　分析上の概念整理

　本研究は，都市史における都市空間研究という領域における成果として位置づけられるが，以下では具体的な都市空間の様態の分析において用いる概念に関して整理を行う。

1) 都市空間
　玉井は「都市史における都市空間研究」という論文の中で，都市空間という語の意味を，「都市の場の全体，ないし部分を具体的に取り上げる場合に用いている」とし，都市史研究の中での都市空間という語が用いられる場合，主に平面図的表現により記述される「都市形態」と「都市の場で視覚的に捉えることのできる，ないしできた」ものとしての「都市景観」という2つの内容が含まれていると指摘している。また「歴史地理学」分野においては前者に重点が置かれ，「建築史学」分野においては後者に比重が置かれていることを述べている。具体的には，建築史学におけるアプローチの方法を「都市を構成する建築である個々の町家や武士住居などの分析から出発して，それら各種の都市建築で構成される都市景観である町並みを都市空間の基礎として考え，その町並みを成立させている基礎である屋敷割りや町割，さらに全体の都市形態というかたちで問題を広げている」と述べ，こうした態度を「都市景観を基礎にして都市空間を考えていこうという態度といってよいであろう」としている。[18]

本研究は，都市史分野における都市空間研究という範疇にはいるものであり，まさに玉井が示した見方に則っているものである。しかし，本研究においては，すでに研究の目的において述べたように，「流入者によって各地からもたらされた文化・技術・材料が混合し，あるいはすみ分けられるなどして，流入と混合そして再構成が行われていった『場』として理解することが可能である」との見方に立っている。つまり本研究では，都市空間及びそれを構成する要素，すなわち建築物を中心にその他「視覚的に捉えることのできる，ないしできた」都市景観の構成要素，を具体的な資料としつつ，都市社会のあり方をも検討することを視野に入れている。したがって本研究における都市空間とは，具体的には都市景観の構成要素を指しているが，それらが形象化する背後の社会関係・経済関係も含意したものとして用いている。

2）空間形成主体
　そうした都市空間構成要素を形成する主体を，空間形成主体と呼ぶこととする。繰り返し述べるとおり，本研究においては，空間形成の背後要因として民族間の社会関係・経済関係，あるいは民族内部での社会的ヒエラルキーなどが反映されて現れたものとして，都市空間を捉えることとしている。そのため空間形成の主体が問題となって浮上してくるのである。

3）居留空間
　居留とは「①一時留まり住むこと。寄留。②居留地に住むこと」であり[19]，文字通り解釈すると永久的に定住しようとするものはここに含まれず，またウラジオストクには，「条約または慣例により，一国がその領土の貿易都市の一部を限って外国人の居住・営業を許可する地域」[20]と定義されるような制度的な意味での「居留地」あるいは「租界」というカテゴリーと同等な空間領域は存在していない。しかし，ここではフロンティア都市という特性を勘案して，居留という語の解釈を拡大し，「未知の土地に住むこと」と解する。つまり，フロンティアに建設されたウラジオストク・ハバロフスク・ハルビンなどの都市は中国人，ロシア人も含めて，人々にとって未知の土地，新天地であり，みな原則として移民としてやってきた。その意味においてはフロンティアに住むことは"未知の土地（＝外国）に住む"ことだと解釈できよう。ウラジオストクにつ

いて本研究では都市内に居住している外国人だけでなく，ロシア人も含めて各国からの流入者を並列的に取り上げる以上，ロシア人が都市内で住むことも「居留」として記述している。

本論文では，制度的な意味での居留地と区別するため，人々が居留した空間を「居留空間」と呼ぶこととする。

この居留空間とは，個人及びコミュニティ集団双方の居留に関わる空間である。本研究では居留者個人の「居住」の場としての空間と，集団としての居留者コミュニティが形成していたある一定の広がりの2つの側面をもって「居留空間」を解釈する。

5.2 方法から見た本研究の位置づけ

多面的存在である都市空間は，本質的にその形成を様々な角度から捉えることが可能であり，隣接領域における方法論を積極的に取り込むことにより，都市空間の成り立ちを重層的に理解することが可能となるはずである。ただ，この場合，多様な方法論が都市空間研究という枠組みから見てどのように関連づけられうるのかが，常に問われなければならないといえる。

本研究の論述においては，上で規定したとおり，都市空間という概念を形態的・景観的な側面のみならず，その背後の社会・経済関係をも含んだものとして捉えている。したがって研究の方法もこれに対応して，形態的・景観的な観点から検討するための方法と，それと対応する都市の社会的構成を検討するための方法とを適宜組み合わせている。適用した方法が各章の目的によって異なるため，以下章立てにしたがって，それぞれの方法について言及した後に，全体的な観点から検討を行うこととする。

5.3 平面図的表現からの都市形態の展開の読み取り

第1章，第2章においては，地図史料を主な対象として，街路・街区など都市空間の基盤的な空間条件がどのように創出されていったのかを追っている。ここでの方法は，きわめてオーソドックスなもので，平面図的な表現から読み取りうるという意味での都市形態に関する分析である。地図に表記された街路

骨格，街区形態の読み取りを軸に，文献資料からの関連情報を参照しつつ論述を行っている。

5.4 土地ロットという空間単位の設定

　本論文において方法論的に説明を要するのは，都市社会を構成する各国居留者に関する言及を伴う第3章以降である。
　帝政期のウラジオストクに関する従来の研究あるいは言及では，居留者の実態に関しては，記念的な建物の来歴が語られる中で，主に外国人商人の活動にふれられたり，あるいは街の風景が描写される中で人種的な国際性が語られるという程度であり，実際の都市空間に即した形で，居留者の集合形態を明らかにしたものはなかった。そこで，第3章においては，第2章までの都市形態的な検討を基にしながら，国際都市の内情を都市空間という観点から明らかにすることを一応の目標とし，都市内部における各国居留者の集合形態を探るために，以下のようなアプローチをとっている。

　①空間形成への関わりの深さを測るべく，空間形成への関わりをもつ社会層として，地主層，建築者層，借家人層という3つを仮説的に設定している。
　②同時に各国居留者の集合状態の広がりを探るべく，土地ロットを1つの空間単位としている。この単位ごとの居留者層の構成を検討することから，集合状態の広がりを都市空間に即して分析している。

　そもそも都市空間の成り立ちを土地ロット単位で見ていく方法は，日本の都市史研究においては屋敷割を論考上の基礎として研究を進める多くの例があるように，最も基礎的に用いられるものだといってよい。集合的かつ多面的な存在である都市空間を土地ロットという空間単位に分解することにより，①形態や景観を伴う建築的な存在と，②所有に関わる不動産的な存在という2つの側面から捉えることを可能にするからである。本研究でもこの見方に則り，これを研究を進める上での基礎的な空間単位としている。さらに本研究の関心に引き寄せれば，土地ロットを基礎単位として設定することにより，各国居留者の存在の「深さ」と「広がり」を探ることが可能となる。「深さ」とは，居留者

の都市空間に対する社会的関わりの深さであり，これは直接的には家屋の所有に結びつけて考えることができる。また「広がり」とは，ある特定の居留者が関わりを結んだ空間の広がりや同一の人種集団による居留空間の広がりを指し，ロット単位に捉えることで各層の空間的な広がりをより詳細に捉えることができるわけである。しかしながら現地の研究においては，こうした空間単位を設定して空間形成を検討するという成果は見られていない。

　このように土地ロットを中心的な概念とすることで，「家屋所有者リスト」「商店・企業リスト」などの史料と組み合わせが可能となり，そこから豊富な情報を引き出すことができることになる。その例は資料編2にて示す通りである。

　ロット割り図と「家屋所有者リスト」や「商店リスト」を組み合わせて用いることがもつ重要な点は，土地ロット単位で，所有者―借家人（本論では商店のみが対象となる）という関わりを確認できることにあり，本研究の方法論的な特色はこの点にもあるものと考える。この2つのリストの対応を図る際の具体的な作業手続きは第3章（3.1）にて述べている。

　また，ここでの基礎となるロット割り図は江戸の都市形態の研究における町割復原図[21]，あるいは近代日本の外国人居留地における土地区画図[22]と類似のものであり，都市形成史的観点から見た研究にとって有益であるばかりでなく，広く都市生活や都市社会・都市経済の歴史に関わる隣接の研究領域にとっても，必要となるツールだといえよう。

5.5　古写真や絵葉書の活用と意義

　第4章，第5章においては，古写真や絵葉書をもとにロット内における建物配置形態，あるいは目抜き通り沿道建物の存在状態の確認を行っている。ここでは，現在の形態がどのような変遷を経てもたらされてきたのかを，文献の記述からのみでなく，写真による情報からも検証し，都市空間の形成に関する経年作業を行っている。現地の文献における言及は，ほぼ重要な記念的な建造物を対象としたものに限られており，それ以外の匿名的な建築物に関する情報がないこと，そうした経年的な検証作業がこれまでに行われていないこと，都市の空間形成がいつの時代にどのような経済活動・社会活動とともになされてき

たのかを確認することなどが，この作業の背景として指摘できる。

　第4章での方法論上，影響を受けているのは，陣内秀信らが日本へ紹介したとされる建築類型学（ティポロジア）的手法である。[23] ティポロジアの方法論は，建築物の生成・定着の背後にある社会関係・経済関係などを視野においた上で，それが建築形態にどのように結晶し，変容しているのかを類型的に理解するものである。それはまた，逆に建築空間という形に表象された都市の社会関係・経済関係にまで視野を拡げることを可能にするというような方法であると考える。

　ここでの作業は，しかしながら史料上の制約により，ティポロジア的手法の主要な骨格をなす建築空間の内部調査と分析は部分的にしか行っておらず不十分である。ここではむしろ，家屋外部から捉えた配置状態の調査に主眼をおいている。これは現在までのところ，帝政時代における建物配置図や建物の連続平面図などの史料がなく，さしあたりは当時の写真から配置形態を引き出すことが最も確実に結果が得られる作業であったことによる。家屋内部に関する調査・分析は今後の課題となるが，敷地レベルでの配置形態が，ここで論述を進める上での判断基準となっている。それらの類型的な検討から，主に都市の経済活動と配置形態が関連していることを指摘し，これを考察上の基礎においている。

　第5章では，スヴェトランスカヤ通りという目抜き通りの空間形成を扱うにあたり，現存している建築物を中心的な史料としているが，同時に古写真・絵葉書による検討を加えている。この検討作業は現存している建築物に対する史料批判という手続きであると同時に，結果的には経年的な論述を行うかなめとなっている。古写真・絵葉書の利用にあたっては，①構図・撮影地点，②被写エリアを明確にし，次に撮影時期の特定をした。また方法論的な理解の一助になることを鑑み，使用した史料を末尾の資料編3に示した。

　一般的に目抜き通りの町並とは，東京の銀座通り，上海や長崎のバンドなどを例に取った成果[24]にも見られるように，都市化の進展とともにもたらされた富と資本の集積が建築物として結実し，集中的に現れたものとして捉えることができる。都市におけるその時代の経済や風俗などを体現した場であるゆえに，最も特徴的な建築物も現れていたであろう。[25] また多くの写真史料が残されたことは，この場（都市空間）がこの都市を最も端的に表現している「表舞台」と

して考えられていたことを示している。

　すなわち古写真・絵葉書を用いた方法は，帝政期の建築物が比較的多く現存していること，多くの写真史料が存在していることによってはじめて適用可能なものである。

　建築・都市分野ではこうした古写真や絵葉書などを，研究の素材として積極的に利用している成果は，ほとんど見られない。玉井が指摘するように，写真からは，絵画と違って都市の空間構成を客観的に確認できるという利点がある[26]。同時に，建築空間の構成のみならず，そこでの空間の使われ方や服装，風俗，習慣などの時代性の空間表出に関しても多くの内容を読み取りうる[27]。

5.6　新聞記事・商店広告の活用方法とその意義

　第6章においては，日本人居留者の都市内部での密度と広がり，それに生活様式に関して言及している。ここでは新聞記事，あるいは商店広告などを主要な史料として用いている。それらの資料的な価値に関しては前節で，またその具体的な利用にあたっての手続きは第5章冒頭で示すとおりである。これらは都市空間の主に社会的な側面を検討する際の素材として用いている。その活用方法と意義を述べることとする。

　新聞記事に関しては，掲載された記事単位でデータベースを作成した。入力画面の一例は図4に示すとおりである。ここには掲載年月日と掲載ページ，記事見出し，地名，登場する人名・民族を全て入力し，さらに記事内容を抜粋して収録した。さらに同種の記事内容を検索することを可能にするために，この記事に含まれる内容を表現する件名を設定し，これを1つの記事について複数個入力した。総計，1061件の記事を入力している。これにより，特定の民族・地名に関わる記事が検索可能となり，また著者が設定した件名からも検索が可能となる。こうしたデータベースの枠組みは，本研究の意図に即して設定したものである。またここで入力した記事は限られた期間のものであったため，データベース自体から引き出される内容は限定的なものであり，定量的に傾向をつかむには難点はある。しかしながら，ある特定の街路や特定の民族に関わる対象期間中の記事を一覧することでは，都市空間の出来事の舞台としての側面，あるいは生活の場としての側面を浮き彫りにすることができるのである。

```
                  掲載年  月   日      頁数          扱い
                  10    7   1      3            重要度  大変重要
      タイトル  財界不況を外に在留支人の発展／日露人の躊躇に乗じて／建築に事業に
              着々／他日の基礎を築く
      件名    建築／土地所有／不動産／
      地名


      人種・人物  中国人／在留外国人
      件名4
      備考    「当地の経済界は消沈その極に達し在留外国人中には断念して引き揚げる者もあ
              り又閉業するものもあるが此の間にありて在留支那人のみは着々発展の地歩を占
              めつつあり」「許可したる諸工事請願数は既報の通りなるが、以上夏期にはいる
              と共に勃興せる建築又建て増し工事の多くはいずれも支那人のそれにあらざるは
              なし。在留諸外国人は経済界の前途に対し遅疑躊躇し居る間に支那人が上述のご
              とくしんとして土着的に投資を辞せざるは以て彼等の如何に大胆なるかを見
              るべし」「表面は在留外国人は土地所有権無きが如きも其方法如何によりては所
              有権と殆ど同様の方法なきにあらず極東の政権も統一せらるるに至れば在留諸外
              国人に対しても無論土地使用権を許可するに至るなるべく日本人も今より大いに
              注目を要する所にして発展の基礎は結局不動産に囓りつかざれば不可なりと某有
              力者は語れり」
```

図4　データベース入力画面の一例

　次に新聞に掲載された商店広告も，居留空間の広がりを考える上で大きな手がかりを与えてくれる。その手順は第6章で示すが，広告内容をデータベース化し，それにより商店の配置を復元している。ここでは，いわば定量的な処理によって商店広告の情報を整理し，結果的に商店の密度に現れた日本人の居留空間の広がりを明らかにしている。

　本研究では扱いきれなかったものの，さらに長い期間にわたるデータベースを構築することにより，都市空間内部の特異点を発見することもできるのである。そうした都市空間における舞台性とその形態的な特徴との連関を考察することは，都市空間の歴史を重層的に理解する上で効果的な手法であろうことはいうまでもない。

5.7　用語の定義

1) 帝政期

　本研究は，ウラジオストク中心市街地の形成を通して，東北アジアにおける

ロシア植民都市の形成のされ方の一端を明らかにする、という意図がふくまれる。したがって本研究での研究対象となる時期は、ロシア帝政下の時期であり、ウラジオストクの場合、具体的には1860年の開基以降が対象となる。そして帝政下の安定した政治体制はロシア革命の東漸によって崩されていくが、シベリア出兵も重なり、政治的に不安定な状況になる1917年が1つの区切りとなる。本研究の主要な対象である帝政期とは一般に1917年までを指すが、特に日本との関わりを論じる部分においては、その居留人口数から考えても、シベリア出兵下の状況において、最も日本人の影響が市内に見られていたため、日本軍が引き揚げる1922年までを対象としている。また、他の都市における都市形成を一体的な文脈として扱う部分（主に第1章）やソビエト時代以降の空間変容を概観する部分（主に第7章）においては、然るべき前後の期間も論述の対象時期となっている。

2）ウラジオストク中心市街地

　本研究の対象領域となるのは、ウラジオストク中心市街地であるが、これは後の第1章で見るとおり、開港期のルビアンスキーによる計画によって、市街化するべき範囲として示された区域を指す。ウラジオストク中心市街地は帝政ロシア時代に生み出され、かつ建設活動の集積が最も長く見られたエリアである。

3）東北アジア

　すでに示したとおり、東北アジアや北東アジアという語が指し示す範囲には、それぞれの学問領域に内包している関心の広がりと研究史の蓄積から、多様な解釈がもたらされている。近代における都市形成の歴史を扱う本研究においては、東北アジアの地域をウラジオストクの都市形成を見る上での後背地として捉えている。特に東北アジアに進出した最初の近代主権国家としての帝政ロシアによる都市形成に着目し、その影響が及んだ範囲を当面の問題領域として規定することとする。具体的には、1858年の愛琿条約以降に帝政ロシアによる都市形成が及んだ地域として、ロシア極東北部、ロシア極東（沿海地方、ハバロフスク地方、アムール州）と、中国東北、すなわち現在の遼寧省・吉林省・黒竜江省を指すこととする。

4) ロシア極東

前項の表記のうち，現在のロシア領である沿海地方・ハバロフスク地方・アムール州を指すこととする。

注

1 ウラジオストクにおいて1860年代から1960年までの100年間に建てられた住宅の総数は，1960年から70年までの10年間に建てられた住宅の戸数とほぼ一致する。これはフルシチョフ政権の政策に起因するものであるが，これにより急速に広がった郊外の住宅地と中心市街地とでは著しく対照的な風景を見せている。Riabov, N. S., Obertas, V. A., *Istorii Zastoroiki, Vladivostoka*, Primorskoe knizhnoe izdatel'stvo, 1960, p.47.

2 とはいえ，これに関して日本国内で発表された成果は，主に日露交流史に関わる領域でのものである。例えば土岐康子「極東ロシアと日本人娼婦」(所収：『ロシア史研究』No.57, 1995)，イヴァノヴァ (左近毅訳)『ロシア文化と近代日本』訳者解説「ロシア沿海州の日本人たち　1900年代」(世界思想社, 1998)，倉田有佳「1930年代はじめのソ連極東から日本への脱出・漂着者」(所収：『地域史研究　はこだて』No.28, 函館市, 1998) など。その他，下里は，アムール州ブラゴベシチェンスクの郷土史文献などにおける歴史表象に関して以下で論じている。下里俊行「ブラゴベシチェンスク表象」(所収：『環日本海学会第5回大会報告集』1998)。また，岡はロシア極東に関する近年の研究成果をほぼ網羅的に紹介している。岡奈津子「ロシア極東：日本における発展途上地域研究1986～1994・地域編」1995 (所収：『アジア経済』Vol.36, No.6～7, アジア経済研究所, 1995)。また近年の最大の成果といえる原暉之『ウラジオストク物語』三省堂, 1998, はウラジオストクの通史を通じて，極東地域の形成を歴史的に述べている。

3 Stephan, John J., *The Russian Far East: a History*, Stanford University Press, Stanford, 1994, p.7.

4 国内における関連成果は，主に日本人建築家・技術者による建設活動に焦点をあてたものが多いが，改めてロシア側の建設活動をロシア極東との関連から探ることにも東北アジアの近代史を理解する上で，重要な意義がある側面だと思われる。この点に関して，筆者は今後も研究を続ける予定であるが，特に東清鉄道住宅地区に関しては部分的に以下の成果がある。山崎壮一・佐藤洋一他「東北アジア・環日本海圏の都市空間に関する調査研究　その1. 中国・大連市旧『行政市街』におけるロシア時代の建築物の残存状況」1998年度日本建築学会学術講演梗概集 (F-1)，中野友貴・佐藤洋一他「中国・ハルピン，大連における旧東清鉄道住宅地の街区形態の変容について」1999年度日本建築学会学術講演梗概集 (F-1)。

5 東北アジア，あるいは北東アジアという言葉の指し示す地理的範囲は，学問領域によって相当に異なったものとなっている。菊池によれば，古代文化を扱う考古学の領域においては，北東アジアとは，中国吉林省・黒竜江省・内蒙古自治区北東部，ロシア連邦サハリン・沿海地方・アムール河流域・レナ河流域，バイカル湖からベーリング海峡までのシベリア北東部，オホーツク海北岸地域・カムチャツカ半島・千島列島を含む地域として使われている。また地域研究の領域では北東アジアとは，中国東北三省 (遼寧省・吉林省・黒竜江省)，朝鮮半島，ロシア極東 (沿海地方・ハバロフスク地方・アムール州)，モンゴル国を指している。東洋史学の領域における東北アジア史研究が扱う範囲は，中国東北と朝鮮半島を指している。一方，この中国東北と朝鮮半島という範

囲は，例えば欧米においては北東アジアと呼ばれている。また古厩によれば，中国における地域研究の領域では，東北アジアとは，狭義には中国東北，ロシア極東，北海道，朝鮮半島を指し，またより広範囲な定義として，日本，ロシアのシベリア，モンゴル，中国の華北を加え，さらに中国の華東や香港，北米までを含める考え方すらあるという。東北アジアや北東アジアという語が指し示す範囲には，それぞれの学問領域に内包している関心の広がりと研究史の蓄積から，多様な解釈がもたらされているのである。また日本政府は公式には，東北アジアでなく，北東アジアという用語を用いている。経済交流などの観点からも北東アジアという用語が用いられていることが多い。この違いについて中見は，一般的に方位を表す語順が英語表記（North East）と漢字圏で違うことに起因していると述べている。また我が国において近年頻繁に用いられる環日本海地域（あるいは環日本海圏）が指し示す範囲に関しても諸説があり，近隣諸国での解釈も併せて検討すると，その見解は一致しているものではない。このような用語の錯綜は，東西の冷戦時代において形成された国家間の断絶関係が，実体的な圏域（経済的・政治的）の形成を阻んできたことに起因していると考えられる。菊池俊彦『北東アジア古代文化の研究』北海道大学図書刊行会，1995, (i)頁, 古厩忠夫「環日本海地域の歴史像　歴史認識の共有空間拡大のために」（所収：古厩忠夫『東北アジア史の再発見　歴史像の共有を求めて　環日本海叢書3』有信堂，1994）25頁, 多賀秀敏「環日本海圏の創出—地方的単位の実験」（所収：多賀秀敏編『国境を越える実験　環日本海叢書1』有信堂，1992）18頁, 中見立夫「"北東アジア"からみた"東アジア"」（所収：濱下武志編『東アジア世界の地域ネットワーク』山川出版社，1999）．

6　Wolff, David "Russia Finds Its Limits: Crossing Borders into Manchuria"（所収：Kotkin, S., Wolff, D. 〈ed.〉, *Rediscovering Russia in Asia: Siberia and the Russian Far East*, M. E. Sharp, New York, 1995, p.40. multi-ethnicityという語は同論文による。

7　中見前掲論文。中見は，また，東北アジアの地域名は，ほとんど外部世界から来た人間によって命名されていることを指摘している。

8　開発初期段階において，食糧の供給はほぼ中国人・朝鮮人の移住農民に頼っていたこと，その他の様々な物資も基本的に輸移入によっていたこと，その後も，特に食糧供給に関わる各都市のバザール（市場）の活動は，主に，中国人によって支えられていたとの文献記述などからも明らかである。こうした点は第3章を参照のこと。

9　ロバート・ウィリアム・デイヴィス（富田武他訳）『ペレストロイカと歴史像の転換』岩波書店，1990．

10　Morgun, Z. F., "Iaponskaia diaspora vo Vladivostoke (strantsy istorii)"（所収：*Izvestiia Vostochnogo Instituta*, No.3, Dal'nevostochnyi gosudarstvennyi universitet, 1996, pp.90-108）などのほか，ウラジオストク・アルセーニエフ郷土博物館でもこの問題に関する関心が高まっている（1999年度調査の際のヒアリングより。1999年8月）。

11　Primorgrazhdanproekt, *Istoriko-arkhitekturyi opornyi plan tsentral'noi chasti g. Vladivostoka*, Vladivostok, 1990.

12　Vigovskaia A. (et al.), *Glavnaia Ulitsa Vladivostok*, Dal'nevostochnyi politekhnicheskii institut kafedroi arkhitektury（極東工科大学建築学科），Vladivostok 1985.

13　橋本哲哉「戦前期北陸地域を中心とした対岸交流観の検討」（所収：『金沢大学経済学部論集』第10巻第2号，金沢大学経済学部，1990），古厩忠夫『裏日本：近代日本を問いなおす』岩波書店，1997, 原暉之「対岸航路と対岸貿易」（所収：『ロシア研究』第25号，日本国際問題研究所，1997）など参照．

14　満鉄調査部のソ連調査に関しては，以下が詳しい。佐藤健雄（談）「満鉄のソ連調査　特別連載満鉄調査関係者に聞く　第20回」（所収：『アジア経済』XXVIII-9, アジ

ア経済研究所，1987.9）。
15 この経緯は，前掲佐藤（注14）に経過が記されている。
16 『浦潮日報』の概要については，サヴェリエフ・イゴリ「日本語新聞『浦潮日報』とウラジオストック日本人移民：研究ノート」（所収：『移民研究年報』第2号，東出版，1996.3），及び橋本哲哉「「シベリア出兵」期における『浦潮日報』」（所収：古厩忠夫『東北アジア史の再発見　歴史像の共有を求めて　環日本海叢書3』有信堂，1994）などを参照。
17 前出注16。
18 玉井哲雄「都市史における都市空間研究」（所収：高橋康夫，吉田伸之編『日本都市史入門Ⅰ　空間』東京大学出版会，1989）131-132頁。
19 『広辞苑』岩波書店，1992。
20 同上書。
21 例えば，玉井前掲論文中の記述の他，玉井哲雄『江戸　失われた都市空間を読む』平凡社，1986。
22 居留地に関する都市形成史的な研究としては，菱谷武平『長崎外国人居留地の研究』九州大学出版会，1988，堀田暁生，西口忠共編『大阪川口居留地の研究』思文閣出版，1995，横浜開港資料館，横浜居留地研究会編『横浜居留地と異文化交流：19世紀後半の国際都市を読む』山川出版社，1996，横浜開港資料館，横浜居留地研究会編『横浜の近代：都市の形成と展開』日本経済評論社，1997，横浜開港資料館『図説横浜外国人居留地』有隣堂，1998など。また各都市の比較を行ったものとして大山梓『旧条約下に於ける開市開港の研究：日本に於ける外国人居留地』鳳書房，1967のほか，村田明久『開港7都市の都市計画に関する研究』早稲田大学博士論文，1993がある。
23 陣内によるティポロジア的手法の紹介は，陣内秀信『都市のルネサンス：イタリア建築の現在』中央公論社，1978，同『都市のルネサンス：イタリア建築の現在』鹿島出版会，1978，同『都市を読む　イタリア』法政大学出版局，1988などに見られる。また，この手法を国内で最も早く取り入れた研究は，東京大学稲垣研究室編（稲垣栄三・主査）『奈良盆地における住宅地形成の解析』1982，同『大和郡山城下町における住宅地形成の解析』1984，ともに新住宅普及会住宅建築研究所，が知られる。
24 銀座に関しては，江戸東京博物館による銀座通り朝野新聞社付近（現・銀座四丁目交差点）の復元模型（同博物館常設展示）のほか，「銀座煉瓦街建設始末：市区改正の端緒（東京都史紀要第4）」東京都総務局文書課，1950，藤森照信『明治の東京計画』岩波書店，1982，初田亨『銅版画からみた明治10年代後半の銀座の都市構造と建築』（所収：『日本都市計画学会　都市計画論文集』No.31，1996），上海バンドについては，村松伸『上海・都市と建築：1842-1949』PARCO出版，1991，また世界各地の都市における主要な街路の社会史的研究には，Celik, Z., Favro, D., Ingersoll, R. (ed.), Streets : Critical Perspectives on Public Space, University of California Press, 1994が知られる。
25 また本研究では取り上げられない今後の課題としては，同様に帝政時代の多くの建築物が現存している他のロシア極東・中国東北の都市における目抜き通りとの比較であろう。これにより少なくとも各都市の表舞台の形成上の特質は明確にされうる。そしてこれらの都市においても同様に多数の写真史料が残されており，同様のアプローチから研究を進めることも可能である。
26 玉井による前掲の論文中。
27 こうした写真の活用に関しては，特に民俗学分野では一般に見られるものである。例えば，須藤功編『写真でみる日本生活図引』（第1巻〜8巻，別冊）弘文堂，1988〜1993は，主題別に多数の写真の解読を行っているものである。また，「ヤミ市模型の調

査と展示（東京都江戸東京博物館調査報告書第2集）」東京都江戸東京博物館，1994には，こうした写真資料の解読をはじめ，文献，ヒアリング，地図などを手がかりに第二次大戦直後に新宿東口に発生したヤミ市を模型として復元した過程が記録されており，本研究もこうした方法論を参考としている。

第1章

ロシア極東植民都市の
初期市街地計画における空間条件

1. はじめに

1.1 帝政ロシアの東進と極東地域

　16世紀より，主にコサック隊を前面に水路を使いつつシベリアを陸続きに東進した帝政ロシアの拠点形成は，領土が確定していない先住民の生活空間であった地に侵入して進められた。その始まりとされるエルマーク（Yermak）によるシビル（Sibir）占領（1581年）以降，急速な勢いで東進を続けた（図5，表2）。その展開の原動力であったのは，黒テンをはじめとする高級毛皮用動物の猟場の確保であり，1648年にはユーラシア大陸東端のアナディルスク（Anadyrsk）にまで達した。彼らはヤサーク（Iasak：毛皮税）を原住民に課し，支配領域を拡張していった。16世紀末から17世紀半ばにかけての半世紀余りの初期の展開過程においては，移動手段に起因して，主に川の合流点や連水陸路に要塞が設けられた。その地域は北に偏り，ほとんどがタイガ地帯であった。居住性の高い森林ステップ地帯への南進は，各地で試みられたが，原住民である遊牧民の激しい抵抗を受けた。

　アムール川（Amur，中国名：黒竜江）流域への南下は，1640年代以降に始まり，アムール川に面したアルバジン（Albazin：1651年開基），アムール川上流のシルカ川（Shilka）に面したネルチンスク（Nerchinsk：1659年開基）という拠点が形成されたが，ここでも，モンゴル人，および彼らが従属下にあった中国（清）の激しい抵抗を受けた。1682年に中国軍がアムール川右岸の愛琿（アイグン）に根拠地を建設した後は，流域での軍事活動が活発化する。結局1689年のネルチンスク条約により，ロシアはアムール川流域から撤退し，流域北側のスタノボイ山脈（Olektinskii Stanovik）の分水嶺が，中露国境と定められた。

　その後約150年にわたり，アムール川流域の中露関係は平穏な時期が続くが，1847年にムラヴィヨフ（N. N. Murav'ev）が東シベリア総督（general-guvernator Vostochnoi Sibiri）に就任すると，アヘン戦争によるイギリスの中国進出に対抗すべく，アムール川流域への再進出に乗り出す。1849年ムラヴィヨフの部下

図 5 帝政ロシアの東進過程と拠点の建設（出典：Kotkin, Wolff 〈ed.〉, *Rediscovering Russia in Asia*, 1995 に加筆）

であったネヴェリスコイ（G. I. Nevelskoi）が，カムチャツカ半島ペトロパブロフスク（Petropavlovsk：1740年開基）に根拠地をおき，アムール川河口調査を開始した。翌年，河口付近にニコラエフスク（Nikolaevsk：現ニコラエフスク・ナ・アムーレ）などを設置，その後もこの流域でロシア人占領の既成事実が積み重ねられ，すでにロシア皇帝から中国（清）との一切の交渉権を一任されていたムラヴィヨフは，1858年に清国政府との愛琿条約の調印にこぎつけ，アムール川以北の領土はロシアへ割譲された。また続く1860年の北京条約においては，ウスリー川と日本海との間に挟まれた区域（のちの沿海州：Primorskii oblasti）をロシアへ併合することが承認された。

図5は，ロシアの東進過程で築かれていった拠点の開基年を示している。Stephanは「ロシア極東（Dalni Vostok Rossii）」という概念を歴史的に考える際には，一地方から世界の半分の事柄までを参照せざるをえない，とし，その概念上の伸縮性を指摘している。これは西シベリアから東シベリア，カムチャツカ半島，ベーリング海峡を越えたアラスカへ，それに現在の極東地域，そして19世紀末には中国東北地方までへと拡張していった歴史的過程を一連のもの

第1章　ロシア極東植民都市の初期市街地計画における空間条件………41

表2 シベリア・極東における帝政ロシアの東進（1581～1905年）

年	出来事
1581	コサック部隊を引き連れたエルマークによるシビル占領。東方進出の端緒とされる。
1604	トムスクに根拠地設置。トム川流域に侵入。その後西シベリアの併合は1620年までに完了する。
1628～	中央シベリアへの侵入。北はマンガゼア（1601），南はエニセイスク（1618）という根拠地から侵入。1628年にエニセイスクから人を送り，クラスノヤルスクとカンスクに要塞を築いた（1628）。
1632	中央シベリア・ヤクートの地に，エニセイスクからきたコサックがヤクーツクを設置。
1639	遠征隊，ヤクーツクを基点としてオホーツク海岸に到達。1647年には，オホーツク砦が築かれる。
1640年代以降	アムール川流域にロシアの進出始まる。ヤクーツクから探検隊が派遣される。最も重要な要塞はネルチンスク（1654）であった。沿岸のアルバジン（1651）にも砦を築いたが，のちのモンゴル人，中国軍の激しい抵抗にあう。その後，中国人は新たに建設した愛琿を根拠地にして（1682），新しい軍事活動を展開した。ネルチンスク条約（1689）でアムール流域は清国領として確定し，この地域での利害関係は減少する。
1648	コサックがユーラシア東端の奥をさまよった末，アナディル川近くの沿岸にたどり着く（アナディルスク）。
1652	アンガラ川の最上流域にイルクーツクが作られる。1665～66年に先住民ブリヤートの反乱があり，イルクーツクは包囲される。
1689	露清間でネルチンスク条約。アムール川流域が自国の国境外であることをロシアは確認。キャフタを経由した露清間貿易開始。
1703	サンクトペテルブルグ建設。
1727	キャフタ条約。キャフタを通る公認の貿易ルートを除いて，ロシアと中国の国境は閉鎖される。北モンゴルとシベリア南端の森林を結ぶ移住が閉鎖された国境によって歴史上初めて阻止される。ベーリング，ピョートル大帝の命を受け，オホーツクよりシベリア沿岸を北上し，ベーリング海峡を発見。その後，1740年以降にアリューシャン列島，アラスカ海岸の探検に出る。アラスカに上陸。
1740年代以降	バラバ・ステップを横断する要塞ラインを結ぶ駅逓制度ができる。これは1760年代に創設されたモスクワ—シベリア間の街道（トラクト）の前触れ。1763年以降建設されたトラクトの全線でロシア人の駐屯地と村が出現し，両側に広がるステップが，ロシアの人々にとって容易に近づきやすいものとなった。一方でトラクトは，森林の野生生物と放浪する狩猟民族の両者に有害な影響を与えた。
1753	国内の関税障壁を廃止。個人経営の商業・製造業が大いに発達し，トボルスク，チュメニ，イルクーツクなどで商人階級が権力を握る。

年	出来事
1762	政府による対中独占貿易が終了。 これにより、シベリアの町とキャフタを結ぶ中国貿易の商品輸送は私的企業により運営されることになる。1760年代〜1820年代まで、中国との毛皮貿易が栄え、これが原因でロシア人商人はさらに遠く離れた新しい毛皮の産地を求め続けることになる（オホーツク・アラスカのアザラシ・ラッコ猟）。
1847	ムラヴィヨフ、東シベリア総督に就任。
1849	ネヴェリスコイ、ペトロパブロフスクに入港、アムール川河口調査開始。翌年河口付近に、将来ニコラエフスクの町となるものを含めて、2つの軍事駐屯地を設置。3年後、ネヴェリスコイは日本海の中国沿岸に、ロシア駐留地を2ヵ所に設けた。アムール川周辺で、ロシア人占領の既成事実が着々と積み重ねられた。
1854	ムラヴィヨフ、皇帝から清国との交渉権を一任される。これに基づき、1858年に、アムール左岸をロシア領とすることを規定した愛琿条約、1860年には、さらに沿海州をロシア領として規定した北京条約の調印にこぎ着ける。
1858	ブラゴベシチェンスク、ハバロフスク開基。
1860	ウラジオストク開基。
1867	アラスカをアメリカ合衆国に売却。
1891	皇太子ニコライ臨席の下、ウラジオストクでウスリー鉄道起工式。1879年にハバロフスクまでつながる。
1892	オデッサ—ウラジオストク間の航路が運航を開始。これにより、陸路での移民の輸送が、海路主体となる。
1896	中国政府は、ウラジオストクとチタを結ぶ満州を横断する鉄道建設の利権をロシアに与える（露清同盟密約）。 この東清鉄道（1897設立）は、1897年から1904年にかけて建設される。1898年には旅順大連港の租借に関する条約が締結される。満州地域でロシアによる都市建設が始まる。ハルビン（哈爾浜：1898〜）、ダルニー（大連：1898〜）、ポルト・アルツール（旅順：1898〜）など。
1900	ブラゴベシチェンスクでコサックによる中国人大虐殺（5,000人以上の犠牲者）。 この頃より、「黄禍論」が盛んとなり、1910年以後アジア人労働者をアムールの鉄道建設や国家プロジェクトに参加させないことが公式的方針となり始めた。1911〜13年に、約15万人のロシア人労働者を導入、労働者不足対策を施す。1914年にロシア極東総督が、中国人に対する「根絶戦争」に乗り出し、領地から彼らを追い出そうとした。
1904	日露戦争（〜1905年） ハルビンとの鉄道連絡を切断して、旅順港を5ヵ月にわたって包囲。日本とロシアの大軍が、1905年2月まで奉天で対峙した後、ロシア軍はハルビンまで退却。この後ロシア政府はポーツマス条約を受け入れ、遼東半島、南満州鉄道、サハリン島南半分を日本に譲渡した。

資料：Stephan, *The Russian Far East : A History*, 1995, Kotkin, Wolff(ed.) *Rediscovering Russia in Asia*, 1995, 原『ウラジオストク物語』1998, フォーシス『シベリア先住民の歴史』1998。

として検討する必要性を示している。

極東地域に位置するブラゴベシチェンスク，ハバロフスクは愛琿条約を根拠として，ウラジオストクは北京条約を根拠として19世紀後半から建設が進められた都市である（図6）。ほぼ同時期に形成が始まった3都市は，ヨーロッパロシアから見たまさに東の果ての地域に存在しており，また中露間の国際条約によって清国から割譲を受けた領域内にあることも含め，シベリア地域の諸都市とは出自の経緯を異にしている。シベリア・極東の帝政ロシア植民都市の系譜においては，末期に位置するものとして捉えることができると思われる。

1.2 内外の研究状況

本章に関わる内外の研究状況を以下簡潔にまとめておく。

1.2.1 国内

国内においてシベリア・極東での帝政ロシアによる都市形成を扱った研究は極めて少ない。後の19世紀末に帝政ロシアが，東清鉄道敷設とともに侵入した中国東北地方における歴史に関しては，ハルビン（Harbin），大連（Dalian）に関する越沢の研究と，中国東北地方の都市と建築を紹介した西澤の著書がある。解放前までの両都市の都市形成を，主に計画的な側面から論じる越沢の2つの研究[3]では，ハルビンに関してはその前半部分で，また大連に関しては最初の部分で帝政ロシアによる計画が扱われている。西澤の2つの著書[4]においても，冒頭において帝政ロシアの極東政策の経緯が紹介されているが，これらの成果の中では，ロシア極東諸都市に関しては部分的にふれられているにすぎない。またウラジオストクの都市形成を対象としたものとしては，原及び筆者らの研究があるのみである。原の研究[5]は，帝政期のウラジオストクの都市史を多角的に論じているが，初期市街地計画策定当時の空間的な事象には関心が向けられていない。一方筆者らによる研究[6]は，ウラジオストク中心市街地における2つの地区の空間形成を事例的に論じたものであり，初期の計画は十分に検討されていない。

図6 ロシア極東地域及び東北アジア

1.2.2 ロ シ ア

　一方ロシアにおける研究成果のうち，16世紀後半〜20世紀初頭のシベリア・極東の諸都市の形成を対象とした近年の研究では，その多くが単一都市を対象としたモノグラフである[7]。

　このうち特に注目すべきなのはProskuriakova, Kradin, Obertasによる研究である。Proskuriakovaの研究[8]では，西シベリアから東シベリアにかけての諸都市の都市骨格形成の特徴を明らかにしているが，極東地域に関してはふれられていない。またKradin[9], Obertas[10]らの成果にはそれぞれハバロフスク，ウラジオストクの都市・建築に関するモノグラフが含まれるが，両者とも全体として建築物に関心が向けられ，初期の市街地計画にふれてはいるものの，その空間条件に対する踏み込んだ検討は見られない。

第1章　ロシア極東植民都市の初期市街地計画における空間条件………45

1.3 分析の方法

1.3.1 検討内容
本章では，3都市の初期の市街地計画図，市街地図及び文献から計画の空間条件を検討し，その比較から都市間の共通点，相違点を明らかにする。空間条件の具体的な検討内容は，①計画範囲と土地条件，②市街地骨格パターン，③街路及び街区寸法，④土地ロットの分割方法と寸法，⑤施設配置である。

1.3.2 初期の市街地計画に関する記述文献
本章で参照する各都市の初期状況に関する文献及び既往研究は，以下のとおり。

①ブラゴベシチェンスク：*Blagoveshchensk- fotorasskaz*, Gosudarstvennoe proizvodstvenno-kommercheskoe izdatel'stvo Zeia, Blagoveshchensk, 1998.
　〈内容〉ブラゴベシチェンスクの写真集であるが，軍事拠点の設置前後（1856～60年ごろ）の経緯，建物数等に関する記述がある。

②ハバロフスク
　a.：Kradin, N. P., "Khabarovsk Istoricheskii", 1998（所収：*Dal'nii Vostok*, Institut istorii, arkheologii i etnografi narodov Dal'nego Vostoka, Vladivostok 1998. pp.5-6).
　　〈内容〉主に帝政期の都市建設に関する研究論文。ハバロフスクの軍事拠点設置前後の経緯にふれているが，情報の出所などは明記されていない。
　b.：*Khabarovskii krai*, Izdatel'stvo Utro Rossii, Vladivostok, 1996.
　　〈内容〉ハバロフスク地方の歴史に関する写真集。軍事拠点の設置前後（1856～1860年ごろ）の経緯に関する記述があるが，これも情報の出所などは明記されていない。
　c.：*Khabarovsk : geograficheskii atlas*, Glavnoe upravlenie geodezii i kartografii, Moskva, 1988.
　　〈内容〉ハバロフスク地方の地図集。この中で都市建設に関する概説的な記述がある。

③ウラジオストク
　a.：Krushanov, A. I. "Nekotorye voprosy sotsial'no-ekonomicheskoi storii

Vladivostoka (1860-1916)" 〈所収：*Materialy po istorii Vladivostok, Kn. 1-2*, Primorskoe knizhoe izdatel'stvo, Vladivostok, 1960〉.

〈内容〉ウラジオストクの歴史に関する論文集に含まれる「ウラジオストク社会経済史に関するいくつかの問題（1860-1916）」という論文。この中で初期の都市人口及び家屋数についての統計がある。この出所は明らかではないが，アルヒーフに基づいたものと思われる。b.のObertasもこの内容を引用している。

b.：Obertas, V. A. "Formirovanie planirovochnoi sturuktury Vladivostoka v XIX v", 1976, Stroiizdat, Moskva 〈所収：*Arkhitekturnoe nasledstvo*, No.25, Stroiizadat, Moskva〈1976〉, pp.85-94〉.

〈内容〉ウラジオストクの都市建設に関する論文。初期の市街地計画に関する経緯にふれている。情報の出所も明記されているが，完全ではない。また，計画条件に関しての記述は後出のc.より引用しているが，その引用が完全ではない。

c.：Matveev, N. P., *Kratkii istoricheskii ocherk g. Vladivostoka*, izdatel'stvo Ussuri, Vladivostok, 1990.（再版）

〈内容〉ウラジオストクの歴史資料集。1910年の出版物の再版。初期の市街地計画前後の状況，住民の動向などにもふれている。アルヒーフなど一次資料に依拠しているものと思われる。

このように，部分的に信憑性の低いものも含まれるが，主に記述内容に含まれる客観的な事実関係のみを抽出することとした。また複数の文献の間で齟齬が見られる箇所に関しては，該当個所に注を設け，その旨を記した。

1.3.3 初期市街地計画図，市街地図

計画内容の直接の検討材料となるのは地図Ⅰ～Ⅲ（図7～9）である。各図の表記内容は同一ではなく，原地形との関連や骨格パターン，大規模な都市施設に関する情報は得られるものの，街路・街区寸法を推定する際には，縮尺の精度が粗いものも含まれる。本章では，以上の図面を初期市街地計画を検討する主な対象とするが，寸法の推定及びロット割りについては，その後1900～10年代発行の市街地図（地図Ⅳ～Ⅴ：図10，図11）を補足的に使用する。

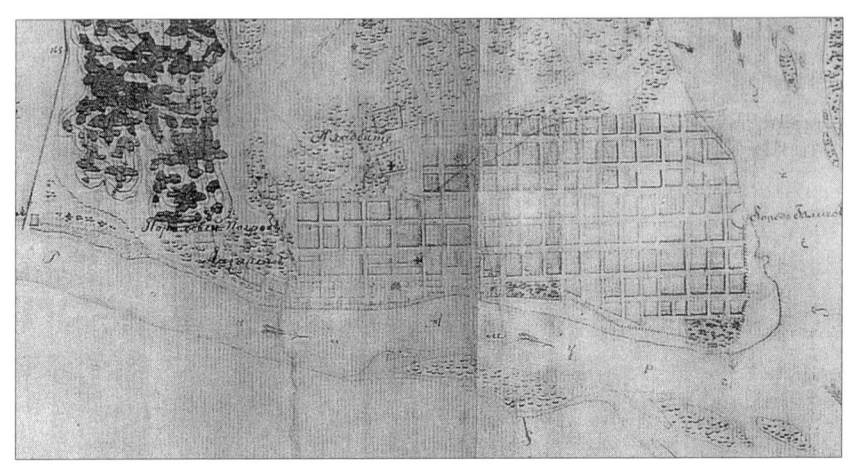

図7 地図Ⅰ：ブラゴベシチェンスク（"Plan Gorodskoi Zemli" 1869〈部分〉）

内容は以下の通りである（ウェルスタ＝1.067km，サージェン＝2.13m）。

・地図Ⅰ：ブラゴベシチェンスク（図7）
　①名称・作成年（所蔵）："Plan Gorodskoi Zemli" 1869（ブラゴベシチェンスク市役所〈Administratsiia g. Blagoveshchensk〉所蔵）。
　②縮尺：約42,000分の1（原図中1インチ＝1ウェルスタ）
　③図中の表記内容：市街地計画の範囲と街路骨格パターン。これらの表記の他，後背の河川・森林などの自然地形が等高線を含めて広い範囲で描かれている。また測量地点とその番号もプロットされている。地形測量士（topograf）による作図と思われる。

・地図Ⅱ：ハバロフスク（図8）
　①名称・作成年（所蔵）："Plan Proektiruemogo Goroda" 1864（ハバロフスク地方博物館〈Khabarovskii Kraevedcheskii muzei〉所蔵）。
　②縮尺：約3,500分の1
　③図中の表記内容：市街地計画の範囲と街路骨格パターン。街区のロット分割線や，各種施設の名称と番号もプロットされている。また，各街区には通し番号が付されている。市街地計画の範囲のみ描かれており，後

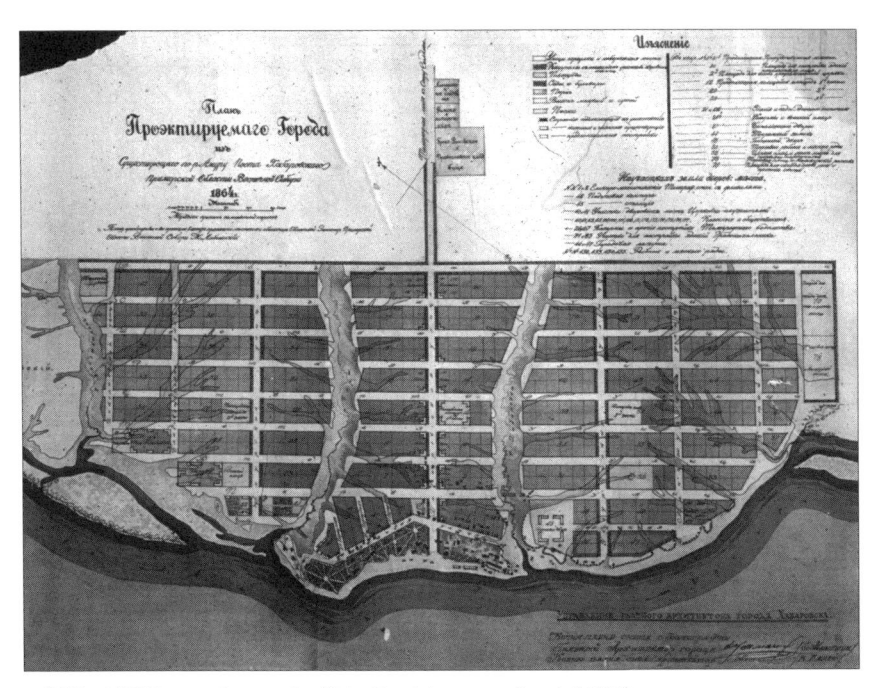

図8 地図Ⅱ：ハバロフスク（"Plan Proektiruemogo Goroda" 1864）

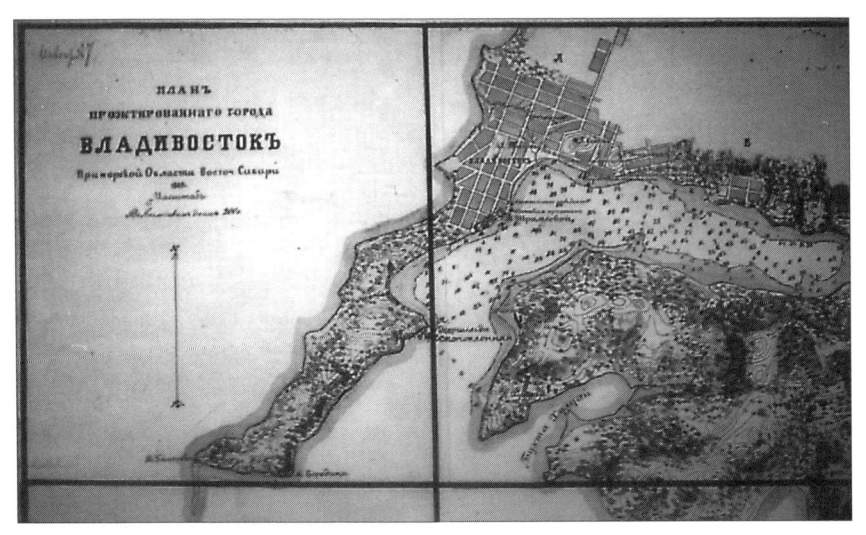

図9 地図Ⅲ：ウラジオストク（"Plan Proektirovannogo Goroda Vladivostok Primorskoi Oblasti Vostoch Sibiri" 1865〈部分〉）

第1章 ロシア極東植民都市の初期市街地計画における空間条件………49

背地の情報は表記されていない。

・地図Ⅲ：ウラジオストク（図9）
　①名称・作成年（所蔵）："Plan Proektirovannogo Goroda Vladivostok Primorskoi Oblasti Vostoch Sibiri" 1865（ウラジオストク要塞博物館〈Muzei Vladivostokskoi kreposti〉所蔵）。
　②縮尺：約22,000分の1（推定）
　③図中の表記内容：市街地計画の範囲と街路骨格パターン。湾の水面部分には水深表示があり，また後背の河川・森林などの自然地形が等高線を含めて描かれている。市街地北側が広い範囲にわたり不自然に白く塗りつぶされているが，これは軍事機密の観点から後年なされたものと推定される。

・地図Ⅳ：ブラゴベシチェンスク（図10）
　①名称・作成年（所蔵）："Plan g. Blagoveshensk Amurskoi Oblasti" 推定1910年代（筆者所蔵）。
　②縮尺：8409分の1（原図中の1インチが100サージェン）。
　③図中の表記内容：ロット割りとロット番号，それに街区単位でふられている通し番号が見られるのが特徴。市街地図のなかでもかなり詳しく，街区寸法も概ね算定することが可能である。

・地図Ⅴ：ウラジオストク（図11）
　①名称・作成年（所蔵）："Plan Syshchestvuiushchago i Proektirovannago Raspolozheniia Oblastnogo Goroda Vladivostoka Primorskoi Oblasti" 1910（ウラジオストク極東研究協会図書室〈Library of Far Eastern Study Society〉所蔵）。
　②縮尺：10,272分の1（原図中の1cmが50サージェン）
　③図中の表記内容：ロット割りとロット番号，それに街区単位でふられている通し番号が見られるのが特徴である。市街地図の中でもかなり詳しく，街区寸法も概ね算定することが可能である。

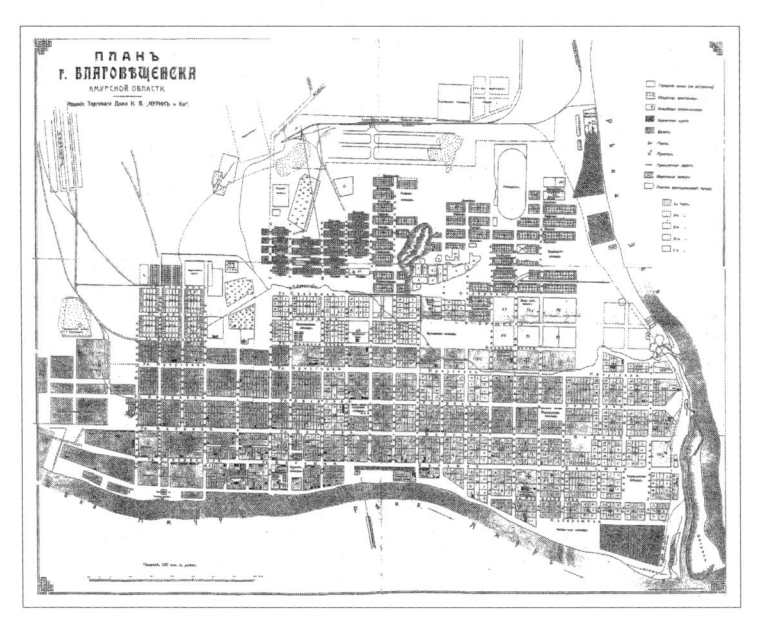

図10 地図Ⅳ：ブラゴベシチェンスク（"Plan g. Blagoveshensk Amurskoi Oblasti" 推定1910年代）

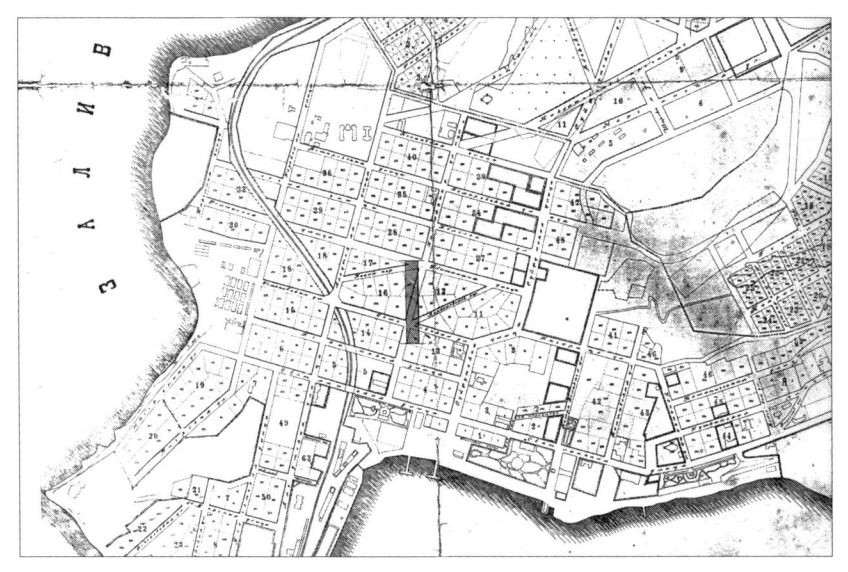

図11 地図Ⅴ：ウラジオストク（"Plan Syshchestvuiushchago i Proektirovannago Raspolozheniia Oblastnogo Goroda Vladivostoka Primorskoi Oblasti" 1910）

第1章　ロシア極東植民都市の初期市街地計画における空間条件………51

2. 文献に見られる市街地計画前後の状況

市街地図の分析に先立って，文献による情報をもとに，各都市の市街地計画までの状況を整理しておく。

2.1 計画前までの状況

計画前における状況を各都市ごとに整理しておく。

2.1.1 ブラゴベシチェンスク

①拠点の選定・設置：1856年にコサック隊がウスチゼイスク（Ust'-Zeisk）という名の根拠地を設営する以前は，中国名・海蘭泡（ハイランパオ）という名の集落が付近にあったとされている。コサック隊の根拠地は，その後市街となる場所よりも4～5ウェルスト（1ウェルスタ=1.067km）下流に造られていた。1858年にブラゴベシチェンスクと命名され，アムール川（黒竜江）とゼーヤ川の合流地点を中心に海軍の手によって新たな拠点が造られた。

②市街地計画策定前の建物・人口：最も初期の建物は，軍務知事の住居，軍政府の建物，官僚と軍の上官用の住居，コサック隊の本部であり，建設資材などの運搬はコサック兵の義務とされた。1859年の末には，24の官有建物と5つの民間の建物があったが，その一年後には，それぞれ59件と24件と増えている。1858年の人口は約1,500人で，65年には3,000人を数えている。最初の市街地計画が立案されるのが1862年であるが，この年にはすでに市街地構成の基本形と5本の街路（ボリショイ，ナベレージュナヤ，ゼイスカヤ，アムールスカヤ，レローチュナヤの各通り）が姿を現していた。

2.1.2 ハバロフスク

①拠点の選定・設置：1858年にアムール川に対してほぼ直角に迫る3つの高台を含む一帯をハバロフカ（Khabarovka）[12]と命名し，拠点の建設が始まる。こ

の場所を選んだのは，前年にニコラエフスクを出発し，アムール川の遠征を行っていた海軍大尉ディアチェンコ（Ia. V. D'iachenko）であったとされる。

②市街地計画策定前の建物・人口：1859年の記録では，河から望むことができる高台の上に，柵で囲まれた住居の他，国境警備隊の兵舎，礼拝堂，アムール会社の建物などがあった。兵士や移民のために最初に建設された建物の多くは，粘土造りの仮設建築であり，徐々に木造の建物に置き換わっていった。設営から5年後（1863年）には市街地計画が立てられるが，この時点で167の建物が建てられており，それらは全て木造であった。1864年の人口は2,100人であった。

2.1.3　ウラジオストク

①拠点の選定・設置：ウラジオストクは，東シベリア総督ムラヴィヨフが1859年に出した指示に基づき，南に位置していたポシェト湾（Pos'eta zaliv）と同時に哨所が設置されたという経緯をもつ。1860年に哨所の設置を開始されたころ，湾の入江には中国人出稼ぎ漁民の小屋が数戸あり，海参蔵（Khai-shen'-vei. 中国名：ハイサンウェイ）と呼ばれていた。

②市街地計画策定前の建物・人口：その後，市街地計画が立てられる1868年までの間に，教会をはじめ，兵舎，将校用の住居，機械工場，倉庫，食糧貯蔵庫などが建てられた。記録によれば，1868年には，官有建物32，私有建物35，それに20の中国人の房子（fanza：ファンザ）[13]があった。1868年の人口は510人で，軍務関係者とその家族が348人，民間人が89人，移民及び退役兵士とその家族が37人，それに36人の中国人であった。また1862年には民間人であるセミョーノフ（Y. L. Semenov）は初めて住居用の20サージェン四方の土地と草刈り場の分譲を受けた[14]。

2.2　計画プロセス

2.2.1　組織・人的側面

市街地計画策定がなされた1860年代においては，3都市とも軍政下にあった。ブラゴベシチェンスクはアムール州（Amurskaia Oblast'：1858年に創設）の行政の中心が置かれ，その軍務知事（Voennyi guvernator）の管轄するところとなっ

た。当時ハバロフスクとウラジオストクはニコラエフスクに本拠のあった沿海州（Primorskaia oblast'）軍務知事の管轄下にあった。そして，このアムール州と沿海州の軍務知事はともにイルクーツクを本拠とする東シベリア総督（general guvernator Vostochnoi Sibiri：1822年に創設）の管理下に置かれていた。のち1884年に東シベリア総督の管轄下からプリアムール総督（general-guvernator）が新たに創設されて改組し，その本拠地はハバロフスクに置かれる。つまり3都市の計画当初の行政組織は，東シベリア総督の軍政の管理下に置かれ，その下に各州の軍務知事がいて，各都市には要塞司令官がいるという構成となっていた。

沿海州の管轄下に置かれていたハバロフスク，ウラジオストクの最初の市街地計画は，ともに，ロシア海軍の測量技師で，1862年に沿海州の測量士に任命されたルビアンスキー（Mikhail Riubenskii）によって立案されたとされる。[15] ブラゴベシチェンスクの計画立案者は不明である。

2.2.2　計画プロセスをめぐる記述

ハバロフスクの計画策定に際しては，ルビアンスキーが1863年春に現地に到着し，土地の測量を行い，計画図の作成を行っている。後に検討するとおり，この計画図には街路敷設のための森林の伐開線の表示のほか，街区形態，街区内のロット割りなどが示されている。そして翌年にはイルクーツクの東シベリア総督コルサコフ（P. K. Korsakov：ムラヴィヨフの後任で，1861年に就任）にあてて，計画図を送付し，検討及び承認を求めている。[16]

ウラジオストクの市街地計画にあたっては，計画策定に先立つ1864年7月に沿海州軍務知事が市街地建設の場所の選定を州の測量技師に依頼したが，実行されなかった。[17] 翌年オランダ人デフリーズ（de Friz）より出された住居及び商店用の土地分譲の請願に対して，7月に沿海州軍務知事から分譲の基本方針が出されている。内容は以下のとおりで，土地の分譲を前提とすること，街路幅員，街区の形状，ロット割りに際しての原則，1ロットのサイズなどが示されている。

　港の土地は，住居の建設を希望するもの全てに割り当てられなければならない。それぞれの地所は一辺15〜30サージェンの長さを有し，1街区は8つの地所により成り，街区の全ての辺には3つの地所が面していなければな

らない。その後必要となるいびつな道路の改良などのためにこれに沿って道路用地も分割しなければならない。道路の幅員は最低20サージェン必要である。[18]

その結果，彼は8区画の土地を手にするが，これは市街地計画が立案される前に，土地分譲が先行していたという事実を示している。市街地計画自体に関しては，1866年2月になって州の測量技師ルビアンスキーが到着し，翌年計画が策定され，12月にハバロフスク同様に東シベリア総督に対し，沿海州軍務知事が文書にて説明を行っている[19]。この計画は，上述した沿海州軍務知事による基本方針に則ったものとされる[20]。

2.3　ま　と　め

このように，各都市において，初期計画に先立って，海軍の部隊が拠点を設定し，主に軍関係の建物が建てられていたことは共通である。また人口の多くは，軍関係者であったが，民間人もすでに入り込んでいるという点も共通する。しかし，計画当時の各都市を取りまく軍政の状況は異なっている。

東シベリア総督ムラヴィヨフが愛琿条約調印後に帰還したのはブラゴベシチェンスクであるが（1858年5月17日），ウスチゼイスクから拠点が移転された時期（1858年7月5日）は，彼がブラゴベシチェンスクに帰着して間もないころである[21]。ブラゴベシチェンスクは東シベリアからアムール川を使った極東地域への通信・輸送の中継地点として，あるいは中国との間の対外的な拠点と見なされていた。条約の調印直後の拠点の移転とその計画はムラヴィヨフの意向も直接的に反映されていたものと思われる。

同時にアムール河口のニコラエフスクも沿海州軍務知事の本拠が存在し，ロシア極東のもう1つのセンターとしてすでに位置づけられていた。ウラジオストクは，海軍の軍港ではあったものの，海軍当局は，その本拠を度々ポシエトかオリガへと移転することを検討していた。1860年代においてウラジオストク，ハバロフスクはブラゴベシチェンスク，ニコラエフスクと比較して一段低い地位にあった[22]。

ブラゴベシチェンスクに関しては情報が乏しいが，計画策定に関してはハバ

第1章　ロシア極東植民都市の初期市街地計画における空間条件………55

ロフスク，ウラジオストクともに，最終的には東シベリア総督の承認を経て実施に移されており，ブラゴベシチェンスクに関しても同様のプロセスが取られたことが推察される。また，計画方針に関してもウラジオストク以外の都市では不明であるが，後に検討するとおり，ウラジオストクで示された条件はほぼハバロフスクの計画にも当てはまるものであり，計画者が同一であることも含め，この2都市では空間条件を検討する上で類似点が多い。

　また上の例で見たとおり，市街地計画にあたっては既存土地区画との整合を図ることが求められていた。ウラジオストク同様，ハバロフスクにおいても，計画に先立って建築物が出現していた。

3. 地図から捉えた3都市における初期市街地計画の空間条件

前出の地図Ⅰ～Ⅴに基づいて，以下で考察する初期市街地計画の空間条件を抽出し，図12～14を作成した。

3.1 ブラゴベシチェンスク

ブラゴベシチェンスクの初期市街地計画推定図を図12に示す。

①計画範囲と土地条件
アムール川にゼーヤ川がそそぎ込む河口付近の東西5.6km，南北2.6kmの範囲。

②市街地骨格パターン
正方形に近い街区を基本としたグリッドパターンの市街地。ブラゴベシチェンスクは地形条件に恵まれ，平坦な地形が広がっていたため，このように最も単純に正方形の市街が描かれえたものと思われる。アムール川沿岸の崖地では平面形に変化が現れ，広場，公園などが配され，市街の中心を沿岸部に計画していた事がうかがえる。

③街路及び街区寸法
1869年（図7）の地図から寸法を読みとることは難しい。1910年代の地図（図10）から寸法を読み取ると以下のとおりとなる。まず街路幅員は，東西方向では，中央部の幅員30サージェンの街路を中心に南方向へ25サージェンの街路2本，そしてアムール川と接する街路は20サージェンである。市街地北側では15サージェン。南北方向の街路は，15ないし20サージェンである。また街区寸法は，東西方向ではほぼ100サージェン（=213.6m）を基調としており，部分的に160，140，90のものが見られる。南北方向は南側では120サージェン，北側では100サージェンである。

④土地ロットの分割方法と寸法

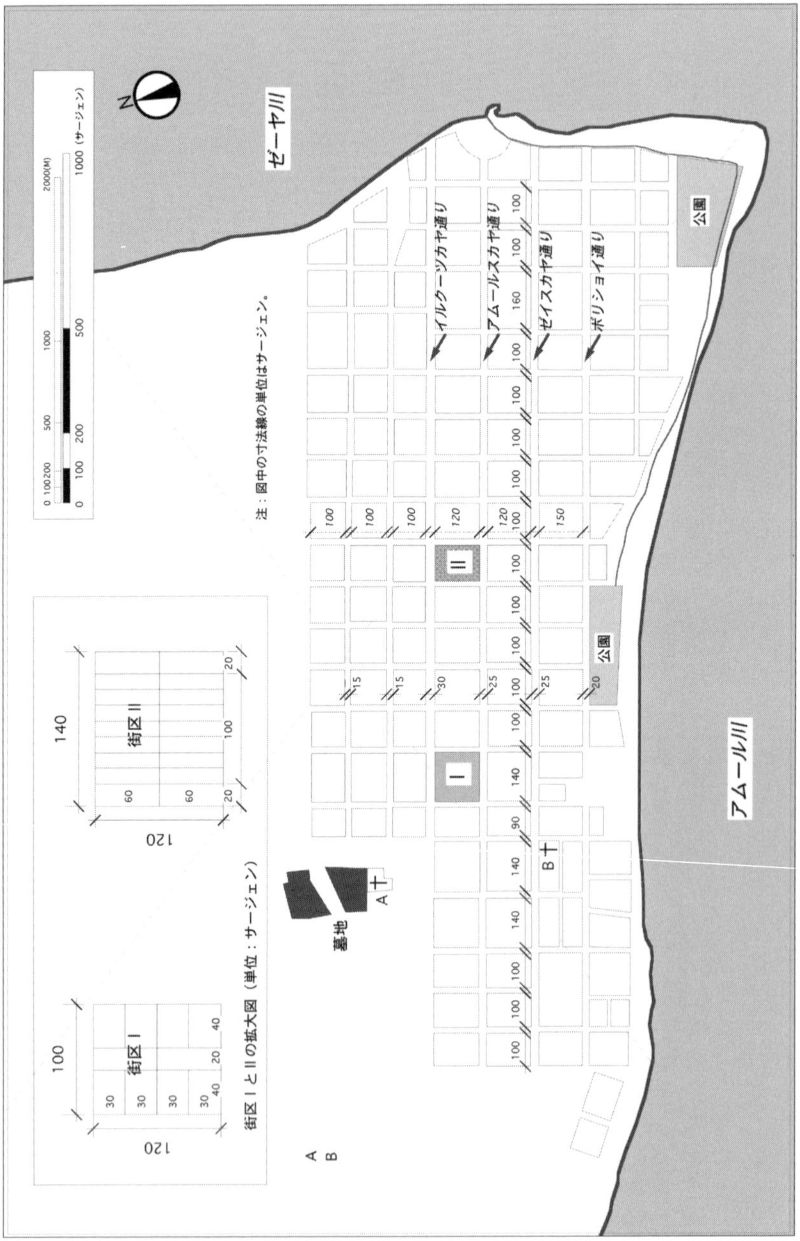

図12 ブラゴベシチェンスク初期計画推定図

1910年代の地図から読み取ると，最も一般的な120×100サージェンの街区では，30×40サージェンのロット8つと20×60サージェンのロット2つによって構成される。街区サイズが大きくなると，短冊状のロットが数を増し，最も極端なものは10×60サージェンとなる。
　⑤施設計画
　広場，公園などがアムール川沿岸に配されている。市街の中心を沿岸部に計画していた事がうかがえる。2ヵ所に教会の表記が見られる。また市街地北西の縁辺部の教会を取り囲むように墓地があることが確認できる。

3.2　ハバロフスク

　ハバロフスクの初期市街地計画推定図を図13に示す。

　①計画範囲と土地条件
　アムール川左岸の3つの尾根と2つの谷にまたがる3.4km×1.3kmの範囲。
　②市街地骨格パターン
　地形の起伏が激しいが，グリッドパターンを基調としている。グリッドは川から北東方向に走る尾根道に沿って配置され，谷部では，グリッドが切断され，自然地形が残されている。アムール川沿岸の崖地では平面形に変化が現れ，グリッドが崩れているとともに，公園などの表記が見られる。街路には数種類の断面構成が想定されていたことをうかがわせ，尾根道は当初から主要街路として計画されていたようである。
　③街路及び街区寸法
　初期計画図（図8）より，寸法を読み取ることが可能である。街路幅員は，3本の尾根道と市街地北端の主要道は25サージェン，その他の街路は15サージェン。主要道には，両側に植栽の表記がある。街区寸法は，市街地のエッジの部分を除けば，街区短辺は50サージェンで一定し，長辺は125，150，175サージェンのいずれかである。
　④土地ロットの分割方法と寸法
　方形街区は短辺に背割り線が入り，長辺を5〜7等分し，計8〜12のロットで1街区が構成される。1ロットは25平方サージェンで厳格なまでに一定して

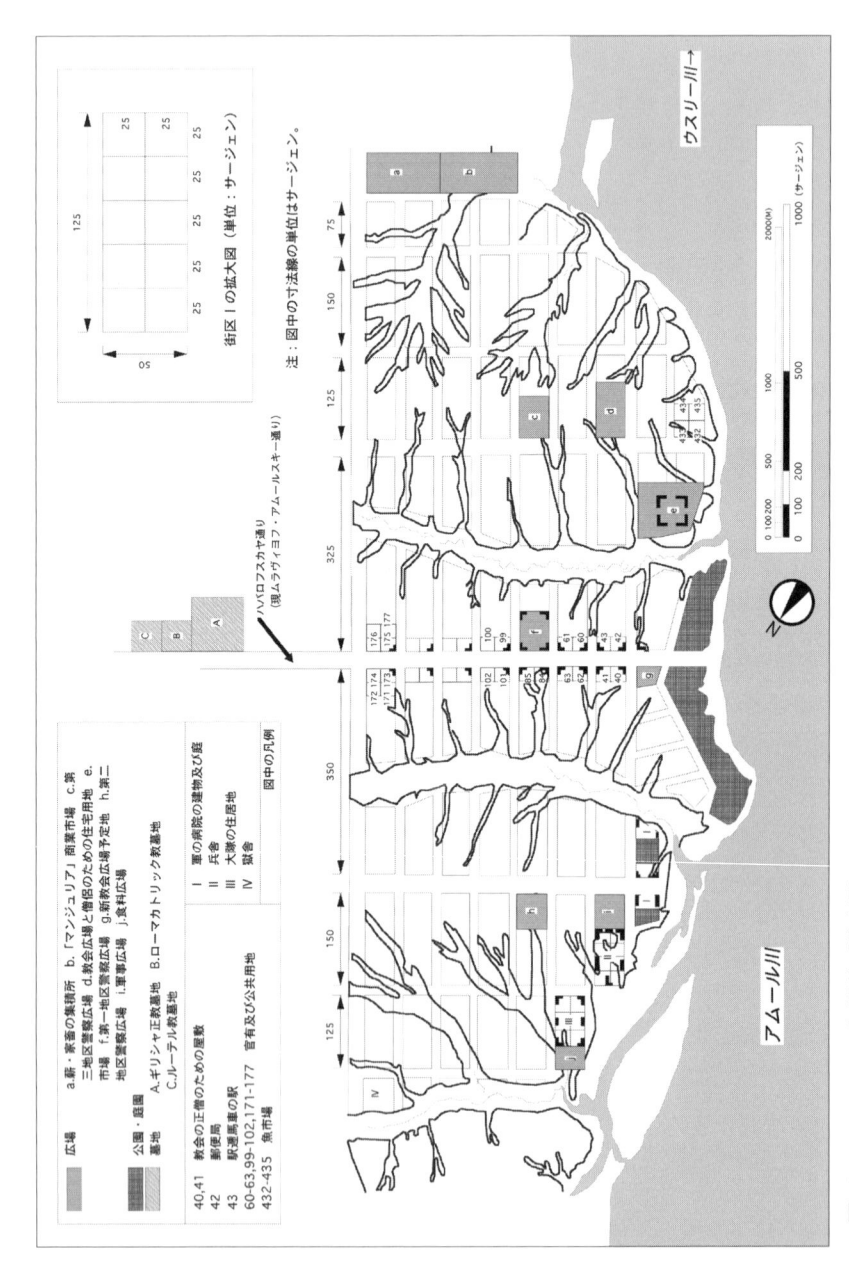

図13 ハバロフスク初期計画推定図

おり，これが1つのモジュールとなり，街区寸法が決められていたシステムを推測できる。またこの時点で，すでに街区内のロット割が書き込まれ，土地の分譲が計画の前提とされていたことがうかがわれる。

⑤施設計画

広場，公園などがアムール川沿岸に配されている。また市街地西部には軍関係の施設，東部には市場などの施設の配置が計画されている。また中央の台地を南北方向に突き抜ける街路（現：ムラヴィヨフ・アムールスキー通り）は，この計画において沿道の土地利用に教会，司祭の屋敷，郵便関係施設，市有地などがロットごとに示されており，この街路が目抜き通りとして捉えられていたと判断できる。墓地は，市街地区域外に計画され，キリスト教の3つの宗派，すなわち，ルーテル教，ローマ・カソリック，ロシア・ギリシャ正教に分かれて配置されている。

3.3 ウラジオストク

ウラジオストクの初期市街地計画推定図を図14に示す。

①計画範囲と土地条件
シコタ半島付け根を中心とした南北2.4km，東西2.1kmの範囲
②市街地骨格パターン
グリッドパターンを基調としているが，中央部の低地部分においては2カ所斜行する短い街路が見られ，この部分での街区形状が異なっている。海岸線に東西に沿うスヴェトランスカヤ通りは，比較的平坦であるが，その他の特に南北方向の街路では，グリッドパターンの街路と建物との地盤面での不整合が随所で露呈している。部分的に盛り土や切り土により対応したとの記録が残されている。

③街路及び街区寸法
1910年の図面（図11）より寸法を割り出すと，街路幅員は市街地北部の墓地へと通じるスイフンスカヤ通り（現ウボレビッチ通り）が約15サージェン（約32.0m。1サージェン＝2.136m），中央部を斜行するカソイペレウーロク，マルケロフスキーペレウーロクが約8サージェンである以外は，どれもほぼ10サージェ

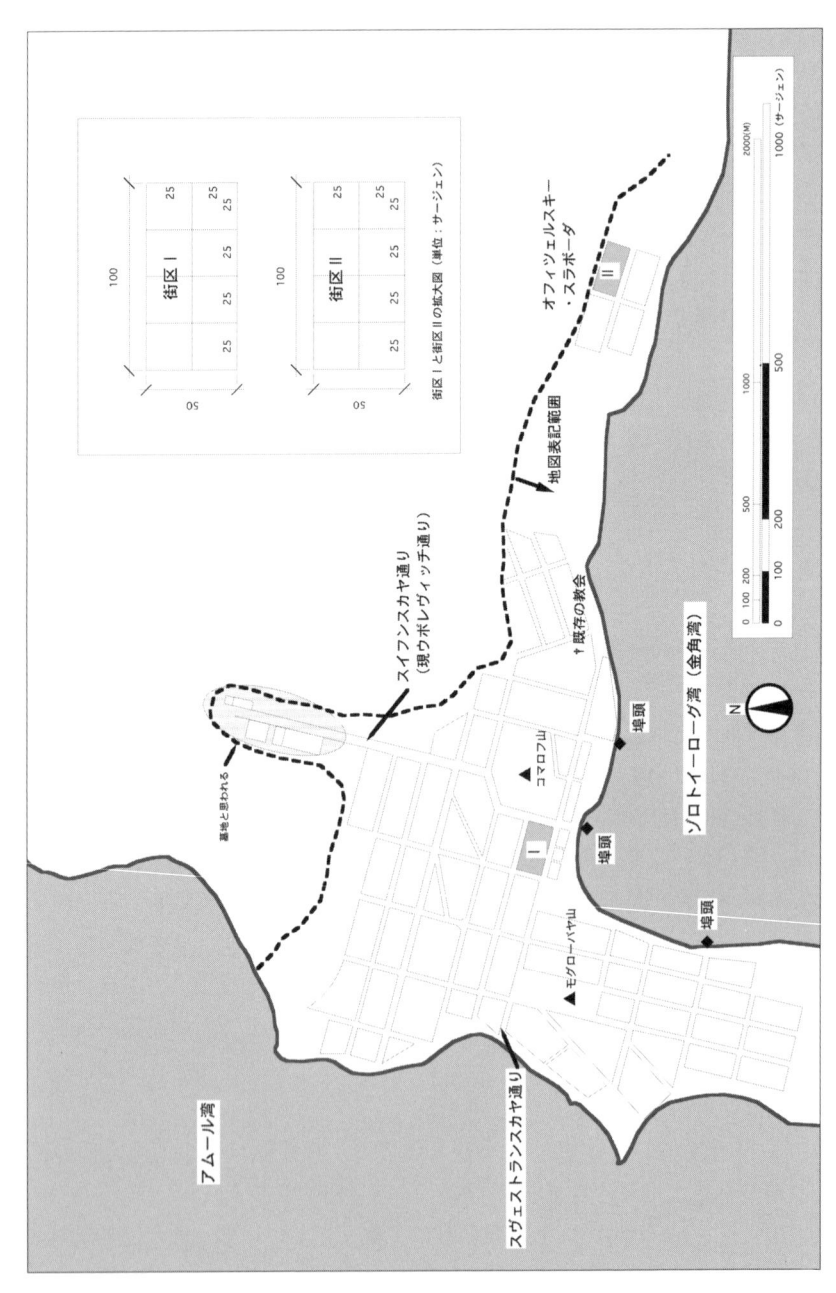

図14 ウラジオストク初期計画推定図

ン（約21.4m）。街区は中央部の3街区がややスクエアな形状だが，その他は南北約50サージェンでほぼ同一であるが，東西方向は南部の6つの街区ではそれぞれ寸法が西側より112，112，96サージェン，北部では西側より112，112，152〜160サージェンであり，街区により寸法にばらつきがある。

④土地ロット

方形街区は短辺に背割り線が入り，長辺を4〜6等分し，計8〜12のロットで1街区が構成される。敷地規模の標準は市街では25サージェンとの記述があるが，1910年の地図により算出すると，24×24サージェンという敷地寸法が算出された街区が1つある以外は，いずれも24×22〜23サージェンであり，ほぼ同一である。

⑤施設計画

文字表記は市街地南端にドッグと思われる施設と埠頭に関する表記が見られるのみである。市街埠頭，水兵埠頭，中国埠頭など，この時点において，湾内において軍事と民間というある種のゾーニングが考慮されていることがわかる。半島付け根の旧市場付近は，特に文字表記はないが，オープンスペースとして捉えられていたことが読み取れる。また図中に文字表記はないが，市街地区域外北部に墓地が計画されたことがうかがわれる。教会はすでに1862年より建設されたとの記述がある。その位置は後に検討する図19からわかるとおり，ここで計画された市街地区域の東のエッジ部分に位置している。

4. 3都市間での比較

4.1 3都市の共通点

4.1.1 グリッドパターンによる空間分割システム

　共通に見られる最も顕著な内容は，街路骨格がグリッドパターンによっていることである。前出の地図Ⅳ（図10），Ⅴ（図11）からもわかるとおり，土地ロットのシステマティックな分割を可能にするという観点からなされていたものと判断できる。これは各国の植民都市に共通の計画手法であり，帝政ロシアでは例えば，18世紀のシベリア都市における市街地計画においても，同様の手法が見られる[23]。

　このシステム導入に関する直接的な裏付けとしては，先に述べた東シベリア総督コルサコフによるウラジオストクの市街地計画に対する基本方針がある。この内容自体はウラジオストクを対象としたものであるが，上記の検討からは，むしろ，他の2都市における街区寸法—土地ロット寸法の数字上の「きり」の良さ[24]が際だっており，同様の方針が他の2都市においても見られたであろうことは想像に難くない。

4.1.2 埠頭とオープンスペース

　図面から判断する限り，埠頭付近にオープンスペースを確保している点は3都市共通に見られるものである。最初の市街地計画において，施設計画に対する明確な考え方の有無を現時点で結論づけられないが，埠頭付近のオープンスペースは造形的，あるいは象徴的な意味合いを，当初から付与されていたとは考えにくい。鉄道開通以前において[25]，主な輸送手段であった水運による荷揚げ荷下ろしなどの機能的な面からの要請で不可欠なスペースであったものと理解できる。埠頭と市場という水陸のノード（結節点）を中心に商店などが集積していき，後の時代における都市化の核となったことを指摘できる。

4.1.3 墓地・教会の配置計画

いずれの都市においても，墓地及び教会の計画は最も初期段階から組み入れられていると見ることができる。墓地は共通して市街地計画区域の外側に配置されるが，教会はブラゴベシチェンスク，ハバロフスクでは市街地計画区域の中心部に計画され，ウラジオストクでは市街地のエッジに配置されている。

4.1.4 地形の改変

原地形が平坦なブラゴベシチェンスクのみならず，起伏が激しいハバロフスク，ウラジオストクにおいても，グリッドパターンを具現化するにあたっては，大規模な土地の造成は行われず，最低限度の地形の改変で済ませていたことがわかる。

4.2 各都市特有の要素

4.2.1 幅員からみた街路の等級

格子を構成する街路の幅員は，ブラゴベシチェンスクでは，25サージェンをもつものを筆頭として，20サージェン，15サージェンである。ハバロフスクでは，文献に書かれた街路幅員に関する東シベリア総督コルサコフの原則通り[26]，25サージェン，20サージェンであり，ウラジオストクでは原則とは異なり，それぞれ，15サージェン，10サージェンとなる。

このうち，最も広い幅員をもつ街路を各都市で注目すると，ブラゴベシチェンスクでは市街地中央部を東西に走る街路であり，ハバロフスクではアムール川へ垂直に対する3つの台地の尾根部分を走る街路が等しく25サージェンであるが，ウラジオストクの場合，市街埠頭から市街地を南北に横切り，墓地へと通じるスイフンスカヤ通りのみが15サージェンである。ハバロフスクにおけるこの3本の街路は，文字通り谷によって分けられる3つの地区の目抜き通りとして計画されていたことがうかがわれる。

このほか，各都市ともごく一部分で格子自体を分割している街路があり，これらはブラゴベシチェンスク，ウラジオストクではペレウーロク（pereulok）と呼ばれる。その幅員は，ブラゴベシチェンスクでは10サージェン，ウラジオストクは8サージェンである。ハバロフスクではこのような街路は見られない。

また格子を構成する街路の最低幅員を見ると，ハバロフスクとブラゴベシチェンスクはともに15サージェンであるのに対し，ウラジオストクでは，最高幅員が15サージェンであり，街路幅員は各都市でかなり異なっていることがわかる。その原因としては，ウラジオストクの急峻な地形による平坦地の不足，市街地縁辺部における要塞の存在を推定することができる。他の2都市と比べれば，すでに初期の段階において，市街地が比較的高密なものとなるような空間条件が規定されていた面があるといえよう。

4.2.2　グリッドの軸線及び形状

　ブラゴベシチェンスクは，沿岸部分でグリッドが変形することを除けば，ほぼ直交のグリッドが隙間なく広がっている。ハバロフスクでは，2つの谷によってグリッドが完結した形態を取りえていないが，直交する座標軸自体は，計画区域全体に行き渡っている。特に中央の台地の尾根道は，沿道の公共的な土地利用まで計画されていることから，ここが目抜き通りとして捉えられていたことは間違いないと思われる。ウラジオストクではグリッドパターンを基調とはしているものの，他の2都市が広い範囲で格子を拡張しているのに対して，地形との対応関係により，随所で格子が崩されている。しかしながらあくまでグリッドシステムを敷衍しており，ここからも当初計画が土地ロットの分割に重きをおいていたことを理解できる。

　ブラゴベシチェンスクではグリッドの街区形状がやや正方形に似ており，他の2都市とは明らかに異なる。当然のごとく，次に検討する街区内の土地ロットの分割方法及び寸法も異なっており，なぜこのような違いが生じているのかに関しては，具体的な証拠となる資料はないが，次節において，いくつかの推論を立ててみることにする。

4.2.3　土地ロットの分割方法及び寸法

　ハバロフスクとウラジオストクの市街地計画においては，基本的に同一のスケール及び形状をもった土地ロットを分譲していくことが念頭に置かれていたといえる。ウラジオストク市街地のグリッドの格子が崩れる一部の場所を除けば，両都市とも1ロットが25サージェン四方という原則があったことがわかる。面積にすると625平方サージェンであるが，ブラゴベシチェンスクのロット面

積は，大きいロットで1,200平方サージェン，小さいところでも600平方サージェンであり，他の2都市より大きいものとなっている。帝政期における土地分譲のあり方は，1人の（あるいは1世帯の）所有できる土地面積が定められた帝政時代の法律の存在によって規定されていたともいわれるが[27]，その詳細は未調査であり，定かではない。

5. 考　察

5.1　土地ロットとサイズのもつ意味

5.1.1　土地ロットのもつ意味
　3つの都市の都市空間は，この市街地計画以後，ロシア国内での移民政策や周辺国からの流入者の増加にともなって建物の更新が進み，1910年代までに現在の中心市街地における都市空間形態の原型が成立している。上で検討した土地ロットは，部分的に細分化，集約化は起こったものの，更新の際の基本的な空間単位として機能していた。

　その後，社会主義体制下においては土地ロットを取りまく事態は大きく変わる。すなわち土地が公有化されることにより，土地所有境界としての敷地は意味をなくし，空間計画においては，むしろ物理的な境界としての街区を基本単位として捉える傾向が強くなった。このあと第4章において部分的に明らかにするように，例えばウラジオストク中心市街地においては，ソビエト期以降老朽化した建物群を複数の敷地，あるいは街区単位で更新していくというパターンが見られることになる。現況の形態はソビエト期における改変を受けているが，帝政時代に建設された建築物はこの敷地区画の存在を前提として存在しており，市街地の空間形態の変容を捉える際の基準フレームとなりうる。したがって本書の以下の各章では，この土地ロットを都市空間形態の基本的な単位と定め，その変容を追うこととしたい。

5.1.2　敷地サイズのもつ意味
　ハバロフスク，ウラジオストクの市街地計画においては，1ロットが25サージェン四方，すなわち625平方サージェンが基本であり，ブラゴベシチェンスクの場合は，全体的にそれを上回るロットサイズで分譲がなされた。

　この敷地サイズは，そこに都市的な建築を建てるためのサイズとして分譲されたものではなく，市街化初期に見られるような「農村」的な市街地の形成の

ためのサイズであったと考えられる。

　これは同じロシアの手によって計画された1900年前後のハルビンの例と比較すれば明瞭になる。図15はハルビンの旧キタイスカヤ通り（現中央大街）沿道における土地ロットの分割を示した地図であるが，この沿道では，基本的には10サージェン四方，すなわち100平方サージェンが基本とされており，また一部では沿道部分の敷地間口が，9サージェンであることが確認される。ここでのサイズは，本章での対象3都市におけるいかなるロットよりも小さいものとなっているが，このサイズを定めると同時に建築を促進するような手段も取っており，都市的建築を誘導するという意図が含まれていたと考えられる[28]。

　いいかえれば，ロシア極東3都市の初期市街地計画においては，将来出現するであろう都市的な諸活動の場を形成する基本単位として敷地規模が決められていたわけではなく，当時のシベリア以東における都市移民のライフスタイルを前提として定められたものだと推論される。ロット内での土地利用の典型的なものは，写真1～3にもあるように，敷地境界を木製の柵で囲い，木造の母屋と家畜小屋，それに付属屋といった建物と，少しばかりの菜園によって構成される。敷地のサイズは，こうした土地利用を確保するものであったと考えられよう。

5.2　骨格パターンの意味

　骨格パターン自体が，都市によってなぜ違うものになったのか，という要因を考えてみたい。

　3都市で原則的に用いられているグリッドパターンの都市骨格は，土地を調査したり，分割したりするのには最も便利なシステムであり，多くの植民都市で採用されてきた手法である。18世紀以降のロシアのシベリア植民都市においても見られている手法である[29]。

　ブラゴベシチェンスクの市街地骨格は，極東での帝政ロシアの進出の最初の足がかりとして1850年から建設が始められたアムール河口のニコラエフスク（現：ニコラエフスク・ナ・アムーレ）のパターンと類似している。手元には1910年代末の1/9,000の地図があるのみだが（図16），地形条件から見た川と市街地の関係，正方形に近いグリッド割の構成は酷似している。この両都市にはそれ

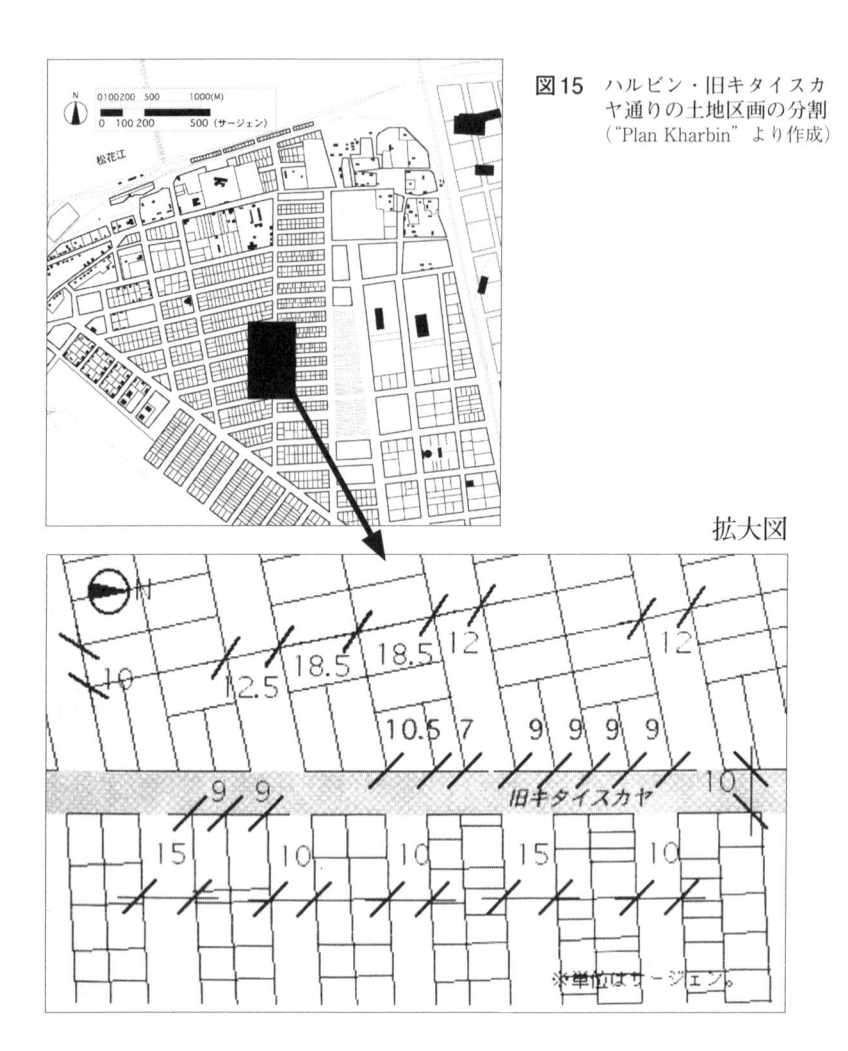

図15 ハルビン・旧キタイスカヤ通りの土地区画の分割
("Plan Kharbin"より作成)

拡大図

ぞれ建設に前後してムラヴィヨフが訪れており，市街地計画にあたっても彼の考えが直接的に反映された可能性も考えうる。ブラゴベシチェンスク，ニコラエフスクのプランの，特に正方形に近いグリッド形状は，図像的に見ると，スペインによる中南米の植民都市のパターンとの類縁性を想起させる。

一方でハバロフスクとウラジオストクの市街地計画は，コルサコフによる市街地計画の方針が出された後の計画であり，同じ測量技師ルビアンスキーによって市街地計画が立案された。骨格パターンの差異をもたらした要因として

写真1　ウラジオストク中心市街地1870年代（出典："Vladivostok konets XIX - nachalo XX veka" 1992）

写真2　1879年のブラゴベシチェンスク（北海道大学付属図書館北方資料室所蔵）

写真3　1880年代のハバロフスク市街地（出典："Khabarovskii Krai" 1996）

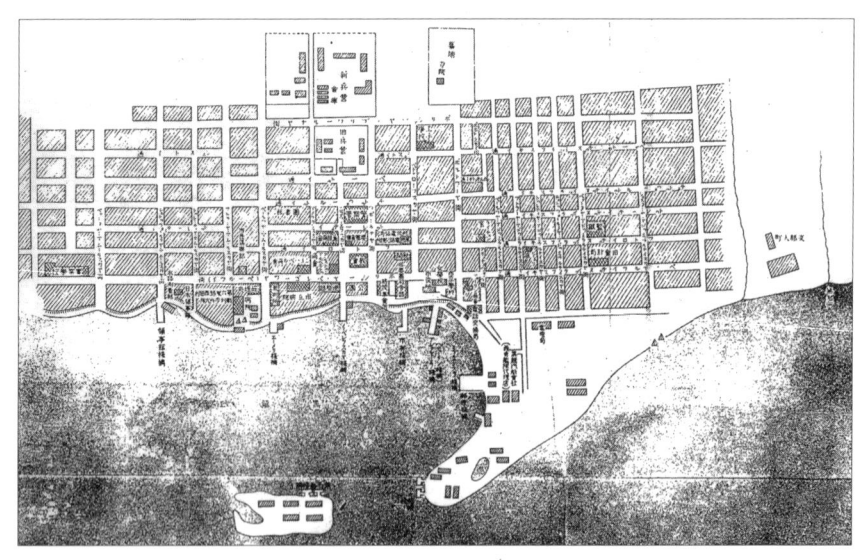

図16　ニコラエフスク・ナ・アムーレ（出典：参謀本部編「西伯利出兵史：大正七年乃至十一年」）

考えられるのは，計画に関わった人的な条件，及び当事者の有していた職能と知識である。これを立証する材料が手元にないため，仮説にとどまるが，若干の知見を補足しておく。

　当時の軍の測量職には，「トポグラフ（Topograf）」と「ゼムレメール（Zemlemer）」という異なった職能をもつ2つの職があった。トポグラフは，自然地形を測量し，地形図を作るというのがその主な職務内容であり，一方ゼムレメールはそうした測量成果をもとに，土地の分譲及びその価格などを鑑定し，価値を証明するという不動産鑑定的な職務内容を含んでいた。市街地計画の立案は，具体的な場面では，この両者，すなわち「トポグラフ」と「ゼムレメール」の職能を組み合わせてなされるものであろう。ルビアンスキーはゼムレメールであったが，当然計画立案の前提にはトポグラフによる測量の成果があったはずである。また，トポグラフが土地分譲以前の市街地骨格の線を引き，ゼムレメールが事後的に土地ロットの分割線を重ね合わせて引く，ということもあったのではないだろうか。この2つの職能の具体的組み合わせによっても，市街地計画は違った形態となる可能性は十分考えられるのである。

　同様の南下政策の中でロシア帝国はハルビン（図17）や大連（図18）においては優れたアーバンデザインを残しているが，極東の3都市においては，少なくとも初期の段階においてそうした手法の活用は見られない。ハルビン，大連は，アジアにおける国際商業都市を目指して，あるいは第二のモスクワを目指しての都市建設にあたっては都市美の形成を大きな目標としていた。このような点を考慮すると，極東の3都市の初期の都市設計の段階では，都市成立のための基本的な用件，すなわち軍事的な機能の充足，植民の定着には考慮が払われていたが，街路と建物などを一体的に考えていくというようなアーバンデザイン的ヴィジョンはなく，2次元的な観点からこの都市を操作していったのではないかと考えることができる。その差異を最も明確に表しているのは，ハルビンや大連の計画においては，市街地計画の段階から建築家が関与していることである。このような計画に携わる具体的な職能の組み合わせの違いには，極東3都市との間の初期市街地計画における本質的な違いが現れていると見ることができる。

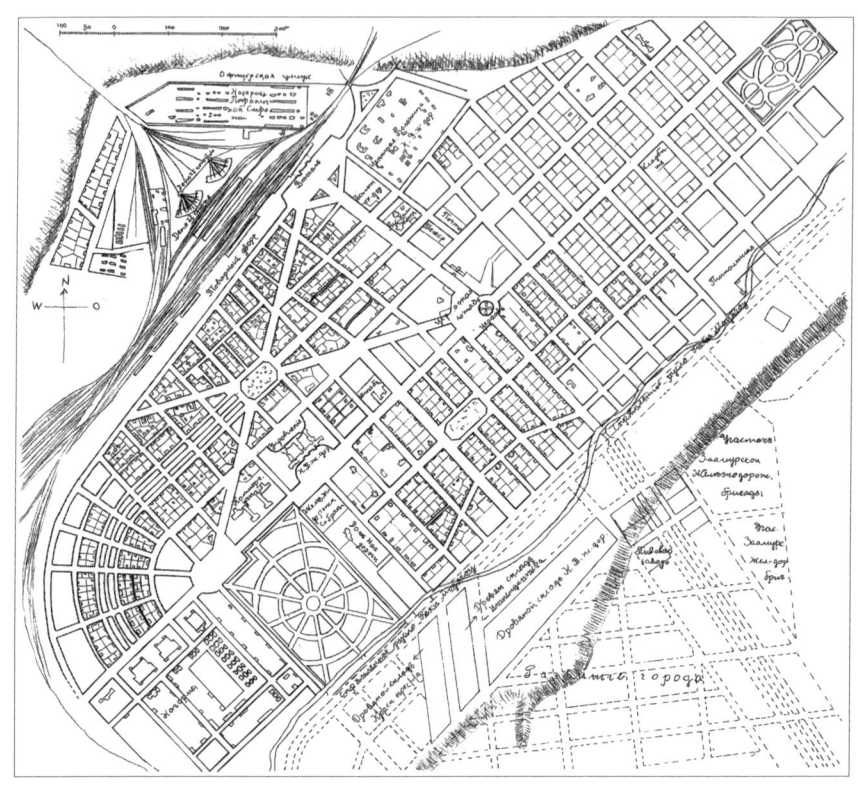

図17 ハルビン1900年代（"Plan Kharbin"）
　松花江岸の埠頭区（プリスタン）はグリッドパターンを基調とした街路骨格ではあるが，行政区として計画された新市街（ノヴィ・ゴロド）は2本の幹線道路をその骨格とし，その交点に寺院を配置し，また斜交路をもつ構成である。

5.3 拠点形成の政策的背景と市街地計画の基本方針

　以上見てきた中から，1860年前後におけるロシア極東の初期市街地計画において計画上の主眼がおかれたのは，市街地区域の範囲設定，分譲される土地の形態，墓地及び教会の配置，埠頭及び市場・オープンスペースなどの貿易や交易のための基本的な施設の配置，という4点であったといえる。また，ハバロフスク以外では資料的な不足があり，具体的な配置計画がわかるわけではないが，市街地計画の計画主体や計画の経緯から考えると，以上の4点に加えて軍事施設の配置も等しく重要なものであったと見ることができる。つまりこれ

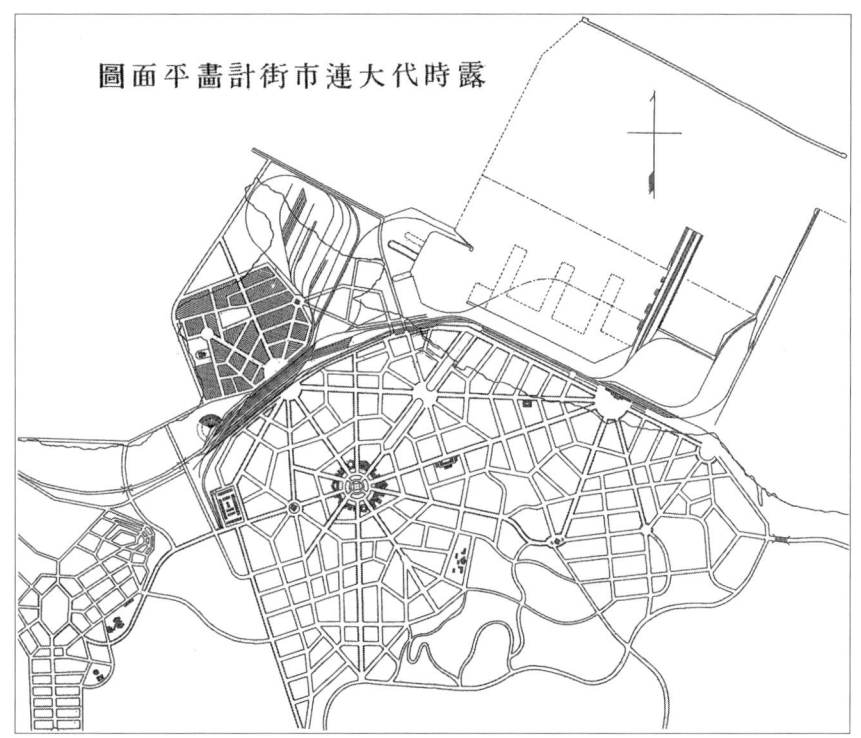

図18 大連・ロシア時代の街路計画図（出典：南満州鉄道株式会社庶務部調査課編『南満州鉄道株式会社　第二次十年史』南満州鉄道，1928）
円形広場を中心とする放射状道路をいくつも組み合わせた多心放射状の街路骨格から，帝政ロシアの力の入れようをうかがい知ることができる。しかし，当初の目論見は1905年，日露戦争の敗北によって終止符を打たれる。

までの検証から，この初期段階においては，自律的な機能を包含した都市をそこに計画したわけではなく，端的にいえば軍事拠点と交易拠点を計画したということを導きうるのである。

　帝政ロシアのシベリアへの東進過程を振り返ると，シベリア地域が担うべき内政的な役割は，軍事支配拠点の建設と税の取り立てセンターの確立であったが，同時にこれを恒久的に機能させるために重要であったのは，食糧自給方策の確保という生存のための基本要件であった。シベリア諸都市は，まずはじめに配された2つのセンターを歴史的な核として発展していったが，食糧の移入は多額のコストを要したため，続いて都市周辺において農民の移住を促し，食

糧の確保を図ることとなる。

　こうした食糧自給方策の確保は，極東での恒久的定着のための重要な要因であったはずであり，上述したロット割りとサイズの決定には，こうした事情も反映していたものと考えられる。少なくとも初期の段階においては，植民者がある程度は自らの敷地内で自給自足が可能となるような区画寸法を設定していたことも考えられる。だが自給のための食糧確保は，この手法のみでは無論不確実であり，極東においてもシベリアと同様に農民の移住の奨励を政策的に執り始めたことが知られる[33]。市街地区画でのサイズの確保は，食糧自給のためのあくまでも補完的な手段であったと思われるが，後に見るようにロシア人の極東への移住政策は，アクセスの悪さが主要因となり，少なくとも1880年代半ばまではしっかりと機能しなかった。結果的に補完的な役割を担ったのは，ロシア領内の都市周辺に流入した朝鮮人や中国人の農民であった。

　こうしたことから浮かび上がる極東の初期市街地計画の基本的性格は，完成されるべき都市の姿を描いたものではなく，本質的にフロンティア地域における短期間での軍事拠点及び定住地の確保なのであった。この植民都市は，本国（ヨーロッパロシア）と陸続きで続いているとはいえ，非常な遠隔地であり，大々的な建設工事を施すことによる費用対効果は計算しがたかったに違いない。また，国際条約に基づいているとはいえ，もとの清国領に足を踏み入れた帝政ロシアの極東政策の一環として生み出されたものであり，とりあえず恒久的な拠点の確保のための手を打つ必要があったと考えられる。こうした地政学的なコンテクストから見ても，植民都市の建設は不安定な要因を抱える領土において，拠点の確保をアピールするための最も有効な手段であったはずである。こうした現実的な制約により，ここで確認したような空間条件が生み出されたものと理解される。

5.4　初期市街地計画から見たウラジオストク中心市街地の特質

　最後に，初期市街地計画の検討からウラジオストクの特質を見ておきたい。
　改めて初期市街地計画の段階でこの都市のヴィジョンがどの程度存在したのかということを考えてみる。ここで見逃せないのは公園・役所といった主要な都市施設の配置は考慮されず，その後の発展とともに必要な諸機能の配置の不

備が露呈したことが指摘されていることである[34]。こうした指摘も，初期の都市設計の段階での都市の将来的ビジョンの欠落，すなわち短期間で一応の完成を目論んだ都市建設であったことを証明している。具体的には，上で見たとおり，街路空間の設計のみならず，シビックセンターや公園，広場などの都市施設の配置，すなわち都市の公共性を取り込んだ空間計画が初期の段階では見られないことが確認される。

中心市街地の骨格形成が行われる以前の1860年代初頭に，ウラジオストクに進出していた欧米人系の商人達は，現在の中心市街地の土地分譲の要請を現地当局に対して行っている[35]。そして中心市街地の形成が計画化される以前に，彼らへの土地の分譲が始まっている。また，軍事施設の配置計画も同時期に検討されていた[36]。

ここでウラジオストクがロシア帝国の南下政策の一環の中で発生した都市であるということをもう一度思い出しておく必要がある。対外的にはこの都市に軍事的拠点としての役割が求められ，また対自的には未開発の極東地域の植民や物流を支えるための役割，そして人々を定着させるということが求められていたのである。

以上，本章で検討した3都市の初期市街地計画に関する比較から，ウラジオストク中心市街地における以下の特質を指摘することができる。

まず第1に，市街地面積が最も小さいこと。これは主に地形的要因によるものだが，街路幅員寸法の小ささにも表れている。また初期市街地計画図には，市街地北部の表記が見られない。これは軍事的な理由による修正だと思われるが，市街地面積がより小さいものとなった原因の1つだと思われる。第2に，街路パターンはグリッドを基調としながらも，随所で崩れていること。これも地形的な要因によるものである。第3に，基本的には25サージェン四方の土地ロットによって市街地の敷地が造られ，それが8〜10集まって街区を構成していること。

このようにウラジオストクの初期市街地計画は，大きく都市内部における2つの空間条件，すなわち地形要因と軍事的要因により特徴づけられうることが推測される。これらをふまえ，次章ではその後1910年代までの市街地骨格の変容を捉え，この2つの要因が市街地形成にどのような影響を与えたのかを検

証する。

注

1 ロシア東進過程の概略について，ここでは，主に以下の文献を参照している。Stephan, John J., *The Russian Far East : a History*, Stanford University Press, Stanford, 1994, Kotkin, S., Wolff, D.(ed.), *Rediscovering Russia in Asia*, M. E. Sharp, New York, 1996, ジェームス・フォーシス（森本和男訳）『シベリア先住民の歴史：ロシアの北方アジア植民地』彩流社，1998，原暉之『ウラジオストク物語』三省堂，1998。

2 Stephan, p.7.

3 越沢明『哈爾浜の都市計画 1898-1945』総和社，1989，同「大連の都市計画史(1898～1945年)」1984（所収：『日中経済協会報』134～136号，1984）。

4 西澤泰彦『「満洲」都市物語 ハルビン・大連・瀋陽・長春』河出書房新社，1996，同『図説大連都市物語』河出書房新社，1999。

5 原『ウラジオストク物語』。

6 佐藤洋一・鷲見和重・戸沼幸市「旧セミョーノフスキーバザール周辺における街区形態の形成 ウラジオストク中心市街地の都市空間形成に関する研究 その1」1998（所収：『日本建築学会計画系論文集』No.505，1998），佐藤洋一・戸沼幸市「スヴェトランスカヤ通り沿道に現存する建築物 ウラジオストク中心市街地の都市空間形成に関する研究その2」1999（所収：『日本建築学会計画系論文集』No.522, 1999）。

7 例えば*Arkhitekturnoe nasledstvo*誌に掲載されたものを例にとると，その内容は，都市骨格形成の問題から建築物（初期の木造要塞から教会や20世紀初頭の民間都市建築まで）まで多岐にわたっている。そこでの主な対象都市を開基年順に列挙すると，チュウメニ（Tiumen'：1586），ヤクーツク（Iakutsk：1632），ネルチンスク（1654），イルクーツク（Irkutsk：1661），ハバロフスク（1858），ウラジオストク（1860）などとなる。

8 Proskuriakova, T. S., "Planirovochnye kompozitsii gorodov-krepostei sibiri (vtoroi poloviny XVII-60-e gg. XVIII v)"（所収：*Arkhitekturnoe nasledstvo*, No.25, 1972），同"Staroe i Novoe v Gradostroitel'stve Sibiri (vtoraia polpvona XVII-XVIII vv)"（所収：*Arkhitekturnoe nasledstvo*, No.31, 1978）。

9 Kradin, N. P., "Pamiatniki Arkhitektury Khabarovska", Izdatel'stvo Etnos-DV, Khabarovsk, 1996, 同"Khabarovsk Istoricheskii", 1998（所収：*Dal'nii Vostok*, Institut istorii, arkheologii i etnografii narodov Dal'nego Vostoka, Vladivostok, 1998. 5-6）。

10 Riabov, N., Obertas,V., "Istorii zastoroiki Vladivostoka", Primorskoe knizhoe izdatel'stvo, Vladivostok, 1961, Obertas, V. A., "Formirovanie planirovochnoi sturuktury Vladivostoka v XIX v", 1976（所収：*Arkhitekturnoe nasledstvo*, No.25〈1976〉, pp.85-94），同"Arkhitektura Starogo Vladivostoka", 1980（所収：*Arkhitekturnoe nasledstvo*, No.28, 1980, pp.107-118）。

11 ロシアの侵入以前から，中国人（漢人）は漁労や狩猟などで各都市の周辺に集落を形成しており，各都市とも，このように元来からの中国名が存在していた。海蘭泡（ブラゴベシチェンスク），伯力（ハバロフスク），廟街（ニコラエフスク），雙城子（ニコリスク）などである。原，52頁。

12 ハバロフスクは，1893年までは，ハバロフカと呼ばれた。

13 ファンザは中国人の小屋を指す。石造または，草入りの煉瓦造。

14 セミョーノフの所有する地所・家屋に関しては，第3章（4）にて再度取り上げる。

彼はウラジオストク最初の民間人居住者であり，後の地主層の1人となる。
15　Kradin, N. P., "Khabarovsk Istoricheskii", 1998（所収：*Dal'nii Vostok*, Institut istorii, arkheologii i etnografii narodov Dal'nego Vostoka, Vladivostok, 1998. 5-6.）p.122, Obertas, V. A., "Formirovanie planirovochnoi sturuktury Vladivostoka v XIX v", 1976（所収：*Arkhitekturnoe nasledstvo*, No.25, Stroiizdat, Moskva, 1976）p.86, 及び, Matveev, N. P., *Kratkii istoricheskii ocherk g. Vladivostoka*, pp.50-51.
16　Kradin, p.122.
17　Matveev, p.27.
18　Matveev, p.32. これと同じ箇所をObertasは，"Formirovanie planirovochnoi sturuktury Vladivostoka v XIX v"の中で引いているが，「街区の全ての辺には3つの地所が面していなければならない」という内容は，書かれていない。実施された計画では街区短辺に面する区画数は2つであり，この内容とは一致していない。その間の経緯は不明である。
19　Matveev, pp.50-51.
20　Obertas, p.86.
21　*Blagoveshchensk-fotorasskaz*, Gosudarstvennoe proizvodstvenno-kommercheskoe izdatel'stvo Zeia, Blagoveshchensk, 1998.
22　1860年代におけるウラジオストクは，沿海州南部諸港の1つにすぎず，ポシェトと競合関係にあり，優位性が高かったわけではない。拠点として新たな位置づけを獲得するのは，ニコラエフスクより沿海州軍務知事の本拠が移転する1872年以降である。またハバロフスクも1880年に沿海州行政の中心が移転した後，1884年にさらにアムール地方の行政的中心地となり，重要性が高まったが，その時点においても人口は5,000人にすぎなかった。ブラゴベシチェンスク優位の傾向は19世紀の間を通じて見られ，1900年の時点でブラゴベシチェンスクの人口は50,000人を数え，この数はハバロフスク，ウラジオストクの人口を足した数よりも多いものであった。Stephan, p.83を参照。
23　Proskuriakova, T. S., "Staroe i Novoe v Gradostroitel'stve Sibiri (vtoraia polpvona XVII-XVIII vv)". (所収：*Arkhitekturnoe nasledstvo*, No.31, Stroiizdat, Moskva, 1978) を参照。
24　世界各地の多くの植民都市においては，街路幅員，街区寸法には切りのいい数字が使われるが（越沢明『哈爾浜の都市計画　1898-1945』総和社，1989，45-46頁），ウラジオストクにおいては街路幅員がその傾向に当てはまるものの，街区寸法は比較的ばらつきが見られ，明快さは見出しにくい。その理由としては，①計画に先行してすでに部分的に土地の分譲が行われており，計画は既存建物，既存土地区画に整合するように立案されたが，この土地境界に整合させる必要があったこと，②土地の起伏が激しく，計画の自由度を高めるために土地の大がかりな造成を先行させることが前提となるが，そのような記録もなく，したがって寸法の標準があったとしても，実際は地形の制約を強く受け，ケースバイケースの寸法となること，を推測することができる。
25　1897年ハバロフスク-ウラジオストク間鉄道開通。ブラゴベシチェンスクの鉄道開通は1913年。
26　「道路の幅員は最低20サージェン必要である」。Matveev, p.32.
27　ウラジオストク・アルセーニエフ博物館での聞き取り（1999年7月）及び，ハバロフスク歴史資料館でのヒアリング（1999年8月）。双方で同様の内容の情報を得たが，参照すべき文献は未見である。
28　この図は，1900年代のものと推定される。その根拠は①松花江に船橋が掛かっている表記が見られること，②市街化初期に建設資材の搬入用につくられた松花江沿いの引き込み線の表示が見られること，③この図とセットになっている南崗（旧ノヴィ・ゴロ

ド)の骨格形成が余り進んでいない、ことからである。1898年より始まった東清鉄道の建設により、ハルビンの市街地は急速な勢いで形成されるが、建設から10年ほどの段階において、この図は描かれたものだといえる。越沢、36-37頁。

29 もちろん、一口にグリッドパターンといってもそのバリエーションは様々であるが、一般に、①土地分割の容易性、②合理的な交通システムの確保、③住民平等の理念の体現、といった理由からもたらされたといわれる。特にグリッドパターンを広く世界に広めたスペインの手による植民都市の計画と建設上の諸条件は、「インド法典」によって定められたとされる(レオナルド・ベネーヴォロ〈佐野敬彦・林寛治訳〉『図説都市の世界史3　近世』相模書房、1983、109-158頁。アーヴィン・Y・ガランタイ〈堀池秀人訳〉『都市はどのようにつくられてきたか』井上書院、1983、29-47頁)。一方、16世紀以降のロシアの東進過程の中で、すでに図5に一部を示したように軍事的拠点を起源とした多数の都市が形成されたが、そこで「インド法典」に該当するような計画条件を定めた法的な根拠があったかどうかは未調査である。またその内容の詳細も未調査である。しかしながら、19世紀半ばまでの時点で形成された都市の市街地を、帝政ロシアは組織的に調査・作図しており、それらは『帝政ロシア法規集』"Zakon Rossiskoi Imperii (P.S.Z.)"の別冊に収められている。また、これに先行する1809年に在ペテルブルグのロシア政府の顧問建築家であったドイツ人のV. I. Gesteらによって、100個の住居プランが作成され、Gesteは1811年には、『都市街区の敷地分割』(*Razdelenie gorodskikh kvartalov na uchastki*)という図面集を上梓し、そこでは19種類の街区バリエーションが示された。彼は後にトムスク(Tomsk)の都市設計にも関与し、この内容が反映されている。Gesteの仕事は美学的な観点からのプロトタイプづくりであり、それが辺境の開発にまで適用されたとは考えにくいが、帝政ロシアの都市建設における組織化・標準化の志向が、他国の建築家・技術者の影響を受けつつ、19世紀はじめには存在していたことがうかがわれる。したがって何らかの計画標準が存在していた可能性は高い。Savarenskaia, T. F., Shvidkovskii, D. O., Petrov, F. A., *Istoriia gradostroitel'nogo iskusstva pozdnii feodalizm i kapitalizm*, Stroiizdat, Moskva, 1989, pp.160-165, 286-288.

30 「トポグラフ(Topograf)」と「ゼムレメール(Zemlemer)」については、以下を参照(出所：*Entsiklopedicheskii slovar'*〈Reprintnoe vosproizvedenie izd. F. A. Brokgauz-I. A. Efron, 1890 g.〉, Moscow, Terra, 1990-1994)。

31 いずれの都市も市街の中央広場においては、そこに建てられる建築をセットにして計画を行っていることなど、計画の質が根本的に異なっている。越沢明『哈爾浜の都市計画』39-48頁、西澤泰彦『図説大連都市物語』23-30頁。

32 ジェームス・フォーシス(森本和男訳)『シベリア先住民の歴史』彩流社、1998。

33 詳しくは、第3章(2.1)参照。

34 Matveev, p.131.

35 Matveev, p.31.

36 Matveev, pp.53, 63.

第2章

帝政期におけるウラジオストク市街地骨格の形成

1. ウラジオストクにおける市街地の展開

　骨格形成を把握する前に，まず，その背景となる人口の変動を概観しておきたい。既往研究などから人口変動を画する時期は以下のように推定することができる。

　①1860年代半ばまでは都市の創世期にあたり，ロシア軍人，欧米人の商人などが流入した。駐屯する軍隊もあったものの，その位置づけは必ずしも明確ではなかった。
　②沿海州軍務知事の所在地が1872年ニコラエフスクから移転するのに伴い州都となり，その重要性が認識される。これにより，軍施設の増強関係者が流入する。また，中国人商人，出稼ぎ労働者の流入も活発化していく。
　③1890年のウスリー鉄道の建設開始により，実質的に物資・人員の集積地となることから，人口にも大幅な伸びが示されることとなる。
　④日露戦争により，町の活動に影が差したが，1905年の戦争の終結により，再び外国人居留者が急増し，1905〜07年の2年間で11,000人以上の流入を見ている。
　⑤1914年の第一次世界大戦への大量動員が人口を激減させたが，大戦中ロシアで唯一の外国物資供給港となり，その後すぐに大戦前を上回る数に増加している。
　⑥1918年からの連合国によるシベリア出兵以降，ウラジオストクは連合軍の本拠地となり，各国の領事館も置かれ，人口は一時的に伸びを見せた。
　⑦1930年代以降の社会主義体制の強化とともに，海外からの流入者は激減するとともに，外国人居留者は流出する。これ以降，ウラジオストクは対外的な門戸を閉ざすことになる。

　以下ではこの時期区分を念頭に置き，市街地骨格の形成を見ることとする。なお人口データは調査機関・調査時期によって，同一年においてもかなりのバ

ラつきがある。その原因としては，以下の3点が考えられよう。
- 居留形態の多様性：一口に人口といっても，定住者と一時的居住者があり，特にウラジオストクの場合，後者の占める割合が，中国人を中心としたアジア系人種において非常に高い。彼らは，春期にウラジオストクに入り，秋期になると母国へ帰るというスタイルで生活しており，自ずと，同一年であっても冬期と夏期とでは人口数に大きな変動がある。
- 不法滞在者の数の多さ：同時代の統計データでは，正規の滞在者数が示されているが，注釈として，このほかに査証未登録滞在者が多く，この数字より数千人多いであろう，というような断り書きが見出される。当局自体も上述の居留形態の多様性と相まって，その正確な人数が把握されていなかったことを示している。
- 調査機関による食い違い：ロシア当局のデータも，沿海州によるデータ，市庁によるデータ，警察署によるデータなど数種類のデータソースがあり，また外国人滞在者の数に関しては各国の出先機関（領事館，貿易事務館）の統計もデータソースとなっている。その数も，何らかの形で滞在登録をされている人間を対象にしたものと未登録者の見積り人数を算入した概数で示されているケースがある。

このように，本研究で用いている人口統計データは，一律に推し量りきれないものであり，正確なものとはいえないことを最初に断っておきたい。ただし概ね人口の推移は把握しうるものと考える。表3に人口統計を示しておく。なお，人種別の内訳は概要を示すのみとし，人種別の推移に関しては次章で詳しく検討する。

1.1 1867年

1.1.1 市街地形成の背景

現有の資料においては，最も早い時期の人口に関するデータは1860年の40人というもので，これは端的にいえば軍関係者の数である。1869年の人口3,898人という数字があるが，1872年までの間は，おそらくこの数とはさほど違いのない範囲の人口であったと推定することができる。その理由は，①軍関係者の

表3　ウラジオストク人口の推移

	年　次	人口数	出　所	備　　考
1	1860	40	「小史」	軍関係者数と思われる。
2	1868	510	「市史論文集」	
3	1868	516	「視察録」	2と同一ソースと思われる。おそらく誤植。
4	1869	3,898	「事情」	
5	1878	8,393	「視察録」	欧米系（含ロシア）4,952人，アジア系3,441人
6	1879	8,837	「小史」	欧米系（含ロシア）3,066人，アジア系5,771人
7	1884	10,069	「浦潮斯徳」	ロシア系6,197人，欧米系87人，アジア系3,785人
8	1886	12,600	「小史」	ロシア系7,000人，欧米系100人，アジア系5,500人
9	1886	13,627	「浦潮斯徳」	ロシア系8,027人，欧米系100人，アジア系5,500人
10	1886夏	13,020	「物語」	ロシア系7,700人，欧米系100人，中国人4,370人，朝鮮人400人，日本人450人
11	1891	23,750	「浦潮斯徳」	ロシア系10,000人，欧米系150人，中国人10,000人，朝鮮人3,000人，日本人600人
12	1893	17,447	「市史論文集」	
13	1894	20,249	「事情」	
14	1896	25,220	「事情」	
15	1897	28,933	「市史論文集」	
16	1898	30,847	「事情」	
17	1900	30,847	「視察録」	ロシア系15,974人，欧米系474人，中国人11,637人，朝鮮人1,518人，日本人1,244人
18	1900	38,000	「事情」	
19	1901	36,000	「市史論文集」	
20	1905	43,648	「市史論文集」	
21	1907	66,570	「事情」	
22	1910	86,949	「視察録」	ロシア系50,451人，欧米系1,236人，中国人29,800人，朝鮮人3,217人，日本人2,245人
23	1910	90,582	「物語」	※男67,193，女23,389
24	1913	94,935	「事情」	
25	1913	92,244	「事情」	ロシア系53,937人，欧米系1,480人，中国人26,787人，朝鮮人8,210人，日本人1,830人
26	1916	78,366	「事情」	ロシア系44,693人，欧米系763人，中国人26,982人，朝鮮人3,065人，日本人2,863人

出所の詳細：「小史」→ Matveev, N. P., *Kratkii istoricheskii ocherk g. Vladivostoka*, 1990.
　　　　　　「市史論文集」→ *Materialy po istorii Vladivostok, Kn. 1-2*, 1960.
　　　　　　「視察録」→ 野村喜一郎『露領浦潮斯徳港視察録　勧業報告第一号』1912。
　　　　　　「事情」→ 済軒学人編『浦潮斯徳事情』1915。
　　　　　　「浦潮斯徳」→ 川上俊彦『浦潮斯徳』1892。
　　　　　　「商港」→ 小林九郎『浦潮斯徳商港　調査報告書第10巻』1921。
　　　　　　「物語」→ 原暉之『ウラジオストク物語』1998。

移住は，ニコラエフスクより本拠が移動した1872年以降に本格化したこと，②ウスリー地方に1860～70年の間に4,444人の移民が到着したが，続く12年間には742人しかやってこなかったとの記録があること[1]，である。以上から，1869年から劇的に人口が変化したと考えることは困難である。

1.1.2 市街地骨格

①1867年（市街地図）：図19は，Obertasによる研究の中で紹介されているもので，軍の技師Sokolovによる図であるが，これは第1章で取り扱った初期市街地計画策定当時の状況である。図中に表示された建物はいずれも軍関係の建物で，ウスペンスキー山の麓からチグローバヤ山の麓にかけてのゾロトイ・ローグ湾北側の海岸に存在していたことがわかる。Obertasは，同じ論文の中で，1867年における建物数を76とし，そのうち民間建物数を34としているが[2]，この図中では民間建物の位置を確認することはできない。おそらくそうした民間建物は，ここで示されている軍関係の建物の周囲の残余地に建設されたのではないかと考えられる。

②1867年（計画）：図20は，ルビアンスキーによる市街地計画図である。この計画自体は徐々に実行に移されていったにすぎず，この時点でこの街路骨格が姿を現していたわけではない。ここにおいて，後の中心市街地の骨格が示されるが，前図との関連でいえば，この時点において，軍港部分と商業港部分がそれぞれ分かれて計画されたことが重要であり，街区形成では東側にオフィチェルスカヤ・スロボーダ（将校村：図中Бの部分）に，軍用の市街地が，また中心市街地すぐ南側の埠頭は，市街埠頭として民間用にと，棲み分けの考え方が，現れはじめているといえよう。

1.2　1883年

1.2.1　市街地形成の背景

1872年のニコラエフスクからの軍港移転を契機として，軍事的拠点としての態勢が固められることとなる。また1875年8月には，市制が敷かれることとなった。こうしてウラジオストクが極東の行政センターとして位置づけられる

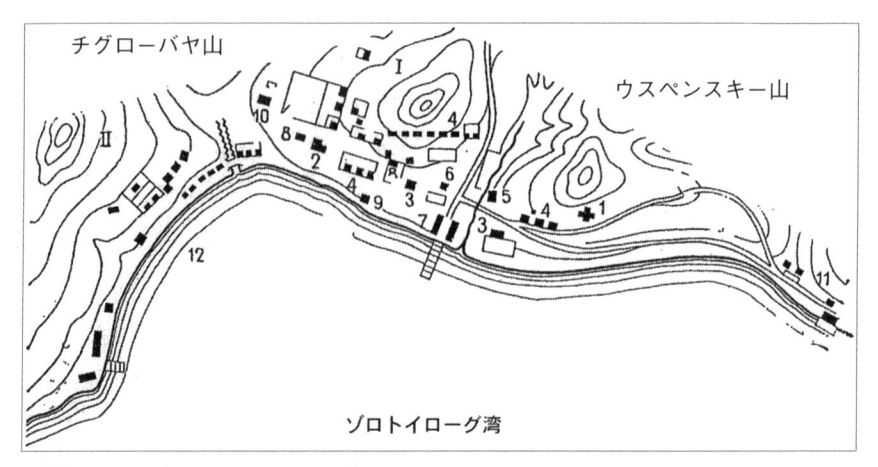

図19 1867年のウラジオストク港（"Plan porta Vkladivostok v 1867g."）（出典：Obertas, V. A., "Formirovanie planirovochnoi struktury Vladivostoka v XIX v." 1976）
1 教会　2 長官の哨所小屋　3 将校用小屋　4 兵舎　5 馬小屋　6 工場　7 酒保　8 冷蔵室　9 風呂　10 軍需倉庫　11 造船所と工場　12 海軍当局の建物

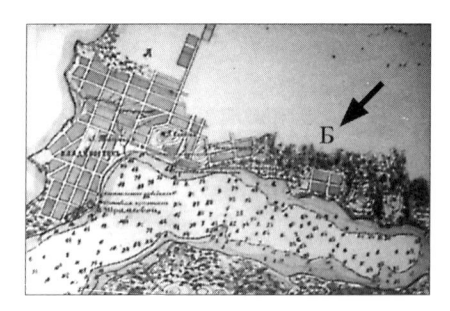

図20 M. Rubenskiによる1867年市街地計画図（"Plan Proektirovannogo Goroda Vladivostok Primorskoi Oblasti Vostoch Sibiri"）ウラジオストク要塞博物館所蔵（Muzei Vladivostoksokoi Kreposti）図中右側Бの文字が見える辺りがオフィチェルスカヤ・スロボーダである。

とともに，ロシア人軍関係者などが流入するが，ロシア人の民間人移民は遅々として進まなかった。その後1880年のウラジオストク—オデッサ間の義勇艦隊による定期航路の開設，移民の定期的な流入などが契機となり，人口は増加の一途を辿る。このほか東アジア各地との国際航路の相次ぐ設置により，アジア系人種を中心に新たな人口の流入が見られ，1884年には人口は1万人に手が届く。

こうした動きと同時に，1881年から85年の間に市の参事会は600区画の土地の分譲を行っている。また1883年における民間建物の軒数は570であり，市街地骨格の上に土地分譲がなされるとともに，民間による建設もこの頃から活発化したことを示している。これはウラジオストクの重要性が1880年代に入ってからはっきりと認識され始めたためであろう。1870年代には，ペ

ルヴァヤ・レーチカ（一番川）の谷に5つのレンガ工場と2つの製材工場ができている（図20のカトロージュナヤ・スロボートカの辺り）。後にはこの付近に採石場も設置され，こうした石は舗石などとして利用された[3]。

また1870年代までには，すでに市場が発生しており，ここを中心として都市経済活動が活発化し，建築活動もまたこの一帯を中心に盛んになっていく。

1.2.2　市街地骨格（図21）

中心市街地の街路骨格は，1867年の計画図と変わりなく，基本的にはこの計画に沿って徐々に骨格形成が進められていったことを示している。この図中で最も重要なのは，市街地域の境界線が示されていることであり，後にこの北側には軍事要塞の建設が進められることとなる。その他の大きな変化は，ゾロトイ・ローグ湾の最奥部での市街地の拡張であった。ここはマトロスカヤ・スロボーダ（水兵村）と呼ばれ，病院施設や艦隊の兵舎が建設された。この立地は市街西側のアムール湾側からの襲撃から最も安全な場所を選定したためである。この水兵村へと通じる一帯のゾロトイ・ローグ湾岸は，海軍の管理地としてこの図中に示されている（図21の凡例12）。徐々に軍用地と民間用地との分離がなされてきたことがわかる。

中心市街地からゾロトイ・ローグ湾東側へのアクセス路は，1876年から79年にかけて市の市街地改善委員会の手によって行われたもので，いくつかの谷を埋めることにより新たに道路を敷設している[4]。

市街地北部に，新たな地区の形成が始まっていることもわかる。これは前述したペルヴァヤ・レーチカの谷に建築用材料の工場ができたことと関連しており，カトロージュナヤ・スロボーダと呼ばれる。この時期までは，地形の厳しさにより市街北側へのアクセスは船によっていたが，スイフンスカヤ通りを北へと延長させることによって，中心市街地とのアクセスを確保した。これも市街地改善委員会の手によるものである[5]。

ゾロトイ・ローグ湾西岸のチグローバヤ山の斜面における市街化計画は，1870年代の終わりに，建築家レゴ（Iu. E. Rego）の手によって立案されたもので，アレウツスカヤ通りからポシエツスカヤ通りにかけての一帯の開発が着手された[6]。

また，コレラ患者用の収容所も設けられている。原は，この後1885年，

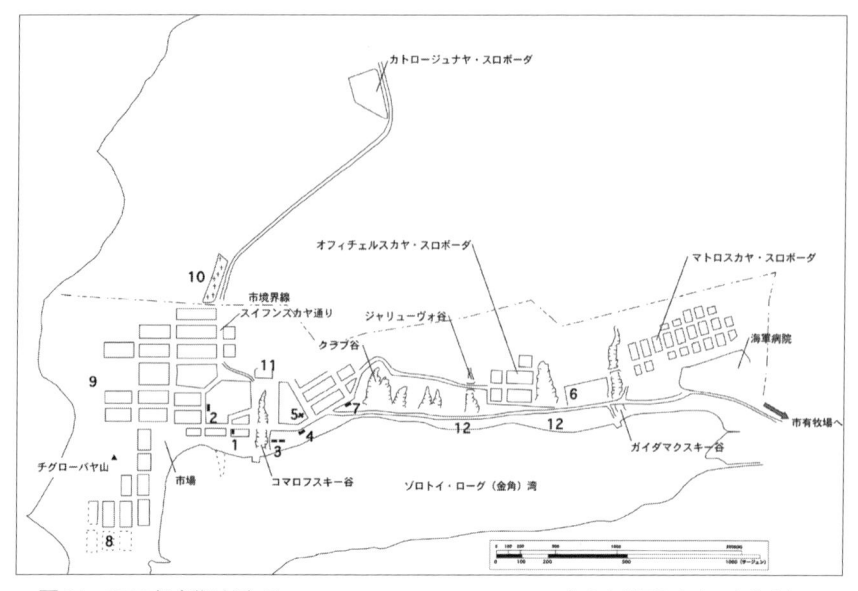

図21 1883年市街地図（"Plan goroda Vladivostoka za 1883g."から筆写したものを清書）
所収：Primorgrazhdanproekt "Istoriko-arkhitekturyi opornyi plan tsentral'noi chasti g. Vladivostoka" 1990
1 港務長官邸　2 市参事会　3 将校小屋　4 海軍司令部　5 ウスペンスキー教会　6 シベリア艦隊置き場　7 海軍集会所　8 市の建築家G. Regoにより計画中の街区　9 セミョーノフの草刈り場と干し草市場　10 墓地　11 コレラ患者のバラック　12 海軍将官の敷地

1890年にウラジオストクでコレラが流行したこととそれによる衛生行政の展開を紹介しているが，これに先立つ1883年の時点ですでに収容施設が計画されていた，ということになる。

1.3　1897年

1.3.1　市街地形成の背景

ロシア当局の数字によると，1893年に17,447人であった人口は，1897年には28,933人となり，著しく流入者が増加している時期である。この背景にはウラジオストクを起点としたシベリア横断鉄道の建設（1891年開始）があり，これに伴い建設労働者などを中心に大幅な人口の伸びが見られている。

80年代以降の市街地形成を語る上で重要なのは，軍事施設の建設，シベリ

ア横断鉄道の建設，それに伴う港湾の建設である。

　軍事施設に関しては，すでに1860年代より砲台の設置が行われていたが，これが本格化したのは1880年代はじめごろからである。ゾロトイ・ローグ湾入口の南方向へ向けて，市街北側の丘の頂上には望遠鏡や砲台，弾薬庫や堅固な要塞施設が建設された。これらの施設群により形成された環状の防衛システムは，市街を切り取り，その領域の拡大を制限した。

　一方シベリア横断鉄道は，市街地形成にも決定的な影響を与えている。問題となったのは計画路線の位置である。ヴォリノナジュジンスキイ（Vol'no-Nadezhdinski）―ウラジオストク間の計画区間はムラヴィヨフ・アムールスキー半島の市街への引き込みの位置をめぐって2つの案があった。1つ目の案はボガタヤ・グリヴァ（Bogataia Griva）山脈の尾根に沿って半島の中央を進み，オビヤスネニヤ（Ob"iasneniia）川の谷を通って市街へと入るもので，2つ目の案は，アムール湾岸に沿って南下し，オルリノエ・グネズド山とチグローバヤ山の間の窪地を通って市街へ入るというものであった。2つ目の案の欠点は湾岸部分から市街を横切って導入されることで，これは市街の切断を伴うものであった。にもかかわらず，技術的な簡便さと経済性の関連からこの案が採用され，実現されたのである[8]。

　その結果，鉄道駅の場所としてシコタ半島が選定されたが，その詳細な位置に関しては，交通連絡上の統一を図るという観点から，商業港の並置もその条件とされた。1896年に商業港の建設が始まり，1899年には鉄道駅のすぐとなりでその利用が開始された[9]。

　また，すでに建築用材料の工場があったペルヴァヤ・レーチカ付近には，鉄道駅ができたことにもよって各種の工場（製材工場，機械工場，レンガ工場，食料品会社，軽工業，機関車・客車車庫，車両組立工場など）に立地が見られ始めた[10]。

1.3.2　市街地骨格

　図22から，市街地は北側へは伸びず，ゾロトイ・ローグ湾に沿って東へと伸びていることがわかる。中心市街地と，それまで孤島のような形で存在していたオフィチェルスカヤ・スロボーダ（図22，9），マトロスカヤ・スロボーダ（同，10）方面へと市街地骨格自体が連担していることがわかる。

　一方，鉄道建設によりシコタ半島に鉄道駅も形を見せているが，徐々に南側

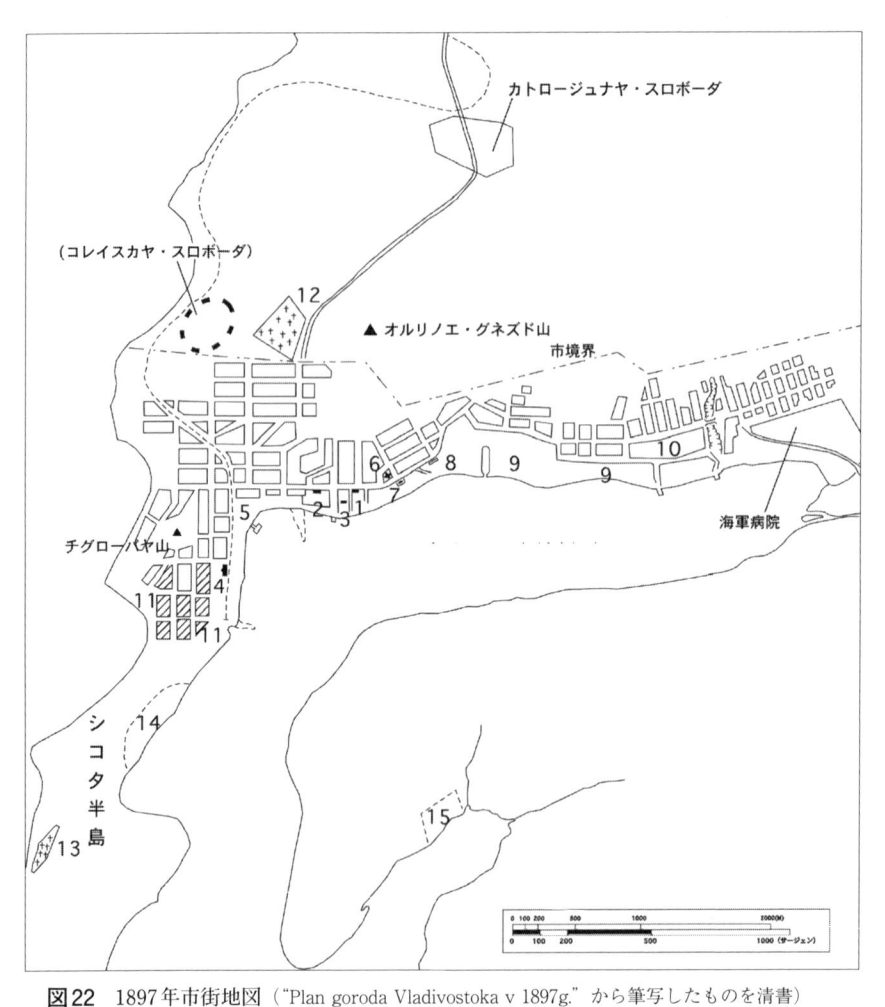

図22 1897年市街地図（"Plan goroda Vladivostoka v 1897g."から筆写したものを清書）
所収：Primorgrazhdanproekt "Istoriko-arkhitekturyi opornyi plan tsentral'noi chasti g.Vladivostoka" 1990.
1 知事の住居と庭園　2 港務長官の住居と庭園　3 アムール州研究協会の所有地及び博物館　4 駅　5 市有庭園及びバザール　6 ウスペンスキー教会　7 ネヴェリスコイ記念像　8 海軍集会所及び庭園　9 海軍将官及び新船渠用地　10 シベリア艦隊置き場　11 陸軍省により建設中の街区　12 墓地　13 軍事要塞の墓地　14 移民バラック用地　15 石油保管所

へも市街化が始まりつつある状況が読み取れる。

しかしながら，人口の伸びに比べると，市街の拡張はそれほど急ではなく，中心市街地の建物の更新などによって，流入者の受け皿を確保し，市街地では高密化が進み始めていた時期であると考えられるだろう。

1.4 1900年

1.4.1 市街地形成の背景

人口の流入はさらに進み，先の1897年の人口28,933人から1901年には36,000人へと増加している。

1.4.2 市街地骨格

市街は駅の開設とともに南側のシコタ半島の方向にも広がっている。鉄道の開通により，市街地中心部の街区の形成がほぼ完了し，現在と同様になっている。市北部の墓地北側には，これまでとは異なる形状の街区が見られる。街区の建設は，アムール湾岸や鉄道の収用地帯に沿ってカトロージュナヤ・スロボーダまで北の方へ広がった。

1890年代始めには，クペロフスカヤ・パッドというオルリノエ・グネズド山とカレイスカヤ街の間の部分が建築物で埋められ始めた。この地図（図23）にはその部分も表現されている。この集落の発生から数年後には，道路建設がなされ，これにより市街地がカトロージュナヤ・スロボーダまでが連続している。ゾロトイ・ローグ湾から北方向へキタイスカヤ通りが延伸し，クペロフスカヤ・パッドとカトロージュナヤ・スロボーダの重要路であるオケアンスキー・プロスペクトとの交点まで達している。このルートは急斜面が少ないために，徐々に市街への重要な入口へと位置づけられていった。

1.5 1906年（計画図）

1.5.1 市街地形成の背景

日露戦争後に，さらに人口は急増する。戦前にロシアが領有していた関東州の大連および旅順港を失い，これによってウラジオストクは，ロシアの太平洋

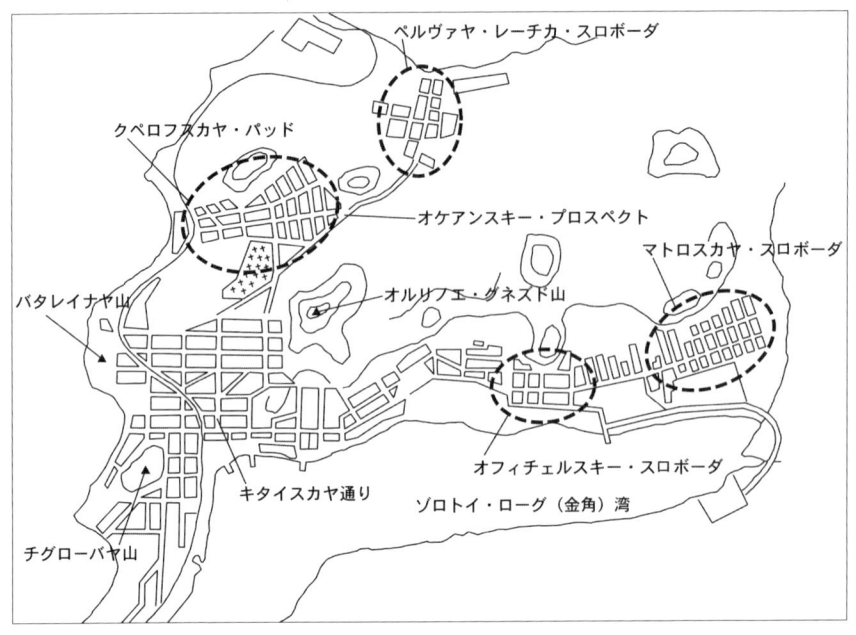

図23 1900年市街地図（提供：V. A. Obertas）

に面する最も重要な港となり，対外貿易の拠点の座にのし上がり，都市活動の活発化がおこる。

また1904年に東清鉄道経由で，ウラジオストクからヨーロッパロシアまでが陸路で接続された。

1.5.2 市街地骨格

市庁の測量技師，スタロジーロフ（N. K. Starozhirov）による市街地計画図（図24）である。それまでの市街地区域の線引きを大きく越えて，北は一番川近辺までその区域を拡張している。以後の地図を見ていくと，部分的には修正があるものの，基本的にはこの計画に沿って市街地が形成されていくことがわかる。この時点までの市街地形成においては，部分部分でグリッド骨格を形成してきていたが，ここでは骨格パターンに放射型が取り入れられ，数カ所で円形の広場も設けられている。しかし計画区域北東部においては，従来よりは小さい街区がグリッド骨格によって組織されていることがわかる。また中心市街地東側

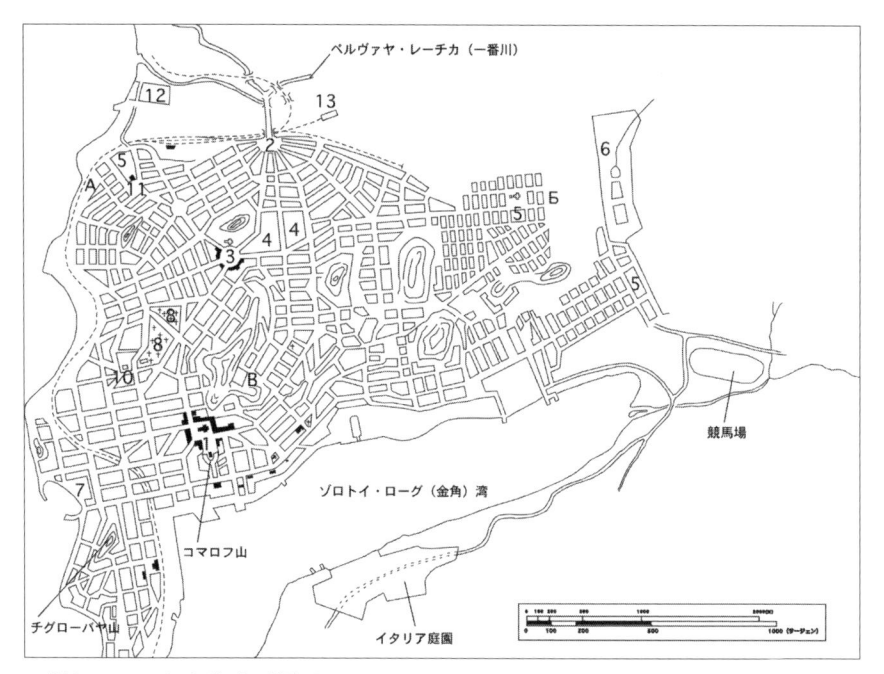

図24 1906年市街計画図（"Proekt razvitiia selitebnoi chasti razrabotannyi v 1906g. N. K. Starozhilovym (Utverzhden 18 Iiulia 1906g. Vladivostokskoi gorodskoi dumei)"）所収：Primorgrazhdanproekt "Istoriko-arkhitekturyi opornyi plan tsentral'noi chasti g. Vladivostoka" 1990
1 ニコリスキー教会の本山及びアレクサンドル3世の記念碑を伴った計画中の新市有広場　2 計画中の入口広場　3 一番川の市有地広場と聖ペトロ教会・聖パブロ教会　4 計画中の公園　5 新しい公園　6 要塞の地雷置場　7 新しい市営市場　8 市営墓地と教会　9 計画中の旧教墓地　10 仏教偶像堂（除去）　11 カレイスカヤ・キタイスカヤスロボーダ（朝鮮人・中国人居住区）の新仏教徒偶像堂　12 石油保管所　13 保管所及び車両組立工場　A 朝鮮人・中国人居住計画地区　Б 労働者居住計画地区　В 鳩の谷計画地区

のコマロフ山（図24中の1）において，モニュメンタルな教会の建設が計画され，北西部においては中国人居住区の計画もなされていたことがわかる。

　このように，ここではこれまでの部分部分での市街の拡張から一転して，郊外部の整備を含めた抜本的な市街計画を立案している。この計画は流入者や住民の増加への対応，あるいは市街地のスプロール化への対応という都市機能面での要請から近代的な都市計画手法が導入されたものとして捉えられうる。と同時にこの時期は，大連及び旅順の放棄に符号している。そこで果たそうとしていたロシアの「顔」としての空間形成を，この時にはここで実現しようとし

ていたとも考えられよう[11]。

1.6　1909年

1.6.1　市街地形成の背景

1904年に再び「自由港」となり，対外貿易の活発化が起こるとともに，日露戦争後に，さらに人口は急増した。これに伴って，交通体系の整備が行われる。

例えば1907年には，市街の中心部において交差している道路と鉄道とを立体交差にする工事が行われる。具体的にはセミョーノフスカヤ通り，ペキンスカヤ通り，スヴェトランスカヤ通りである[12]。また，市議会では，1908年には市電の建設に着手することが決定されている。実際には，鉄道停車場前からスヴェトランスカヤ通りに沿ってルゴヴァヤ（Lugovaia）まで，市の東西を結ぶ第一号線は1912年10月に敷設が完了した[13]。

1.6.2　市街地骨格

この地図（図25）は，計画図であるが，市街全体が5地区に分けられている。中心市街地は第1地区，ゾロトイ・ローグ湾岸東部のオフィチェルスカヤ・スロボーダ，マトロスカヤ・スロボーダなどは第2地区，第3地区から第5地区はその北側に西から東へと区分けされている。

まず，先に示した1906年の計画図と比較してみると，街路骨格に関しては，ペルヴァヤ・レーチカ駅前（図24の2の部分）に計画されていた円形広場とそこから放射状に広がっていた街路網が，この図では簡略化されていることが目を引く。これはこの間に計画変更がなされたものと思われる。またシコタ半島の市街地南端部分では，先の計画図には表記されていた街区が数個，ここでは表記されていない。

またこの地図では，街区の建設状況が，「既成街区」，「半成街区」，「計画街区」という3つに区分して表示されている。これに着目すると，先の計画図中のБで示された労働者居住地区が，ここではすでにでき上がっており，ここが優先的に建設が進められた地区であることがうかがえる。一方市街地北端の部分（第三地区北部）や北東部（第四地区南側）では計画街区としての表記がある

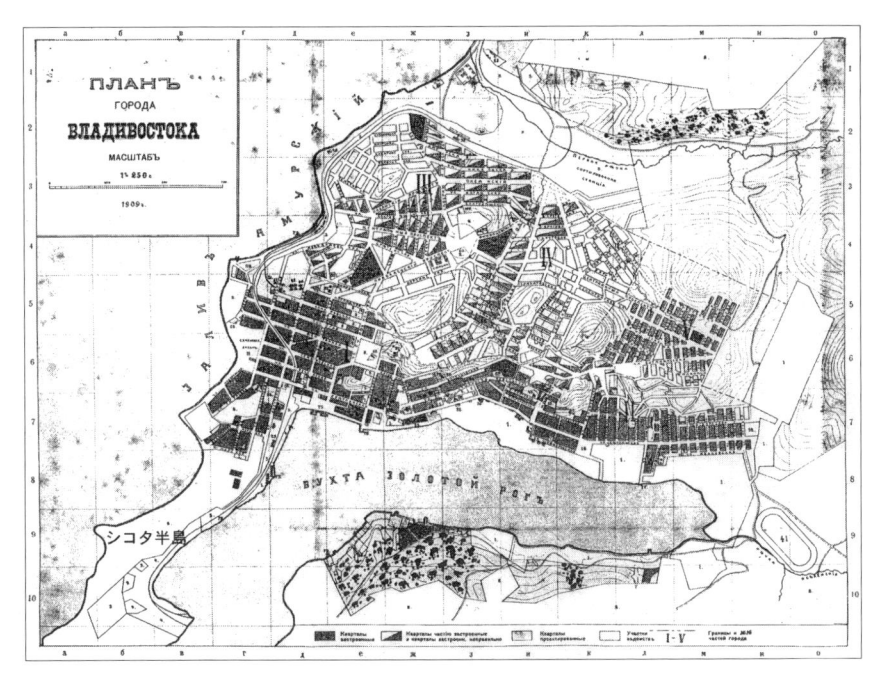

図25 1909年市街計画図（"Plan Goroda Vladivostoka masshtab"）大連市立図書館所蔵
この図中で，塗りつぶされている街区は，既成街区，斜線のある街区は半成街区，白抜きの街区は計画街区である。

だけである。

1.7 1918年

1.7.1 市街地形成の背景
1914年の第一次世界大戦勃発により，市の人口も一時的に減少するが，ロシア唯一の外国物資供給港となり，すぐに大戦前を上回る数に増加する。

1.7.2 市街地骨格
この地図（図26）は日本軍による極秘扱いの地図であり，市街地骨格とともに軍事施設の配置などの情報が盛り込まれている。1904年の図で見られていた範囲よりも外側にも砲台・要塞などが広がっていたことがわかる。

図26 1918年市街図（「浦潮斯徳市街図　二万分一之尺」）国土地理院地図資料室所蔵

市街地骨格の記載範囲は，先の図25と同様である。

1.8　まとめ

　以上市街地図を中心に，Obertasなどによる既往研究を参照しつつ，市街地骨格の形成を見てきた。
　1880年代までにおいては，ゾロトイ・ローグ湾に沿って東西に伸びるスヴェ

トランスカヤ通りを軸に，北側に位置する山や丘の南斜面へと直交する街路が敷設され，市街地が拡張されていったことがわかる。この時期までに成立した市街の空間構造は，ウスペンスキー山やオルリノエ・グネズド山，チグロバヤ山を背後にゾロトイ・ローグ湾北岸の東西に広がるものとして捉えることができるが，沿岸部では，アドミラル埠頭を境に西側は市場や市有埠頭などの商業的利用が進み，また東側は海軍の管轄下におかれ，各種の工廠やドック，兵営や病院施設などに占用された。したがって海に近い部分はこうした公共施設や軍用施設によって占められることになった。Obertasは，民間の建設活動が概ね海抜10m～30mのレベルにおいて見られたことを指摘している。[14]

　1890年代以降になると，アレウツスカヤ通り，スイフンスカヤ通りなど新たに南北方向の軸を中心に，オルリノエ・グネズド山付近や，バタレイナヤ山，あるいはクペロフスカヤ・パッドなど，市街地骨格はひと山越えた北側へと延伸する。また南側も，その多くの部分が軍用地となったものの，鉄道駅の開設や商業埠頭の整備と相まってシコタ半島にまで市街地は延伸していく。さらに1905年の市街地計画以降は，それまで手が着けられていなかった北東に向かって大規模に市街地の形成が計画されている。

　さらに参考のため，最後に1930年代の日本陸軍陸地測量部の市街地図（図27）を瞥見しておくこととする。これによると，1930年代末には市街地骨格はゾロトイ・ローグ湾を挟んだチュールキン半島にまで広がっている。ここでは，これまでに見られたグリッド型の骨格パターン形成しているわけではなく，地形に沿った形での骨格形成が行われており，市街地開発の手法が大きく変化してきている。さらにこの後1960年代以降になると，市街地形成はさらに速度を増し，面的な広がりを見せることになる。

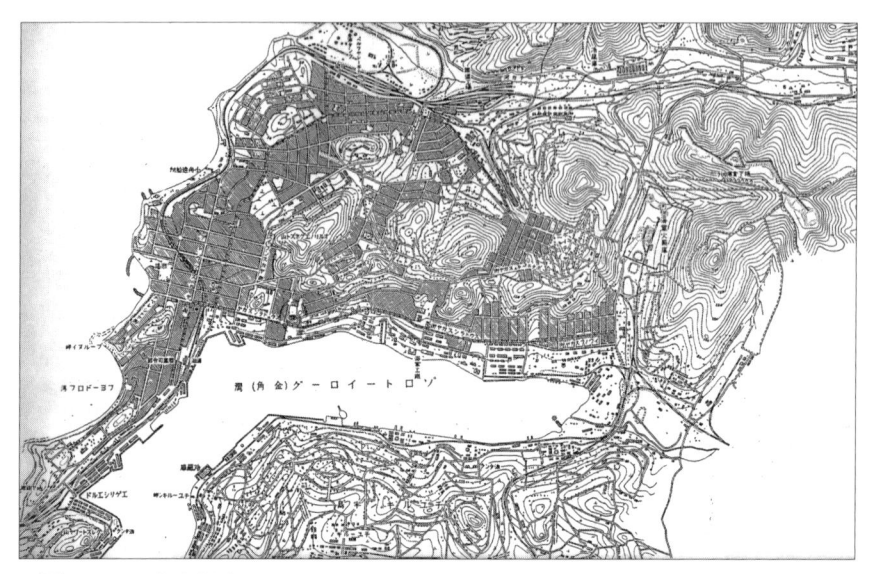

図27 1939年市街図（「浦潮（軍事極秘）」）国会図書館地図室所蔵

2. 地区別に見る街区形状及びロット割り

　以下ではこれまでに見てきた市内各地区の特質を，街区形状及びロット割りに着目して，明らかにしておく。ここでは1909年の市街地計画に基づいて作成されたロット割地図（"Plan Syshchestvuiushchago i Proektirovannago Raspolozheniia Oblastnogo Goroda Vladivostoka Primorskoi Oblasti"：極東研究協会図書館蔵）及びロシア国立極東歴史資料館（Rossiiskii Gosudarstvennyi Istoricheskii Arkhiv Dal'nego Vostoka）所蔵の非公刊地図を資料として分析を行う。対象とする地区の位置を図28で示す。

2.1　中心市街地

　中心市街地（1867年・図29）における計画については，第1章で述べたとおり

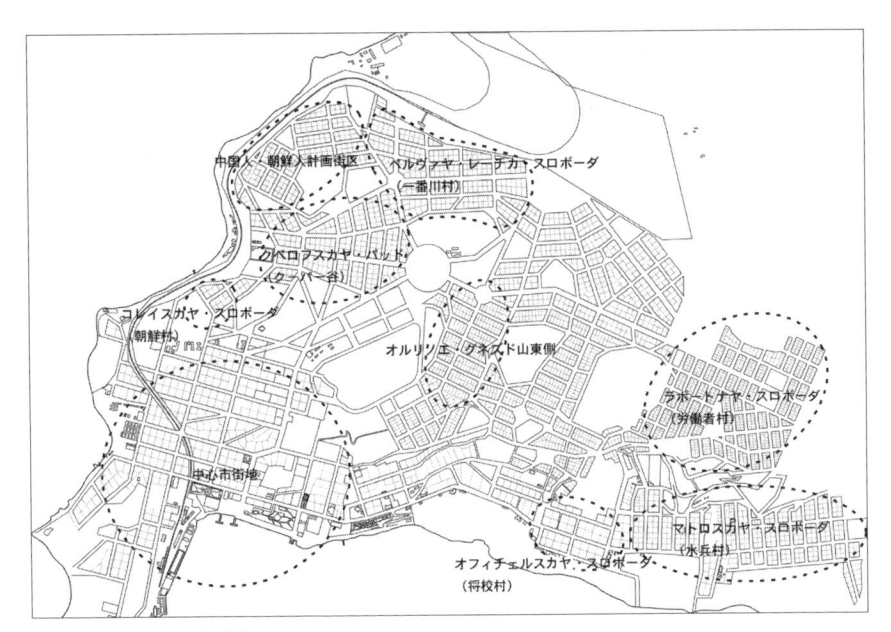

図28 対象地区位置図

であり，詳細はここではふれないが，基本的にグリッド型の骨格によって方形の街区を形作り，その際に25サージェン四方のロット（面積625平方サージェン）を創出するという手法によっている。

ここで計画された土地ロットは，全ロットが同時に分譲に供されたわけではないと思われる。最も早いものでは，この計画以前の1860年代において分譲されたという記録があるが，中心市街地全域にわたっての分譲は，1871年の土地分譲オークション（127ロットを販売）が始まりで，縁辺部においては1880年代までにわたって分譲が行われたと考えられる。特にこの図の左下にあたるアレウツスカヤ通りとポシエツスカヤ通りの間のゾーン（具体的には第7，49，50街区とその南側の一帯）は，1880年代において形成が始まった部分であり，ロット寸法もやや異なっている。[15]

2.2 オフィチェルスカヤ・スロボーダ

オフィチェルスカヤ・スロボーダ（「将校村」1869年・図30）は，中心市街地

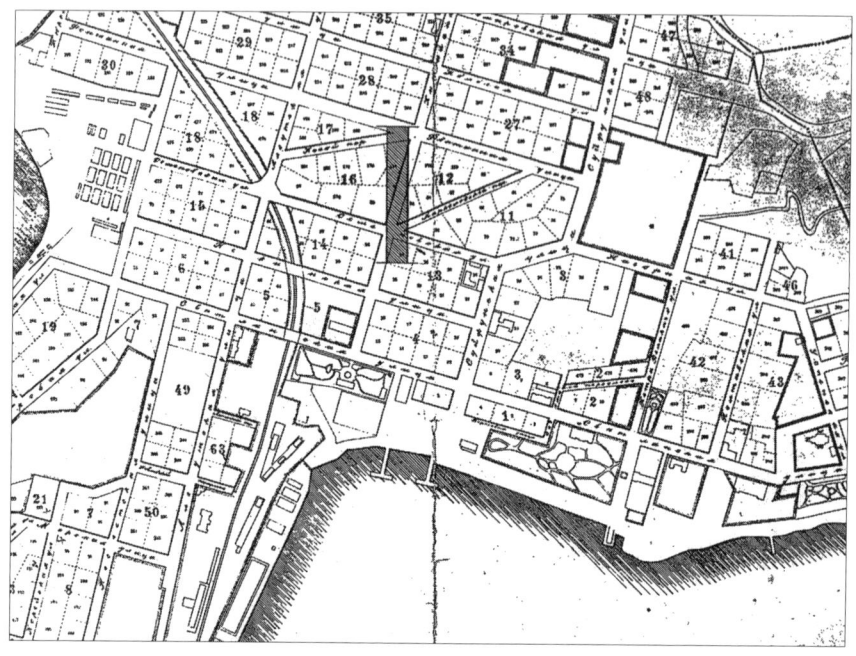

図29 中心市街地（"Plan Syshchestvuiushchago i Proektirovannago Raspolozheniia Oblastnogo Goroda Vladivostoka Primorskoi Oblasti" の一部）

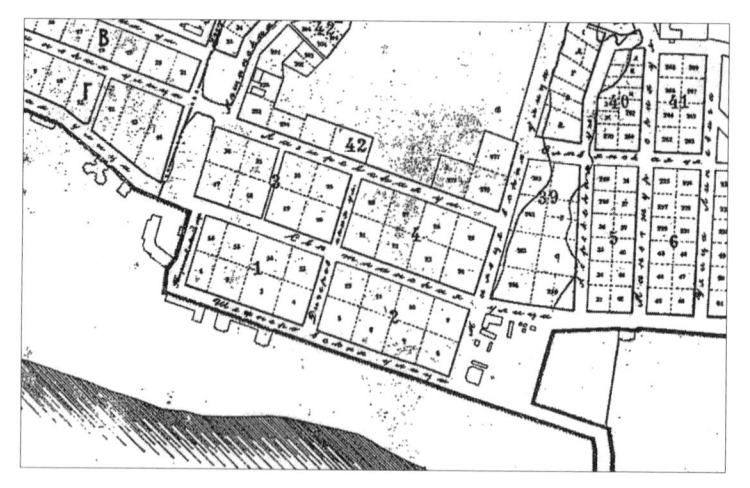

図30 オフィチェルスカヤ・スロボーダ
（"Plan Syshchestvuiushchago i Proektirovannago Raspolozheniia Oblastnogo Goroda Vladivostoka Primorskoi Oblasti" の一部）

と同様にルビアンスキーによる計画で示された区域の一部であり，ゾロトイ・ローグ湾の北岸，中心市街地から東に位置している。シベリア艦隊の将校の居住のための地区として計画された。ここでの街区形状やロット割り，ロットの寸法は中心市街地と同様で，1ロットは25サージェン四方（面積625平方サージェン）で，1街区には2×4の8ロットがつくられている。

2.3 マトロスカヤ・スロボーダ

1871年には，オフィチェルスカヤ・スロボーダからさらに奥に入った部分，ゾロトイ・ローグ湾北岸の最東部に，マトロスカヤ・スロボーダ（「水兵村」1871年・図31）を計画している。この地区は，最初の状態においては，6から8の地所を含む長方形の18街区が建設された。この図では右側の部分を指している。この周囲では，ゾロトイ・ローグ湾へ向かって走る谷が入り組んでおり，ここを基点として，さらに西側へ同規格のロット割りの形成が1890年代はじめまで行われていく。

街区寸法のモジュールは15サージェンであり，ロットは15サージェン四方（面積225平方サージェン），初期段階での6ロットを含む街区は30×45サージェン，8ロットの街区は30×60サージェンである。後に形成が進む西側の街区も，モジュールは15サージェンである。街路寸法はいずれも10サージェンで一定している。

2.4 コレイスカヤ・スロボーダ

1893年に朝鮮人居住区として，コレイスカヤ・スロボーダ（「朝鮮村」1893年・図32）という地区が計画されている。中心市街地の北側で，市の境界の外側に位置し，地区の北側はウスリー鉄道の線路によって区切られている。市街における朝鮮人の動向に関しては次章でやや詳しく取り上げることとするが，コレイスカヤ・スロボーダは当時中国人及び朝鮮人が密集して居住していた通称「セミョーノフの草刈り場」地区における伝染病の流行に端を発した黄色人種に対する隔離政策の中で生み出された地区である。この「セミョーノフの草刈り場」とは，ウラジオストク最初の民間人とされるセミョーノフ（Y. L. Semenov）が

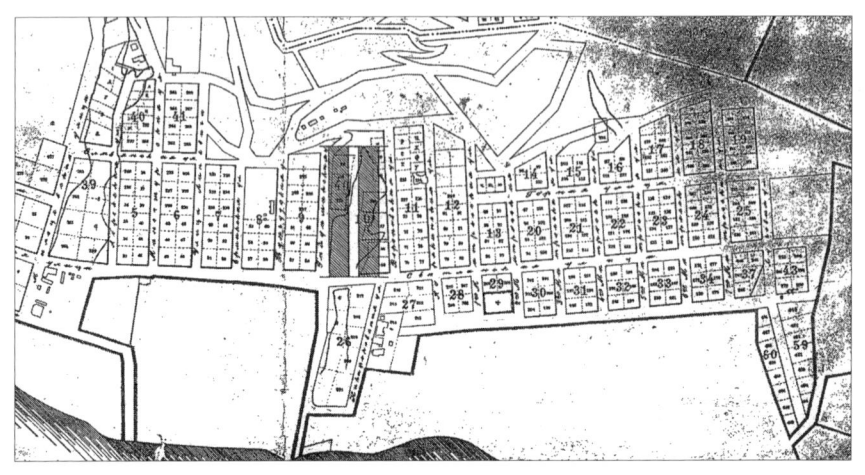

図31 マトロスカヤ・スロボーダ（"Plan Syshchestvuiushchago i Proektirovannago Raspolozheniia Oblastnogo Goroda Vladivostoka Primorskoi Oblasti" の一部）

図32 コレイスカヤ・スロボーダ付近（"Plan Syshchestvuiushchago i Proektirovannago Raspolozheniia Oblastnogo Goroda Vladivostoka Primorskoi Oblasti" の一部）

1862年に軍政府から割り当てられたアムール湾岸の土地である。[16]

当初は中国人・朝鮮人が対象とされ，従前居住地からの住民の立ち退きと指定場所への移住は，1893年5月20日が期限とされた。原は関連する「ウラジオストク」紙の記事を紹介している。[17] 同年5月9日付の記事によると，彼らの移住先に1つの大きな村（筆者注：すなわちコレイスカヤ・スロボーダ）が現出し，「種々雑多な堀立小屋が雨後の筍のように生えた」と書かれ，また6月13日付の同紙には，いわゆる「朝鮮人街区」（筆者注：従前の居住地，すなわちセミョーノフの草刈り場）からの中国

人と朝鮮人の立ち退きは5月20日までに終わったが，指定の場所に移住したのは失うものを何ももたない貧しい人々であり，より裕福な住民はロシア人家主のもとに引っ越した，という．

　計画時点においては，市の境界の外側に位置していることもあり，前節において検討した複数の地図上でも，街区形状などは明確に表記されていない．また，ここで主要な検討対象としている1910年の市街地図においても，この地区は，新たに計画されている街区の下に点線で表現されているのみである（図32）．また市街地形成を扱うObertasの論文の中でもこの地区に関しては，全くふれられていない．ここでは，この地区の形成に関連する非公刊地図4点と写真1点を手がかりとして，その形成を少し具体的に検討してみたい．

　まず，1893年における3点の地図がある．いずれも市の測量技師（Zemlemer）によって作図されており，タイトルはいずれも"Plan chasti zemli g. Vladivostoka prednaznachatoi dlia zaseleniia kitaitzev i koreitzev（ウラジオストク市の中国人・朝鮮人居住者のための居住地の計画）"である．当初は中国人も居住対象として想定されていたことを裏付けている．

　3枚の地図は，それぞれ居住地計画の案であり，その内容は多少異なっている．重要な違いは，街路骨格の配置と街区形状及び計画区画の形状と寸法である．

　街路骨格の配置についてみてみると，図34と35では，中心市街地のグリッドを拡張して計画されているが，図33では，中心市街地のグリッドとは別の格子として計画されている．ここでの街路配置の考え方は現在のところ不明だが，図33における街区配置の方向は，すでに存在していた中国寺院や，V. F. Adamsの所有地境界線の方角と一致していることがわかる．

　街区形状及び計画区画に関しては，図33では，100×50サージェンの街区が2つ，85×40サージェンの街区が1つ，それぞれの街区に10ロットが含まれ，計30ロットが計画されている．ロットの寸法からみた内訳は，20×25サージェンのロットが20区画，17×20サージェンのロットが10区画である．図34の場合は，計44ロットが計画され，基本となっている寸法は，20×20サージェン及び20×15サージェンである．図35では，38ロットが計画され，その寸法は，20×20サージェン及び20×30サージェンが基本となっている．地区内の街路の計画寸法はいずれも幅員10サージェンで一定している．

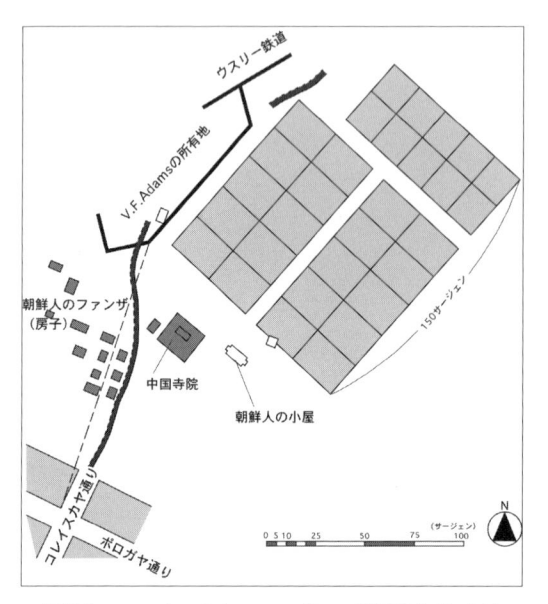

図33 コレイスカヤ・スロボーダ計画図（極東歴史資料館所蔵〈F.28-O.1-D.176-L.16〉）

図34 コレイスカヤ・スロボーダ計画図（極東歴史資料館所蔵〈F.28-O.1-D.176-L.38〉）

　現時点においては，いずれの案がどういう経緯で実施されたのかということは，明確にはわからないが，1905年における市の測量技師による実態調査図（図36）があり，中央を南北に抜ける街路（アレウツスカヤ通り）と東西に抜ける街路の配置状況からいえば，図35の案が実施されたものに近いと思われる。この実態調査図は，居住者調査のための見取り図であり，正確な測量に基づくものではないため寸法表記がない。しかしながら小規模の家屋が非常に密集した状態で存在していた状況は明らかである。主要な通りから街区内部へと小道あるいは路地（図中の表記はpereulok）のような導入路が張りめぐらされており，当初計画で検討されていたロットが，内部でさらに非常に細分化されて利用されたことが読み取れる。

2.5 クペロフスカヤ・パッド

クペロフスカヤ・パッド（「クーパー谷」1890年代・図37）はコレイスカヤ・スロボーダよりさらに北側の部分である。クペロフスカヤ・パッドの計画では，地形的な特色を考慮するという試みが実践されており，街区形状はこれまでのものとは異なっている。沿岸部からオルリノエ・グネズド山とカレイスカヤとの間の峠までの緩い勾配が広がる窪地においては，ブラゴベシチェンスカヤ，ツェントラーリナヤ，オケアンスキーという名の３本の大きな放射路を敷設した。6つの短い横方向の街路は等高線の方向と一致しており，部分的には曲線状の街路が現れている。この計画の欠点は，街区が過度に細分化されたことであり，Obertasによれば，その後1907年にこの地区では街区を合併するという設計変更がなされたとされる。[18] 街区の形成が地形を考慮したパターンに移っていく１つの現れのようにも見え

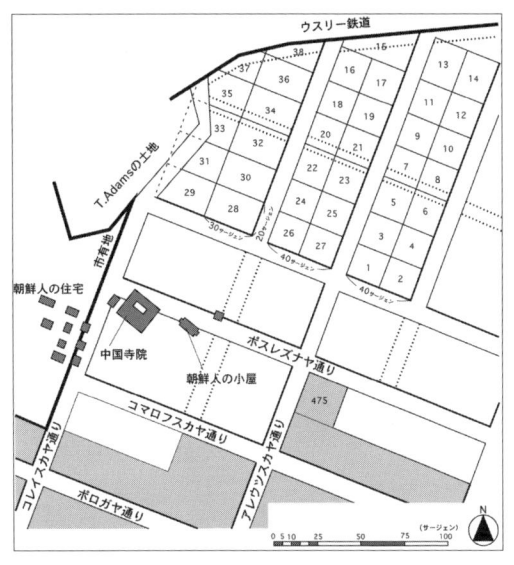

図35 コレイスカヤ・スロボーダ計画図（極東歴史資料館所蔵〈F.28-O.1-D.176-L.39〉）

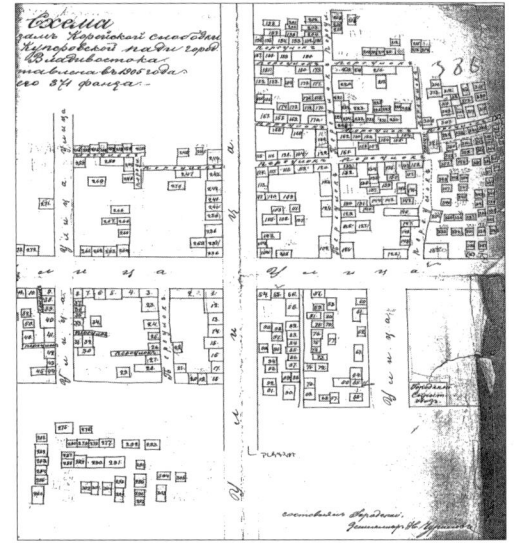

図36 1905年におけるコレイスカヤ・スロボーダ実態調査図（極東歴史資料館所蔵〈F.28-O.1-D.234234234-L.386〉）

写真4 北側よりみたコレイスカヤ・スロボーダ（アルセーニエフ郷土博物館所蔵 Fondy Primorskogo gosudarstvennogo muzeia im. V. K. Arseen'eva; MPK〈16045-7, 67-36927〉）

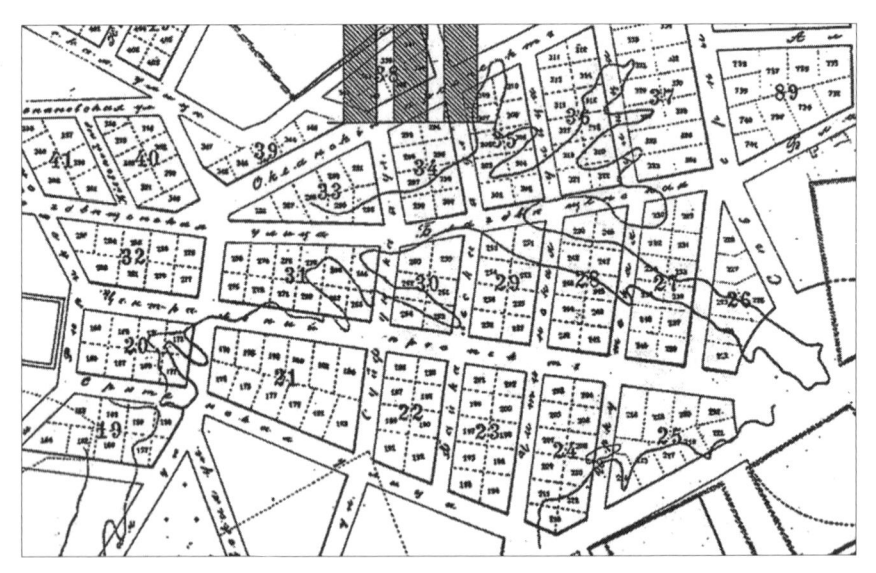

図37 クペロフスカヤ・パッド（"Plan Syshchestvuiushchago i Proektirovannago Raspolozheniia Oblastnogo Goroda Vladivostoka Primorskoi Oblasti" の一部）

る。

　最も多く見られる土地ロットの寸法は，街区短辺方向に20サージェン，長辺方向に15サージェンである（面積300平方サージェン）。

2.6　ラボートナヤ・スロボーダ

　ラボートナヤ・スロボーダ（「労働者村」1900年代後半・図38）は，1905年の計画図で現れている地区で，1909年の地図においては，その大半の部分ができ上がっていることがわかる。非常に速いスピードで形成が進んだ地区である。場所はマトロスカヤ・スロボーダの北側である。

　街区寸法は，25×50サージェンを基調としており，この街区が12等分されてロット割りされており，1ロットの基本寸法は，街区短辺方向に12.5サージェン，長辺方向に約8サージェンである（面積約100平方サージェン）。これまでの地区の中では最も小さい寸法であり，面積は，中心市街地の1ロットの6分の1に相当する。

2.7　ペルヴァヤ・レーチカ・スロボーダ

　1909年の地図（図25）においては，街区の建設状況を，既成街区，半成街区，計画街区という3種類で表示していたが，ペルヴァヤ・レーチカ・スロボーダ（「一番川村」1910年前後・図39）はこの図中で半成街区として示されていた部分である。最も多く見られる土地ロットの寸法は，街区短辺方向に15サージェン，長辺方向に10サージェンであり（面積150平方サージェン），先のクペロフスカヤ・パッドと同様の敷地規模であるといえる。

2.8　オルリノエ・グネズド山東側

　オルリノエ・グネズド山東側（1910年前後・図40）は，ペルヴァヤ・レーチカ・スロボーダと同様に1909年の地図（図25）において半成街区として示されていた地区である。最も多く見られる土地ロットの寸法は，街区短辺方向に15サージェン，長辺方向に10サージェンである（面積150平方サージェン）。なお，

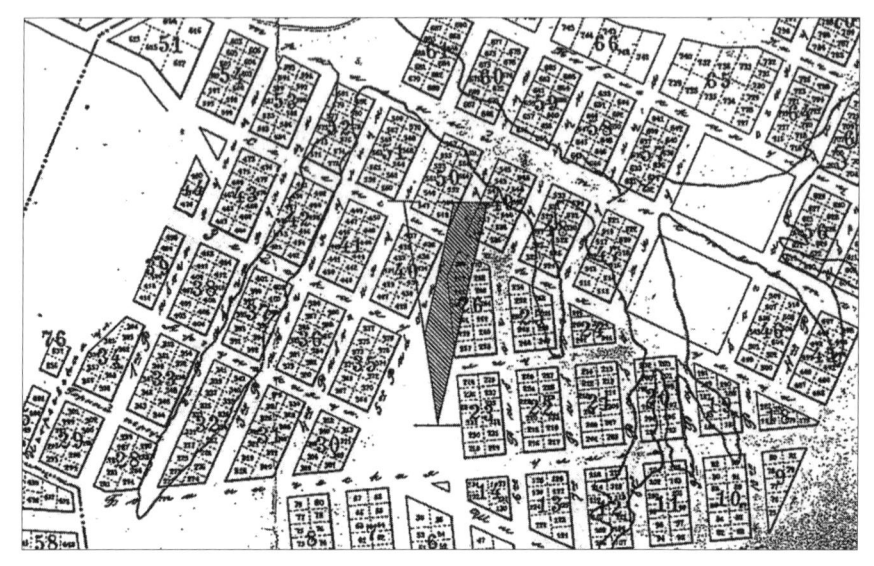

図38　ラボートナヤ・スロボーダ（"Plan Syshchestvuiushchago i Proektirovannago Raspolozheniia Oblastnogo Goroda Vladivostoka Primorskoi Oblasti" の一部）

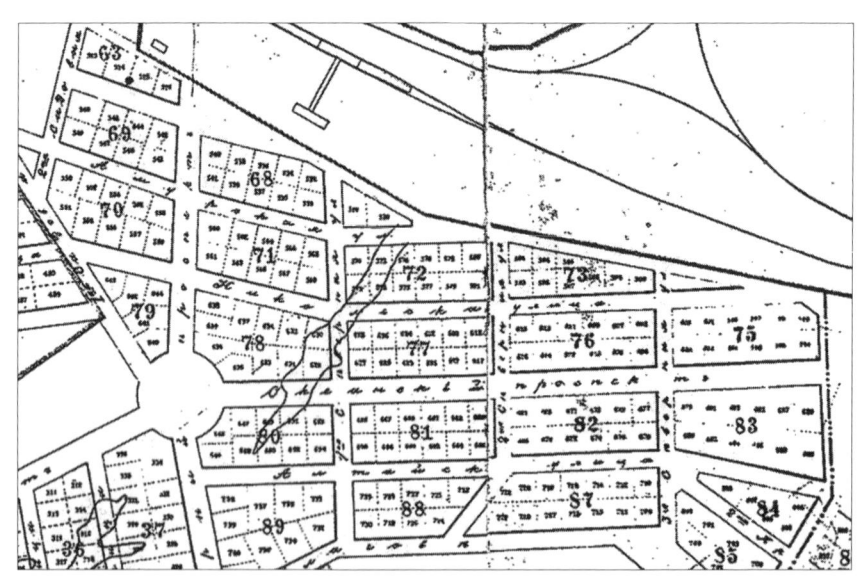

図39　ペルヴァヤ・レーチカ・スロボーダ（"Plan Syshchestvuiushchago i Proektirovannago Raspolozheniia Oblastnogo Goroda Vladivostoka Primorskoi Oblasti" の一部）

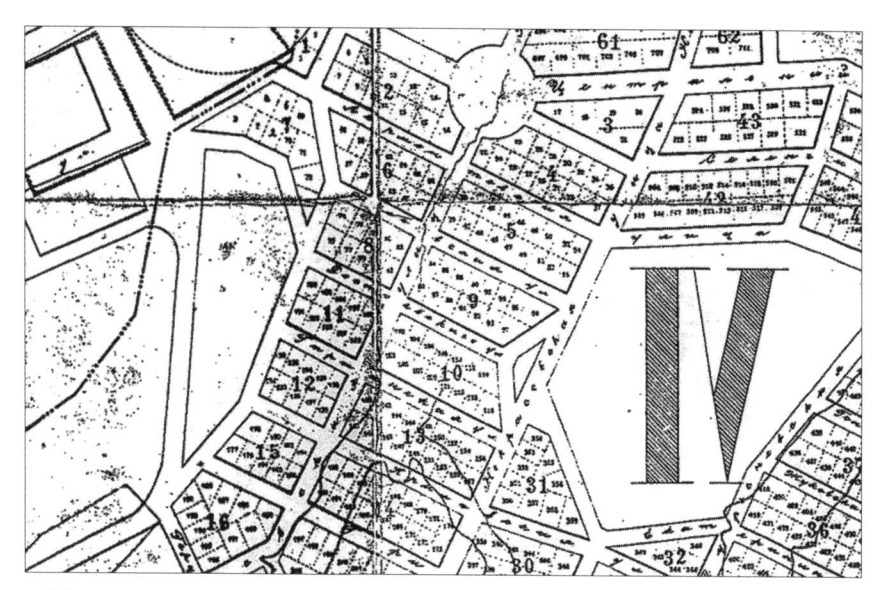

図40　オルリノエ・グネズド山東側（"Plan Syshchestvuiushchago i Proektirovannago Raspolozheniia Oblastnogo Goroda Vladivostoka Primorskoi Oblasti"の一部）

日本人による仏教寺院（本願寺）の建設嘆願に対して，市庁では一時期この地区での設置を検討している[19]。

2.9　中国人・朝鮮人計画街区

1900年代後半の新たな市街地計画に伴って，コレイスカヤ・スロボーダの移転が検討され，1911年には中国人・朝鮮人街区（市街地北端・1911年・図41）の計画がなされている。場所はクペロフスカヤ・パッドのさらに北側であるが，非公刊地図によると計20街区の計画がなされている。1910年の市街図によれば，この地区では17街区が表記され，大半のロットサイズは15×16サージェン（面積240平方サージェン），及び15×20サージェン（面積300平方サージェン）となっているが，1911年の計画図には，これに加えて新たに3つの街区が計画され，そこでは10×15サージェン（面積150平方サージェン）のロットが基本単位になっている。また残りの街区でも，ロットの分割方法の変更を検討していた線が書き込まれており（図42），そこでの寸法も，基本的に10×15サージェン

第2章　帝政期におけるウラジオストク市街地骨格の形成………109

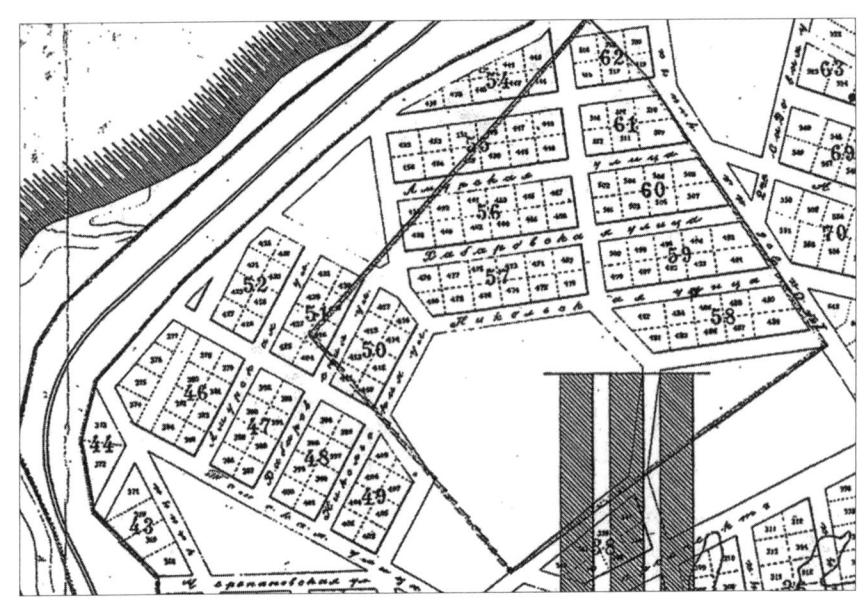

図41 中国人・朝鮮人計画街区（"Plan Syshchestvuiushchago i Proektirovannago Raspolozheniia Oblastnogo Goroda Vladivostoka Primorskoi Oblasti"の一部）

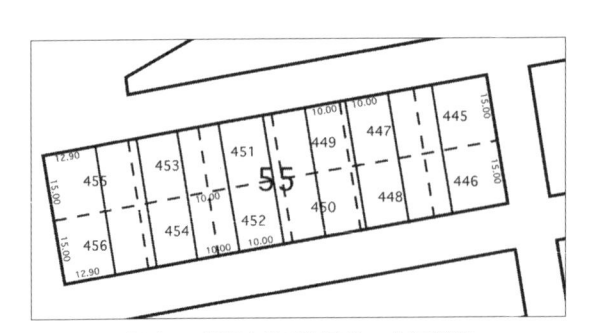

図42 中国人・朝鮮人計画街区第55街区詳細
（計画図の一部。所蔵：極東歴史資料館〈F.28-O.1-D.377-L.8〉）
点線は，当初のロット割りで，上から実線が記入されている。寸法は実線に対応するもので，単位はサージェン。

（面積150平方サージェン）となっている。

　この地区は，1919年の地図でも計画街区として示されており，1939年の地図（図27）においては，街区内にすでに建築物が分布していることが示されているが，この計画が，ロット寸法も含め，この通りに実施されたものかどうかは定かではない。

2.10 まとめ

　大規模な骨格形成が検討されるのは，1900年代後期以降であり，それまでの時期においては，全体のマスタープランによって市街地形成が規定されていたわけではない。部分部分で，必要に応じて形状の異なる街区群が形成されてきたわけだが，骨格パターン自体は1890年代以降のクペロフスカヤ・パッドやペルヴァヤ・レーチカ・スロボーダなどにおいて半放射型というべき骨格パターンが見られるのを除けば，基本的に長方形街区を基調にしたグリッドパターンが各地区で展開された。また，街区内のロット割りは，長辺方向に背割り線を入れ，それを等分していくというもので，これは半放射型の街区においても同様の傾向が見られ，手法的な差異はないといえる。街路幅員から見ると，10サージェンが最低の幅員であり，これを切るものは皆無である。このように半放射型の骨格パターンが見られるものの，ほぼ同様の計画技法によって市街地は計画されたことがわかるが，各地区で大きく異なる点は，ロットの寸法である。

　以下の表（表4）に各地区で基調となっているロット寸法及び面積をまとめたが，1860年代の計画街区の625平方サージェンを筆頭にして，これを超える面積をもつものはない。また例えば，同じ軍関係者へ向けて分譲されたとされるオフィチェルスカヤ・スロボーダとマトロスカヤ・スロボーダでは，その面積に3倍弱の差がある。これは軍内部でのヒエラルキーを反映しているものといえる。

　すでに第1章で見たように，初期市街地計画における土地ロットの面積は，当時の食糧不足を補完しうる自給自足的なライフスタイルを可能にするという条件があったと推測されるが，その後のロット面積が減少しているのは，土地分譲が担うべきである流入人口の増大への対応とともに，食糧の供給がすでに軌道にのり，その生活スタイルに変容が見られてきていることをも示唆している。

表4 各地区の典型的なロット寸法

地区名称	計画年	ロット寸法（面積）
中心市街地	1867年	25サージェン四方(625平方サージェン)
オフィチェルスカヤ・スロボーダ（「将校村」）	1869年	25サージェン四方(625平方サージェン)
マトロスカヤ・スロボーダ（「水兵村」）	1871年	15サージェン四方(225平方サージェン)
コレイスカヤ・スロボーダ（「朝鮮村」）	1893年	当初，20サージェン四方及び20×30サージェン等が検討されているが，実施状況は不明。
クペロフスカヤ・パッド（「クーパー村」）	1890年代	20×15サージェン(300平方サージェン)
ラボートナヤ・スロボーダ（「労働者村」）	1900年代後半	12.5×約8サージェン(面積約100平方サージェン)
ペルヴァヤ・レーチカ・スロボーダ（「一番川村」）	1910年前後	15×10サージェン(150平方サージェン)
オルリノエ・グネズド山東側	1910年ごろ	15×10サージェン(150平方サージェン)
中国人・朝鮮人計画街区	1911年	当初15×16サージェン(240平方サージェン)，15×20サージェン(300平方サージェン)。のち，10×15サージェン(150平方サージェン)が検討されている。実施状況は不明。

3. 市街地骨格の形成と地形的・軍事的要因

3.1 市街拡張過程と地形への対応

　1880年代までにおいては，ゾロトイ・ローグ湾に沿って東西に伸びるスヴェトランスカヤ通りを軸に，北側に位置する山や丘の南斜面へと直交する街路を敷設し，市街地が拡張されていったことがわかる。後の1890年代以降になると，アレウツスカヤ通り，スイフンスカヤ通りなど新たに南北方向の軸を中心に，中心市街地南側のウスペンスキー山北側斜面や，バタレイナヤ山，あるいはクペロフスカヤ谷など，ひと山越えた北側へと延伸する。また南側も，その多くの部分が軍用地となったものの鉄道駅の開設や商業埠頭の整備と相まってシコタ半島にまで市街地が延伸していく。さらに1905年の市街地計画以降は，

それまで手が着けられていなかった北東に向かって大規模に市街地の形成が計画されている。

このように市街地骨格の形成は，1880年代まではゾロトイ・ローグ湾を中心とした東西方向へ，90年代以降は南北方向へ延伸したという特徴を指摘することができる。

市街地骨格形成過程における市街地の街区・街路の形成に着目すると，以下の3つのパターンから捉えることができる。ウラジオストクの市街地の骨格形成は，急峻な地形と対峙するようなグリッドパターンから，それぞれの場所の地形との対応を考慮したものへと変遷したといえる。

①グリッドパターンによる中心市街地形成

中心市街地におけるグリッドパターンは，現在も当時のままの骨格を残している。グリッドパターンによる骨格形成は，同時期に計画されているゾロトイ・ローグ湾の奥部のマトロスカヤ・スロボーダ，オフィツェルスキー・スロボーダにおいても見られるが，ウラジオストクの急峻な地形とは一般に相容れないといえる。等高線に直行するような急傾斜をもつ街路敷設や街区内の地形的よじれなどが多く，地形的特徴とは対峙する手法であるといえよう。

②半放射型街路配置による市街地形成

20世紀に入り，市役所に勤務していたスタロジーロフ（N. K. Starozhilov）[20]によって1910年前後に行われたものである。新市街地として形成された市北部のペルヴァヤ・レーチカ一帯における計画。半放射型の街路配置を基調としている。①のグリッドパターンによる画一性，求心性の欠如という問題をふまえて新たに計画されたものである。市北部に第二の中心の形成を意図した計画であったが，この計画による街区・街路もまた，地形との不整合という欠点がある。この地域は現在では当初の姿を留めておらず，計画当初の数ブロックが1つの街区単位となって統合されている。

③地形と整合した市街地形成

半放射型による市街地形成を行ったスタロジーロフは，その後1920年頃より地形に逆らわず，等高線に平行するように無理なく街路を通す手法をとっている（図43）。その結果，街区の形状は不均一で，街区寸法も基本的に大きくなっている。市北部のオルリノエ・グネズド山周辺，ゾロトイ・ローグ湾南側

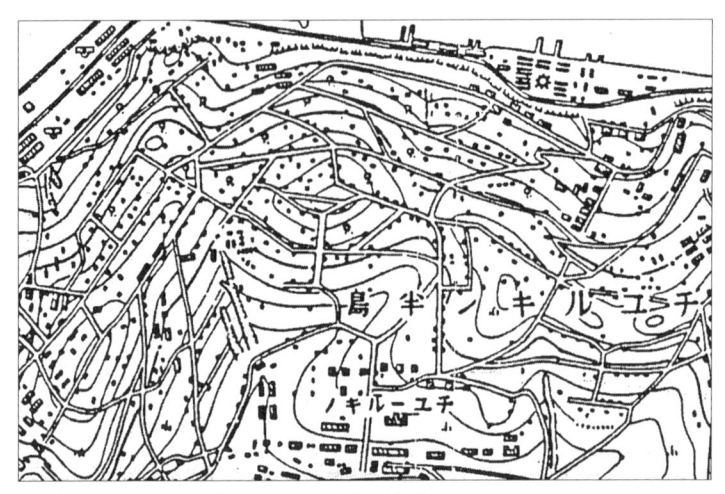

図43 ゴルドビン半島における市街地骨格
(ベース図は「浦潮斯徳市街図 二万分一之尺」国土地理院地図資料室
所蔵 詳細は資料編2参照)

のゴルドビン半島の市街地で今でも特徴を残している。また，戦後大量に建設
された郊外住宅団地の配置構成も，地形に対する関わりという観点からはこの
手法を受け継ぐものとして捉えられる。[21]

3.2 市街地骨格形成と軍事施設との関係

　前節までに見てきた市街地の骨格形成が，軍事的な要因とどのように関連が
見られるのかを，軍事施設の設置プロセスを追うことから明らかにしていく。
これまでの検討から市街地形成との関連は，具体的には市街地縁辺部及び港湾
部において見られたものと考えられる。そこで市街地におけるこの2つの部分
での関連を検討しておくこととする。

3.2.1 市街地縁辺部における軍事施設との関係

　ウラジオストクは1889年に要塞地としての宣言がなされたが，Obertasに
よれば，すでに1860年代の終わりには大砲の砲台が，チグローバヤ山，バタ
レーナヤ山，その隣のアレクサンドル山の山頂に設けられ，シコタ半島，ゴル

ドビン半島にも設けられた,という[22]。またその後の過程に関しては"Krepost' Vladivostok-Vladivostok Fortress"(ウラジオストク要塞博物館発行)に概説されており,これに基づいてその流れを見ておきたい。

　要塞の本格的な工事は1877年から1878年の間に,東シベリア軍管区の技師ウンチェルベルゲル(P. F. Unterberger)大佐(当時)の指揮によって開始されている。これは,1876年の露土戦争を機としたものだが,1880年以後の義勇艦隊による兵士輸送の恒常化により,守備隊の人員が増えることとなった。1888年にウラジオストク県が廃止され,翌年,ウラジオストクが要塞に指定される。1890年代の間には,初代の要塞技師長チェルノクニージニコフ(K. S. Chernoknizhnikov)大佐によって,海岸砲台はコンクリートのものに再建され,また対陸用の永久要塞の建設計画が立てられた。1899年には軍事技師ヴェリチコ(K. I. Velichko)が,陸上防衛の新しい計画を立案した。1900年から1904年の間に,ジガルコフスキー(V. I. Zhigalkovsky)とチジュ(S. F. Chizh)大佐が,この計画に従って,ムラヴィヨフ・アムールスキーとスヴォロフの要塞,第一から第三要塞(リネヴィチャ要塞)と,第四,第五方形堡,それに3つの三日月堡塁を建設した。こうした要塞は,塹壕や地下胸壁によって連結された。ルースキー島では,ルースキー山にルースキー要塞が,第四要塞(ポスペローヴァ要塞)がサペルニー半島に建設された。これらの要塞は同時期に建設された旅順の要塞と似ているとされる[23]。

　このような要塞建設の経過は,この資料によると,1876〜89年,1889〜1904年,1905〜14年の3期に分けて整理されている(図44)。

　初期においては,ゾロトイ・ローグ湾の入口の東ボスポラス海峡へ向けて,市街北側の丘の頂上には望遠鏡や砲台,弾薬庫や堅固な要塞施設が建設された。この期間の防衛線は,ペルヴァヤ・レーチカより南側にあるが,続く第二期においては,この防衛線がペルヴァヤ・レーチカの谷の北部にまで後退する。ここですでにアムール湾からウスリー湾へと至る塹壕が築かれている。さらに第三期には,新たな防衛線がフタラヤ・レーチカの北側にまで後退している。

　つまりゾロトイ・ローグ湾北側での防衛線は,時代とともに北上しているわけだが,Obertasは特に,1870年代から80年代における防衛施設群による環状のシステムは,市街を切り取り,その領域の拡大を制限したことを指摘している[24]。図44には市街境界の変遷も示したが,市街地縁辺部での軍事的要因に

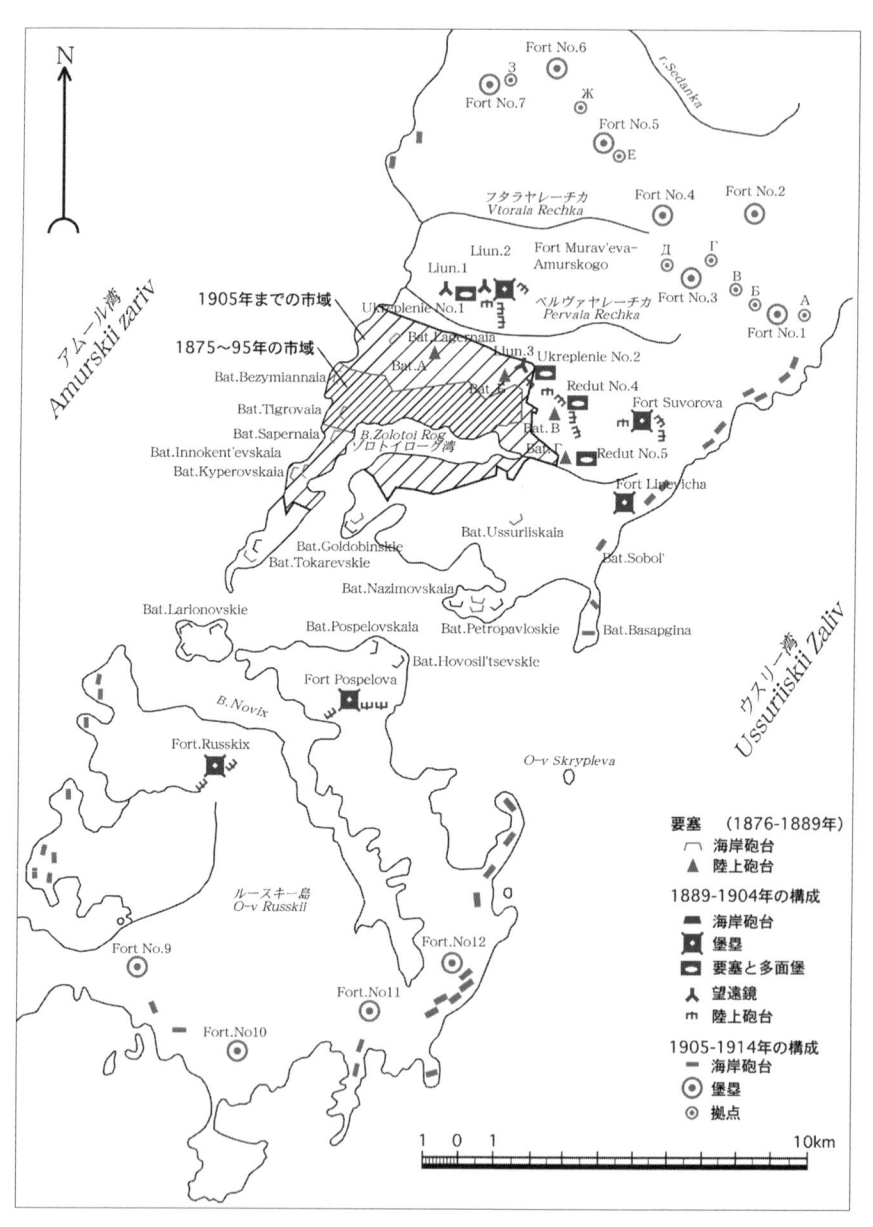

図44 要塞分布と市街地区域図（"Krepost' Vladivostok", Obertas "Formirovanie planirovochnoi sturuktury Vladivostoka v XIX v"〈1976〉, "Plan goroda Vladivostoka za 1883g.", "Plan goroda Vladivostoka v 1897g." より作成）

よる領域的な制約は，結果的に中心市街地における高密な形態をもたらす要因となったと思われる。

ウラジオストクは，17世紀までのシベリアの都市における城壁による要塞化とは，その形態において異なっているものの，市街地は拡張しながらも常に要塞によって包囲され，枠付けられていたという意味においては要塞都市なのであった。

3.2.2 港湾部での軍―民ゾーニング

ゾロトイ・ローグ湾における軍と民のすみ分けは，すでに1860年代の初期市街地計画においてほのめかされているが，商業・貿易，及び軍事機能が活発化していなかった1880年代までにおいては，このすみ分けの問題は，さほど切実なものではなかったと思われる。すなわち軍港部分と商業港部分のゾーニングが大きく市街地計画の問題として浮かび上がるのは，シベリア横断鉄道の建設がはじまる1890年代からである。

①軍港と商業港の併存問題

原は地元紙「ウラジオストク」の記事から，軍港と商港との両立に関して，両立派と非両立派の議論を紹介している。[25] 人口構成からもわかるとおり（第3章：2.1参照），当時の世論として，「軍主民従」という傾向があり，非両立派の議論は，商港をゾロトイ・ローグ湾以外の，例えばアムール湾岸の「セミョーノフの草刈り場」か，あるいはアメリカ湾岸（ナホトカ付近）に設置すべしというものであった。しかし，この場合，1894年に竣工した鉄道駅の移転が必要となり，結果的には「最善の問題解決は，ウラジオストク要塞の防衛下にある湾の1つに商港を設けること，そして（中略）この点で金角（ゾロトイ・ローグ）湾に最優先の注意が払われること」が結論づけられた。商業港の建設工事が1896年8月に始まり，岸壁は1899年9月に完成した。

②1895年の軍事施設のゾーニング

1890年代からのシベリア横断鉄道の建設などを契機として，市の建設需要は増大した。商工業者は，さらによい場所での長期の賃貸借を得るなどして，建物を建て始めた。こうした民間企業に対する土地の賃貸借や販売に関しては，市の参事会は，軍や海軍司令部，それに省庁の反対にあった。彼らもまた，市

内の更によい土地を求めていたのである。こうした多数の紛争を中止させるために，1895年に沿海州庁は，要塞司令部に対し，省庁との間で配置を調整することを申し入れた。これに伴い，シコタ半島とゴルドビン半島の全ての土地が陸軍省の所属となった。[26]

③1909年港湾地域図の検討

1909年の港湾部分の詳細な地図（図45）により，ゾロトイ・ローグ湾における軍─民のゾーニングの実際を確認したい。

鍵型に広がるゾロトイ・ローグ湾のアドミラル埠頭より奥の部分は，北岸，南岸ともに軍の管轄下におかれており，シコタ半島東岸も岸壁こそ民間利用がなされているものの，西岸は陸軍用地となっており，民間の利用部分が全体からすればきわめて狭められていることが明白である。アムール湾側のセミョーノフスキー埠頭もあったが，これは主に沿岸を行く貨物船の利用に充てられていたのである。

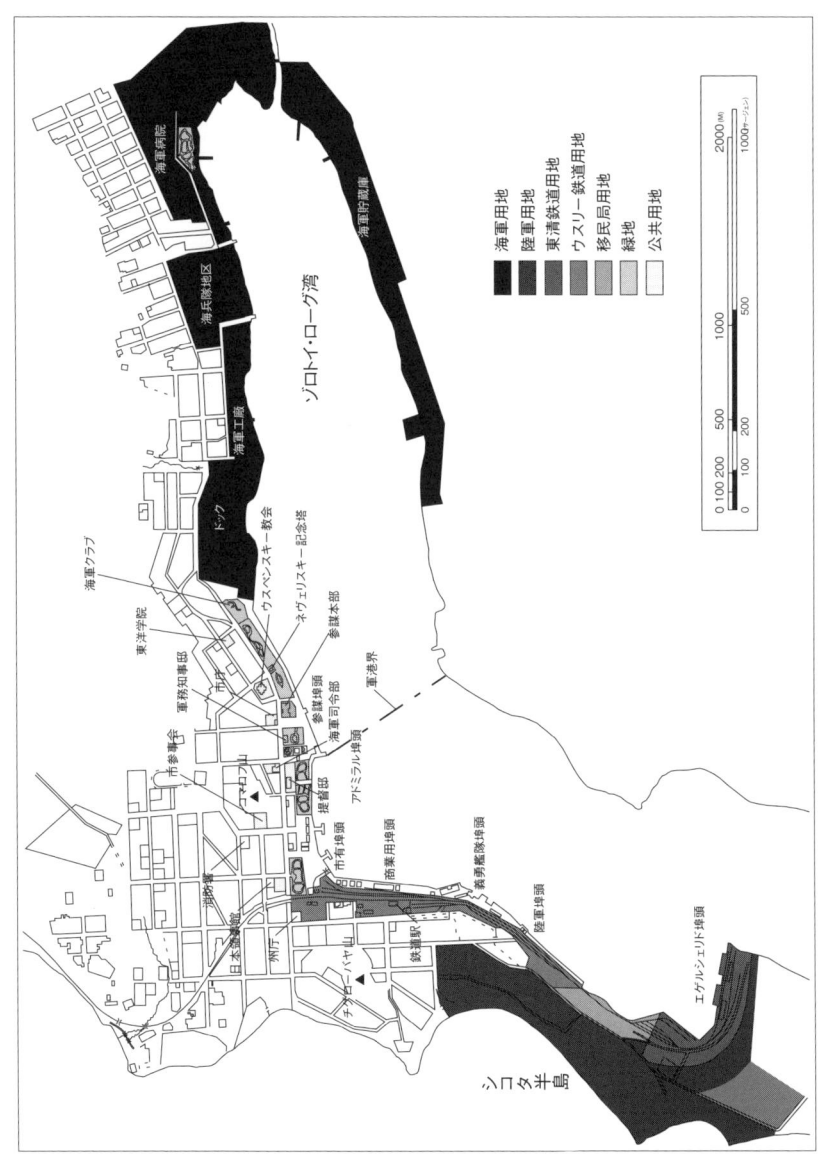

図45　港湾部詳細図（ベースマップは "Plan Vladivostokskago Porta" 1908）

4. 考察 市街地形成過程から見るウラジオストクの特質

4.1 極東2都市との比較

すでに示したように，その後，市域全体を想定した大規模な骨格形成が計画的に行われるのは，1900年代後期以降である。それまでの時期においては，全体のマスタープランによって市街地形成が規定されていたわけではなく，部分部分で，必要に応じて建物の高密化が進み，また形状の異なる街区群を形成してきた傾向が強いことがわかった。こうした傾向は第1章で扱ったブラゴベシチェンスク，ハバロフスクの後の形成過程にも見られるものである。以下これら2都市の例を瞥見しておく。

ブラゴベシチェンスクの場合，市街地骨格は，その後，20世紀初頭には初期計画のグリッドの格子をそのまま展開する形で伸びていく。しかし街区のサイズとロット割りは変質していく。その後の計画では，初期において三都市の中で最も大きかったロットのサイズが極端に小さいものとして計画されており，15×20サージェン，あるいは10×15サージェンのものが見られている[27]。特に後者のサイズは，中国人居住区のサイズであり，1910年代にウラジオストクで検討されていた中国人，朝鮮人居住区と同じサイズである。またハバロフスクの場合は，ウラジオストク同様に，時代を経るごとに市内の場所ごとにいくつかの別の格子座標によるグリッドパターンによって形成されている。

このように，極東の3都市は全体像の実現とは別の次元において，部分部分で市街地骨格が形成されたという共通した特徴をもつが，市街地形成においてウラジオストクの特質を際立たせているのは，要塞の存在である。市街地の骨格の展開も要塞の防御ラインというフレーム内でのそれであった。

4.2 人種と居住区計画

上で若干ふれた人種別の居住区は，黄色人種（中国人・朝鮮人）に対して極東

の各都市で計画されたが，ウラジオストクでは朝鮮人のみに対してしか具現化されなかった。ハバロフスクとブラゴヴェシチェンスクでは中国人に対して同様の計画が実施されたが，この2都市との差異は，市街地における主に経済的な活動における中国人比率の多さに起因していたと思われる。中国人の活動の実態に関しては次章にて明らかにする。

　この居住区計画とその実施に至る過程は，極東におけるロシア植民都市の都市経営の性格を検討する上で，重要な事例だと考えられるので，今後さらにその詳細を検討する必要があるが，ここで掲げた図（図33～36）から読み取れる内容を加えておきたい。この計画自体は，一種の隔離政策であるが，形態的な側面から見た場合，問題になるのはこの地区と市街地との境界部の形態，すなわち2つの領域のインターフェースの形である。このインターフェースのあり方は，黄色人種への考え方の一端が現れているはずである。

　ここで掲げた図からは，この地区自体の境界は示されておらず，北側がウスリー鉄道の線路で区切られているものの，明快な境界条件は読み取ることができない。隔離政策による極端な監視・統御の形態としては，おそらくこの地区自体を囲い込み，出入り口を制御するものが考えられるが，そうしたものが存在していたという形跡を確認できない。むしろ図36からは，この領域自体は曖昧に形成されていたもののようにも捉えられる。しかしながら，この図面だけでは，この領域への制御の度合いは測り得ず，したがって，この隔離政策がどのような強度の断層をもたらしていたのかは定かではない。

　1910年前後において，ロシア極東では，中国人労働者・企業を敵対視するいわゆる「黄禍論」が盛んになり，彼らを排除する政策が次々と打ち出される。ウラジオストクとブラゴベシチェンスクにおける居住区域のロットの標準寸法が同一であることも，政策的に統一的基準が出されていたものと推測されるが，その詳細は未詳である。またハバロフスクに関しては寸法の詳細は不明である。これら3都市では中国人居住区は市街地のエッジ部分に形成されていることが共通する。

　ウラジオストクの事例とこれら2都市の事例の詳細に関しては今後の課題としたい。特にそこでの境界部がどのような形態であったのかは，国際都市の真相を理解する上できわめて重要である。

　いずれにせよ，ウラジオストクの中心市街地内には中国人が留まり続けるこ

ととなり，その結果，他の2都市と比較して，中心市街地においては居住状態における人種間の混合度がより高められたといえる。

4.3 地形要因と軍事要因

ウラジオストクの市街地は，都市に内在する地形条件と軍事的条件により，その形成が限定的なものとなった。地形との関わりは，急峻な地形と対峙するような初期のグリッドパターンから，1930年代にはそれぞれの場所の地形との対応を考慮したものへと変遷したといえる。

一方，市街地では，背後にある要塞による防御ラインにより，そしてまたウォーターフロント部分では軍港の存在により，その展開が限定されていたことがわかる。もちろん要塞群による防御ラインは徐々に北上していき，それに伴って市街地も北進していくが，この際指摘しておくべきなのは，貿易面で重要な湾岸部分と市街地との直接的なつながりが，わずかに市有埠頭付近において見られたのみであったことである。シコタ半島東岸では鉄道線路によって市街地とのつながりが分断されており，またその他の場所でも沿岸部は特に軍によって占用されていた部分があまりにも大きかったのである。

4.4 中心市街地の土地ロットに与えられた条件

以上見てきたとおり，まず，ウラジオストク中心市街地の空間条件がもつ特質は，その土地ロットの相対的な大きさによって特徴づけられる。後に見られた市内各地区でのロットサイズを大きく上回っており，1900年代後半のラボートナヤ・スロボーダの面積と比べると5倍のサイズに相当している。同時に中心市街地は，港湾との関連でいえば，初期に形成された市有埠頭・市有市場，それに後に形成され商業埠頭の直近の後背地にあたり，こうした港湾施設を介して，海との接点を唯一もつ民間管理の地区でもあった。こうした都市構造的な特性は，中心市街地が，物流や人流などの都市活動において，いわば唯一のボトルネック的な水陸のノード（結節点）だったことを意味しており，関連の企業・商店がここを中心として集積するための大きな要因となっていたことを読み取りうる。

このような商業上有利な条件をもつ中心市街地では，市の経済活動の活発化に伴って，空間需要が高まる。元来の25サージェン四方の土地ロットは，活発な経済活動を前提として割られたサイズではなく，したがって1880年代以降，随所で細かく分けられた部分部分での建設活動が見られることになるのである。その具体的な様相は，次章で扱うこととする。

注

1 和田春樹「ロシア領極東の朝鮮人」（所収：『社会科学研究』Vol.40-6, 東京大学出版会, 1989) 238頁。
2 Obertas, V. A., "Formirovanie planirovochnoisturuktury Vladivostoka v XIX v"（所収：*Arkhitekturnoe nasledstvo*, No.25, Stroiizdat, Moskva, 1976, pp.85-94). p.86.
3 Obertas, p.88.
4 Obertas, p.88.
5 Obertas, p.88.
6 Obertas, p.88.
7 原暉之『ウラジオストク物語』三省堂, 1998, 126-137, 149-159頁。
8 Obertas, p.91.
9 Obertas, p.91. 原, 193-194頁。
10 Obertas, p.91.
11 この計画は，主に郊外地における整備に主眼をおいており，渡辺が指摘するように，近代的な都市計画手法の範疇に属するものと考えられる（渡辺俊一『「都市計画」の誕生』柏書房, 1993）。同時にこの骨格形成パターン自体は，放射型配置を含んでいる。この2つの手法は，大連及びハルビンにおける計画図と類似している。もちろんここでは計画図のみを検討対象としたため，図面に現れない各種の規制・誘導手法に関しては不明であり，この類推も仮説の域を出ないが，ロシアの植民都市計画の系譜を明らかにする上で中国東北の都市計画との関連性やシベリア都市での計画との手法的な比較を考えることは，今後の研究課題である。
12 『古都ウラジオストク』米子今井書店, 1993 写真No.173のキャプション中（同書にはページ数の記載なし）。
13 原, 297-298頁。また，キタイスカヤ通りに沿ってペルヴァヤ・レーチカまで市の南北を結ぶ第二号線が開通したのは，1917年である。
14 Obertas, p.89.
15 Obertas, p.88.
16 Matveev, N. P. "Kratkii istoricheskii ocherk g. Vladivostoka", p.22.
17 原, 156-157頁。
18 Obertas, p.91.
19 関連文書の所蔵：極東歴史資料館（F.28-O. 1-D. 573-L. 13）。
20 極東工科大学（Dal'nevostochnyi gosudarstvennyi tekhnicheskii Universitet）教授V. A. Obertas氏へのヒアリングによれば，スタロジーロフは，1907年から1925年まで市役所に勤務していた。1932年に暗殺されたという。
21 *Rekonstruktsiia i Intensifikatsiia Massovoi Zhiloi Zastriki (Teoriia i metodika regional'nogo Proektirovaniia)*, Vladivostok, Dal'nevostochnyi gosudarstvennyi

tekhnicheskii Universitet, 1994.
22 Obertas, p.87. また，現地を訪れた日本人の官僚・軍人の手記には要塞に関する記述が散見され，彼らが軍備に視線を向けていたことがわかる。「内常備線列兵2大隊と海岸胞兵一中隊工兵一中隊を置き港口に砲台5カ所有り。皆露天開啓式にして砲台は人の上がり見るを許さずといえども，高所に登りて概見するに大約その一班を望むべし。砲塁は土にて築きたる極めて速成のものにして装備の砲は，（略）」（永山武四郎『周遊日記』，屯田兵本部，1887, 179-180頁：永山は屯田兵本部長陸軍少将）。「砲台は五カ所の要害に装置せらるるものの外かって工事中にして漸くこのほど竣工せしもの三箇所未だ大砲の装置を了せざるもの一箇所あり，而して既成五箇所の旧砲台中二箇所は港口の東岸に当たるゴウドビン岬にあり，他の三箇所はこれと対峙する西岸の山上に東面して築造せらる。すなわち黒龍湾に進入する敵艦を防御するものなり。この砲台に装置する砲種は海岸砲及び臼砲の二種にして口径11インチ，9インチ及び6インチの砲なり。かつ新造の4砲台はかつて露貨7万ルーブルを国庫より支出し築造せしものなるが，落成の後は本港の防御上一層の鞏固を来たせり」（川上俊彦『浦潮斯徳』大倉保五郎，1892, 12-13頁：川上は在浦潮斯徳貿易事務官）。他に植村雄太郎『満洲旅行日記』偕行社，1903（原典：『偕行社記事』第326号付録，偕行社，1903）にも詳細な記述がある（3-7頁）。
23 "Krepost' Vladivostok-Vladivostok Fortress" Primorskoe etdelenie Vserossiiskogo obshchestva okhrany pamiatnikov istorii i kul'tury(n.d.), Vladivostok.
24 Obertas, p.90. またイザベラ・バードは19世紀末のウラジオストクを以下のように記し，要塞及び軍事的事物に囲まれている様を強調している。「東洋の財産（ウラジオストク）」は，陸軍と海軍以外の何物でもない。砦や土塁，それを余り長く或いは一心に見るのは用心深い，とはいえない。大きな軍の病院，あらゆる方面にある巨大な赤煉瓦造りの兵舎，軍の管理事務所，褐色のアルスター外套を着て，尖ったパジャーを付けた兵士たちの分隊は肩に鶴嘴もしくは鋤を背負っている。（略）撮影禁止。全てが要塞としての性格を示している」（イザベラ・バード（朴尚得訳）『朝鮮奥地紀行（上）』，平凡社，1993〈1898〉，346-347頁）。
25 原，193-194頁。
26 Obertas, pp.91-92.
27 図5からの寸法の読み取りによる。

第3章

中心市街地における各国人の居留と
その空間展開

——20世紀初頭国際都市の実相

1. はじめに

　鼠色の外套着けたる巨漢，毛皮を纏いたる蜂腰の美人，雙々相携えて氷上を往来す，要するに浦潮の風景は単調にあらずして多趣多様なり，其人種の如きも白衣の韓人あり，弁髪の清人あり，好て赤色を用ゆる露国婦人あり，カフカーズあり，タタリンあり，其風俗も千様万態にして，始めて此地に遊ぶものをして一種奇異の感を起こさしむ（1902年の記述）[1]。

　浦港は見るもの聞くもの人類学的ならざるはなく在留人には「英」「米」「独」「仏」「西」「葡」「土耳古」「フイン（筆者注：フィンランド人）」「ラップ」「カフカーズ」「タタール」「ギリシヤ」「ルーマニヤ」「ジュー」「印度」「支那」「朝鮮」及西比利亜土人の血を混じたる露人，カムチャダールの露下して露商店に使用せらるるものを見るの便を有し居り候（1903年の記述）[2]。

　急速に都市活動が活発化した1900年代前後のウラジオストクは「国際都市」といえるような相貌を呈していたことが当時の日本人の記述にも散見される。この章では，各国からの流入者と都市空間との関わりを検討し，流入者の都市空間との関わりの深さや広がりとその要因について考察する。本章での分析の基本的視点は，民族と社会層である。以下その方法と関連資料を検討しておく。

1.1　民族と社会層

1.1.1　民　　族

　国際都市を表層的に特徴づけるのは，民族的な多様性である。国際都市の実態を把握するにあたって，まずこの点に着目することが必要と思われる。ウラジオストクの民族的な多様性とは，後に検討するとおり，端的にいえば，①近隣諸国からの移住や出稼ぎ，②ロシア国内での移住，といった人口流動現象を背景としており，それは後背地域における経済的・政治的な動向と関連してい

る。そしてこれらの人口流動現象には，ロシア当局による政策的な関与が認められる。したがって，ウラジオストク内部での民族構成を見るにあたっては，後背地であるロシア極東を含めた空間的広がりを念頭に置き，人口流動現象とそれに対する政策的な対応に関しても目を配る必要があるといえる。その上で，ウラジオストク中心市街地における各民族の動向を明らかにしておきたい。

　また，引用でも触れているとおり，ウラジオストクに流入した民族は多種多様である。しかしながら多様な民族それぞれに関して，ここで細かく検討することは，現段階では，研究蓄積の薄さ，史料の不足などからきわめて難しい。そこで，本章では，民族的に大きな割合を占めたロシア人（スラブ系民族），中国人（漢民族及び満州族），朝鮮人（朝鮮族），日本人を選び，また都市建設初期から流入し，都市形成の初期条件を考える上で重要な意味をもつ欧米人（イギリス人，ドイツ人，アメリカ人，フランス人，オランダ人など）も限定的であるが取り上げて，基本的な情報整理を行うとともに，その状況を示すこととした。

1.1.2　社　会　層

　民族という観点からは，表層的な特質と広域的な視点から捉えた特性を把握することはできるが，しかしながら，都市形成という立場から都市内部の問題を考える際には，この観点のみでは根本的にいくつかの問題を解消できない。例えば，①民族というカテゴリーの中にも様々な階層の人間を含んでおり，都市形成への関わりの重要性は，民族より，むしろ階層によって異なること，②民族間での混じり合い（racial mixture），すなわち国際結婚やロシア人への帰化といった民族という枠を越えた行為に視線が及びにくいこと，といった点である。特に後者は，その国際都市における本質を端的に表象している。したがってここでは，都市形成に対する関わりの度合いをはかることを意図しつつ，「空間形成に関わる3つの社会層」を分析上のもう1つの概念として取り上げることとする。この社会層に対する着想を喚起するのは，新潟県の調査報告書における以下の記述である。

　　借地して建築するには建築費の多寡に依りて借地年限を定め而して之を
　　第三者に貸付す。家賃は借地年限間若しくはそれが満期前に建築に要せ
　　る工費と建築に由りて収めんとする利益とを塡補し得る割合を以て一ヶ月幾

干と定め之を収入し了する年に至れば借地年限の満つると満たざるとに関せずその建築物を地主に贈与する慣習なり。（略）（土地貸借期間が）満期に至ればその建築物を地主に贈与して復た顧みざるなり是を以て地主も亦た土地貸借期間の満了後該建築物の贈与を受くる代りにその期間中は借主より土地貸付料を徴収せずの例なり。（略）若し建築者自身が住まん為に借地して建築せんとするときは地主との間に土地貸借の契約期間に於ける地代を若干と定めて家屋を建て其の期間に地代を払い期限満つれば契約の解除と共に現在の建築物を地主に贈与して更に適当の建築用地を要むるの慣習なり。（略）故に土地を有して他に貸し付くれど年数を経るに従って坐ながら家屋の所有者となるを得る也而してこれ等の土地は新開の当時低廉なる価金を以て政府より払い下げを受けたるもののみなりとぞ。（以下略）[3]

この1907年の記述は，空間形成と密接に関連する社会層の形成がすでに見られていることを示唆している。すなわち，その社会層として，①坐ながら家屋の所有者となるを得る〈地主〉，②〈地主〉から借地して建築する〈建築者〉，③他人の建築物を借り受けて居住する〈借家人〉の3つが存在したことが理解できる。この3層の構成する社会構造が帝政期の空間形成に大きく関わっていたと考えられる。

1.2 空間形成に関する社会層の発生と実態に関する記述

こうしたウラジオストクの社会層に関する言及は様々に見られるが，特に重要と思われるのは「ウラジオストク小史」(1910/1990)[4]における記述である。

> この頃（1864年頃）すでにウラジオストクで外国人の商人が活動を始めていた。またそのうちの何人かが（デ・フリーズなど）住居店舗用に土地分譲を請願。[5]

当時（1864年頃）ウラジオストク哨所に住む外国人は主にドイツ人，スウェーデン人の手工業者で政府の保護下におかれ，ロシア人の商人に比べ特別待遇を受けていた。例えば住居や店舗用に有利な場所を譲渡されたり，町の共同奉仕

を免除されたり，商取引に必要な書類を免除されていたという。

　（1869年）ウラジオストクの住民は民政担当の大尉エトソンへ市内の土地分譲を願い出る。その中には数人の外国人（アメリカ人・ドイツ人・イギリス人）が加わり，20区画以上の割当を希望していた。ロシア人の中にはかなりの数の退役兵が含まれていた。外国人の中には，本人あるいはその子供が現在（1910年）のウラジオストクの大地主になった者が含まれていた。例えばクンスト・イ・アルベルス，デンビ，クーペルとその仲間など[6]。
　1871年に初めて土地分譲が開始され，127区画の売買のオークションが行われた[7]。
　（1873年頃）スヴェトランスカヤ通りの日当たりのいいところから分譲され，ほとんどが外国人に取られてしまった[8]。

　これらの記述から，まず1871年の時点ですでに地主層が形成されていたと見ることが可能である。というのも，この土地分譲に先立ってすでに，土地入手が記録されているからである。ウラジオストク最初の民間人といわれる商人セミョーノフ（Y. L. Semyonov）は1862年に400平方サージェンと草刈り場（面積不詳。のちのセミョーノフスキーバザールの一帯）を軍の司令官ブラチョク（E. S. Burachok）より譲り受けている。また1864年に来港したアメリカ人のクーパー兄弟（Henry & Mark Cooper）やドイツ人レイン（Otto Rein）のほか，後に函館に商館をもつイギリス人デンビ（G. P. Denbigh），アメリカ人スミス（Smith）なども60年代に来港した欧米人であり，彼らは格安で広大な土地を入手した。また，第1章でもふれたとおり，オランダ人デ・フリーズ（de Friz）は，市街地計画が立案される以前にすでに8区画の土地を入手している。これらの主に欧米人系の商人は，すなわち，土地売買のオークション開催以前に，個人的な手腕により軍から土地を入手したものと思われる。したがって明確な記録はないが，すでに1860年代からこうした欧米人によって後の地主層が徐々に形成されていたことがうかがわれる。1871年の土地分譲は，こうした地主層の形成を決定づけている。
　一方この時点においては，間借り人も含めたある種の借家人層は見られ始めていたものの，建築者層の分化と発生はまだ見られていなかったであろうと思

われる。建築者層は都市活動が活発化し，流入人口の増加により空間需要が増大した段階において分化し発生すると考えられるからである。建築者層の発生を示唆する記述を，建築ブームについてふれた矢津昌永「朝鮮西伯利紀行」(1893)，不動産ブームについてふれたイザベラ・バード「朝鮮奥地紀行」(1898)において見てみよう。

　　（略）或は石を運ぶもの，或は煉瓦を積むもの等にして，全く大工小屋に入るの感あり，或人は『浦鹽は火事場の如し』と評せり，兎に角，當港は，総ての事，建築時代なり。市街の設計規模は實に驚くべき大なるものにして，西北の延長七露里に及ぶ，今三五年を出でずして，東洋第一の大埠頭となると疑はざる所なり。
　　地所の「にわか景気」が現実にあって，地価が途方もなく騰貴した。1864年に3600ルーブルで買われた「一区画の土地」が，今，32000ルーブルの値段になっている。町の中心地にある土地はどんなにお金を積んでも買えない。

この背景には，シベリア横断鉄道の建設とそれに伴う都市経済活動の活発化があった。

借家人に関しては，草創期における家屋内部での使用人，間借り人や各種の小規模店舗を含めて，早い時期から発生していたと考えられる。家賃の高騰に関して言及している以下の記述は「浦港樺太視察報告」にて見られるものである。

　　家賃は十畳敷一室を一ヶ月約百円と称す。現に予等が訪問せる谷商店の如きは五間に二間半のもの四室外に一の地下室あるのみにて戦争前は一ヶ月百五十円，今は二百七十円にして，明春に至らば三百円に値上げせらるるならんといえり。又浦潮商会の借り居る家屋は，一ヶ月の家賃百五十円なりという。然れど建築工費十七万六千円を要したる家屋が，一カ年に収むる家賃六万円に上ぼり，二十六万円のものが十二万六千円，三十万円のものが十八万円の家賃を得るなどは珍しき話にあらず。また八百坪の土地が十二万円の価格を有する，すなわち一坪百五十円に相当する土地は至る

所に在り，若しそれ土地を有して家屋を建て，それを他人に貸付するに由りて得る所の利益に至りては，一ヶ年約四割五分に相当するというも宜ならずや。地租は三年毎に評価の上，これを定むるの例なり。家賃の貴きこと如此くなるを以て一戸の家屋を数個の業種が分割して借り受け右に洋服業者左に理髪店其又隣室に雑貨商を営み居るものなど頗る数多きやに見受けぬ。[11]

ここでは，同時に家屋内部における空間の細分化にふれており，借家人層の数量的な増大を示唆していることが重要である。

以上をまとめれば，中心市街地においては1870年代初頭には，すでに地主層が形成されており，1890年代からの建築ブームにより建築者層が発生していったと推定される。建築者の建設活動に際しては，建設資金の回収のため，借家人への〈貸間〉による賃収入も前提条件となる。借家人層は，1870年代からすでに発生しているが，1890年代以降の建築者層の発生と強化に伴って，当然借家人層の数も内容も豊富なものになっていったと考えられる。

1.3 分析内容と方法

こうしたことから，3つの社会層の関係に関しては，これらの層がすでに形成され，徐々に崩壊が見られ始める第一次大戦期までの端境期である1910年代[12]の前半に焦点を絞り，中心市街地を中心に具体的にその様相を検討することとする。対象は中心市街地の特に初期の時点から形成が始められている9街区（街区No.1, 2, 3, 4, 5, 6, 13, 14, 15）とその周囲であり（図46），土地ロット及び建物単位で分析を行う。周囲の街区に関しては主要対象9街区に面する部分を対象として含めた。分析に使用する資料は，この時期における複数の家屋所有者リストと商店リストであり，そのデータにより，分布状況及び社会層の構成を土地ロット，建物単位で復元していく。

1.3.1 対象となる史料

本章で使用する家屋所有者リストと商店リストの出所は以下のとおりである。その表記内容を検討する。

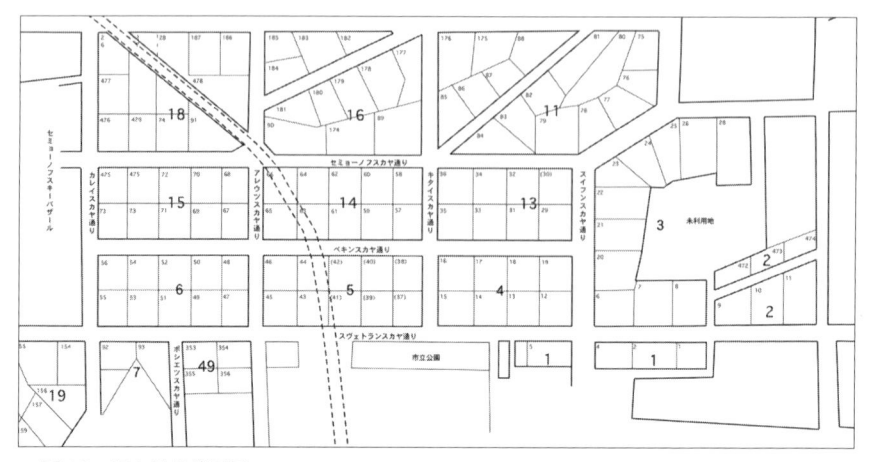

図46 調査対象範囲図
街区中央の大きな文字が街区番号，区画毎に示された番号がロット番号である。なお，ロット番号のうち（ ）で括られたものは1910年の地図に記載のなかったものだが，1913年の家屋所有者リストに記載があり，他の資料との照合で位置が確認できたものである。

①1907年家屋所有者リスト（所収："Ves' Vladivostok, Adresnaia i spravochnaia kniga", Tipografiia G. K. Ioganson, Vladivostok, 1907，極東国立歴史資料館所蔵）

このリストは，アルファベット順にて家屋所有者が示され，所有家屋の所在街区の番号，所在街路名，警察管区（第1管区〜第3管区）が表記されている。この内容からは，所有家屋が所在する街区と面した街路を把握することができるが，街区内の正確な位置はこの史料のみからではわかりかねる。これまでの調査において入手し得た所有者リストのうち，最も古いものである。

②〜⑤1910年，11年，13年，14年番地別家屋所有者リスト（所収：Klark, I. S., "Adres-kalendar' i torgovo-promyshlennyi ukazatel' Dal'niago Vostoka i sputnik po Sibiri, Man'chzhurii, Amuru i Ussuriiskomu kraiu : adres-kalendari gorodov Amurskoi, Zabaikal'skoi, Kamchatskoi, Primorskoi, Sakhalinskoi i Iakutskoi oblastei i Man'chzhurii", 1910, 11, 13, 14 g.，極東国立歴史資料館所蔵）

この4点は，いずれも同じ形式による表記になっており，アルファベット順で所有者が示され，所有家屋の所在街路と建物番号が記載されている。この内容からは，後に述べる商店リストとの対応関係を把握することができるが，建物番号そのものは土地ロットに対応しているわけではなく，建物にふられた通し番号となっているため，ここでの情報のみからでは正確な位置を復元するこ

とができない。

⑥1913年土地ロット別家屋所有者リスト（"Spisok domovladel'tsev i arendatorov gorodskikh zemel' gor. Vladivostoka, s pokazaniem otsenki ikh imushchestv na 1913 god", 極東国立歴史資料館所蔵）

このリストは，街区番号及び土地ロット番号ごとに所有者が示され，所有家屋に対する不動産評価額がルーブル単位で示されている。このリストの情報を街区番号とロット番号がふられた1910年の市街地図とを付け合わせることにより，ロット単位で位置の復元が可能となる。また，家屋所有者を基準として上で示した①～⑤の史料を照合することにより，ロット番号と建物番号との対応関係を把握することも可能となる。

⑦～⑨1910年，11年，14年商店リスト（所収：前掲Klark, I. S., 1910, 11, 13, 14 g., 極東国立歴史資料館所蔵）

業種ごとに商店の名称と所在街路と建物番号，それに電話番号が示されている。

以上に示したとおり，ウラジオストクの場合，土地及び建物の表記に関して，少なくとも2つのシステムが存在していたことがわかる。1つは街区番号―ロット番号表記システムであり，もう1つは，建物番号システムである。この2つのシステムにはそれぞれ別の目的があったことを推測させる。建物番号システムは，借家人層も含め，一般に使用されるものである。これは現在の表記システムと同様のものである。一方，街区番号―ロット番号表記システムの目的はより限定的であり，実質的にこれに関わるのは，地主層および建築者層，それに地租の徴収などを行う当局の側であったと思われる。

大多数のリストはこの建物番号システムによって表記されているが，この両者を照合することが作業上必要となる。

1.3.2　分析までの手順

これらのリストを用いて家屋所有者と商店の位置及び両者の関係について復元を行い，分析をした。以下その手順を示すとともに，作業上の問題点を示す。

①データの入力

上述のリストのデータを全てコンピューターに入力した。

建物番号別家屋所有者リスト（前項②～⑤）の場合，その表記の中で，対象の街区に接する街路，具体的には，東西方向のスヴェトランスカヤ通り，ペキンスカヤ通り，セミョーノフスカヤ通り，南北方向のコレイスカヤ通り，アレウツスカヤ通り，キタイスカヤ通りの表記があるものを拾い上げ，街路名，建物番号，所有者をデータベース化した。このうち，スヴェトランスカヤ通りは建物番号100番までのデータを入力した。入力にあたってはロシア語表記を翻字せず，そのままの形で入力した。

1907年家屋所有者リスト（前項①），1913年土地ロット別家屋所有者リスト（前項⑥）は，対象街区とその周囲を取り囲む街区のデータを全て翻字せずに入力した。

商店リスト（前項⑦～⑨）では，商店の名称と業種，所在地（街路及び建物番号）を入力した。同一の商店が複数の職種にわたっている例も多く，このケースは業種欄に該当する全ての業種を入力した。

〈問題点〉

こうした内容の表記に関しては，全般的に以下の問題があった。

- 特に東洋人の名前などでの表記の問題。katchanとketchan, tokunagoとtakunago（徳永）など。
- 明らかな誤植

→これに対し，複数の資料により同一人物と判断されるものに関しては，そのつど表記を修正した。

②1913年土地ロット別家屋所有者リストによるロット単位での所有状態などの分析

次に1913年の土地ロット別家屋所有者リストと1910年の市街地図（"Plan Syshchestvuiushchago i Proektirovannago Raspolozheniia Oblastnogo Goroda Vladivostoka Primorskoi Oblasti"：極東研究協会図書館蔵。資料編2参照）を突き合わせ，ロットから見た所有者構成，家屋所有者から見た所有形態パターンに関して分析し，あわせて不動産評価額や所有者の民族に関する実態を把握した。

③1910年，11年，13年，14年番地別家屋所有者リストの時系列的対応関係の把握

番地別家屋所有者リストにおける街路名，建物番号，所有者をデータベース化したが，このデータを街路沿道別（例：スヴェトランスカヤ通り南側）に仕分け，番号順に配列した。そこで得られた各年度ごとのリストを並記し，時系列的な番地の対応関係を把握した。
〈問題点〉
・概ね東西方向の街路は，年度間の対応関係を確認することができたが，ここで問題となったのは，特にカレイスカヤ通り及びアレウツスカヤ通りの建物番号の表記である。南北方向の街路は南から順に番号が振られているが，この両街路の番号表記は1914年を境にかなりのずれが見られる。中心市街地における所有者の排列の年度ごとの対応関係は概ね確認できるが，全体として番号が少ない方向へスライドしている。これは番号の振り直しがなされたためだと推定される。

　次にこのような番号の振り直しも考慮した上で，各年度の所有者を軸にして，所有者の時系列的対応関係を把握した。
〈問題点〉
以下のケースでは問題が生じた。
・同一建物番号に複数の所有者が含まれるケース
→同一建物の区分所有なのか，あるいは同一番であるものの，複数の建物が存在しているのか（例えば番号を確定した後で新築された建物の場合。番号の振り替えは頻繁になされるものではないと思われる。1914年のリストでは南北方向の街路で番号の振り替えがなされていると認められる）。
・建物番号に抜けがあるケース
→例えば1911年のリストでは，コレイスカヤ通り東側の番号で，36番のデータが欠けている。これは単なるデータ上の不備（記載漏れなど）であるのか，あるいはすでに番号が振り分けられていた建物が壊されたというケースなのかが不明である。

　以上のようなケースでは，前後の番号との対応関係で比定を行うこととした。この比定によって土地ロットと建物番号の記号的な対応は，ほぼ把握できるが，具体的にロット内の沿道建物数，つまり実在の空間配置はこのデータからのみ

では把握できるものではない。

④1913年土地ロット別家屋所有者リストと1910年，11年，13年，14年番地別家屋所有者リストの照合による2つの番地表記の対応関係の把握

ここまでの検討を経て2つの所在地表記システムの対応関係を確認した。所有者及び他の史料などの情報により位置確定が可能な建物番号を軸として，これまでのデータを並記し，ロット番号と建物番号の対応関係を検討した。その結果は，図47に示すとおりである。

〈問題点〉

以下のケースで問題が生じた。

- 土地ロットリストに含まれていない所有者名が，建物番号リストに含まれている場合

→この場合の作業上の問題は，当該所有者の所有する建物がどのロットに存在しているのかがわからないことである。最も顕著な例は，アレウツスカヤ通り東側65番の土地ロットは，前後関係から，建物番号28と30（1913年），30と32が該当すると思われるが，その所有者とされる名前のうち2人（Shtal, Katchan）は，いずれも区画リストに記載されていない名前である。またアレウツスカヤ通り西側67番の土地ロットではやはり，Russko-Aziatsk. Bankが，区画リストには記載されていない。それぞれのリストが別の情報ソースから作成されている可能性を示唆している。

- 隣接するロットの所有者間に，その名前から親類関係があるように読み取れ，かつまた，その2つのロット内の複数の建物の所有者が同一であるケース

→この場合は，所有状況から隣接ロットを実質的に同一の所有者によって所有されていたものと見なしている。セミョーノフスカヤ北側のロット74と91である。

⑤商店分布図の作成

1910年商店リストと1910年家屋所有者リストを建物番号にて対応させ，さらに④の結果と付け合わせることにより，建物番号単位で分布を把握し，商店分布図（図53）を作成した。

図47 2つの番地表記システムの対応関係推定図（1910年現在）
イタリックは土地ロット番号を表し，沿道部分に記される数字が建物番号である。

2. 民族別に見た流入・居留パターン

市街地内部における実態把握に先だち，ロシア極東という広がりを念頭に置いて，関連の既往研究により，ウラジオストクへの移住及びウラジオストクでの居留のパターンを民族ごとに概観しておきたい。

2.1 ロシア人

2.1.1 極東における動態と政策の概説
①1850年代後半～1870年代
ロシアにより領有された1850年代後半においては，ロシア極東には，土着民族2,100人及び中国人（漢人）が6,000人いた一方で，ロシア人はアムール州に2,950人，のちの沿海州に3,399人がいたとされる。ロシア極東は未開発であり，ロシア政府は政策的手段によりこの地域への移住者の送り込みに乗り出す。初期においては領土防衛的な観点から，正規軍の配備と同時に，コサックがそ

第3章　中心市街地における各国人の居留とその空間展開………137

の対象となる。コサックには食糧の自給体制の確立をするための農業開拓の役割をも期待されていたが，その試みは成功しない。また，一般の農民の移住に関しても，移民に関する制限を法的に取り払う（1859年）などして対応するが実を結ばず，1859年～61年の間に極東へ移民したのは，わずか250家族にすぎなかった。[14] 1861年3月に政府は，東部地方への移民に関する法令（通称「ムラヴィヨフ移民法」）を公布した。極東への移民1家族ごとに100デシャチン（約109ヘクタール）の土地を与えること，10年間の徴兵免除，20年間の納税の免除を布告した。その後の10年間で，5,000に及ぶ「100デシャチンもち（スタロジールイ＝ストデシャチンニキ）」が，西シベリア，ザバイカル，ヴォルガ，そしてウラル地方からプリアムール地方へ移動し，この地方の富裕な農民層の中核を形成した。しかし，ロシア人移民は徐々にしか増加せず，沿海州のウスリー地方に関しては，1860～70年には4,444人の移民が到着したが，つづく12年間（1871～82年）にはわずかに742人しか来なかった，という数字が紹介されている。[15] 1869年までにザバイカル州から移住したコサックは男女あわせて約18,500人，ヨーロッパロシアから来住した農民は1875年までに3,500人を越えたにすぎなかった。[16] この慢性的な人手不足は当然，都市建設を初めとする様々な建設活動にも停滞を生じさせた。

② 1880年代～1890年代

Stephanは1882～1907年をもって，ロシア農民の移住の第二の局面としている。[17] 1882年は義勇艦隊によるオデッサからウラジオストクへの定期航路が開設された年であり，それまで陸路及び河川交通によって主にアムール州をその中心としていた移民の流入先は，これを機に沿海州へと重心を移していった。その後1890年代に鉄道がザバイカル，満州地域に達するまで，移民の輸送のほとんどは海路によるものとなった。

一方で，東シベリアの総督アヌーチン（Dmitry Anuchin）は，沿海州南部の戦略的重要性から，小作農の移住の利益を政府に説き，1882年に「南ウスリー移民法」が制定された。この法律は，土地区画の提供（一人あたり15デシャチンで一家族最大で100デシャチンまで），5年間の税の免除，18ヵ月の食料の提供，道具，建設資材，農業機械，そしてオデッサからウラジオストクまでの交通手段を提供するというものであった。この計画の実行のため，ウラジオストクに南ウスリー移民事務所が開設された。[18]

この結果1882年から1907年の間に243,000人の小作農が，ウクライナ（64%），シベリア（17%），中央ロシア（11%），ベラルーシ，ヴォルガ下流地域，ウラル地方（いずれも少数）から極東へ到着することとなり，1882年の義勇艦隊航路の開設以後は，1901年以降の東清鉄道も含めて，移民の75%が，沿海州に居を構えた[19]。

　しかし農民の移住奨励は必ずしも政策的に一貫性をもっていたわけではなかった。プリアムール総督ドゥホフスコイ（S. M. Dukhovskoi）将軍は1894年「何等中央政府の訓令を仰ぐことなく自己の職権により，漫然地図面に一線を画し」[20]，国境に沿った沿海・アムール両州の地をコサック兵用地と確定した。この時定められたコサックの入植は1895年に再開され，主としてドン軍州とオレンブルグ州からきたコサック家族が移住した。この政策は，国境地帯をコサックで固め，ここから農民を完全にしめだすことを意図していた[21]。

　一方，この時期には鉄道建設にともなって，非農民の移住も見られ始めることとなる。1891年シベリア横断鉄道の着工が決まり，3月9日と10日にはウスリー南線（ウラジオストク―イマン間）の建設のための資材と人員を乗せた義勇艦隊の汽船「オリョール」号と「ペテルブルグ」号がオデッサを出帆している。5月19日には，皇太子ニコライ臨席の下，シベリア横断鉄道起工式が行われた。当初，政府はシベリア横断鉄道の建設をすべてロシア人労働者のみで行うということを強調していたが，労働力（囚人，軍人，自由雇用労働者）をシベリアやヨーロッパロシアから十分に供給することができず，その主力を外国人労働者へと軌道修正する必要が生じた[22]。1895年のウスリー北線（イマン―ハバロフスク間）における労働者の構成は，「ロシア人自由雇用労働者が400人，外国人（中国人・朝鮮人・日本人）労働者が8,000人，兵士が3,300人，流刑移住者が1,000人，流刑徒刑囚が650人，合計13,000人[23]（著者注：数字は資料のママ）」であった。ロシア人自由雇用労働者は全体のわずか3%にすぎず，一方，アジア人労働者は6割を越えていたことがわかる。また建設開始から6年たった1897年に行われた統計調査のデータによると，鉄道建設に携わる外国人労働者は15,700人で，全労働力の27.4%を占めていたことがわかる[24]。

　③1900年代〜1910年代

　シベリアへの移民は1900年代，特に1906年以降，シベリア横断鉄道の建設によってかつてないほどの高い割合を記録した。1895年から1903年の間の年

間平均の移民流入数は155,000人であったが，1905年から1913年の間には，平均で毎年426,000人がヨーロッパロシアから入植した。そのピークは1907年から1909年で，200万人以上の人間がウラル山脈を越えてきたという。その大多数はバイカル湖の西側ではあったが，極東の人口が，シベリア全体の人口に占める割合は上昇していった[25]。

1900年6月22日には新法が公布され，1901年以降は極東へのロシア人新移住民には世帯内の成人男子1人当たり15デシャチンの土地が与えられることになった。このロシア人新移住民は「ノヴォショールイ」（新規移住者）と呼ばれる。男子構成員の数に応じて，この新移住民は各世帯当たり15～45デシャチンの土地を受け取った[26]。

Stephanは，1908年から1917年までをロシア人農民の極東への移民における第三の局面と位置づけているが，この期間にそれまでの半世紀における移民総数を上回る30万人の移民が極東へと移動している。この時期の移民はロシア全土に地主農階級を創出しようとしたストルィピン（P. A. Stolypin）首相の政策にちなみで，「ストルィピンの波」とも呼ばれる。多くの移民が「ストルィピン車両」と呼ばれる移民専用列車に乗ってやってきた。

沿海州南部では「ストルィピンの波」は土地の商業・資本主義化の動向とぶつかった。古参者やコサックは彼らの土地区画の一部を中国人や朝鮮人のテナントに貸し，国家は国有地を商人，船舶所有者，退役将校，将校，そして帰化した外国人に売却した。こうした状況の中で，新移民には①未開拓・周縁部分での耕作，②既存地主の小作農になること，③農業ではなく，企業で季節労働者として働くこと，という3つの選択肢しか残されていなかった[27]。

一方，農民以外の労働者に関しては，1910年6月21日付の法律により，1911年1月1日以降プリアムール地方及びザバイカル州における官営の事業及び企業に外国人を雇用することが禁じられ[28]，ロシア人労働者の保護に乗り出すこととなった。

2.1.2　ウラジオストクへの流入状況について

1868年におけるウラジオストクの人口510人の構成を見ると，軍関係者とその家族（軍人・兵士・水兵及びその妻と子供）が348人（68％）を占め，自由身分とその家族が89人（17％），移民・退役兵士とその家族が37人（7％），そして中国

人が36人（7%）となっている。[29]「自由身分」という範疇には，次の項で見る欧米人も算入されていると思われるが，この例で見るとおり，市街化の初期において，ロシア人の中で最も大きな社会集団をなしていたのは，軍関係者である。

一方，市民の移住第一号として知られるのは，実業家セミョーノフ（Ya. L. Semenov：1831-1913）である。1861年10月30日，前の在住地ニコラエフスクからの輸送船「ヤポーネツ」号でウラジオストクに到着した。彼は将校官舎に部屋を割り当ててもらい，そこに店舗も開設した。彼はまた，ウラジオストクにおける初の民間人土地所有者でもあり，将校宿舎に近い20サージェン四方（約1800平方メートル）の土地と，哨所から1.5露里（約1.6キロ）離れたアムール湾岸の沼沢地を軍から与えられた。[30]

軍関係者の流入が本格化するのは，1872年の軍港移転以降であり，また一般の移民の数が増加していくのは，欧露間の定期航路が就航を始める1881年以降である。しかしながら，ロシア人移民の大多数は農業移民であり，近隣アジア諸国からの流入者に比べると，都市内で不足していた労働力などをロシア人で補うことは遅々としてすすまない状況であった。1886年の時点においてもウラジオストクでの在留ロシア人8,027人中，軍関係者は4,727人を占めており，その半数以上を占めていた。[31]

2.2 欧 米 人

2.2.1 極東における動態

欧米人の極東への進出は，まず冒険商人といわれる人々によってもたらされた。彼らは交易の重要地点を探り当て，そこへと乗り込んでいった。最も初期においては，沿海州の州都（1856～1872）であったニコラエフスクにおいて見られ始める。当初その主体となったのは，アメリカ人である。サンフランシスコの商人バーナード・ペイトン（Bernard Peyton）は，1856年にカリフォルニア出身のペリー・コリンズ（Perry McDonough Collins）とともにイルクーツクまで出かけ，時の東シベリア総督ムラヴィヨフに，アムール川の通商においてアメリカに独占権を与えるよう要請したことが嚆矢とされる。2人はニコラエフスクを本拠地として，アメリカンクラブを開店し，ハバナのたばこ，フランスのパテ，ジャマイカのラムを売り始めた。コリンズは翌年，ムラヴィヨフの承

認をうけ「アムール河畔のアメリカ合衆国通商支配人（Commercial Agent of the United States for the Amour River)」となった。これはアメリカからの貿易における仲介的な役割をもつ職であった。

一方ウラジオストクへも欧米人は進出する。海軍の軍港ではあったものの，1860年代においてはその機能をポシェトかオリガへと移転・拡充することが検討された。70年代はじめにかけて，その重要性が公式化されていなかったが，すでにそれより前の1860年代半ばから彼らは進出している。彼等の多くは上海など中国沿岸部の開港場を伝って北上してきたものと思われるが，欧米人の中でもドイツ人の流入者が多かった。これはドイツが早い時期からシベリアの資源に着目していたこと，16世紀の中頃からドイツ人のロシア国内への移住が始まっており，その頃から独露間の関係がきわめて密接であったことによる。1864年に渡航したハンブルグ出身の二人のドイツ人による「クンスト・イ・アルベルス（Kunst i Al'bers）」商会は1910年代半ばまで極東最大の商店であった。相前後して同じくドイツ人，アメリカ人，イギリス人などが，後のウラジオストクを代表する商店を開店させている。彼らはウラジオストクを1つの拠点としたが，ウラジオストクでの販売利益よりも，むしろ慢性的な物資不足であえぐシベリア・極東地域の広大な内陸部へと集散のネットワークを広げ，利潤を求めた傾向が強い。彼らを北の地に駆り立てたのは，豊富な海産物や木材などの森林資源，あるいは砂金，それに内陸部での慢性的な品不足による商品需要の高さであろう。

1872年のウラジオストクへの軍港移転によって，ニコラエフスクの繁栄に影が差すが，その後ロシア極東全体の新たな商業センターとして台頭したのは，アムール州の州都ブラゴベシチェンスクである。ここには，ゼーヤ金山の金，満州地方やアムール流域での穀物，それにザバイカルやモンゴルの家畜などが集積し，内外への主要な貿易都市となった。1900年の人口約50,000人という数字は，ウラジオストクとハバロフスクの人口を合計した数を上回っている。鉄道によるヨーロッパロシアへの陸路の完成までの時点において，この地域の輸送上の大動脈はアムール川を中心とした水運であり，ブラゴベシチェンスクはその拠点として発展を続けた。極東における2大商業者となる「クンスト・イ・アルベルス」商会（ドイツ系）や「チューリン（I. Ya. Churin)」商会（ロシア系）は，ここにも店舗を構えた。特に「チューリン」商会は1880年代以後，

ニコラエフスクからこの地に本店を移した[34]。

2.2.2 ウラジオストクへの流入状況について
①1860年代〜1870年代

　ウラジオストクへは，欧米人は最も初期の段階から居住を始めている。こうした欧米人は後に「一攫千金を夢見て一文の金すら持たずに来る冒険的企業家[35]」と形容されているが，主に中国沿岸部から利潤獲得のフロンティアを求めて北上してきたものと思われる。欧米列強の進出した中国沿岸部の交易都市などで活動した冒険商人と同類のグループであったことが推測される。

　1870年3月に家屋所有者，土地所有者による共同体議長の選出を行っている。共同体の性質は定かではないが，ここに含まれた30人のうち，10人が外国人であった[36]。1871年2月には東シベリア総督により，使用中の土地を相応の額で住民の所有とする旨の指令が出て，住民は土地所有権を得る[37]。

　1860年代後半から欧米人居留者は比較的広い範囲で土地の分譲を受けたとされる。市内では「日当たりのいいところから分譲され，ほとんどが外国人に取られてしまった」状況であった。外国人とは，アメリカ人，オランダ人，デンマーク人，ドイツ人等で，中国人もこの中に含まれていた。そして「ロシア人は外国人への愛想がよすぎ，外国人がロシアの土地を奪い取るのにただ見とれているだけだった」という[38]。

　1864年にはドイツ商店「クンスト・イ・アルベルス」商会が開店している。ハンブルグ出身のグスタフ・クンスト[39] (Gustav Kunst, 1836〜1905)，同じくグスタフ・アルベルス[40] (Gustav Al'bers, 1838〜1911) という二人のドイツ人による商会は，前述のとおり1910年代半ばまで極東最大の商店であった。相前後して同じくドイツ人イオガン・ランゲリーチェ (Iogan M. Langelite)，アメリカ人ヘンリー・クーパー (Henry Cooper)，イギリス人ジョージ・デンビ[41] (1841〜1916)，ロシア人イワン・チューリン (Ivan Yakovlevich Churin)，スイス人ユリウス・ブリネル[42] (1849〜1920) らが，後のウラジオストクを代表する商店を開店させている。彼等のほとんどが個人による渡航で，20代そこそこの，まさに冒険的な商人であった。

　1871年の時点では，ドイツ人商店3，アメリカ人商店1，ロシア人商店1が商品の輸出入に携わり，ロシア人3人が輸入業のみを行い，その他の外国人数

人が仲買業に従事していたという記録がある。[43]

　後にウラジオストクの初代日本貿易事務官となる瀬脇による1874年の視察に関する報告では，「今ウラジワストークに在留の亜国大商は，デフレーシ，スミス，コーペル，ボールマン四名。普漏士（プロシア）国の大商は，ヘーケ，コンスラー，デックマン，ハカンマイ四名。又英国の大商は，デンビス一名なれども，少商は三国共に四，五十名の下らず」[44]とあり，すでにかなりの数にのぼっていることがうかがわれる。

　②1880年代～1890年代

　1880年義勇艦隊によるオデッサとウラジオストクを結ぶ欧露間の定期航路が開設されると，ロシア本国からの移民が本格化し，ウラジオストクはロシア極東への玄関口としてその重要性を増していった。1882年，1883年の商船入港状況を見てみると（表5, 6），輸入のほとんどが外国商人によるものであることがわかる。特に「クンスト・イ・アルベルス」「チューリン」は，極東及びシベリアを代表する企業に成長しており，ロシア極東の各都市に支店を有していた。表7からもわかるとおり，貿易面でのドイツとのつながりは密接であった。

　③第一次世界大戦（1914年）前後以降

　日露戦争中，自由港制度が一時廃止されると，欧米人商店が一時的に莫大な利益を得る。その後1910年代に入るとこれまで支配的であった欧米人商店に代わり，ロシア人商人が台頭し，第一次世界大戦時の好景気によって，ウラジオストクの商業界は未曾有の活気を呈する。

　しかしドイツ系企業の場合は，そうではなかった。クンスト・イ・アルベルス商会の場合，創業時のパートナーの1人，アルベルスの死後，彼の息子と同じくドイツからやってきたダッタン（A. V. Dattan）は，商売を続けていたが，表8に見るとおり，1914年の戦時下におけるドイツ品の輸入停止は彼らに打撃を与えた。[45]ロシア・アジア銀行ハルビン支店の流動資産を担保にすること，そして不動産をチューリン商会の管理下へと移管しなければならなくなった。チューリン商会の地方マネージャーであるカール・リヒター（Karl Richter）は，もとクンスト・イ・アルベルス商会の店員であったため，休戦までの間，彼らの後見人となった。

　その後社会主義化（1922年）以降30年代までの間までは，こうした企業も，

表5　1882年ウラジオストク港商船出入り表（神戸，連載第3回，1883，59-64頁より作成）

金銭の単位はルーブル

番号	入港月日	国　名	船　　名	荷受主	出発地名	荷物金額
1	4月17日	モスクワ自由艦	モスクワ号	支配人	オデッサ	259,983
2	5月18日	モスクワ自由艦	ロシア号	支配人	オデッサ	58,060
3	5月29日	モスクワ自由艦	ノヴゴーロド号	支配人	オデッサ	官物
4	6月29日	モスクワ自由艦	ウラジワストーク号	支配人	上海	官物
5	7月27日	モスクワ自由艦	ウラジワストーク号	支配人	ニコラエフスク	官物
6	11月6日	モスクワ自由艦	ノヴゴーロド号	支配人	オデッサ	304,054
			小計			622,097

民間船

番号	入港月日	船　　名	荷受主	出発地名	荷物金額
7	3月29日	ウェルブリ号	商人アリベルス	上海	78,673
8	4月11日	敦賀丸号	三菱支配人	神戸	16,366
9	4月11日	エウローバ号	商人アリベルス	上海	70,465
10	4月12日	ブレーソン号	商人ケルネル	クロンシュタット	官物
11	4月12日	シビーリ号	商人リンドゴルム	サンフランシスコ	32,859
12	4月12日	オリガ号	商人クーヘル	神戸	590
13	4月12日	フリードリフ号	商人ケルネル	クロンシュタット	官物
14	5月2日	エウローバ号	商人アリベルス	長崎	82,366
15	5月7日	バイカール号	商人チウリン	上海	55,545
16	5月10日	敦賀丸号	三菱支配人	神戸	8,965
17	5月13日	アリウイナ号	商人アリベルス	ハンブルグ	359,880
18	6月3日	ウィゲルム号	商人ランガリーチェ	未詳	332,452
19	6月5日	アメリカ号	未詳	チーフー	12,391
20	6月9日	アントル号	商人ランガリーチェ	未詳	117,264
21	6月9日	ケルトルド号	未詳	サンフランシスコ	60,507
22	6月12日	敦賀丸号	三菱支配人	神戸	47,921
23	6月13日	エウローバ号	商人アリベルス	上海	97,270
24	6月19日	バイカール号	商人セウェーレフ	チーフー	35,911
25	6月22日	於多福丸号（帆船）	松平太郎	神戸	5,285
26	6月24日	ヒチリー号	商人アリベルス	長崎	1,146
27	6月25日	シフタイン号	未詳	クロンシュタット	官物
28	6月25日	ニコリナ号	商人アリベルス	チーフー	未詳
29	6月26日	ベタ号	商人タウ・チェリン	未詳	21,127
30	6月29日	カムチャツカ号	商人アリベルス	横浜	1,915
31	7月3日	タルタル号	商人アリベルス	香港	23,137
32	7月4日	シビリ号	商人リンドゴルム	函館	官物
33	7月5日	敦賀丸号	三菱支配人	神戸	63,424
34	7月17日	ピチリー号	商人アリベルス	未詳	未詳
35	7月19日	インゴ号	商人ランガリーチェ	ハンブルグ	201,861

番号	入港月日	船名	荷受主	出発地名	荷物金額
36	7月22日	フリードリフ号	商人ランガリーチェ	チーフー	11,628
37	7月24日	ゴリシテン号	商人ランガリーチェ	ハンブルグ	60,185
38	7月29日	コンスタンチン号	商人セウェーレフ	上海	32,133
39	7月31日	敦賀丸号	三菱支配人	神戸	27,436
40	8月4日	ワリテル号	商人アリベルス	コルサコフ	官物
41	8月5日	バイカール号	商人セウェーレフ	ニコラエフスク	11,259
42	8月11日	ブラクホールス号	商人アリベルス	長崎	56,488
43	8月25日	バウンワル号	商人ランガリーチェ	ハンブルグ	78,773
44	8月28日	敦賀丸号	三菱支配人	神戸	20,739
45	8月29日	チマル号	商人アリベルス	ハンブルグ	275,950
46	8月30日	コンスタンチン号	海軍局	デゥーエ	官物
47	9月4日	於多福丸号	松平太郎	神戸	4,365
48	9月14日	バイカール号	商人セウェーレフ	上海	45,771
49	9月17日	ベタ号	商人タウ・チェリン	チーフー	14,959
50	9月17日	ブラクホールス号	商人アリベルス	長崎	33,653
51	9月25日	アジア号	商人ケルネル	チーフー	6,982
52	9月26日	敦賀丸号	三菱支配人	神戸	17,051
53	9月27日	タルタル号	商人アリベルス	ニコラエフスク	5,793
54	9月30日	ネルワス号	商人アリベルス	長崎	56,076
55	10月8日	シビリ号	商人リンドゴールム	ニコラエフスク	9,755
56	10月11日	カムチャッカ号	商人アリベルス	コルサコフ	官物
57	10月13日	フレリク号	商人アリベルス	チーフー	7,979
58	10月13日	コンスタンチン号	未詳	ニコラエフスク	8,285
59	10月14日	アンドロクロース号	商人アリベルス	オリガ湾	755
60	10月14日	ガンス号	商人アリベルス	ハンブルグ	120,929
61	10月27日	敦賀丸号	三菱支配人	神戸	136,848
62	11月4日	アービン号	商人アリベルス	長崎	41,614
63	11月12日	バイカール号	商人セウェーレフ	ニコラエフスク	14,109
64	11月22日	シビリ号	商人リンドゴールム	長崎	4,763
65	11月22日	敦賀丸号	三菱支配人	神戸	99,048
66	12月4日	ヘートル号	商人ランガリーチェ	クロンシュタット	官物
		計			3,520,056

営業を続けたが，ほどなく，それらの資本は没収され，その資産・遺産は国有化されていく。

2.3 朝 鮮 人

2.3.1 極東における動態と政策の概説

① 1860年代〜1870年代

特に沿海州南部においては，1860年代から北部朝鮮半島咸鏡道からの朝鮮人の移住が起こる。この現象は，朝鮮半島北部における度重なる干魃・洪水とそれによる慢性的な飢饉状態が直接の原因であり，徐々にその数が増加し，1869年〜70年にかけては，6,500人ほどの朝鮮人が移住してきたとされる。[46] 極東の朝鮮人移民はほとんどが農業従事者であり，彼らはウラジオストク南西のポシエト湾付近に集落を形成し，農業開拓に一定の成果をあげる。

表6 商船輸入品元価並びに荷受主人名表〈1882年と思われる〉（神戸，連載第4回，1883，64-65頁より作成）

国　名	人　名	金額（ルーブル）
ゲルマン	アリベルス	1,246,201
	ケルネル	30,275
	ランガリーチェ	543,885
	シテインバーフ	292,202
	シベングレール	9,277
ロシア	シコーリニク	56,724
	チウリン	214,944
	マナコーフ	4,110
	ボグダノーフ	55,400
	ピヤンコーフ	78,400
アメリカ	リンドコールム	120,779
	バケメール	51,316
	クーペル	590
日本	諸商人中	138,182
清国	同	564,870
未詳	シネー	12,800
	ワリフワールト	11,228
	グリンベルグ	1,480
	ブロリン	13,182
	未詳	2,650
	未詳	11,100
合計		3,464,988
注：上記の総合計額は3,459,595となる		

これに対し当局の彼らへの対応は，2つの異なった傾向をもっていた。一方では，食糧自給という目標から彼らに目を付け，その移住に対して寛大な態度をとったが，他方では朝鮮人農民の数が，ロシア人の数を遙かに抜き去っているという状況に危惧をいだく考えも存在した。後者の見方の現れは，1871年春のアムール州ブラゴベシチェンスク近郊（ブラゴスロヴェンノエ村）への強制移住であり，彼らを帰化改宗させ，1世帯あたり100デシャチンの土地を与えた。その旅費・移住費は国庫負担であり，朝鮮人をロシア領の国境地帯から引き離し，より奥へと誘うためのモデル村であったとされるが，こうした試みは多額の出費に見合うものとは理解されず，二度と繰り返されなかった。[47]

表7　船籍別ウラジオストク港入港船舶
（出典：高嶋「ウラジオストク港貿易概観（上）」25頁）

	ロシア		ドイツ		日本		イギリス		その他とも合計	
	隻数	トン	隻数	トン	隻数	トン	隻数	トン	隻数	トン
1892年	46	44,087	47	32,439	25	24,630	10	10,177	136	117,170
1894	51	60,300	55	40,165	27	20,612	13	18,537	155	149,510
1896	73	101,574	95	64,547	38	41,923	17	17,547	270	261,549
1898	58	96,165	94	80,274	38	50,752	38	57,367	286	344,713
1900	108	309,826	58	72,778	63	66,504	26	42,771	414	643,118
1902	190	262,838	25	33,437	111	116,764	10	24,356	397	502,517

表8　ウラジオストク港外国輸入の国別構成
（高嶋「ウラジオストク港貿易概観（上）」29, 31頁の表より作成）

	1908年		1909年		1914年		1915年	
	重量(千プード)	百分率	重量(千プード)	百分率	重量(千プード)	百分率	重量(千プード)	百分率
中国	3,603	33.3	5,308	47.8	1,300	8.2	2,662	12.0
ドイツ	2,737	25.3	2,354	21.2	6,246	39.4	39	0.2
日本	2,402	22.2	2,321	22.7	7,262	45.8	9,408	42.6
朝鮮	390	3.6	444	4.0	–	–	–	–
イギリス	–	–	100	0.9	126	0.8	3,452	1.5
アメリカ	1,396	12.9	252	2.3	910	5.7	6,489	29.5
その他	292	2.7	11	0.1	–	–	–	–
計	10,821	100.0	11,104	100.0	15,844	100.0	22,051	100.0
			ロシア（移入）	6,473			–	

②1880年代〜1890年代

1870年代までにロシア極東へ入り込んでいたアジア系民族（朝鮮人，中国人）は，都市部への食糧供給，建設労働力の供給，貿易による日用品の供給といった面で，極東地域の開発の上で，すでになくてはならない存在となっていたと思われる。

例えばウラジオストクにおいては，1881年の時点で商工業者のうちの7, 8割が中国人であったとされ，軍人をのぞく民間人の数では，中国人をはじめとする黄色人種がロシア人人口を上回っていた[48]。中国人の商業者は，本国の開港場を結節点としつつ，広範なネットワーク力により，他を圧倒していた。また農業により，極東へ食糧を供給したのもアジア系民族であった[49]。

こうした状況に対してロシア当局の間では，黄色人種に対する脅威論，いわ

ゆる「黄禍論」が起こってきた。当局は，1880年代から，大きく①黄色人種の流入への抑止策，②ロシア人移民・労働者のさらなる奨励，という2つの政策的態度をより明確にとりはじめる。後者については，前項で見たとおりであるが，前者について以下，具体的にその流れをまとめる。

まず1880年代には，2つの政策的な措置を講じている。先にもふれた1882年の「南ウスリー移民法」では，ロシア人移民に対しては1人15デシャチンの土地を与え，3年間の免税措置をとったが，同時に非ロシア人に対しては，原則的に土地の購入を禁じた。また，1886年にプリアムール総督コルフ（A. N. Korf）男爵は，勅令によって中国との国境地帯における中国人の居住を禁じ，国境から50ウェルスタ（1ウェルスタ＝1.067km）以内に住むことを禁止した。[50]

黄色人種に対する排他的な政策は，1890年代以降さらに強化されていく。まずその居住地の問題に関しては，1886年と1890年のウラジオストクにおけるコレラ流行により，この傾向に拍車がかかることになる。コレラの流行により，感染源であると目された中国人・朝鮮人スラム（「セミョーノフの草刈り場」周辺）の不衛生な状態が浮き彫りとなった。コレラ問題に対して直接的にとった当局の対応は，彼らを排除して市域外のバラックに寝泊まりさせ，彼らの従前の住居を焼き払うというものであったが，同時に中国人・朝鮮人住民の街区から住民を排除し，市のはずれに彼らを移住させるという政策が検討されはじめた。[51]

また1891年に，プリアムール総督コルフ男爵は，朝鮮人を三種に区分する政策を打ち出す。第一種朝鮮人は，1884年以前にロシアに定住し，ロシア国籍の取得を望む者であり，ロシア国籍とともに1世帯当たり15デシャチンの土地が与えられた。第二種朝鮮人は，1884年以後に定住した朝鮮人で，2年間の猶予付きではあるが，朝鮮政府発行の旅券をもって，帰国することが義務づけられた。第三種は，ロシア当局のビレットをもらって短期出稼ぎの目的で来た朝鮮人である。第一種朝鮮人の対象者には，ロシアの国籍と15デシャチンの土地取得という権利が与えられたわけだが，これには明らかに新規の朝鮮人の移住を中止させようという狙いがあった。[52]

しかしこうした強硬政策は完全に成し遂げられたわけではない。極東地域を統括したプリアムール総督府の対朝鮮人政策は，そのリーダーが変わるごとに変転したのである。

まず，1896年，プリアムール地方の新総督ドゥホフスコイ（S. M. Dukhovskoi）は完全に政策を転換させ，第一種朝鮮人に対してロシア国籍の付与を促進し，第二種朝鮮人には猶予期間を延長した。さらに，1898年には，後任のグロデコフ（N. I. Grodekov）総督は，少なくとも5年間ロシアに滞在した朝鮮人には全員ロシア国籍を付与するという新政策を発表した。このような政策の変化は，ロシア領朝鮮人に関するより好意的な見方に基づいていると見ることができる。この結果，沿海州朝鮮人入植者の数は1898年の23,000人から1902年には32,410人に増加した。[53]

③1900年代〜1910年代

ウンチェルベルゲル（P. F. Unterberger）が1906年にプリアムール総督になると，それまでの好意的な対朝鮮人政策は一変し，抑圧的な傾向を見せるようになった。具体的には，①第一種朝鮮人の権利審査を行い，新たなロシア国籍の取得の禁止，②砂金地，漁場における出稼ぎ労働者の使用禁止，③帰化朝鮮人への官有地の貸し下げ禁止，である。その他，中国人に対しては寛大であった学校，居留民会，沿岸貿易などに関しても朝鮮人に対しては様々な規則を設けてその活動を圧迫した。[54]

1911年ウンチェルベルゲルに代わって，朝鮮人に対してはるかに融和的なゴンダッチ（N. L. Gondatti）が総督になった。彼は土地の分与を受けなかった朝鮮人にもためらわずにロシア国籍を与え，帰化の手続きを促進した。ロシアの国籍を得た朝鮮人の数は急速に増加した（表10）。

これら朝鮮人の居住地は，主に沿海州であった。フォーシスは，1910年までに沿海州に51,000人以上の朝鮮人がいて，アムール川に約1,500人いた，という数字を挙げている。また1912年に沿海州内にいた57,290人の朝鮮人のうち，おおよそ17,500人がキリスト教改宗者で，ロシア市民として登録されていた。[55]

その後，1910年の日本による朝鮮半島の植民地化以降，移民の数は増加した。公式の統計によれば，沿海州の朝鮮人は1900年の24,000人から1914年には64,000人にまで増加した。これには数千人の未登録者は含まれていない。沿海州には日本の植民地支配からの解放運動に携わる政治亡命者もいた。彼らは政治運動を強め，軍事組織の訓練を行っていたことが知られている。そして1908年には軍事ゲリラを母国へ送り出した。1909年にハルビンで伊藤博文を暗殺した運動家は，ウラジオストク在住の朝鮮人であった。日本政府は，こ

れを機にロシア政府に朝鮮人を国外追放するように圧力をかけ，ロシア当局は，軍事訓練の禁止と何人かの活動家をイルクーツクへ移送することによりこれに対応した。しかし朝鮮人の活動家が送還されたり，あるいは地方新聞の発行を禁止されたりすることはなかった[56]。

2.3.2 ウラジオストクへの流入状況について

文献には，1876年に職を求めて朝鮮人が移住し，許可なく市場に住みついたという記録がある[57]。1878年，市会は朝鮮人の一定の場所からの立ち退きを要求した[58]。1886年9月にはアジアコレラが猛威を振い，朝鮮人に多数の発病者，死者が出，市会等では朝鮮人等の衛生問題が取り沙汰されている[59]。

表9 プリアムール総督復命書中の沿海州人口内訳（グラーヴェ，104-105頁より作成）

年	総人口	ロシア人	朝鮮人	ロシア国籍朝鮮人
1882	92,708	8,385	10,137	-
1892	147,517	57,000	3,624	12,940
1902	312,541	66,320	16,270	16,140
1908	525,353	383,083	29,207	16,190

表10 ロシア人に帰化した朝鮮人と未帰化者の内訳（出所：和田，244頁）

年	帰化朝鮮人	在留朝鮮人	計
1906	16,965	17,434	34,399
1907	16,007	29,907	45,914
1908	16,190	29,307	45,497
1909	14,799	36,755	51,544
1910	17,080	36,996	54,076
1911	17,476	39,813	57,289
1912	16,263	43,452	59,715
1913	19,277	38,163	57,440
1914	20,109	44,200	64,309

労働者は，当時街外れであったアムール湾沿いの市場内部やその周辺に集落を形成した。木やベニヤ，ブリキなどあり合わせの物を使ってつくられた住処が建ち並ぶ場所であった。1893年，彼らの集落は郊外へと強制的に移動させられ，コレイスカヤ・スロボーダと呼ばれた（前章参照）。が，そこでも集落の状況は変わらず，移転以前と同じようにスラムが形成されたという[60]。これは彼らの多くが中国人と同様に単純労働に従事する者であり，中国人とともに極めて非衛生的環境で生活をしていたことによるとされる。

2.4 中 国 人

2.4.1 極東における動態と政策の概説
①1860年代〜1870年代

北京条約が締結され，沿海州がロシアに領有されることが定められた1860年当時，この沿海州には2,000ないし3,000人の中国人が住んでいたと推定されている。

　中国人（漢人）移住者の多くは，19世紀に人口過剰となった山東省などの中国北部の出身であった。初期において移住現象が顕著だった地域は，アムール・ゼーヤ川流域の農業開拓地とウスリー地方であった。最も初期の1861～1870年の間にウスリー地方の漢人の常住人口が1,096人増加し，1871～1879年には4,652人増加したとされている。農業集落はブラゴベシチェンスク，ハバロフスク，ウラジオストクなどの都市部への食糧供給を担った。一方，政策的には北京条約によって，ロシア領内での商業活動の自由も保証され，また同条約に基づく中露国境での自由貿易地帯の設定（1868年～）がされたこともあり，早くから商業人口も見られた。このことは早い時期から都市部にも彼らが入り込んでいったことを表している。また都市部では，慢性的な労働力不足の状態にあった。ロシア当局は特に建設活動における人出不足などを補うために1870年代半ば，直隷省及び山東省から150人の中国人苦力を招致した。その後極東地域における様々な建設活動に，中国人苦力があてがわれることとなるが，これはその嚆矢とされる。

　中国人移民の属性としては，このように，1870年代までにおいて大きく農民，商業者，単純労働者（苦力）という3つが見られ始めていた。

　ウラジオストクにおける中国人人口に関しては，1879年におけるロシア側統計の1,196名という数字と，1881年中国側の統計（清政府の档案）の約6～7千人という数字が紹介されている。この数字の差は，直接的には調査主体の違いに起因しているものであるが，中国人の中には，春にやってきて，秋には故郷へ帰るという一時的な出稼ぎスタイルが多かったことも反映していると思われる。一方で，この2つの数字は，都市部において1870年代末から年々中国人が増加していったことも示唆している。特に1878年に清国政府は，東北地方の封禁を解き，移住を奨励したことが大きな要因となっている。それまでの間，中国人居留民は，清国当局の目を盗む格好で東北地方を経由してロシア領に入っていたのだが，満州封禁を解いて以降，中国人の流入は激しさを増し，その後30年間に20万人がロシア極東に入ったと見積もられている。

②1880年代～1890年代

その多くが農民であった朝鮮人移民と違い，この時期における中国人移民の内訳には，多くの商業者及び出稼ぎ的な単純労働者が占められていた。フォーシスは，1885年までに沿海州には9,500人の中国人植民者（常住者）と約3万人の季節労働者がいたという数字を示している。またSiegelbaumは，1890年代をロシア極東の中国人移民の画期であると捉えているが，黄色人種への強化政策があったにも関わらず，中国人人口は，季節的な来訪者数においても住民数においても，急成長した。それは①シベリア横断鉄道建設と②金産業の増大による労働力需要の増大とそれに伴う関連産業の発達によりもたらされたものである。

a. 労働者の動向
　特に1890年代はじめから始まるシベリア横断鉄道の建設においては，労働需要を満たすほどのロシア人移民を確保することができず，労働者の民族構成において中国人は非ロシア人の中で最大の集団をつくっていた。なかでも中国人及び朝鮮人に代表されるアジア系民族はザバイカル線とウスリー線に多く，ザバイカル地区では，1895年から96年の間に中国人は21.2%を占めていた。ウスリー線では建設労働者の最大集団は中国人であった。こうした労働者の多くは，芝罘（現・煙台）の客桟と呼ばれる請負業者を仲介し，極東へと渡ってきた。

b. 商業者の動向
　一方商業者に関しては，1893年のダッタン（A. V. Dattan）の報告書によるウラジオストクの商店内訳のデータがあり，中国人商店127，ロシア人商店23という数が示されている。数の上では，すでにロシア人に大きく水をあけているが，そればかりか営業鑑札をもたずに営業している商店も含めれば，実際の中国人商店の数はもっと多いはずである，という認識があった。
　都市部における中国人商業の主な種類は雑貨商，食料品商，野菜商，果物商及び加工製品商であり，商品の多くは彼らの貿易ネットワークにより中国や日本などから輸入した製品であった。
　ロシア当局においては，増大する中国人勢力からロシア人商工者を防御する必要性が，すでに1890年代において認められていた。1892年には中国人は，他の外国人と同様にアムール及び沿海州で土地所有権の取得が禁じられた。また1893年沿海州軍務知事は市会代表者及び大商人による会議を招集し，中国

人商業制限案を作成し，この問題はその後沿海州内では議定されたが，1900年の義和団事件と関連して起こった中国人の集団的な引き揚げ現象によって，立案が見送られたとされている。またロシア当局は中国人の強力なネットワーク力の温床となっている「会」を自己の監督下におく目的のため，中国人官吏を長とする自治団体を組織した。しかしながら1897年に，プリアムール総督ドゥホフスコイはこの団体を閉鎖した。閉鎖の理由としては中国人の秘密結社が中国官吏の保護の下に存続すること，中国官吏が進んで中国人に向かってロシアの法律の説明をすることなく，かえって中国法制の適用を勧めていること，中国官吏が復讐を恐れて中国人犯罪者の逮捕を助けずかえって隠匿することなどが挙げられている[70]。

中国人商業者の多くは小規模な商店であったが，商業上のロシア人勢力の劣勢を反映して，ロシア当局はこの強大なネットワーク力を常に問題視していた。その特徴である「大企業と小企業の間の緊密な連絡」，「前者の後者に対する資本金融」をはじめとして，店舗の営業形態，労働・雇用形態，衛生状態なども問題点として指摘している[71]。

こうした団結力がロシア人の目には相当な脅威として映っていたということがうかがえよう。

③1900年代〜1910年代

中国人の極東への広範な進出は，1900年までに，ザバイカル州チタから，ウラジオストクまでの間の全ての町には，厖大な数の商店主と労働者を含む中国人地区があったと形容されているほどである。例えばウラジオストクの総人口は1890年の14,466人から97年には28,933人に上ったが，中国人人口は同時期に，4,193人（29.0%）から12,577人（43.5%）へと増加している。ハバロフスクでは1897年に14,971人の人口のうち中国人は4,024人（26.9%）を占めていた。これは出稼ぎ労働者などが含まれていない常住人口数であるため，実際の滞在者比率はもっと高くなる[72]。また1904年時点では，非公式な見積もりではあるが，沿海地方とアムール地方における一時滞在者を含んだ中国人と朝鮮人の数は6万人であり，これはすなわちロシア人人口の16%に上っていた。4年後にはこの数は12万人になったといわれる。これはほぼロシア極東の人口の4分の1を占めていた。その後数年，この割合は変化しなかった[73]。

a. 都市内の対中国人政策

都市内においては，ウラジオストクにおけるコレラの流行が直接的な要因となって，1902年9月29日にロシア極東における中国人，朝鮮人居住区に関する法律が発布された。この法律に基づきハバロフスク，ブラゴベシチェンスク，ニコラエフスク，ニコリスク・ウスリースキーに中国人，朝鮮人居住区が設定された[74]。

一方，阿片吸引や賭博も当局の排除の対象とされている。煙館及び賭博場の経営者は1908年7月29日の勅令により国外に追放された。しかし国外追放はあまり効果がなかったという。追放された経営者はすぐさま再びロシア領内に戻って従前の業を続けた。そこで1910年5月から煙館，賭博場経営者を告発し，刑期を終えた後，さらに国外に追放することとなった[75]。

また1905年，ウラジオストクで軍事政変が起こり，華人商店の被害は634件に，財産損失は2,602,455ルーブルに達したという[76]。

b. 商業者の動向

プリアムール地方（アムール州及び沿海州）において，1909年，1910年には，ロシア人及び外国人の商工企業がそれぞれ5,266及び7,027であったのに対し，黄色人種の商工企業は3,528及び4,818であった。このうち日本人企業は628で，朝鮮人企業は少ない数であったとのことから，1910年のロシア極東における中国人企業数は，4,000を上回っていたと推定される。しかも，行商人及び営業税を納付していない中国人はこの数に加えられておらず，実際の数はさらに多かったと思われる[77]。極東の中国商人の主流は山東商人であった。1906年1月，ウラジオストクに中華総商会が成立し，1909年7月にはウスリースク（中国名で双城子）の中華総商会が成立したが，その指導権のほとんどは山東商人に把握されていた[78]。

一方1900年代以降は，東清鉄道の敷設により，中国東北にも大量の移民が流入し，ここでも勢力をふるったのは同じく山東商人であった。商業者はロシア極東と東北の主要都市とを商業ネットワークで結び，さらにその基盤を確かなものとしていった。

1916年には，極東地域の永住中国人の人口は7万8千人あまりに増加し，一時的な人口は60万人に達した。ウラジオストクで商工業を経営する華人は約4万人余りいた。1917年，ウラジオストクの華人店舗数は1,015に上り，朝鮮人の店舗数は26，日本商人の店舗数は192で，両者合わせても華人商店数の五分

の一しかなく，黄色人種の間でも，中国人商店がまさに優位に立っていた。[79]

c. 対労働者政策

1910年6月21日の法律により，アムール州と沿海地方，それにザバイカル地方での全ての国営企業や国の出資による建設事業における中国人及び朝鮮人労働者の雇用が禁じられた。[80]

プリアムール地方総督ゴンダッチは，警察に不法外国人をプリアムールから追放するように指導した。全ての移民労働者は，1912年の1月1日までに労働許可の証明が必要となった（8月15日まで延期された）。定められた書類のないことが発覚したものは，投獄され，中国行きの最初の汽船へと乗せられた。彼は，シベリア開発の最もよい方法とは外国人を閉め出すことであり，それによりロシア人労働者の数は急速に増加するであろう，と考えたといわれている。[81]

d. 第一次世界大戦時の政策転換

1914年，ロシアは第一次世界大戦に参加し，軍隊の拡大により労働力不足の状況に直面した。そして戦争による消耗で国民経済が萎縮した。困難な局面を打開するために，ロシア極東当局は中国人労働者と中国人商人を召集する政策を打ち出した。つまりロシア政府は戦前の立場を完全に反転させ，8月にはシベリアの鉱山主の代理店を通じてハルビンやその他の満州諸都市で中国人労働者の募集に乗り出したのである。戦争が1915年にまで長引いたことにより，需要はさらに緊急のものとなった。1916年になると，ロシア義勇会社は労務提供請負業者，申寿山を山東の済南，膠東と済寧道など県に派遣し，また招致員を芝罘，龍口と青島などの地域に派遣して，中国人労働者を大量に招致してロシアに送った。[82]

2.4.2　ウラジオストクへの流入状況について

①初期の中国人居留

イギリス船が初めてこの地を発見したとき，すでに原住民として海産物の採集にあたっていた中国人の住居が若干戸存在していたという。1866年の中国人家屋（房子）は11戸[83]，1868年の中国人人口は36人[84]という記述が見られる。初期の土地所有者の中には中国人も見られていたという記述も残されている。[85]慢性的な人手不足から，ロシア政府は多くの事業において中国人の労働力に頼らざるをえず，1870年代中頃には150人の中国人苦力を山東省及び直隷省から

招致している。1878年には清国政府の東北の封禁政策が解かれたこともあり，その流入は1880年代から本格化していく。初期の中国人居留者は，「三年以上此地方に居住するものは稀で，その職業の何たるかを問わず，僅に二三百留を貯ふれば郷里へ帰ろうとし」[86]，定住するものはきわめて稀であった。彼等は季節労働者として，5月に入港し湾が結氷する11月には故郷へ帰っていた。そのほとんどが山東省の出身者で，芝罘を経由し船で上陸する者が多かった。なかには陸路でロシアへ入国する者もあった。正規の手続きをとって入国する者は稀で，1910年のロシア側の報告では，その殆どが不正入国であったとしている[87]。

一方1881年の市内の商業活動に関する中国側報告では，中国人が商業者の10人中7，8人を占めていると記録されており[88]，ほとんど小規模のものであったが，後にそのネットワーク力から特に，伝統的な食料品などの輸入に大きな役割を果たすようになる。特に当時市有埠頭にあった市場は商業活動の中心であり，中国人商人の活動の舞台であった。市場の商店も中国人が独占し「三日市場を閉鎖すれば全市ために飢饉に陥る」[89]といわれるほどの影響力をもっていたともいわれる。

②1890年代

ウラジオストクの港湾建設，シベリア横断鉄道の建設が本格化し，工事が増えるにつれて，中国人労働者の数は飛躍的に増大していった。政府の奨励政策によって民間企業は進んで彼等労働者を招致した結果として「極東露領に於ては，支那人の労力を利用せぬ事業は一つもない有様である」[90]と形容された。1893年にはその人口が22,000人となり，ロシア人の16,500人を大きく上回っている。

中国人商人の商業形態はほとんどが同族経営であり，一般に各々の商業基盤はきわめて脆弱で，ネットワークを図ることでその基盤を安定させようとしたが，商店の盛衰も激しかったという。大店舗より小店舗を経営することから，極めて廉価に商品を供給することができた。そのため人件費を極度に削減し，またロシア側報告書の中では，密輸，脱税なども公然と行われていると報告されていた[91]。欧米商人ほどの大規模な資本を有するものは稀であったようだが，それはロシア国内の政情の不安定さによるところが大きかった。その業種は雑貨商，食料品商，野菜商，果物商，加工製品商がほとんどであった[92]。しか

し商業網を形成し，欧米系商店に肩を並べるほどに力をもった商人も存在していた。

納税額で区分された外国人の一等商店は1893年までは4軒であったが，1894年においてはすでに2軒の中国人商店が一等商店として認められており[93]，1890年代になって欧米人商店と肩を並べるほどの中国人商店が出現し始めていることがわかる。またこの時期にはこれら一等商店のほかにも大小合わせて127軒の中国人商店があり，同時期のロシア人商店が23軒であったことを考えるとその数の多さがうかがい知れる[94]。おそらく小規模の小売店がその大半を占めていたと思われるが，中国人商店の台頭ぶりがわかる。また商店だけでなく，製造業に携わる中国人も現れている。中国人経営の煉瓦石製造工場や酒製造所などであり，酒製造所はセミョーノフスカヤ街の低地に存在していた。煉瓦製造所は1870年代にその製造が始まっており，建設労働者だけでなく，こうした資本を有する中国人も流入してきていた[95]。

苦力，水夫，汚物掃除夫などの単純労働に従事する者も多かった。

1897年には中国通商代表部が開設され，領事館の役割を果たしている。

一方で，先にふれた1886，90年のコレラの流行にあたっては，中国人・朝鮮人の居住地区がその感染源であると目され，市のはずれに中国人用の木造家屋と朝鮮人用の板張り仮小屋が避難病院として作られ，患者はそこに収容された。2度のコレラ流行は，彼らに対する隔離政策に拍車をかけた。1892年には「市会により中国人・朝鮮人住民のための場所が指定された，それは現在コレイスカヤ・スロボトカがある，その場所である」という記録がある[96]。しかし，移転対象として実行に移されたのは，朝鮮人のみであり，中国人に関しては，その隔離策は実施されなかった。

③市場移転（1900年代初頭）後

1900年の義和団の乱は中国人居留者に一時的に動揺を与えたものの，1900年代初頭に市場がアムール湾沿いに移転し，その商業規模が拡大するにつれ，流入者数も増え続けていく。1906年には中国人居留民会が政府の許可を受け，正式に開設している。また清国領事館の1908年の統計では，ウラジオストクで商工業に携わる中国人は4万人いた[97]。1910年の中国総領事の統計によるとウラジオストク在住中国人数は5万人といわれ，そのうち4万人は特定の住所をもっていなかった[98]。

1908年の清国の統計によれば，ウラジオストクにおいて，20万元以上の資本金を有する中国人商店は6軒，2万元以上は百余軒で，千元，百元以上の商店は，4，5百軒あった。[99]

一方ロシア側の対応は，1900年中国人居住区の制定に関する法案が提出されるが実行されず，以来こうしたアジア系民族の大量流入が極東の「黄禍」問題として議論されている。1908年から，すでに見たような官営事業への外国人雇用の禁止や，居住区設定の検討などの政策的措置が検討され，一部は実施された。

2.5　日　本　人

2.5.1　極東における動態と政策の概説

極東の日本人は，ウラジオストクを経由して徐々に内陸部に入り込んでいくが，その中心となったのは表11からもわかるとおり，ウラジオストクである。そして内陸部への進出の先鞭をつけたのはいわゆる「娘子軍（じょうしぐん）」とよばれる売春婦の一団である。[100] 表中の特にニコリスク・ハバロフスクにおける女性比率が高いのはそのためである。

日本人の居留者の中国人，朝鮮人と異なる点は，農業に携わらず，商業とサービス業を生業とした点である。1900年までにバイカル湖の東側とスタノボイ山脈の南側で日本人の床屋，大工，建具屋，洗濯屋，石炭商，召使い，風呂屋の従業員，時計修理，仕立屋そして写真館のない町はなかった，と形容される。[101] 表に見る沿海州3都市のほか，ニコラエフスクには主に漁業関係者が，そしてアムール州ブラゴベシチェンスクやその他あまり大きくない都市においても日本人は居住していたことが知られる。

日露戦争時には，ほとんど全ての日本人が帰国を余儀なくされた。しかし戦後まもなくして，再び日本人の流入が進み，戦前の人口を回復している。その後，1917年からのシベリア出兵においては，シベリア各地へ日本軍の部隊が侵攻していくが，それとともに軍の御用商人（用達商）なども増加し，数の上では1922年の撤兵までの期間が，極東における日本人人口のピークとなる。

1922年の撤兵以降は，大半の日本人は再び帰国し，満州貿易に携わる商社・航路会社・国策銀行などの関係者，それに領事館関係者を除き，日本人の姿は

表11 ロシア極東・シベリアの在留日本人数
（出典：土岐康子『極東ロシアと日本人娼婦』1995。数字は資料のママ）

		1888	1890	1892	1895	1897	1906	1915	1917	1919	1922	1925
ウラジオストク	男	243	170	245	686	890	2,266	1,103	1,899	3,151	1,323	347
	女	312	222	279	598	717	1,064	1,001	1,384	2,764	1,361	243
	計	555	392	524	1,284	1,607	3,330	2,104	3,283	5,915	2,684	590
ニコリスク	男	9	8	13	73	112	154	146	141	102	403	13
	女	50	53	68	118	136	183	172	154	130	512	12
	計	59	61	81	191	248	337	318	295	232	915	25
ハバロフスク	男	-	8	10	47	83	142	286	231	259	-	7
	女	-	33	37	113	120	191	410	342	418	-	0
	計	-	41	47	160	203	333	696	573	677	-	7
シベリア全体	男	252	209	282	873	1,325	2,890	2,214	3,050	4,290	2,578	399
	女	362	363	447	993	1,229	1,802	2,340	2,688	4,005	2,579	259
	計	614	572	729	1,866	2,554	4,692	4,554	5,738	8,295	5,157	658

ほとんど見られなくなった。

2.5.2 ウラジオストクへの流入状況について

①1860年代〜1880年代

日本人がウラジオストクの地を訪れたのは，明治維新前の文久の時代（1862），長崎からやってきた船乗りが最初だといわれている。幕末より長崎にはロシア艦船が越冬のため入港しており，長崎奉行は長崎港の稲佐に水兵のための休憩所（遊郭）を設けていた。こうしたことから長崎とウラジオストクとの関わりは深く，居留者も長崎から多く渡っていることが知られる[102]。

当時のロシア側の統計[103]によれば，明治10年（1876）の時点で日本人は約80名の居留者がある。短期の出稼ぎ的な滞在者はここには含まれていないと思われるので，この80人前後の人々が最も初期の居留者たちであろう。

日本人による最も早い時期の記録としては，瀬脇の報告記（1874年における視察報告）がある。この報告記では，瀬脇及び彼の同行者である通弁の諸岡を含め，15人の日本人が登場する[104]。

この時期の渡航者としてこれまで比較的知られているのは，長崎稲佐の有田伊之助という人物である[105]。彼は，すでに瀬脇の報告記の中に，「会社の笠野某」の手代として登場している[106]。後の記録から，有田は建築請負や煉瓦製造に携

わっていたことがわかる。[107]

　これらの話によるならば，有田は日本人としてウラジオストクの都市空間の形成に直接関わった最初の人物であり，また日本人のための建物のみならず，ロシア側の建物も建てたのだとすれば，我々の関心からは非常に重要な位置にいるのだが，現時点でわかることは少なく，これ以上のことを言及できない。だがこのように初期の居留者は，限られた分野ではあるが，この町に根を下ろし始めていたということは事実であろう。[108] 先の東京貿易商会は，地主であるイギリス系のデンビから店舗用に建物を借りることを検討し，後にはその隣家をさらにアメリカ人クーパーより購入している。[109]

　そのころの渡航者にはのちに「娘子軍」と呼ばれる日本の売春婦たちもいて，開発が始まりつつあったシベリア，東北アジア地域に送り込まれている。日本人居留者の男女比は他国人に比して女性の比率が高いことが指摘されているが，これは日本人売春婦の存在による。[110]

　なお1876年には，日本政府の貿易事務館が，また81年には長崎との間に三菱会社による定期航路が就航している。[111]

②1890年代〜1904年

a. 1890年代

　1890年の人口に関する記述には，日本人総数約1,000名とするものと，12月の時点で男170名，女222名，計392名という2つのものがある。[112] このうち前者は，おそらく推計であり，定住者数を推定するには，後者のデータがより重要である。後者は日本貿易事務館による数字だと思われること，12月に行われた調査であること，という2つの点がその理由である。[113]

　この年には日本郵船会社が神戸発長崎経由と上海発長崎経由の2本のウラジオ行き航路を開いているが，出稼ぎ的な「寄留者」は遅くともその年の最後の便で日本へと戻っていたであろう。この1890年12月の統計はほぼ，そのころの定住者数を示しているといってよいものと思われる。

　1890年のシベリア横断鉄道の建設決定に伴い，翌1891年にはウラジオストクでウスリー鉄道の起工式が行われ，中国からは約10,000人の土木作業者が押し寄せたといわれている。日本からも鉄道工事労働者，具体的には石工，大工，土木人夫，鍛冶職人たちが送り込まれたという。[114] 東京貿易商会の事業を引き継いだ杉浦商店店主の杉浦利太は日本人の中で当時最大の商店主で，

ウスリー鉄道布設請負にも関わっていた。[115]

　こうしたことによって日本人居留者は増え，1892年に日本人居留民会の前身，同胞会を設立した。その後同会は1902（明治35）年に居留民会と改称しているが，当時の日本人社会を考える上でこの会の存在は，日本人小学校，西本願寺と並んで重要である。日本人小学校，西本願寺ともに1894年に設立運営を開始しており，この時期は日本人コミュニティの基盤を確立する時期であったと位置づけられるだろう。[116]

　このように1890年前後は，少なく見積もっても300名以上の日本人居留者がおり，居留民社会の基盤ができつつあった時期であるといえよう。

b. 日露戦争まで

　鉄道建設が契機となり，在留日本人数は増加していった。杉山は1904年の日露戦争開戦までは，日本人居留民は比較的安定した生活を送っていたとの見方をしている。[117] 当時日本との間には1896年より新潟―ウラジオストク航路が開かれて，週1回から2回の定期便が確保され，また1902年の東清鉄道開設によりヨーロッパとの間の陸路での連絡が開かれ，住み心地の良さも手伝って渡航者は増え続けていたという。当時の居留民会員数は表12で見るように伸び続け，日露開戦前の1903年の時点では会員数約3,000人を擁していた。また，商店のうちでも最も納税額の大きい一等商店が四軒，それに続く二等商店は22軒，三等商店も32軒誕生していた。[118]

　こうした事実を考えると，日本人居留社会においては，1890年代に作り上げた基礎の上に立ちながら，1つのピークを迎えていたことが想像される。

　しかし，そのピークは長くは続かなかった。1904年の日露戦争開戦に伴って，2月3日，貿易事務官からの通知がシベリア各地の日本人会にあり，2月6日，2月13日と2回の引き揚げ船によりほとんど全ての日本人がこの地を去り，それまでに築いてきたもの全てを失ったのである。

③ 1905～17年

a. 日露戦争後の明治末期

　日露戦争終結後まもなく，日本人の渡航が再開し，[119] 1907年には日本領事館が開設される。表13に日露戦争後の日本人居留者数を示した。

　ロシア側の調査によれば，[120] 1906（明治39）年から1909（明治42）年までの間の日本人の人口は2,935，3,061，3,314，4,047人と着実に増えている傾向が見

表12　日本人居留者数（1895〜1903年・日露戦争前）

		計	男	女	備　考	出　典
1895年1月	明治28年	794	452	342	貿易事務館調査	東露要港浦潮斯徳
1898年1月	明治31年	1,745	881	864	居留民会員数	露領浦潮斯徳港視察録
1899年1月	明治32年	1,644	807	837	居留民会員数	露領浦潮斯徳港視察録
1899年12月	明治32年	2,083	977	1,106	居留民会員数	露領浦潮斯徳港視察録
1901年1月	明治34年	2,208	1,111	1,097	居留民会員数	露領浦潮斯徳港視察録
1902年1月	明治35年	2,875	1,382	1,493	居留民会員数	露領浦潮斯徳港視察録
1903年1月	明治36年	2,996	1,586	1,410	居留民会員数	露領浦潮斯徳港視察録

表13　日本人居留者数（1907〜1917年・日露戦争後。数字は資料のママ）

		計	男	女	備　考	出　典
1907年6月	明治40年	1,683	973	710	居留民会員数	露領浦潮斯徳港視察録
1908年3月	明治41年	2,206	1,387	839	居留民会員数	露領浦潮斯徳港視察録
1909年3月	明治42年	1,715	983	732	居留民会員数	露領浦潮斯徳港視察録
1910年	明治43年	2,245	1,437	808	露国官憲による調査	露領浦潮斯徳港視察録
1910年3月	明治43年	1,579	843	736	居留民会員数	露領浦潮斯徳港視察録
1911年3月	明治44年	1,953	1,047	906	居留民会員数	露領浦潮斯徳港視察録
1913年1月1日	大正2年	1,830	1,117	713	浦潮斯徳市警察署調査	「浦潮斯徳事情」
1916年	大正5年	2,682	1,524	1,156	居留民会員数	「浦潮日報 大正6年12月16日」
1917年	大正6年	3,289	1,890	1,892	居留民会員数	「浦潮日報 大正6年12月16日」

てとれる。

　しかし，1912年の「露領浦潮斯徳構視察録」（以下「視察録」）によれば，1907年6月には，1,683人，1908年3月に2,206人，1909年3月に1,715人，1910年3月に1,579人，1911年3月に1,953人という日本居留民会による統計がある。[121]両者のデータにはかなりの開きがあるが，これは調査主体あるいは統計上の母集団の違いに起因するものと思われる。後者の日本居留民会による調査は居留民会に所属する人数を示していると思われ，短期的滞在，すなわち「寄留者」などはここには含まれていないと思われる。[122]戦前期と比較して，人口が減少していることは表12の日露戦争前との比較によっても明らかである。

　ここでのデータの差に関してつけ加えると，一口に日本人居留者と呼んだ場合にも，居留民会が掌握している正規の日本人グループのほかに，もう1つの人口集団があったという可能性である。それはすなわち短期滞在の「寄

留」者がその主なものと思われるのだが，日本人社会の表舞台にも登場することのなかったいわゆる「からゆきさん」や「娘子軍」と呼ばれる売春婦の一部や，「被仕切（しきられ）女」などもここに含まれる可能性がある。[123] 居留民会は在留日本人の保護を目的とし，同時に日本人小学校などの公共的な施設の運営も行っており，会費という名目の金銭的な義務もあった。居留民会の統計に表れない存在の曖昧なグループとは，居留民会の課すオブリゲーションを担わない人々でもあった。

さて上記の「視察録」の記述にあるように，この日本人居留者の人数の減少に影響を与えたのが1909年の関税の導入である。

日露戦争後の「自由港時代」においては人々が大量に押し寄せ，同時にモノもたくさん必要になるという変転期であり，また関税の免除ということからモノを輸入しやすい状況にあった。こうした流入層の需要の急激な増加に対応していたのがその数年前に開設されたセミョーノフスキーバザールであり，[124] 日本人商人はそうした一般雑貨などの小売業に携わっていたものが多く，バザール内のパッサージの店舗を独占してしまうほどであったとされる。

しかし当時の不安定な情勢を受けてか，この繁栄は続くものではなかった。野村は自由港時代と現在（1912年）との比較として，その衰退ぶりにもふれている。[125]

関税導入以前の数年間は，戦勝国ということも手伝い，結果的には短期滞在となったものも含めて大量の日本人が流入し，1つのピークがあったことは想像に難くない。ロシア側データによる人数の伸びはこのことを示していよう。しかしながら居留者としての基盤をさらに深めるまでには至らず，自由港の撤廃に伴い，撤退したものもまた多かったのである。

b. 大正初期からシベリア出兵まで

日露戦争の勝利によって，日本は関東州の租借権とともにロシアがもっていた長春—旅順間の鉄道租借権を獲得していた。しかしながら，日本にはこの路線は長春より先に連絡運輸ができなければ「経済的にも軍事的にもきわめて利用価値の少ない単なる地方鉄道で終わってしまい，ひいてはアジアにおける世界の主要幹線ルートからもはずれてしまう」[126]という認識があった。そこで長春より先の東清鉄道との連絡運輸を成立させる必要があった。結果的には，日露間の交渉によって，まず旅客運輸に関しては，大阪商船大連航

路を経由する「南満洲・東清連絡運輸」と大阪商船及びロシア義勇艦隊の敦賀・ウラジオストク航路を経由する「日満連絡運輸」とがともに1910年（明治43年）4月1日から実施されることになった。また貨物に関しては形式上は，大連経由を希望する日本側とウラジオストク経由を希望するロシア側の両者の利害を調整する形で，[127]大阪以西と哈爾濱以西の貨物は全て朝鮮または大連経由とし，京都以東のものは敦賀・ウラジオストク経由とすることとなり，1914（大正3）年1月1日から実施された。[128]

　第一次大戦中，ヨーロッパロシアの港湾における国際貿易は封鎖され，ウラジオストクはロシア唯一の国際貿易港となっていた。図48は大阪商船株式会社の「浦潮―敦賀航路」及び「浦潮回航線」の貨客量の推移をあらわしたものであるが，このころを境に貨物，船客ともに大きく伸びを見せている。この時期にウラジオストクの貿易は未曾有の活況を呈していた。

　表13からも，明治末期に比べ，大正期に入ってから，居留民会員は大きく伸びていることがわかる。

　大正期の日本は鉄道の敷設に代表されるように，国土全体に近代国家への再編成の動きが浸透し，大陸という新たな外部に向けさらなる拡張を求めた時期であった。その侵略的な性格は，日本軍によるシベリア出兵に端的に表れているが，大正期において，ウラジオストクは日本から大陸への結節点として，あるいは国際的な貿易港として明確に認識されはじめたものと思われる。

　もちろん明治末期においてすでに，ウラジオストクは東清鉄道経由で中国東北部やヨーロッパとの陸路の連絡を有していたのだが，日本列島に身をおいて大陸方面への広がりを見る時，ウラジオストクは大連や釜山などと並んで，結節点としての性格がより一層明確になった時期だといっていい。

④1918～22年

　日本の大陸政策の変化，そしてシベリア出兵，という国際政治環境の変化は日本人居留者に少なからぬ影響を与えていた。

　ロシア革命に始まった共産主義勢力の台頭に危機感を抱いた日本は，他の連合国とともに，1917年シベリア出兵を開始した。日本軍は多い時で7万3千人あまりの軍隊を導入した。同じく派兵していたアメリカ，イギリス，フランスなどが相次いで引き揚げていく中，日本軍は撤兵を引き延ばしていた。それに

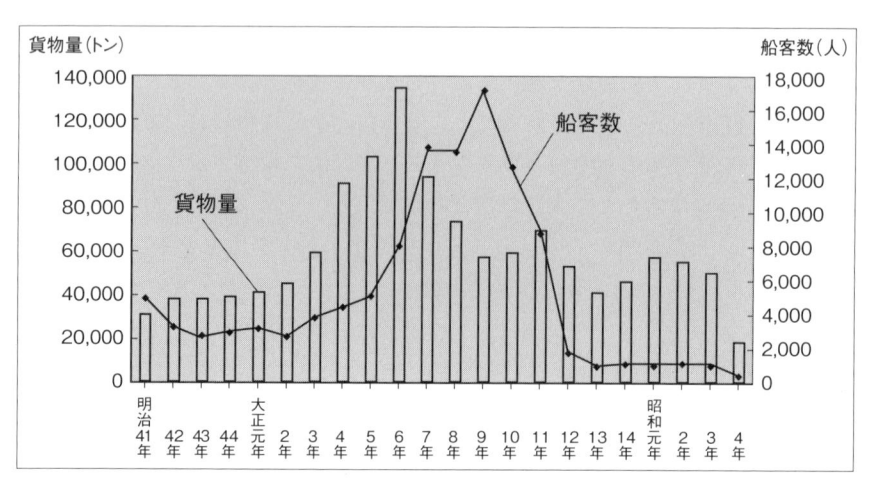

図48　「浦潮航路」旅客数の推移（「大阪商船株式会社五十年史」より作成）

伴って現地では非難される対象となっていた。

　大正初期から，ウラジオストクは大陸への窓口としての性格が明確化し，コミュニティ組織などの生活基盤の成熟化を背景に，一般の市民にとっても渡航が容易になっていたと思われる。明治初期の混沌とした状況の中，自分の腕だけを頼りに裸一貫で渡航した人々とは質的に異なる。

　居留者とひとくくりにされる中には，日露戦争による引き揚げを挟むが足掛け30年以上居留を続けるものもいれば，「寄留者」と呼びうる層も存在した。[129] 寄留者は，出兵による軍需を当て込んだ新参者であり，得てして目先の利益に捉われ，無責任であるというのが居留者側の意見であり，「永久的利害」を考える居留者との間に住みつくことに対する態度の差が見られる。これは居留者と寄留者との間にあつれきがあったという状況を物語っているともいえよう。

　この時期までは数千人単位で日本人社会が存在したが，日本軍のシベリア撤兵（1922年）と前後して，ほとんどの居留者はウラジオストクを去った。1930年代以降は海運関係の企業や領事館の関係者のみが残ったとされる。[130]

2.6　まとめ　ウラジオストクでの流入者の居留パターン

　各民族によって得られる情報の内容も異なり，また流入の規模も時期もさま

ざまであるが，以下次節における中心市街地に関する検討の前提として，特徴的な居留パターンを抽出し，既往研究の記述からその立地展開を示すこととしたい。

2.6.1 居留パターン（職業・コミュニティ）

・ロシア人は，上で見たとおり初期においては，一部の商人の流入も見られたが，大多数は軍人・軍属であった。その後各層にわたって移住者が見られるものと思われる。また一口にロシア人といっても，当時のヨーロッパロシアでの領土拡張と関連して，ウクライナ系の人々も多く見られていた。
・欧米人は個人渡航が中心であるが，特に初期においてはフロンティアに特有の冒険商人が現れた。中国経由で沿岸を北上するルートでここへ来住したと思われる。様々な特権を背景にした彼らの中から有力な商人が現れ，ウラジオストクのみならず，極東やシベリア地域まで販路を広げ，繁栄を得ることとなる。
・朝鮮人は極東への流入時期は早いものの，そのほとんどが農民であり，都市内における主な職業は，単純労働者であったとされる。しかしながら，主にロシア人に帰化した朝鮮人には，有力者もおり，不動産を有するものや商売に携わるものも，少数派ではあるが見られていた。
・中国人は欧米人同様早くからウラジオストクに定住しているが，特に初期に流入したものの中には，不動産を有する者もあった。しかし中国人全体からすれば，その数は少なく，特に1890年代以降は，多くの労働者が流入し，そうした彼らの生活を支えるための物品の輸入も活発化し，そのことにより商業者集団も形成されていった。
・中国人の商業者集団は，小は零細な商店から，大は不動産を有する企業まで様々な規模があるが，都市内の商売だけを行ったわけではなく，回船業や客桟業も含めた貿易・労働力の確保と提供などの業務も含まれている。またそのほかにも，客商とも呼ばれる季節的に現れる仕入れ商人もいた。[131]
・中国人労働者は，鉄道建設・港湾建設や荷揚げなどの沖仲仕やあるいは住み込みのボーイとしてロシア人の家庭などに職を得ていた。しかし，一般に中国人の商業移住と労働移住は，必ずしも明確に分けられない。出稼ぎ労働者として流入した中にもそのままこの地に止まって，商業に携わるよ

うな人々もまた多かったものと考えられる。これは一種の社会的上昇過程であるといえる[132]。
・一方日本人は，主にサービス業や小規模の貿易に携わるもの，職人，それに売春婦というのがつねにこの都市における職業上で常に見られていた特徴である。

2.6.2 立地上の特徴

既往の文献などから，ロシア人以外の民族の都市内の立地上の特徴を指摘しておく。その概略を図49にて示した。

①欧米人
欧米人商人は与えられた特権を背景に比較的大きな範囲で土地の分譲を受けており，市の目抜き通りであるスヴェトランスカヤ通りやペキンスカヤ通りに店を構えている。個人渡航が中心で絶対数が少ないことから，分布の構造を読みとることは難しいが，特に初期の冒険商人のうちにはその後の地主層の一角を占め，また中心市街地の空間形成に関しても大きな影響を伴うこととなった。特にクンスト・イ・アルベルス商会は，自家発電施設を設けるなど市街地形成において先導的な役割を果たしたとされる。

②朝鮮人
朝鮮人労働者は，当時街外れであったアムール湾沿いの市場内部やその周辺に集落を形成し，これは「スロボートカ」(slobodka：郊外村の意)と呼ばれた。木やベニヤ，ブリキなどあり合わせの物を使ってつくられた住処が建ち並ぶ場所であった。1893年，市街地の拡張に伴い，彼らの集落は郊外へと強制的に移動させられたが，そこでも集落の状況は変わらず，移転以前と同じようにスラムが形成されたという[133]。

③中国人
中心市街地の土地の一部は中国人も所有していたが，新たに1890年代以降に大量に流入する中国人は市街化の遅れた低湿地帯に住まわざるをえなかった。この一帯はミリオンカと呼ばれ，そこには，小屋や，商業組合，同郷組合，パブ，賭博場，阿片吸引所，仏教寺院などのタイル張りの屋根をもった煉瓦の建物が作られた。中国人商人は，ロシア人に帰化したような特別な例外を除けば，

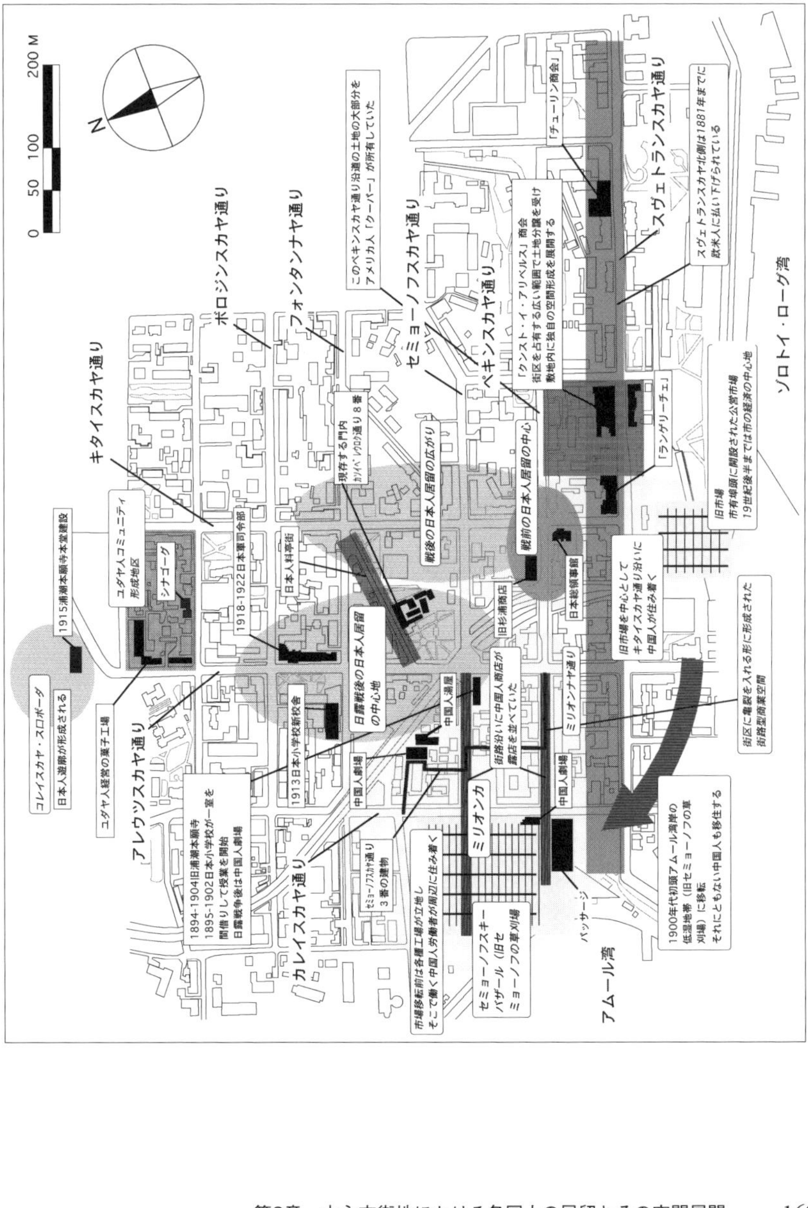

図49 民族別に見た市街地内での空間展開

第3章 中心市街地における各国人の居留とその空間展開………169

彼ら自身の組織と密着していた。当時は現在の中央広場に市場があり，キタイスカヤ通りが商業活動の中心であった。また当時の中国人の生活は市場に依存しており，市場が拠点となって彼等の居留空間はその周辺へと広がっていった。こうした中国人が呼び水となり，さらに流入する中国人が寄り集まる結果となった。

1900年代初頭市場がアムール湾に移転するまで，現在のオケアンスキー大通り周辺に中国人街を形成し，街の発展の一翼を担った。1900年に中国人を特別の一画に移すという計画が市より提案されたが実行に移されず，彼らは市街地内に居住を続けた。また単純労働者は市場内部やその周辺に住みついていたといわれている。[134] 1900年代初頭に市場が市街地西部の未開発であったアムール湾沿いに移転したのに伴い商業活動の中心も西へ移り，中国人などの居留民が移動していった。中国人居住区は「ミリオンカ」と称され，セミョーノフスキーバザールを中心として未開発の地であったセミョーノフスカヤ通り，ペキンスカヤ通り沿いにその立地が展開されていく。この地域には3つの中国人劇場，中国人湯屋，阿片窟，娼館等が立地した。これらの建設に際して中国人資本が関わっていたであろう事は想像に難くない。劣悪な居住環境によって，他国人には敬遠され，曖昧な形で中国人居留空間が形成された。

④日本人

日露戦争以前においては，キタイスカヤ通り，ペキンスカヤ通りの交差点にあった貿易事務館は同胞会の事務所も兼ね，日本人社会の中心であった。ペキンスカヤ通りには杉浦商会をはじめとする日本人商店も多く，この辺りに日本人が集積したと思われる。日本人居留者の渡航が本格化したのは丁度市場の移転した時期にあたり，新たな流入者は当時市街化されつつあったアレウツスカヤ通りとセミョーノフスカヤ通りの角以北へと住み付いた。この角地には1894年に浦潮本願寺が建設され，日本人小学校がその一室を間借りして開設されていることも在留日本人を引きつけた要因として考えられる。アレウツスカヤ通り一帯には，フォンタンナヤ通りの交差点付近に1913年に日本人小学校が，その北端には1915年本願寺の本堂が新たに建設されている。こうした在留邦人のコミュニティ施設の存在が，数多くの日本人を引きつけたと考えられる。また日本人遊廓もセミョーノフスカヤ通り沿い，あるいはアレウツスカヤ通り北端の浦潮本願寺に隣接した旧朝鮮人居住区に立地していた。

2.6.3　居留空間形成の背後的要因

　以上の主に既往文献の内容の検討から，中心市街地の居留空間を見る場合，その空間の有り様を成立させるいくつかの背後要因があることが指摘できる。

　①「黄禍論」と居住区
　以上見てきた中で，顕著であるのは，「黄禍論」すなわち，黄色人種へのロシア当局の警戒感である。政策的な対応は，徐々に厳しさを増していくが，これはロシア人の移住が軌道に乗り始めることによって助長されていく傾向であった。都市内部の問題としても，「ロシア人」対「黄色人種（主に中国人・朝鮮人）」という対立の構図は，いわゆる隔離的なゾーニングと管理の徹底化という対応をもたらし，すでに前章でも見たとおり，一部では隔離的な街区が生じることともなった。これは，極東の他都市でも共通に見られた現象であり，ロシア極東の近代都市形成を考える上で看過できないことがらである。政策的な対応として隔離的な措置が執られたのは，中国人と朝鮮人であり，この際に日本人は含まれなかった。しかしながら，実際にウラジオストクで，対象となったのは朝鮮人であり，しかもこれら朝鮮人の全てが居住地区へ移動したわけではなかった。

　②中国人の商業形態と居留形態
　ウラジオストクの中国人商業者は，東アジアの華商ネットワークの一部を構成していた。これはウラジオストクが沿海州及び北方海域で穫れる昆布や海鼠など伝統的食料品の集散地であったことに起因する。中国人は，ある時期までは，数の上でロシア人を上回り，またその後も特に小売り商業の領域では勢力を保持していた。都市内の中国人は，同時に客桟に代表されるように流入する中国人の受け皿的な機能を果たしていたことが考えられる。こうした営業形態は，東アジアにおいてネットワークを形成した華商に共通するものであるが，これは，都市内部における居留形態，そして空間形態にも反映していると思われる。

　③フロンティアと「個」の存在
　また，1880年代までに来住した西洋人に代表される冒険商人は，前近代と近代の狭間で活躍した存在であった。こうした開港期の状況は，フロンティアという概念で捉えることができる。フロンティアとは境界領域そのものあるい

は既存の「圏域」の少し外側の領域を指している。したがってここでは既存の圏域で通用していたルールやシステムが通用しないのである。このような状況にあったからこそ，冒険商人に代表される「個」の能力がクローズアップされることになったのである。上記に示した「個」は独自の判断あるいは欲求に基づいて活動を行い，ネットワークを形成し，その活動を支えていた。都市内部の問題としては，彼らの活動自体が深く都市空間の形成と関わってもいたと考えられるのである。

3. 1910年代前半における家屋所有者リスト・商店リストの分析

　以下，本章1.3で示した方法により，1910年代前半における家屋所有者リスト，商店リストの分析を行い，中心市街地における居留者の動向を検討する。

3.1　1913年の土地ロット別家屋所有者リストの分析

　ここではまず，1913年の家屋所有者リストと1910年の市街地図（"Plan Syshchestvuiushchago i Proektirovannago Raspolozheniia Oblastnogo Goroda Vladivostoka Primorskoi Oblasti" 1910）を照合することにより，地主層及び建築者層の実態を探っていく手がかりとしたい。ここでの検討が手がかりにすぎないのは，このリストに記載された家屋所有者がそのまま地主層に相当すると断言できないからである。リストに見られる家屋所有者は，3つの社会層のうち，〈地主層〉あるいは〈建築者層〉のいずれかに属するわけだが，そのいずれに属するのかを，ここでの検討からだけでは断定できない。〈地主層〉である場合は，地主本人が建築物を建築したケースと，土地を貸し付け，〈建築者層〉が建築した建築物をすでに返納を受けているケースという2つのケースが考えられる。また，さらに正確さを期すならば，土地分譲が行われた1870年代からの所有権の移動なども確認する必要がある。断片的ではあるが，土地の投機が行われていたという記録もある。したがってこのリストのみからは，初期の地主層のその後の動向を検証することは不十分である。しかし本章の冒頭で掲げた新潟県の調査報告書の記述に基づいて，地主層とは「新開の当時」から，1910年代まで継続して存在していたものを指すこととし，ここでの検討に基き，他の文献などの記述などを参照しつつ，続く4.1で地主層を構成した人々の活動に関してふれていくこととする。

　まず，初期に分譲されたと思われる6街区を中心としてその周辺を含んだ範囲の1913年時点における家屋所有者を図50に示した。また資料編2にここで検討する範囲のリストの記載内容を抜粋したものを掲げた。以下この図と表の

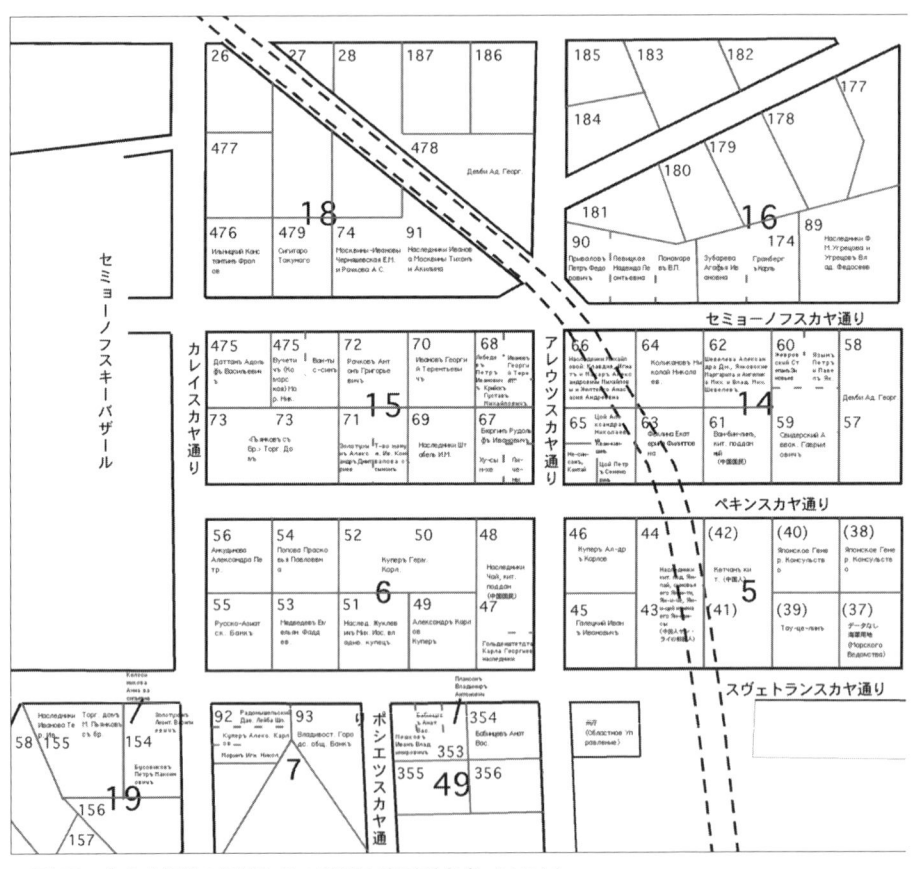

図50 中心市街地6街区とその周辺の家屋所有者（1913年）
　　ロット毎に振られている番号は，ロット番号。街区内部の線は所有分割線を示すが，実

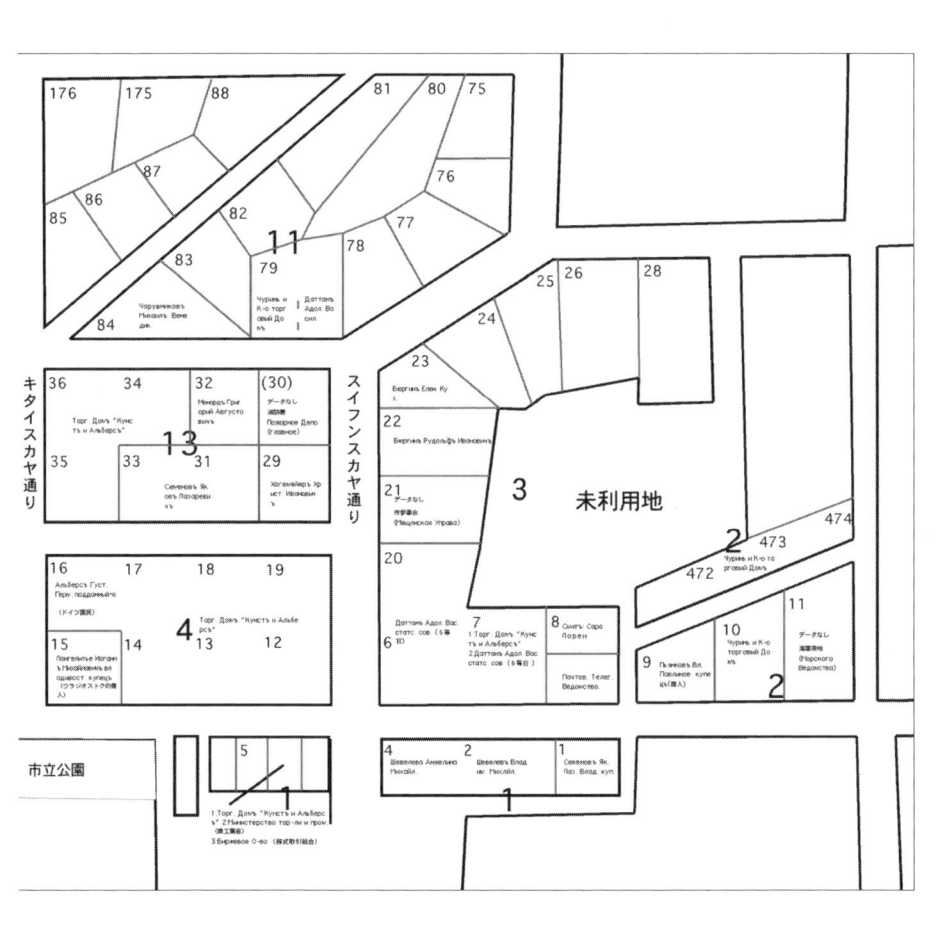

線は，確定された所有境界，点線は推定される境界を示す．

第3章　中心市街地における各国人の居留とその空間展開………175

内容を検討しておきたい。なお，本項における検討では，所有者名を資料との対応からラテン表記で表すこととする。

3.2 ロットとの関係から見た建物所有形態

3.2.1 ロットから見た所有者構成

ロットを基本単位として見た場合に，まず問題となるのは，同一ロット内の家屋所有者構成である。これには，1ロットに1所有者が対応しているケースと，1ロットにおいて複数の所有者によって構成されているケースが見られる。前者の例が多いのであるが，後者は，ロットNo.5, 8, 47, 60, 65, 67, 68, 71, 74, 79, 90, 174, 353, 475において見られている。

3.2.2 家屋所有者から見た所有形態

次に，同一の，あるいは同族の所有者の建物所有形態に着目すると，以下のパターンが見られた。

①隣接する複数のロットで建物を所有

図からもわかるとおり，単一の所有者が隣接する複数のロットを所有しているケースが目につく。具体的には，以下のとおりである。グループ化されたロット群をここでは便宜的にロット・グループとしてアルファベットを付す。

- ロットグループA（ロットNo.2,4）……Shevelev家の所有。
- B（No.6,7,20）……Kunst i Al'bers商会及びDattan Adol. Vas.の所有。Dattanはドイツ出身の帰化ロシア人で，Kunst i Al'bers商会のマネージャーであった。
- C（No.12,13,14,16,17,18,19）……Kunst i Al'bers商会及びドイツ国民Al'bers Gust.の所有。Al'bers Gust.は，商会の経営者である。
- D（No.31,33）……商人Semenov Iakov Lazarevichの所有。
- E（No.34,35,36）……Kunst i Al'bers商会の所有。
- F（No.41,42）……中国人Ketchanの所有。
- G（No.43,44）……中国人Ian-laiの相続人の所有。相続人として3人の息子と妻の名前が併記されている。

- H（No.47の一部とNo.48）……中国人Chaiの相続人の所有。
- I（No.49,50,52）……Kuper家（Kuper Germ. Karl.及びAleksandr Karlov Kuper）の所有。Kuperは，英語表記ではCooperである。
- J（No.57,58）……Dembi Ad. Georg.の所有。
- K（No.73）……P'iankov s Br.商会の所有。
- L（No.353の一部と354）……Babintsev Anit. Vas.の所有。BabintsevはChurin商会のマネージャー。
- M（No.472,473,474）……Churin商会の所有。

②隣接しない複数のロットで建物を所有

また，隣接しない複数のロット群を所有しているケースも見られる。

- ロットNo.1及びロットグループD……商人Semenov Iakov Lazarevichの所有。
- No.79の一部と475及びB，C，E……Kunst i Al'bers商会及びDattan Adol. Vas.及びドイツ国民Al'bers Gust.の所有。
- No.9及びK……P'iankov s Br.商会の所有。
- No.10とNo.79の一部及びM……Churin商会の所有。
- No.46,92及びI……Kuper家（Kuper Germ. Karl.及びAleksandr Karlov Kuper）の所有。

③1ヵ所のみを所有

このほかは，単一の所有者が1ヵ所のみを所有している例である。これには，1つのロット全体を単一の所有者が所有している場合と，分割されたロットの一部を所有している場合とがある。

このように，複数箇所のロットで建物を所有するおそらく〈地主〉層が存在していた一方で，かなりの箇所でロットの分割，すなわちロット内に複数の建物ユニットの発生現象が起こったことが予想される。こうした現象が見られるロットは，アレウツスカヤ通り沿道及びセミョーノフスカヤ通り沿道に多く確認でき，スヴェトランスカヤ通りでは，さほど分割が行われていないことが明らかである。また，逆に隣接する複数のロット内の建物が同一の所有者によって所有されている例も見られる。これはロットの境界線をまたぐ形で建物ユニットが形成されていたことも予想させる現象である。

3.3 不動産評価額について

調査範囲内での全資産額は923,430ルーブルとなり，対象範囲に含まれる87ロットから，データのない4ロットを除いた83ロットで平均を出すと，1ロットあたり約11,226ルーブルとなる。また中心となる6つの街区ごとの資産額（ロット毎の平均）は，第4街区125,408（約15,676）ルーブル，第5街区106,385（約10,639）ルーブル，第6街区122,543（約12,254）ルーブル，第13街区26,305（約3,288）ルーブル，第14街区58,506（約5,851）ルーブル，第15街区91,404（約9,140）ルーブルとなっている。

不動産評価額について総額2万ルーブル以上の評価を得ている所有者を表にまとめた（表14）。名称から見て，同一の家族の所有によるものや同一の商会の傘下にあるものも一括している。これによると，最も資産額の多いのは，Kunst i Al'bers商会関係（187,399ルーブル），次いでChurin商会関係（100,176ルーブル）と，最有力の企業が上位を占めている。

もちろん，この資産額は調査範囲のもののみを示しているため，これらの所有者の全不動産資産ではないが，有力な地主資産家層がこの時点においても存在していることはここからも確認できよう。

3.4 所有者の民族

所有者リストには所有者の名称のほかに，属性（民族，国籍，職業的属性）などが記載されているものがある。ここで注目したいのは，彼らの民族と国籍である。特にこのリスト中に国籍（ドイツ国民，中国人，中国国民）などが併記されている所有者は，おそらく外国籍の人間に対して土地の所有を法的に禁じた1892年以前にすでに土地所有をしていたものと考えて良さそうである。[135]このケースに該当するのは，ドイツ人，中国人である。しかしこのような表記がない所有者の中でも，クーパー家（Kuper Germ. Karl.及びAleksandr Karlov Kuper）やランゲリーチェ（Langelit'e Iogann Mikhailovich），デンビ（Dembi Ad. Georg.）などは，それぞれアメリカ系，ドイツ系，イギリス系の帰化ロシア人であり，市街化当初（1870年代）における土地購入の際には，外国人として土地を購入したという可能性が高い。外国人系の所有になるロットの分布を図51で示した。

表14 対象地区内にて評価額2万ルーブル以上の所有者 ("Spisok domovlaladelel'tsev i arearearendatatorov gorodskikh zemelemelemelemel' gor. Vlaladivostoka, s pokazaniemiemiem otsenki ikh imuimuimushchestv na 1913 god" より作成)

	所有者 （グループ）	評価額 （ルーブル）	所有 区画数	備　考
1	Kunst i Al'bers商会関係	187,399	14	ドイツ系
2	Churin商会関係	100,176	7	
3	P'iankov s Br.商会関係	68,052	2	
4	Galetskii Ivan Ivanovich	44,129	1	ゾロトイローグホテル
5	Kuper家	39,074	4	帰化アメリカ人
6	Langelit'e商会	36,000	1	ドイツ系
7	Semenov家	28,878	2	
8	Radomyshel'skii Dav. Leiba Shl.	28,796	1	ヴェルサールホテル
9	Dembigh家	23,701	2	イギリス系
10	Shevelev家	21,855	3	
11	Gol'denshtetdta Karla Georgiev	20,536	1	セントラルホテル
12	Russko-Aziatsk. Bank（ロシアアジア銀行）	20,536	1	

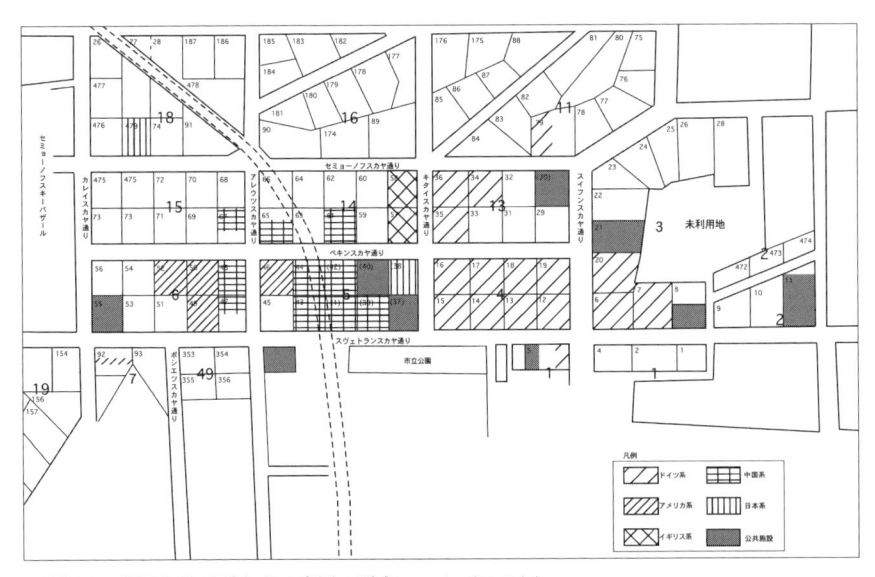

図51　外国人系が所有する家屋の所在ロット（1913年）

第3章　中心市街地における各国人の居留とその空間展開

この図で特に目につくのは，中国人系の所有者の数の多さである。ペキンスカヤ通りを中心に集中し，第5街区ではその半分が中国人系によって所有されている。

こうした中心市街地の外国人系による建物の所有状況は，「日当たりのいいところから（著者注：土地が）分譲され，ほとんどが外国人に取られてしま」い，外国人とは，「アメリカ人，オランダ人，デンマーク人，ドイツ人等で，中国人もこの中に含まれていた」とするMatveevの記述と一致する。[136]したがってこれらの所有者には地主層の人々が多く含まれていることが予想されうる。こうした所有者の動向については，次項にてさらに検討する。

また付言しておくべきなのは，日本人の所有者があることであり，日本領事館のほか，徳永茂太郎（表中はSigitaro Takunago）[137]という名が見られることである。

3.5 1910年，11年，13年，14年の建物番号別家屋所有者リストによる所有形態の安定性に関する分析

次に，1910年代前半の4つの家屋所有者リストから，家屋所有形態の変動を見ておくこととしたい。

1910年，11年，13年，14年のリストから，所有形態の推移は以下のようなタイプが見られた。

a. 所有者に全く変動のない家屋
b. 所有者数に変動がないが所有者が変動している家屋
c. 新たに所有者が増加している家屋
d. 複数いる所有者が減少している家屋
e. 詳細不明（データ欠など）

また，建物番号の増加や重複，あるいは所有権の移動などにより，不明な点が多い区画はロット番号73，71，67（第15街区），65（第14街区），155（第19街区），353（第49街区），74+91（第18街区）であった。一般に角地では所有形態の安定性を確認する証拠に乏しい。

このうち所有者に変動が見られないことが確認できた家屋の位置を図52に

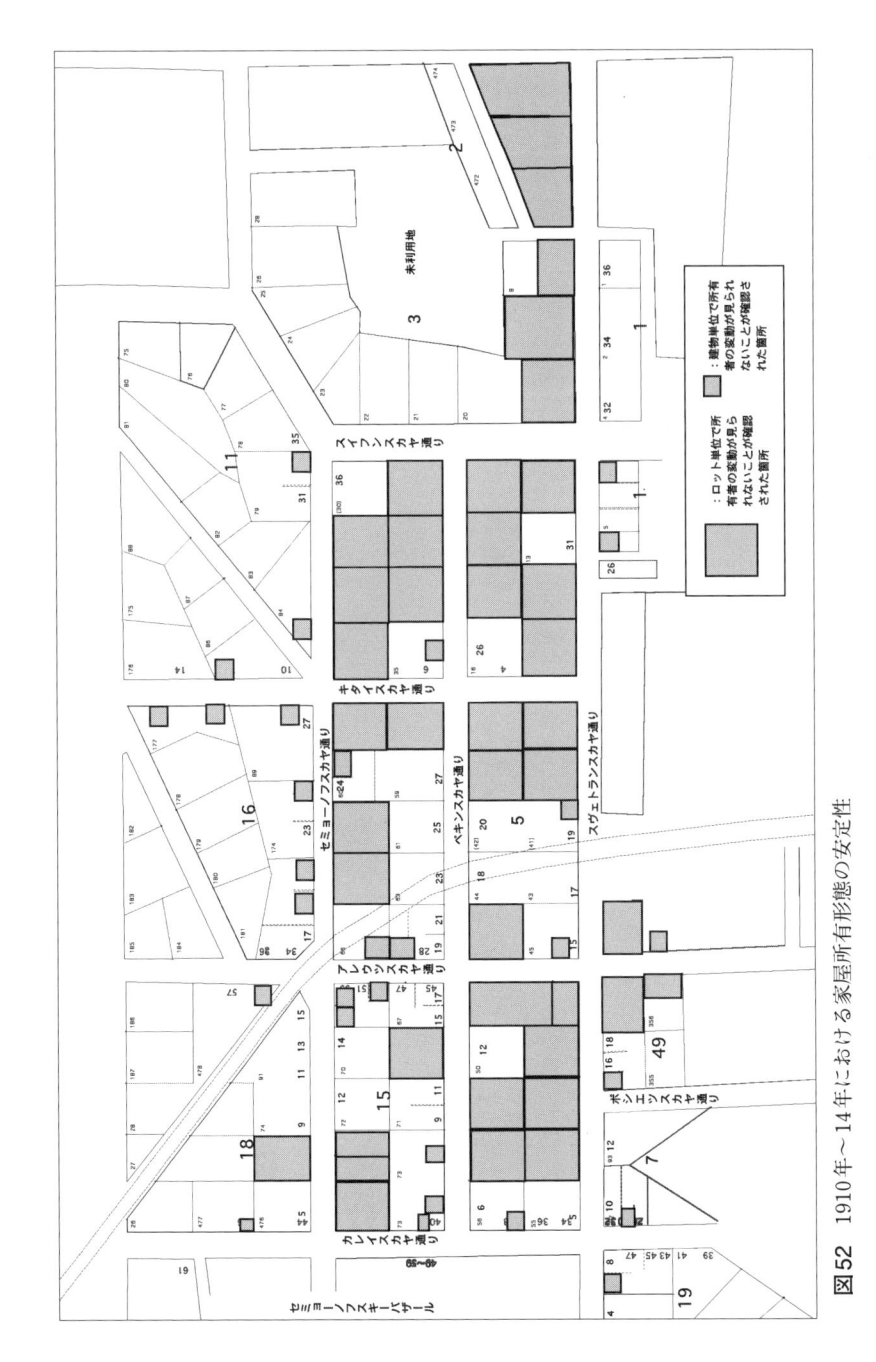

図52　1910年〜14年における家屋所有形態の安定性

第3章　中心市街地における各国人の居留とその空間展開………181

て示す。

　このように1910年代前半を通じては概ね所有形態の安定している区画が多いといえるが，不明な点が多いのはウスリー鉄道の線路沿いの区画であり，この辺りでは家屋の所有形態が変動していたことが予想される。また，スヴェトランスカヤ通り北側は概ね安定度が高い傾向がある。

3.6　1910年商店リストの分析による商店分布状況の復元

3.6.1　分布の概観
①街区別

　掲載された商店数を街区ごとにカウントすると，第6街区（57店舗），第14街区（45），第15街区（34），第5街区（33），第4街区（8），第13街区（6）の順となり，特に第4街区と第13街区で，店舗数が顕著に少ない。この2つの街区の全16ロットのうち，クンスト・イ・アルベルス商会が10区画を占めており，特に第4街区のペキンスカヤ通り沿道，第13街区の3区画は，ともに商会の発電所などのバックヤードとして使われていた。本店舗はスヴェトランスカヤ通りに面して建てられていたが，それより北側のロットはいずれも「裏空間」となっていたことがこの数字にも表れているといえる。

②街路沿道別

　東西方向では，南から順に，スヴェトランスカヤ通り南側（52店舗），北側（90），ペキンスカヤ通り南側（14），北側（21），セミョーノフスカヤ通り南側（27），北側（29）である。

　南北方向では，西から順に，カレイスカヤ通り西側（8店舗：バザールの店舗は除く），東側（24），アレウツスカヤ通り西側（21），東側（14），キタイスカヤ通り西側（57），東側（5）である。

　対象区域内の街路長が異なるため，比較に有意性はないが，最も数の多いスヴェトランスカヤ通り北側では，店舗がほぼもれなく連続している一方，最も少ないキタイスカヤ通り東側は，街区No.4と13において，クンスト・イ・アルベルス商会が多くを占有する街区No.4，13を含んでおり，ほとんど店舗が見られない状態となっている。2番目に数の少ないのはカレイスカヤ通り西側であるが，これはセミョーノフスキーバザールがあるためである。

③ロット別

　記載された商店数をロット単位で集計すると，多かった順に，ロット No. 177（20店舗），58（19），89（17），73（14），49（13），57（13），6（11），4（11），55（9），92（9），2（8），41（8），56（8）と続く。このうち角地に位置するロットが大半を占めており，角地区画での建物の更新などが多く見られていたことを推測させる。上位に挙がってきた区画は，特にキタイスカヤ通り西側のロットに集中が目立っていることがわかる。もとより，この商店リストに記載されない店舗もあったと思われるが，ある程度の体裁をなした店舗がこのリストに含まれていたとすれば，このように集中が見られた区画においては，1910年代には賃貸による収入を目的に入れた建築物が建てられていたことが想像できる。

3.6.2　民族別の傾向（図53）

　ここでは記載された氏名から判断できる中国人系及び日本人系の店舗の分布に関してふれておく。

①中国人系店舗

　対象範囲の中で中国人系店舗と判断できるのは，計97店舗である。集中が見られる街路はペキンスカヤ通り，セミョーノフスカヤ通り，キタイスカヤ通りである。特にペキンスカヤ通り沿道は，リストに記載された35店舗のうち28店舗までが中国人系であるが，対象区域全体で最も店舗集積が見られるスヴェトランスカヤ通りには北側4店舗，南側3店舗の名前があるのみである。建物番号単位で見ると，中国人系店舗が最も集中している建物は，セミョーノフスカヤ通り28番（9店舗／全11店舗），ペキンスカヤ通り5番（8／9），キタイスカヤ通り5番（6／12），ペキンスカヤ通り10番（5／5），カレイスカヤ通り61番（5／5），セミョーノフスカヤ通り9番（5／6）という順であり，ペキンスカヤ通りを集積の中心としながらも局部的に集中している箇所があることがわかる。

②日本人系店舗

　一方，リストに記載された日本人系の店舗は57店舗で，通り別で見るとキタイスカヤ通り21店舗，セミョーノフスカヤ通り17店舗，アレウツスカヤ通り7店舗となるが，中国人系商店の多いペキンスカヤ通りには4店舗，目抜き通りのスヴェトランスカヤ通りには6店舗が記載されているにすぎない。キタ

図53　1910年における商店分布　　※図中の頂点は所在表記された街路を向いている

イスカヤ通りへの立地は，日本総領事館が沿道にあることにも起因していると思われる。また，中国人系の店舗同様に建物単位での集中が以下の通り数ヵ所で認められる。キタイスカヤ通り9番（7店舗／全17店舗），キタイスカヤ通り7番（5／8），セミョーノフスカヤ通り7番（4／5），セミョーノフスカヤ通り17番（4／5），スヴェトランスカヤ通り5番（3／5），ペキンスカヤ通り27番（3／4）である。このうち，セミョーノフスカヤ通り7番，ペキンスカヤ通り27番の2つは，家屋所有者が日本人であることが知られる。

3.6.3 業種別の傾向
さらにリスト中に記載された業種に着目して，民族及び分布の特徴を見ておきたい。

①総合百貨店

日常買い回り品から農機具や電気機械，あるいは蓄音機などのいわゆる贅沢品までを幅広く扱っている総合的な百貨店に該当するのは，チューリン商会，ランゲリーチェ商会，クンスト・イ・アルベルス商会の3つであるが，これらはいずれもスヴェトランスカヤ通りに立地している。後の2つはいずれもドイツ系の商人である。

②小売店舗

a. 食料・飲料・たばこ

該当するのは，171店舗であるが，数の上から多い業種は，食肉商（38店舗），一般食料品及び酒（32），果物商（31），ビール販売店（17）という順である。民族で見ると中国人系が51店舗，日本人系が23店舗を占めている。中国人系の食品商で，スヴェトランスカヤ通りに立地している商店はリストからは見あたらない。中国人系で特に目立つ業種は，果物商（15店舗／全31店舗），食肉（14／38）であり，前者はほぼ全ての店がセミョーノフスキーバザール内にあり，後者は同バザールに6店舗あるほかは，中心市街地の周縁部に立地していることがわかる。日本人系の食品商も同じく，スヴェトランスカヤ通りに立地したものは見あたらない。一番多いのは11店舗が立地するセミョーノフスカヤ通りである。果物商は，13店舗が記載され，中国人とともにほぼ独占的な状況にあったことが読み取れる。

このように目抜き通りのスヴェトランスカヤ通りではアジア系民族の食料

品商が少なかった傾向を確認できるが，一方全体的に見れば食料品商だけでこの通りに41店舗が立地している。その多くはロシア人系店舗であろうが，「一般食料品及び酒」を扱うロシア語でgastronomと呼ばれる店舗が14店舗，製菓・製パンを扱う店舗が5店舗立地しており，民族とともに商品内容・店舗形態に差が見られたことを推測させる。

b. 日用品・家庭用品

日用品・家庭用品は，百貨店でも扱われているが，それ以外の店舗でこれに該当するものは，18店舗であり，目立つものは時計店7店舗，薬局（調剤薬局含む）4店舗である。最も多い立地はスヴェトランスカヤ通りの8店舗である。

c. 衣類・装飾品

このカテゴリーに該当する53店舗のうち，中国人系の店舗は1つ，日本人系の店舗は4つ見られるのみである。30店舗がスヴェトランスカヤ通りに位置しているが，セミョーノフスキーバザールに9，キタイスカヤ通りに8であり，ペキンスカヤ通り，セミョーノフスカヤ通りには分布が見られず，立地には明瞭な傾向があるといえる。

d. 書籍・美術・音楽

該当する26店舗のうち，18店舗までがスヴェトランスカヤ通りに位置している。ほかは，キタイスカヤ通り，アレウツスカヤ通りにも立地があるが，いずれも中心部に集中している。民族で見ると，中国人系は，彫刻を扱う1店舗，日本人系も同じく彫刻を扱う2店舗が見られるのみである。

e. 機械器具・車両

14店舗。農業機械・馬具などを扱う専門店もあり，これらは都市周辺部あるいは農村部において主に需要があったものである。

f. 建築材料

36店舗のうち，15店舗が「木材及び木材製品」商，9店舗が「鉄・鉄鋼・金具製品」である。前者のうち，9店舗が中国人系である。全体の立地はほとんどが中心市街地の縁辺部に位置しており，スヴェトランスカヤ通りには塗料などを扱う3店舗が見られるのみである。木材及び木材製品商の大多数はカレイスカヤ通りの市有地に位置している。

g. 燃料

全14店舗で，内訳は薪材8店舗，石炭5店舗，灯油1店舗であるが，薪材の全ての店舗はカレイスカヤ通りの市有地に立地している。中国人系5店舗，日本人系1店舗が見られる。
③事務所
全26店舗で，内訳には運輸業9，汽船業4のほか，貨物取り次ぎなどの物流系の事務所と銀行業（2店舗），機械商などが含まれる。立地は，アレウツスカヤ通りの商業埠頭付近やスヴェトランスカヤ通りの市有埠頭周辺に集中しており，この一帯で15店舗が確認される。一方中国人系は運輸業に3店舗，日本人系は三菱の代理店である林回漕店と三井（運輸業），松田銀行部の3つが挙げられている。
④工場・製造所
全192軒のうち，中国人系が69軒，日本人系が46軒となっており，東洋人系がこの部門では高いシェアを占めていることがうかがわれる。以下，業種別に検討していく。
　a. 食料
　14軒のうち，業種別に見ると，パン及び菓子製造が8軒，ビール工場が4軒，菓糖工場が2軒であるが，ビール工場はいずれも中国人系によって占められ，またパン製造も4軒が中国人系である。
　b. 日用品・家庭用品
　21軒のうち，「ふるい」の製造とブリキ細工の各1軒を除けば，いずれも時計工場である。19軒の時計工場のうち，ロシア人系は1軒，中国人系が4軒で，残りは全て日本人系である。ペキンスカヤ通りには立地が見られない。
　c. 衣類・装飾品
　仕立屋48軒，靴工10軒，モード服工場10軒，金銀細工7軒，染色工場4軒の計79軒であるが，特に目立つのは中国人系の仕立屋35軒が該当する。日本人系は，仕立屋，金銀細工に5軒，裁縫師4軒，靴工3軒である。モード服工場は全てロシア人系に占められている。通り別では，スヴェトランスカヤ通りに27軒，キタイスカヤ通り24軒，セミョーノフスカヤ通り12軒，カレイスカヤ通り10軒，ペキンスカヤ通り2軒となるが，キタイスカヤ通り5番，9番，11番，セミョーノフスカヤ28番にそれぞれ集中している。
　d. 建築・建設関連

計33軒で，指物師19軒，看板画工8軒，塗装工3軒といったものが主であるが，中国人系は，指物師7軒で見られるのみで，日本人系は指物師9軒，看板画工3軒，塗装工1軒となっている。スヴェトランスカヤ通り13軒，ペキンスカヤ通り1軒，セミョーノフスカヤ通り3軒，カレイスカヤ通り4軒，キタイスカヤ通り9軒，アレウツスカヤ通り3軒であり，目抜き通りにも立地が見られる。

e. 機械器具・車両・鍛冶

全21軒で，鍛冶屋が12，機械工場6，馬車製造3軒である。中国人系は鍛冶屋に8軒，日本人系は鍛冶屋に2軒見られる。機械工場・馬車製造は全てロシア人系が占めている。立地は，スヴェトランスカヤ通り8軒，セミョーノフスカヤ通り6軒，アレウツスカヤ通り5軒などとなっている。

f. 印刷

印刷所7軒，活字工2軒，製本2軒である。いずれもロシア人系の店舗であると思われる。

g. その他

その他として，漁具・漁網3軒，洗濯屋5軒，木炭による肖像画5軒であるが，特筆すべきは，前二者がいずれも日本人系によって占められていることである。ロシア人系の1軒がスヴェトランスカヤ通りに立地する以外は，全て市街地縁辺部での立地である。

⑤レストラン・食堂・ホテル

ホテル3軒，レストラン・喫茶13軒がリストアップされている。ホテルは1軒がアレウツスカヤ通り（鉄道駅正面）であるほかは，スヴェトランスカヤ通りに位置し，レストラン・喫茶も9軒がこの通りに位置している。

⑥中国人商店

業種不明ながら，「中国人商店（Kitaiskie magaziny）」という分類がある。この立地を見ると，ペキンスカヤ通りが21軒で群を抜いており，アレウツスカヤ通り8軒，スヴェトランスカヤ通り3軒などとなっている。

⑦倉庫

ビール倉庫7軒，アルコール倉庫6軒である。ビール倉庫には2軒の日本人系が，アルコール倉庫には1軒の中国人系が含まれる。

⑧サービス業

写真館11軒，理髪店8軒，風呂屋3軒がここに分類される。日本人系は，写真館2軒，理髪店1軒，風呂屋1軒，中国人系は理髪店1軒が見られる。立地上の特徴は，風呂屋がすべてセミョーノフスカヤ通りに立地していること，写真館・理髪店はともに中心市街地の中心部にあり，前者のうち9軒，後者の5軒はスヴェトランスカヤ通りに立地している。

3.6.4　ま と め

以上の検討から，業種の立地に関して，街路別に見るならば，以下のような傾向があることがわかる。

スヴェトランスカヤ通りは市内の目抜き通りであり，最も商店の集積している街路である。特に沿道北側には，数々の専門店を擁した建物やチューリン商会，ランゲリーチェ商会，クンスト・イ・アルベルス商会といった百貨店が建ち並んでいる。大型百貨店以外にも日用雑貨や嗜好品を扱う商店が多く，ビリヤード，カフェ，帽子，花，毛皮，楽器，香水，靴，絹製品，煙草，ワインなどの商店のほとんどがスヴェトランスカヤ通りに集中している。また，運送会社や船舶会社の事務所もあり，この通りが港町ウラジオストクの玄関口であったことがうかがわれる。

ペキンスカヤ通りは，スヴェトランスカヤ通りの一本北側の通りであるが，その様相はまったく異なっている。中国人商店が集中的に見られ，35店舗のうち28店舗までが中国人系である。ここに立地する商店はリスト上では「中国人商店」と分類され，その詳細な業種はわからないが，主に中国人を相手にした商売であったものと思われ，中国人地区の目抜き通りであったことがうかがわれる。

その北側のセミョーノフスカヤ通りでは一部小売店も存在するものの，製造所・工場などが多く見られている。またいくつかのロットで特定の職種が集中的に見られていることもセミョーノフスカヤ通りの特色である。

一方南北方向のアレウツスカヤ通りはスヴェトランスカヤ通り以北と以南で様相が大分変わっていると見ることができる。南方面は鉄道駅もあり，ホテルや船会社の事務所などが立ち並び，スヴェトランスカヤ通りの延長のような印象であっただろう。しかし，北方面は個人経営の店が連なる庶民的な通りであったことがわかる。スヴェトランスカヤ通りの角以北では日本人系，中国人

系などの東洋人経営の商店が数多く見られる。ペキンスカヤ通り（現フォキン通り）以北では，全体の3分の2が日本人商店である。

　キタイスカヤ通りで目立つのは，製造所・工場であり，裁縫や鍛治といった工場が多く立地し，特にこれらは，セミョーノフスカヤ通り同様，集中的に立地の見られる区画が存在している。

　カレイスカヤ通りで特徴的なのは，セミョーノフスキーバザールの存在であり，果物商・食肉商のほとんどが市場内に立地している。また木材・木材製品関係の立地も特徴的だといえる。

　以上見てきたとおり，目抜き通りには百貨店や小売店舗が立地し，周辺に行くに従い，製造業の立地が見られるという都市の商業立地に関する一般的な傾向に合致しているといえるが，しかしながら中心部にもなお，小規模な製造所や工場などの立地があったこともうかがわれる。

　また，民族と業種には強い結びつきがあり，東洋人系は果物商や食肉などの職種で独占的に扱う商品があるほか，主に製造業・工場，それにサービス業で高いシェアを占めていたことが箇所数からうかがえる。

4. 中心市街地における社会層別に見た存在形態

4.1 地主層として推定される人々とその存在形態

　1910年代前半の家屋所有者リストの検討から，〈地主層〉を構成したと考えられる人物を挙げておきたい。リストに挙げられた家屋所有者が地主層に属するか，あるいは建築者層に属するのかは，ここでの作業だけでは判断できない。ここで検討した1913年という年は，建築者層はすでに本格的に形成されていた時期であると考えられる。

　建築者という存在は，地主が〈土地ロット〉を貸付することにより現れるのだが，他方，建築者の建設活動に際しては，建設資金の回収のため，借家人への〈貸間〉による賃収入も前提条件となる。ゆえにこの建築者層は都市活動が活発化し，流入人口の増加により空間需要が増大した段階において分化し発生するものである。また形態的に見れば，高層化・高密化の進展を呼ぶものである。そのように考えると，中心市街地における建築者層の発生は各種建設工事が活発化する19世紀末であり，その本格的な形成は日露戦争後の人口急増期であろうと思われる。

　一方で中心市街地の煉瓦造の建築物はすでに1890年代から出現しているので，ここでリストアップされた家屋所有者には，すでに土地信託期間を過ぎ，建築者から家屋所有者に所有権が返納されたケースも含まれると思われる。そのように判断されるケースは，家屋所有者が少なくとも1880年頃までに商業活動を開始していたという記録が一応の目安となろう。また，同時に個別的な記述において土地の所有を示唆するようなものもあり，これも参考となる。こうした点を考慮しつつ，地主層として考えられる人物を挙げておきたい。

4.1.1　ロシア人商人セミョーノフ（Y. L. Semyonov）

　すでに何度か引用しているとおり，セミョーノフは1862年に400平方サージェンと草刈り場（面積不詳。のちのセミョーノフスキーバザールの一帯）を軍の司令

官ブラチョーク（E. S. Burachok）より譲り受けているという記録がある。このうち前者は，図50のロットNo.1の土地であることは，ここを彼の本拠としていたこと，1870年代当時の市街化がこの付近から始まったことなどを考えると，ほぼ疑いないものと思われる。

4.1.2　アメリカ人の兄弟ヘンリー＆マーク・クーパー（Henry & Mark Cooper）

1864年に来港したアメリカ人のクーパー兄弟に関しても土地を入手したという記録がある。これは上で挙げてきたクーパー（Kuper）一族の祖先であり，主にペキンスカヤ通りを中心として土地を購入していたものと思われる。瀬脇による1878年の視察録においても「亜人クウペル」はたびたび登場する。[138]

1880年頃までの記述において，クーパーに関して明らかなことは，

①彼がこの都市最古の来住者，すなわち大地主の一人であり，広大な土地を安価で入手し，その一帯はクペロフスカヤ・パッド（Kuperovskaia Pad：第2章2.5参照）と呼ばれていたこと。[139]

②土地・建物を売る話を上記の瀬脇にもちかけていた。[140]また実際に日本の「東京貿易商会」は1881年に土地及び家屋一棟（ペキンスカヤ街日本貿易事務館斜め向）を18,000ルーブルでクーパーから購入している記述が見られ，さらにその後の都市活動の活発化に伴って土地を切り売りして富を手に入れたこと。[141]

③クーパー自身は中国人の女性と結婚していたほか，家のボーイも中国人であったこと。また中国人に家作を貸していたという記録もあること。[142]

などである。むろんこれは1870年代のことではあるが，商店リストからわかるとおり，彼の所有区画（第6街区のロットNo.50と52）には，中国人による商店が数多く立地している。クーパー家と中国人社会とは，〈地主〉—〈建築者〉及び〈借家人〉という関係によって，密接なつながりがあったのであろう。中国人がここに多く住むようになった要因の1つは前述のセミョーノフスキー・バザールとの至近性であるが，同時にクーパー家という地主の存在が，早くから中国人流入者の受け皿となっていたという都市社会内部での要因も考えられる。[143]

4.1.3　イギリス人デンビ（G. P. Denbigh）

　イギリス人デンビもクーパーと並んで瀬脇の視察録に頻繁にその名前が登場する。後に彼は上述のセミョーノフとともに漁業経営に乗り出すことになるが，彼に関する記録で重要なのは，日本貿易事務館が彼から土地を買ったというものである。この土地は，ペキンスカヤ通りとキタイスカヤ通りの角，すなわち図50の中でNo.38のロットであるが，ペキンスカヤ通りを挟んだこの向かいの建物（No.57と58のロット）は1913年当時も彼の所有になっている。

　デンビもまた民族という垣根を越えた境界的な生涯を送り，クーパーと同系列の役割を果たしたように思われる。まずデンビの名義になる4つの建物に注目してみたい。これらの建物に入居していた店舗の総数は，32であるが，このうち中国人系は15店舗，日本人系は9店舗にのぼり，東洋人が多く入居していたことがわかる。デンビの妻は複数おり，その中には日本人の妻（森高メアリー）もいた。デンビはウラジオストクのみならず，函館，ホノルルにも居を構えていたが，こうした商人の生活スタイルは，東アジア交易ネットワークを形成した有力な華商たちと同様のものであり，彼はその手本を，若い頃放浪した上海などで身につけたのかもしれない。[144] もちろん彼のもつ家屋はキタイスカヤ通りに面し，特にバザールが移転するまでの間は，ここは都市の商業的な中心であったという条件の良さもあるだろうが，結果的に彼は東洋人系商人の受け皿となっていたといえる。

　日本とのつながりに関しては，瀬脇の視察録にもあるとおり，日本貿易事務館（のちの日本領事館）の建物（土地）は，もともとデンビのものであったことが重要である。こうしたつながりをおそらく彼は商売の上で積極的に利用していったのではないだろうか。そうした草創期における日本（政府）とのつながりは，日本人社会の中でも語り継がれるなどして，彼の名は日本人社会の中でも，よく知られたものとなっていたのではなかろうか。

4.1.4　オランダ人デ・フリーズ（de Friz, あるいはDzhon Kornilus Devriz）

　Matveevの著作において，オランダ人デ・フリーズは，民間人としては，セミョーノフに次ぎ2番目にその名前が登場する。彼に関しては，市街地計画が立案される以前にすでに8区画の土地を入手しており，彼への土地分譲がきっかけとなって市街化計画の基本方針が出されるという記述がある。だが，

ここで検討した1913年の家屋所有者リストには名前が登場しない。彼，あるいはその子孫がこの時点において健在していたのかは定かではないが，1870年代前半の土地分譲に関する記述以降は，彼の名前はまったく記録に上ってこない。またMatveevは「彼の入手した8区画は今（1910年の執筆当時）クンスト・イ・アルベルス商会の建物がある場所である[145]」，としており，第4街区の土地が中心であったものと考えられる。しかしながら彼の名前がそれ以降に記録に残されていないことを考えると，何らかの形でこの土地をクンスト・イ・アルベルス商会が入手した，ということが考えられる。

4.1.5 ドイツ系商社クンスト・イ・アルベルス（Kunst i Al'bers）商会，グスタフ・クンスト（Gustav Kunst），グスタフ・アルベルス（Gustav Al'bers），帰化ロシア人ダッタン（A. V. Dattan）

クンスト・イ・アルベルス商会は，資産から見て，地主層の一員であったことは間違いがないと思われる。すでに見たようにその創業者グスタフ・クンストとグスタフ・アルベルスは，1864年にウラジオストクに来住し，創業した。また共同経営者として迎え入れたダッタン[146]はドイツ出身の帰化ロシア人である。資産規模からも，また所有する建築のスタイルから見ても，群を抜いた企業であった。同商会は，1893年にまたウラジオストクで最初の発電所を建てたことで知られるが，極東歴史資料館所蔵の発電所の配電図 "Situatsionnyi Plan postroek Torgobago Doma Kunst i Al'bers b g. Vladivostoke"（図54）から第3,4, 13街区の周辺の空間構成を見ておきたい。

この図から当該の発電所は，第4街区のNo.18のロットにあったことがわかるが，第4街区と第13街区，第3街区，それに第1街区にまで配電がなされていたことがわかる。写真5の煙突は，この発電所のものと見られる。

店舗の入り口はスヴェトランスカヤ通りであったが，街区の裏側にあたるNo.16〜19のロット，それに第13街区のロットにも商店リストからは，店舗があまり立地していなかったことがわかる。こうした裏側の空間は，商会のバックヤード的な部分をなしていたと思われ，写真6からは，No.16番のロットにはこんもりとした木々があり，また第13街区では，図面からもわかるとおり，建物自体が建て込んでおらず，かなりゆとりをもって利用されていた様子がうかがえる。

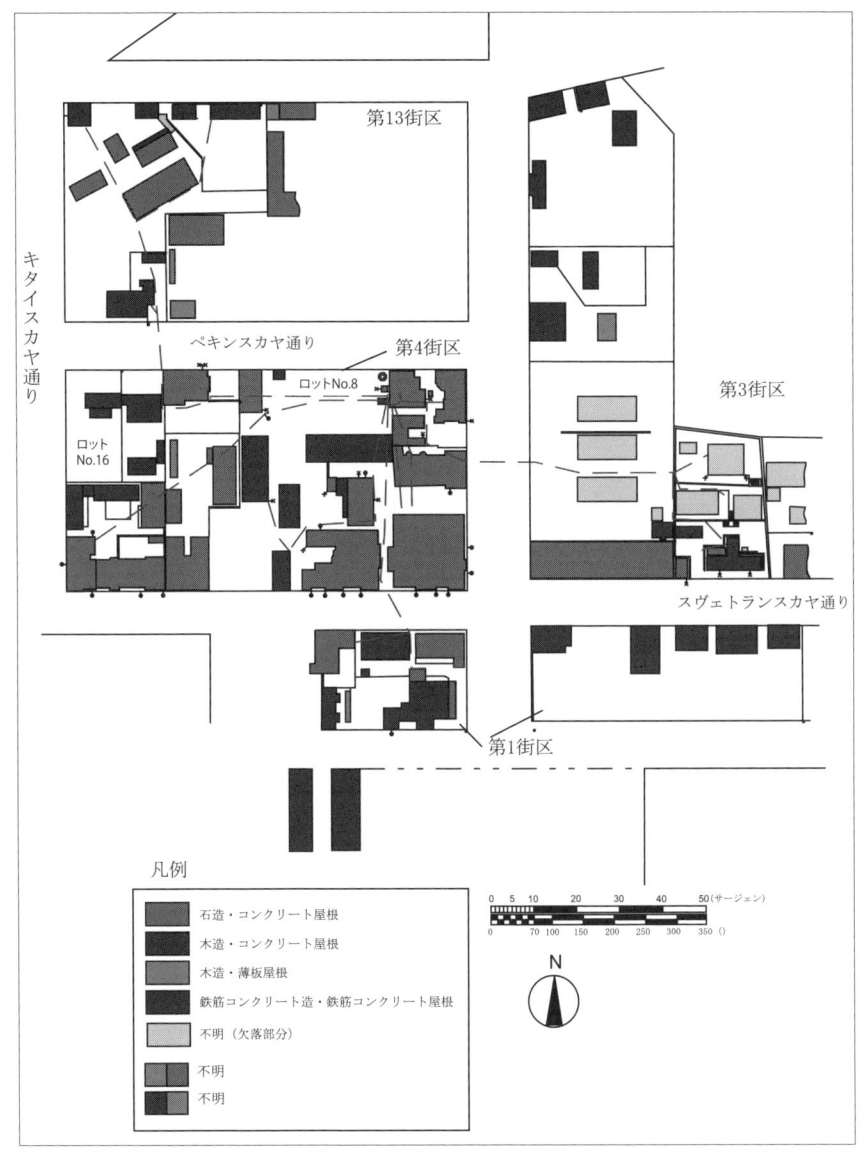

図54　クンスト・イ・アルベルス商会配電図
"Situatsionnyi Plan postroek Torgobago Doma Kunst i Al'bers b g. Vladivostoke"
（極東歴史資料館所蔵：F.2828,O.1,D.606-a,L.362362362 から作成）

第3章　中心市街地における各国人の居留とその空間展開………195

こうした利用形態は，商店の連続性を途切れさせており，1900年頃においてすでに密集的な様相を呈していた中心市街地においては特異なものであったと思われる。

写真5 東側から見た1900年代の第4街区付近
（沿海地方都市計画研究所所蔵）中央の煙突が，クンスト・イ・アルベルス商会の発電所

4.1.6 ランゲリーチェ（Langelit'e）商会

ランゲリーチェ商会も，ドイツ系の商会である。特に土地所有に関する記述はないが，すでに1870年代よりその活動が始められていることが複数の記録から明らかである。また1890年代以降1900年代までの記録からは，クンスト・イ・アルベルス商会，チューリン商会と並んで，商業界に重要な位置を占めていたと紹介されているものが多い。特にその本拠となったNo.15のロットには，すでに19世紀の間に石造建築が建てられており，おそらくは，この地所を所有していたものと考えることができる（写真7）。

写真6 南側から見た1900年代の第4街区付近
（沿海地方都市計画研究所所蔵）右側が第4街区の西面。手前の建物がランゲリーチェ商会の建物だが，その奥には建物が並んでいないことがわかる。1910年代初頭の写真と思われる。

4.1.7 ピアニコフ（P'iankov）商会

ピアニコフ商会は，林業などに携わっており，1882年頃の神戸の記録にも登場する[147]。所有する家屋は，対象範囲の中では第2街区のNo.10のロットと第15街区のNo.73のロットであった。特に前者のロット内の建物（スヴェトランスカヤ41番）の評価額は，3万9千ルーブル余りで中心市街地全体で三番目に高額

な評価を得ていた（写真8）。この建物には，商店の他，公共団体の事務所なども多く置かれていた。

4.1.8 中国人カッチャン

神戸の日誌には，カッチャンの名前が登場している。[148] ここから1880年代において，彼がすでに活動をしていたことがわかる。彼の所有した家屋は，市営市場の正面にあたり，第5街区のNo.41と42のロットである（写真9）。1910年のリストからは，ここには写真館が5軒も立地していたことがわかる。

写真7　ランゲリーチェ商会の建物〈第4街区，ロットNo.15〉（沿海地方民間都市計画研究所所蔵）

写真8　ピアニコフ所有の家屋（沿海地方民間都市計画研究所所蔵）

4.1.9 中国人チャイ（Chai，あるいはCha，Tsoi）

チャイの名前は，1870年代に土地を所有した人物としてMatveevの「ウラジオストク小史」にChaとして登場する。[149] 記述の中の位置関係から，第6街区のNo.47と49のロットがそれに該当すると思われるが，検討したリスト中の表記では，Tsoi，あるいはChai，Tsaiとも書かれており，おそらくは同一の名前を指していると思われる。

このリスト中には名前はないが，ドイツ人オットー・レイン（Otto Rein）のほか，アメリカ人スミス（Smith）なども60年代に来港した欧米人であり，彼

写真9 カッチャン所有の家屋
中央の背の高い家屋がそうである。

らは格安で広大な土地を入手したとの記録がある。

4.2 建築者層とロット内小ユニット

一方，多数の商店の集積が見られた箇所には，賃貸を前提としたいわゆる都市型の建築物が建てられていたことが推定される。これは第1章で確認したいわゆる〈農村的〉な土地利用から更新が行われた際に発生していったものであろう。

こうした建築物の「再開発」による不動産投資は建築者層によって行われた，という仮定でこの章における検討が始まったわけだが，しかしその建築者が地主とは別個の存在であったのか，あるいは地主層自身が主体となって「再開発」が行われたのか，これを裏付ける個々の史料は未見であり，断定はできない。特に，再開発に伴う信託制度が適用されていたとすれば，ここで検討した1910年代においては，すでに償還期間を過ぎ，土地所有者に家屋自体が返納されているというケースが多いものと思われるからである。ただ，1910年代前半の間に，所有者が変更されている家屋や，所有権の複雑な移動でその過程を追うことができないいくつかの街区では，そこに記載された家屋所有者は，こうした不動産投資に携わるディベロッパーであった可能性もあろう。

資料的には十分ではないが，店舗数の多い区画の写真をもとに，その存在形態を考えてみたい。例えばスヴェトランスカヤ通り35番（図53，第3街区ロットNo.6）には，11軒の店舗が記載されているが，当時の写真（写真10）からこの建築物が確認できる。街路に沿ってファサードが立ち上がる都市型の建築であり，また，規模的に見ても一区画の間口をいっぱいに利用した，ウラジオストクではかなり大規模な部類に属する建築といってよい。この所有者ダッタンはクンスト・イ・アルベルス商会の共同経営者であり，その資産規模から見て，地主

層が建築したものである
と考えられるだろう。こ
の事例においては,〈建
築者〉は分化・発生して
いないものと見られる。

他方,1913年において
はデンビが所有してい
たロットNo.58付近の
写真（写真11）を次に
見てみたい。この写真
は1900年代初頭のもの

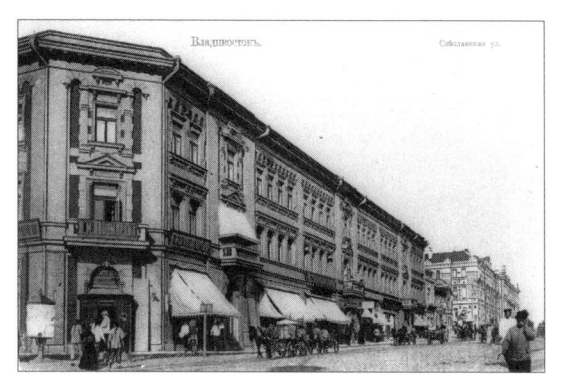

写真10 ダッタン所有の家屋
（ハバロフスク地方博物館所蔵）

と見られるが,この区画には1910年には19軒の商店の存在が確認される（図53,第6街区ロットNo.58）。この場所においては,先の事例とは異なっている。このロットは,ソビエト時代に小公園化しており,近年では新たに商業用途の建築が建てられているため,その配置の詳細はつかめないが,写真からは,小規模な平屋の家屋が建ち並んでいることがわかる。家屋の規模などから見て,このロットでは,地所が細分化されており,〈建築者〉の発生した事例であったことを推定しうる。1913年の時点でその所有者はすでにデンビの名義となっているが,これはすでに,償還期間を過ぎ,土地所有者に家屋自体が返納されているというケースに該当するのではないかと考えられる。

形態として前者には見られず,後者の例に見られるのは,ロット内における小ユニットの発生である。中心市街地においては,帝政時代のロット推定線内における複数の小ユニットが数多く見受けられるが,これはロットの細分化と同義であり,こうした小ユニットの背後には,建築者層の動向がうかがわれる。

むろん,これら2つの事例のみをもっての断定は避けなければならない。

4.3 借家人層　特に中国人系・日本人系店舗の存在形態

一方,ここでは特に中国人系・日本人系の店舗に限って借家人層の存在形態を見ておくことにする。中国人・日本人系の借家人層は,一般の小売商店のみならず,事務所,工場や工房,作業所,オフィスなどを経営する人物によって

写真11 東側から見た1900年代の第14街区付近
（出典："Staryi Vladivostok"）

も構成されていることがわかるが，集中の見られる土地ロットに，焦点を当ててみる。

4.3.1 中国人系商店・企業

中国人の商店・企業はペキンスカヤ通りを集積の中心としていたことがわかるが，区画別に見ていくと，セミョーノフスカヤ通り28番（9店舗／全11店舗），ペキンスカヤ通り5番（8／9），キタイスカヤ通り5番（6／12），ペキンスカヤ通り10番（5／5），カレイスカヤ通り61番（5／5），セミョーノフスカヤ通り9番（5／6）という順に集中が見られ，その立地はペキンスカヤ通り沿道には限らないこともわかる。

このうち，最も集中が見られるセミョーノフスカヤ通り28番と6件の集中があるキタイスカヤ通り5番は背中合わせに存在しているロットであり，いずれも，イギリス系の商人デンビの所有になる家屋である。また，2番目に集中が見られるペキンスカヤ通り5番は，ロシア人商人ピアニコフの所有する地所である。すでに上で，こうした地所への集中には，都市内部での社会的な要因の存在が考えられると述べたが，逆にそれでは，中国人系が所有する家屋においての中国人間借り層の動向はどうであろうか。

これについても根本的には資料が不足していることが否めず，厳密な検討は不可能であるが，図53に見られるスヴェトランスカヤ通り17番，19番，23番やアレウツスカヤ通り43番の事例から，必ずしも中国人家主のもとに中国人商店が集まるという特定の傾向があるというわけではない。ここで考えられる

のは，中国人家主の中でもいくつかのグループがあり，特に初期の頃からこの土地にやってきたいわゆる地主層は，後からやってきた商人とは，この都市への関わり方に違いがあったのではないか，ということである。同じ中国人でも，通りによって，ある種コミュニティを異にしていたということも考えられるのではないだろうか。

4.3.2 日本人系商店・企業

一方，図53に示されているとおり日本人系の店舗の集中が以下の通り数カ所で認められる。キタイスカヤ通り9番（7店舗／全17店舗），キタイスカヤ通り7番（5／8），セミョーノフスカヤ通り7番（4／5），セミョーノフスカヤ通り17番（4／5），スヴェトランスカヤ通り5番（3／5），ペキンスカヤ通り27番（3／4）である。このうち，セミョーノフスカヤ通り7番，ペキンスカヤ通り27番の2つは，家屋所有者が日本人であることが知られる。

後に検討するとおり，日本人商店はこの当時には金離れがよく，家主は好んで日本人に部屋を貸した，という記述もあり，このケースでもそれは当てはまってはいるものの，日本人が所有者である家屋においては，ほぼその借家人を日本人が占めていたという可能性もある。

5. 考　察

　以上極東地域，ウラジオストク，そしてその中心市街地という3つの枠組みに基づき，各国流入者の存在形態に関して，社会層，民族という観点から論述を行った。本書の冒頭で示したとおり，本論での検討は，多様な流入者を都市空間形成における主体として捉えるという仮説的な前提に立って進めている。本章での考察をするにあたり，まずこの前提と照らし合わせる形で，空間形成主体というものと，民族・社会層がどのように関わっていたのかを再度捉えなおすことから始めてみたい。

5.1　通時的に見た民族流入とロシア当局の対応の推移

　空間形成主体の多様性は，流入者の多様さと同義であるが，その背後に，ロシア当局の政策的な関与が認められることは，本章の民族別の検討において見てきたとおりである。ここではロシア当局の対応を軸に，流入者の規制あるいは誘致に関する動向を，第2章における検討内容も含めて，通時的な観点から見ていくことにする。

5.1.1　1860年代～1870年代
　1860年代～70年代という早い時期から流入した西洋人商人は，ロシア当局によるある種の優遇措置が執られていたことから見ても積極的に定着を誘導されていた面がある。その背後には，食料や日用品などの基本的な物資の不足，そのための流通体制の不備といった状況があった。当初，不足や不備を補完する形で移入された外国人系商会は，1880年代初頭になると，もはや物流の根幹を支えるものになってきていた。その実態は表5及び表6でも見たとおりであり，主にドイツ系などの企業によってその役割が増大した。結局，彼ら初期の流入商人たちは，不動産所有を広げ，地主層を形成していった。

　一方1870年代中頃の開港の初期までにおいては，中国人・朝鮮人などの黄

色人種による居住も，さほど大きな問題として取り上げられるには至っていない。主に都市下層民の予備軍としての中国人の流入が激化するのは1878年の清朝による満州解禁政策がきっかけであり，また中国人が土地所有を禁じられるのは1882年である。朝鮮人に対しても，1878年に市場内の朝鮮人の立ち退きが命じられるが，朝鮮人は，すでに見てきたように初期の流入者の多くはロシア人に帰化しており，こうした都市下層民は市場という共同空間にいることから最も目立つ存在ではあったであろうが，民族コミュニティ内部では部分的な集まりであった。むしろ瀬脇の記録からは，初期の欧米人商人と中国人，朝鮮人との婚姻などのある種の社会的な結合すらも見られていたことが確認できるのである。この時期はまさに多民族が錯綜するフロンティア的な状況下にあり，後に図られるような都市内の朝鮮人・中国人に対する根本的な対応策はなかった。そのため，中国人の土地所有者も中心市街地では多く見られこととなり，空間形成主体の多様性を考える上での，1つの大きな要素となった。

5.1.2　1880年代〜1890年代

　こうした初期のフロンティア的状況は，1880年代より徐々に崩れ，ロシア当局の管理が強化されていく。1880年代初頭からの都市内部への主に黄色人種人口の流入により，市街縁辺部への劣悪な居住環境のスプロールが徐々に深刻化していく。その最大の契機となったのが，原も指摘しているように1886年と1890年のコレラの流行であった。これに対する当局の対応は，専ら対症療法的なものに終始し，抜本的な環境改善策が講じられないまま，結局1893年の朝鮮人居住区への強制的な移住という形をとることとなる。

　しかし1890年から建設が始まったウスリー鉄道の建設には，その初期においてはロシア人のみで工事を行おうとしたものの，移民の誘致に失敗し，不足した労働力を黄色人種に求めることになる。黄色人種はその他，生鮮食料の供給などにもなくてはならない存在であり，都市内で排除されつつも，都市活動を展開する上で不可欠なものであるという，背反した状況の下に置かれることとなった。実際，この時期以降の対黄色人政策は，すでに対朝鮮人政策において見たごとく，1910年代に至るまで，当局の指導者の判断によって，排除と懐柔という両極の中を揺れ動くこととなるのである。

　都市空間の形成という観点からは，この時期，特に1890年代以降は建築物

の形成が,徐々に高密化・高層化を伴うものとなっていき,市街地空間に徐々に民間資本による投資が進む。これは1860年代～70年代に来着した西洋人の有力な商人の力によるところが大きい。

5.1.3 1900年代～1910年代

建築物の形成は1900年代までを通じて多く見られることとなり,その趨勢は大きくは変化しなかった。一方ロシアの移民政策は徐々に軌道にのり,ロシア人の流入傾向に拍車がかかっていく。そうした中で黄色人種の排斥行為が,商業政策,労働者政策と多岐にわたって展開されていく。しかし一方で中国人が市場の取引など,主に小規模な商取引では優位に立っており,都市の経済機能を考える上では不可欠な存在であることには変わりはなかった。当局と黄色人種との間の矛盾した関係は,その後も続くこととなる。

1910年代においては,特に半ばにおける第一次世界大戦によりドイツ系資本が衰退し,これに代わってロシア人系資本が増長すること,またこの時に徴兵による労働者不足を補うために,これに先立って黄色人種を労働力として雇用するという懐柔的な政策をとったことが大きな変化であった。

以上をとおして振り返ると,初期においては西洋人商人あるいは中国人商人によって都市経済の基盤が形づくられ,またそこに多層にわたる中国人が入り込むことにより,社会層の多様化をもたらしたといえる。ロシア当局は,圧倒的に大きい勢力をもった中国人をはじめとする黄色人種を懐柔しつつ,都市経営を進めた。しかし結果的には,この植民都市がもっていたフロンティア的状況,多民族雑居的な状況は,他国人の排斥,ロシア人勢力の増長とともに進められた「ロシア都市」化によって徐々に薄らいでいくこととなったのである。植民地都市の経営という観点から見ると,このように衛生問題,慢性的な物資の不足など,帝政期を通じて,課題を多々抱えており,ウラジオストクは必ずしも成功していたわけではないといえる。

しかしこのことは逆に,このあと第7章で部分的に触れるとおり,後の社会主義化とともに黄色人種の徹底的な排斥と西洋人の排除が起こり,民族構成的に見たこの都市のロシア化はここに完了する,という見方をとることを可能にする。都市空間に関しても,多国籍的な出自のもとに生み出された建築物は

没収されていき，最終的にはロシア人，すなわちソビエト当局の一元的な管理に置かれることになるわけである．すなわち帝政期は，ロシア当局から見れば，ロシアの植民都市として，そのアイデンティティを確立する過渡的な時期としても捉えられうるのである．

5.2 居留空間の外因的規定条件

当局の政策的対応との相関に規定されつつ，このような流入者によって形成されていった空間が，本論でいう居留空間であるが，上での検討を受けつつ，居留空間を内部的な形成という観点からではなく，市街地における位置付け，あるいは枠組みといった外因的な条件から捉えなおしてみたい．ここで念頭においているのは，同時期の東アジア（中国・朝鮮・日本）開港都市における外国人居留地，あるいは租界である．

東アジアの外国人居留地は，空間的に見れば，全て都市内に限定的なエリアを設けるという前提の上に存在していたという共通点があるが，ウラジオストクの場合，こうした条件に合致するのは朝鮮人居住区のみである．

したがって民族構成的な多様性を担った空間とは，こうした面的な広がりをもつものでなく，端的にいえば，土地ロットなのであった．そして，黄色人種系の商店の分布状況から確認されたごとく，その土地ロットごとの特性が多様であり，それぞれが多民族流入と居留の受け皿として機能し，これにより文字どおりモザイク的な居留空間の構成が生み出されたわけである．

この点から見るならば，今日一般的な意味で東アジア開港都市の「居留地」としてイメージされるものとは，その存在形態が異なることがわかる．そしてウラジオストクの特徴は，またロシア極東という広がりから捉えた場合でも指摘されうる．ウラジオストク以外の極東の主要都市では，朝鮮人・中国人の居住区域が定められており，この点もウラジオストクに多民族雑居的な特異性をもたらした外因的な規定条件であったといえるであろう．

5.3 外部からの都市空間への流入・定着プロセス

最後にここで分析した帝政期の中心市街地内部の問題を，もう一度ロシア極

東における外部からの人口流入という観点から捉えなおしてみたい。
　ここまでに見られた流入プロセスを改めて整理すると、概ね以下のような展開となる。

　①まず原住民や漢人の生活・交易拠点として小さな村が散在するだけであった極東の地にロシアのコサックや軍人が植民地化を目的とした調査にやってくる。条件の良いところ（その後都市が建設される場所）には宿営が設置され、寝泊まりのための木造建築が建設された。
　②続いて市街地計画の決定とともに市街地の建設が始まる。
　③この市街地建設に際し、登場したのが主に中国人や朝鮮人の労働者である。地方から移住してきた中国人は建設期にあった新市街のエッジ（都市によって市街地―法的規定上の―の中に含まれるところ、と含まれない所があった）に集住し、いわゆる中国人街を徐々に形成する。
　④一方、新市街中央部ではロシア人による計画が進行し、細かくロット割りがなされた中央部への移住が奨励される。そこにはロシア人移民のほか新たな市場を求める欧米系の商人が進出してくることになる。これらの商店は資本力を背景として市街の中央部に土地を買い、建物を建て、各都市の顔となる空間を形成した。

　こうした展開過程は、ウラジオストクのみならず、ロシア極東あるいは、同じく中国東北部のロシア植民都市においても、ある種共通した傾向があり、極東におけるロシア植民都市の形成過程を見る上で考慮すべき仮説であるといえよう。

　ウラジオストクにおいては、その結果から、

　①特定の民族（ここでは中国人・日本人）はある程度寄り集まって分布を構成していること
　具体的には、ペキンスカヤ通りを中心として商店の分布が見られたが、この通り以外でもある特定のロットに集中している傾向が見られた。
　②しかしながら一口に民族といっても捉えきれない多様な交錯関係が生じて

いたこと

　すなわち，家屋所有者との関係で見ると，もちろん中国人所有家屋に中国人は集中してもいるが，同じ中国人家屋所有者でも目抜き通り（スヴェトランスカヤ通り）沿道の建物はその限りではなく，ロシア人の比較的高級な店舗も入居している。

　③その際には，ある特定の個人が受け皿として機能していること

　上の①で見たロット単位での集中はある個人が受け皿となっており，彼らは民族の境界的な領域に位置していたという可能性があること（クーパー，デンビの例）。

を推測することができる。

　また，中国人の集中するペキンスカヤ通りと，目抜き通りのスヴェトランスカヤ通りは，その文化的・商業的な役割において対照的な存在であり，この2つが合わさることにより，帝政期の中心市街地の都市空間の性格が極めて端的に表出されていたものと考えることができる。

　いずれにせよここで見てきたような交錯関係により居留空間が織り上げられていたといえるが，もとより，ここでの分析だけでは，その具体的な構造は解明しきれるものではなく，特に地主層個人レベルでの調査やここで取り上げられなかった19世紀における社会層の動態に関しては，今後の課題としたい。

　次章においては，ここで扱ったペキンスカヤ通り周辺の街区の形成を形態面から検討する。

注

1　角田他十郎『浦潮案内』日露経済会，1902，17-18頁。
2　加藤健之助「ウラジヴォストークに於ける人類学上の見聞」（所収：『東京人類学会雑誌』第18巻210号，1903，481-487頁）482頁。
3　『浦港樺太視察報告』新潟県実業家，1907，26-28頁。
4　Matveev, N. P., *Kratkii istoricheskii ocherk g. Vladivostoka*, Vladivostok, izdatel'stvo Ussuri, 1990.
5　Matveev, p.31.
6　Matveev, p.63-64.
7　Matveev, p.74.
8　Matveev, pp.128-129.

9 矢津昌永『朝鮮西伯利紀行』丸善，1893，70-71頁。
10 イザベラ・バード（朴尚得訳）『朝鮮奥地紀行（上）』平凡社，1993（1898），351頁。
11 前出『浦港樺太視察報告』28頁。
12 特に地主層を形成したとされるドイツ系の商人は，第一次大戦時に取引停止に見舞われ（表8参照），ドイツ系の最大手であったクンスト・イ・アルベルス商会は，その際の損失から資産を減らしている。Stephan, John J., *The Russian Far East: a History*, Stanford University Press, 1994, p.85.
13 原暉之『ウラジオストク物語』三省堂，1998，52頁。中国人は，アムール州とウスリー地方で各3,000人いた。原によれば，ロシアの人口学者は，この中国人合計8,100人という数字は，同地域にいた清朝に服従しない先住民320人にロシア人数を加えた9,150人よりも少なかったという点を強調するという。同書によればこのデータの出所は，Kabuzan, V. M., *Dal'nevostochnyi kraĭ v XVII-nachale XX vv. (1640-1917) : istoriko-demograficheskiĭ ocherk*, Moskva, Nauka, 1985。
14 Stephan, p.64.
15 和田春樹「ロシア領極東の朝鮮人」（所収：『社會科學研究』Vol.40-6, 1989)，東京大学社会科学研究所，238頁。
16 ウエ・グラーウエ（南満洲鉄道株式会社庶務部調査課［訳］編）「極東露領に於ける黄色人種問題」大連，南満洲鉄道庶務部調査課，5頁。
17 Stephan, pp.64-65.
18 川上俊彦『露領極東ト北満州』外務省通商局，1910，93-94頁。Stephan, pp.65-66.
19 Stephan, pp.65-66.
20 川上，78頁。
21 原，191頁。
22 Siegelbaum, L. H. "Another Yellow Peril: Chinese Migrants in the Russian Far East and the Russian Reaction Before 1917"（所収：*Modern Asian Studies*, Vol.12, no.2, Cambridge University Press, 1978) pp.311-312.
23 原，180頁。
24 Siegelbaum, p.312.
25 Siegelbaum, pp.319-320.
26 和田，241頁。
27 Stephan, p.66.
28 Siegelbaum, pp.323-324.
29 *Materialy po istorii Vladivostok, Kn. 1*, Vladivostok, Primorskoe knizhoe izdatel'stvo, 1960, p.24.
30 Matveev, p.22.
31 川上俊彦『浦潮斯徳』大倉保五郎，1892，18頁。
32 Stephan, p.82。原，73-74頁。コリンズとペイトンのこの間の経緯に関しては，ハーモン・タッパー（鈴木主税訳）『大いなる海へ』フジ出版社，1971に詳しい。
33 Stephan, p.83.
34 Stephan, p.83.
35 「浦潮斯徳特集」（所収：『日露実業新報』大正8年5月号，1919)，23頁。
36 Matveev, p.31.
37 Matveev, p.73.
38 Matveev, p.131.
39 「Gustav Kunst（1836-1905）：ハンブルグの商人。上海でグスタフ・アルベルス

(Gustav Al'bers）と出会い，クンスト・イ・アルベルス商会をウラジオストクで設立（1864年）」。Stephan, p.323.
40 「Gustav Al'bers (1838-1911)：ハンブルグの商人。上海でグスタフ・クンスト（Gustav Kunst）と出会い，クンスト・イ・アルベルス商会をウラジオストクで設立（1864年）。息子のヴィンセント・アルフレッド（Vincent Alfred）を共同経営者とする（1910年）」。Stephan, p.312.
41 「George Phillops Denbigh (1840-1916)：商業者，Zaaamurets。スコットランド生まれ。日本を経由して1880年代にウラジオストクに来着。ロシアの市民権を取る。日本人と結婚。ヤコブ・セミョーノフ（Yakov Semenov）とパートナーシップをもった。東洋学院へも寄付をした。ホノルルで死去」。Stephan, p.315.
42 「Yulius Ivanovich Bryner(1849-1920)：チューリッヒ近郊のMörikin生まれ。1870年代は絹の商人として上海で働き，後に横浜の英国の会社で働く。朝鮮を経由して沿海地方に旅行（1880年）。ウラジオストクに来住し，輸出入業と木材，鉱床，石炭に投資した。息子のレオニド，ボリス，フェリックスは1920年代末期までビジネスを続けた。曾孫のポールとアレキサンダーは1962年まで中国で事業を続けた。アメリカ人の俳優ユル・ブリンナー（Yul Brynner）は，曾孫で名前に，nを一つ重ねる」。Stephan, p.314.
43 Matveev, p.80.
44 瀬脇寿人「烏刺細窊斯杜屈見聞雑記」1875（所収：加藤九祚「浦潮物語（一）」『ユーラシア』No.4, 1972）80頁。
45 大戦勃発とともに，ドイツ品の購入は停止された。代わって国内自給とアメリカ・日本からの輸入に切り替えたという。髙嶋雅明「ウラジボストク貿易概観 『通商彙纂』・『通商公報』の分析を中心として」（所収：『経済理論』和歌山大学経済学会, No.133, 1973.5) 31頁，また同商会については，Stephan, p.85参照。
46 和田, 238頁。
47 和田, 238-239頁, Stephan, pp.74-75.
48 徐 万民・兪 慰剛「ロシア極東における中国山東商人」（所収：『環日本海研究年報』No.6, 新潟大学大学院現代社会文化研究科環日本海研究室, 1999.3), 57頁。
49 ロシア当局は，コサックに農産物供給の役割を期待していたが，それは失敗に終わっている（Stephan, p.63）。コサックの土地と対比的に中国人農民の畑は豊かに実り，また朝鮮人の農民も高い収穫率を評価されていた（Stephan, pp.72, 75）。
50 Siegelbaum, pp.310-311.
51 原, 154-156頁。
52 和田, 240頁。
53 和田, 240-241頁。
54 和田, 242頁。こうした抑圧的政策の裏側にはUnterbergerの朝鮮人に対する猜疑的な見方があった。Graveの報告書に紹介されたUnterbergerの朝鮮人観は以下のようなものであった。「ロシア国籍の朝鮮人は，その分配地から次第に溢出しており，新土地を貸借し，そこへ外国国籍の朝鮮人を誘致する。これに対抗することは甚だ困難である，とする。なぜならば極東のロシア人は朝鮮人を以て格好な小作人と認め好んで土地を賃貸するからである。しかし朝鮮人が太平洋岸に広大なる土地を占有することはロシアの太平洋政策遂行上一大障害であるからこれが排除はきわめて必要である。ロシア国籍を取得してギリシャ教に改宗した朝鮮人がロシアに同化すると考えるはなんら根拠のないことである。南ウスリーに40年来居住する朝鮮人は，少数の例外を除き，依然としてその国民性を保っている。一朝露国が日本或いは支那と開戦するとき，この分子に期待することはできない。反ってこの分子は敵国の間諜となる危険がある。（中略）1906年

～1907年に於ける朝鮮人の総数は52,795人，内訳ロシア国籍のもの16,295人，外国国籍のもの約36,500人であった。しかし旅券取得していないものも含めると後者の実数はこれよりも多い」。グラーヴェ，107-108頁。
55 ジェームス・フォーシス（森本和男訳）『シベリア先住民の歴史：ロシアの北方アジア植民地』彩流社，1998，244頁。
56 Stephan, p.76.
57 Matveev, p.99.
58 Matveev, p.105.
59 Matveev, pp.105, 125, 187.
60 角田他十郎『浦潮案内』日露経済会，1902，26頁。
61 徐，56-57頁。
62 グラーヴェ，5頁。
63 徐，56-57頁。
64 満州地域の封禁解除はロシア・日本の存在を念頭に置いた戦略的見地からの判断であったとされる。Siegelbaum, p.310.
65 Stephan, p.71.
66 フォーシス，242頁。
67 Siegelbaum, pp.311-312.
68 Siegelbaum, p.312.
69 グラーヴェ，30頁。
70 グラーヴェ，24頁，34-36頁。
71 グラーヴェ，90-96頁。商業者の業態に関しては，傍証的なものではあるが，東アジアの華人の商業ネットワークに関する近年の研究成果を参照し，いくつか補足しておきたい。古田によれば，1882年の「中朝商民水陸貿易章程」を契機に，中朝間の海路の自由貿易が認められ，上海を中心に中国沿岸の開港場を結ぶネットワークが北へも延伸し，ウラジオストクもその北端のポイントとして記述されている。また，廖は，厦門出身で長崎を本拠とした「泰益号」という商号の例を示しているが，泰益号は20世紀初頭から日中戦争までの間に，長崎を中心として半径6,000kmに及ぶ広大な商圏を築き，その最北の拠点はウラジオストクであった。また廖による整理では，泰益号に関わるヒトのネットワークは，4層をなしていたとしている。すなわち第1層は，長崎本店を中心としたもので，第2層は親戚・婚姻関係によって構成された支店や関連商号であり，これは長崎・下関・台湾・金門・大連・ウラジオストクに分布していた。第3層は直接親戚関係のない他の華商であり，同郷の会館組織や出身地のつながりからの取引関係，第4層は，外国商人であったという。また時代は下るが柳沢は，1920年代の大連における山東商人が小売商の中で優位にあった理由として，「聯号」という有機的な営業組織により，人的資本的な連鎖関係を各地の商店間に張りめぐらすことによって，商取引や金融の円滑化・活発化を図った点にあるとしている。こうした特質は，グラーヴェの報告の中で，中国人商人の脅威として指摘した点と符合している。1880年代ごろより，ロシア極東のウラジオストクがある面において，華商ネットワークの一端に組み込まれていたことが明らかであり，そのことに対しロシア当局は，一部では警戒もしていた。古田和子「アジアにおける交易・交流のネットワーク」（所収：平野健一郎編『地域システムと国際関係　講座現代アジア4』東京大学出版会，1994），廖赤陽「華商ネットワークの歴史的展開　問われる近代東アジア交易史における華商の位置」（所収：濱下武志編『東アジア世界の地域ネットワーク』山川出版社，1999），柳沢遊「1920年代「満州」における日本人中小商人の動向」（所収：『土地制度史学』No.92, P.1-18,

1980.7）
72　Siegelbaum, p.316.
73　Siegelbaum, p.320.
74　グラーヴェ，100頁。「ウラジオストクの中国人に関する案件は，すでに1900年にウラジオストク市庁によって提出されていたが，その区域についてこの問題に関係あるウラジオストク要塞司令部，沿海州軍務知事，市庁等の意見が一致しなかった。」
75　グラーヴェ，97-98頁。また，こうした賭博場の営業に絡んで警官の収賄件数は増す一方であった。
76　徐，59頁。
77　グラーヴェ，27頁。数字は，プリアムール総督国庫局の統計。
78　徐，58頁。
79　徐，58-59頁。
80　グラーヴェ，71頁。
81　Siegelbaum, pp.323-324.
82　徐，58頁。
83　野村喜一郎「露領浦潮斯徳港視察録」（所収：『勧業報告第一号』石川県内務部，1912），9頁。
84　*Materialy po istorii Vladivostok, Kn. 1*, Primorskoe knizhoe izdatel'stvo, Vladivostok, 1960, p.24.
85　Matveev, p.132. ここではチャ（Cha）という名前の中国人が挙げられている。
86　グラーヴェ，6頁。
87　グラーヴェ，10-21頁。
88　徐，57頁。
89　野村，44-45頁。
90　グラーヴェ，5頁。
91　グラーヴェ，27-30頁。
92　グラーヴェ，30頁。
93　「今在浦港に於ける一等商店を挙ぐれば現時実に左の六商店あり。アルベリス（帰化独乙），チューリン（露），ランゲリーチ（独乙），永和棧（支那），杉浦（日本），同利（支那）」松浦充美『東露要港浦鹽斯德』東京堂書店，1897，66頁。
94　グラーヴェ，30頁。数字はダッタンの報告による。おそらく，Dattan, A. (ed)., *Istoricheskii ocherk razvitiia priamurskoi torgovli*, Moskva, 1897，と思われる（未見）。
95　「煉瓦は近く浦港市の西端に四ヵ所の製造所ありて主に露人の設立に係り，其中一ヵ所は支那人の設立する処にして，ポーラーアレウーチカには麦酒製造所ありて独人設立に係り本港の醸造は唯に此一ヵ所あるのみ」角田，53頁。
96　Matveev, p.223.
97　徐，54頁。
98　グラーヴェ，100頁。
99　徐，61頁。この点において，徐は，極東経済は全て中国商人に掌握されていたとする説を否定する見解を示している。ロシア，イギリス，フランスなどの国の商人の多くは大型株式会社を経営し，資本金が豊富で，卸業界，製造業で優勢にあった。これらの商人と中国商人とでは商品構成上も相互補完関係があったと指摘している。
100　これらの女性たちの社会的な背景や実態に関しては，以下に詳しい。土岐康子「極東ロシアと日本人娼婦」1995（所収：『ロシア史研究』No.57，ロシア史研究会，1995）。森崎和江『からゆきさん』朝日文庫，1980，倉橋正直『浦汐節―北方系『からゆきさ

ん』の哀歌（上）」「同（下）」（所収：『歴史評論』No.420，424，丹波書林，1985），同「北のからゆきさん」共栄書房，東京，1989.3，同「からゆきさんの唄」共栄書房，1990．
101　Stephan, p.77.
102　日本人居留者と長崎とのつながりは深く，大正期における当地の日本人小学校児童の原籍地でもっとも多いのは長崎であり，他の県を大きく引き離している。（済軒学人編『浦潮斯徳事情』厳松堂書店，1915, 181-182頁）。また，「浦潮日報」によれば，ウラジオストクのお正月に食べられる料理は長崎の影響を大きく受けたものばかりであったとも伝えられている（『浦潮日報』大正7年1月1日）。
103　鈴木大亮「浦塩斯徳紀行」1879（復刻版所収：『明治北方調査探検記集成　第1巻』ゆまに書房，1988），312-313頁。
104　瀬脇寿人「烏刺細窊斯杜屈見開雑記」1875（手稿）（所収：加藤九祚「浦潮物語（一）」『ユーラシア』No.4，新時代社，1972）この中で登場する武藤平吉は，函館，サハリンを経由してすでに4，5年前（すなわち，1869または70年）ウラジオストクに住み着いている（同書75頁）。あるいは，漁夫や農夫であった「秋田の長吉」「能登の久蔵」「政吉」といった人物も登場する。このうち，政吉は，函館で雇われたドイツ捕鯨船の過酷な労働から脱走し，漂着したロシア領ではロシア兵のこれまた過酷な使役からようやくウラジオストクへ流れ着いたというエピソードを語っている（同書86頁）。また瀬脇が7年前（すなわち1867年）から居住していた「八戸の政吉」がこの年の一月に殺されたという噂や，3，4年前から居住していた日本人が殺害された，という噂も耳にしている（同書76頁）。このことから，すでに1860年代より日本人が流入し始めていたことがわかる。
105　有田伊之助は，有田猪之助，あるいは有田猪助との表記も見られる。有田に関しては，杉山公子「浦潮に生きた人びと（1）　最初の企業家有田伊之助」（所収：『セーヴェル』No.1, ハルビン・ウラジオストックを語る会，1995）が詳しい。これまで記述のあった文献等を網羅する形で書かれている。
106　この会社とは，瀬脇の滞在中に開店した東京貿易商会のことだと思われる。瀬脇の報告記の中に現れる日本人のうち，6人がこの商会の関係者である。
107　1879年の「浦塩斯徳紀行」では，当時の工業に関する報告の中で，製品の価格が示されている部分で，「煉瓦石　千枚　有田伊之助製造之分　四拾五ルーブル」という記述が見られる（鈴木，331頁）。また1882年の「海参崴紀聞」では，1881年ごろ，日本人の原田という人物とともに，ウラジオストク港の建築係との間に契約を結び，陸軍兵営2軒（2階建，長さ22サージェン，幅8.5サージェン）を請け負い，日本より石工，大工，泥工など100余名の職工を雇い入れて，この事業に従事していた，とされる。彼ら両人は，この建築に要する煉瓦120万枚を1千枚につき30ルーブルという価格で引き受け，自前の製造所にて製造したという。この前の年（1880年）原田は，煉瓦製造を始め，それ以来官用の煉瓦の供給を請け負い，ほとんどその利益を占有していた，という。神戸應一「海参崴紀聞」（所収：『地学雑誌』東京地学協会。1882年10月号から1883年10月号まで6回にわたり掲載），該当個所は1882年10月号，12頁。また，1921年の川邊の回想談で当時の日本人社会を回想して以下のような言及が見られる。有田伊之助が棟梁として，配下の大工職人を多数率いているという当時の状況を想像できなくない。

「当時の居留民はすべて一家族のようなものだった。イザ何事という時はすぐに一致団結して事にあたった。一例を挙げればある時コレラ病が流行して日本人に伝染する恐れがある，患者になった同胞を外国人の手に任したくないというので避病院の建設を提議したものがあった。すると時の大工職が一致団結して工事に当たりわずか四昼夜にし

て立派な避病院を建ててしまった」(川邊翁「平等会での話し（五）」『浦潮日報』大正10年7月17日)。
108　川上俊彦『浦潮斯徳』（1892）には，初期の日本人職工に関して以下のような記述が見られる。「官立製造所／日本人中大工若クハ鍛冶匠トシテ同工場ニ使雇セラルルモノ甚ダ多ク賃銀ハ一日二留乃至一留ヲ得又陸軍歩兵隊及ビ砲兵隊ニ各工場アリ指物，螺施，馬具，靴等ノ分業ニ従事ス」24-25頁。「日本職工ハ一般ニ巧手ニシテ誠実ナルト且ツ価格ノ廉直ナルニ依リ市内ニ賛称セラル殊ニ洗濯業ノ如キハ全ク日本人ノ掌裏ニ落チ他国人ノ之ニ従事スルモノ甚ダ稀ナリ」25頁。
109　瀬脇，102頁，及び，神戸（第二回），21頁。
110　土岐，22-26頁。
111　領事館の前身で，1907年に領事館に昇格。軍港であることを理由に，ロシア側が領事館を設けることを嫌がり，このような位置づけとなっていた。原，254頁。
112　前者は角田，23頁。後者は川上俊彦「極東露領と北満州」1910，21頁。
113　ウラジオストク港は冬季に結氷するが，記録によれば最初に砕氷艦の「ナデジヌイ」号が就航するのが1897年であり（野村，6頁），それ以前は冬季の入港が不可能であったと考えられる。現地の貿易事務官であった川上によれば，当時のウラジオストクはまだまだ貿易の中枢となってはおらず，冬季には仕事もない状態で，日本人や朝鮮人，中国人は姿を消してしまう様子が描かれている。川上，21頁。
114　Matveev, p.223.
115　杉浦商店は，後に一等商店となる日本人の代表的な商店であった。また建物も所有しているなど，日本人の中では筆頭に挙げられるほどの成功者であった。杉山公子「浦潮に生きた人びと（二）日本人商店の登場」（所収：『セーヴェル』2号，ハルビン・ウラジオストックを語る会，1996.4)を参照。
116　日本人居留民会とは，在留邦人の相互の利益と幸福をその目的とし，主な活動内容は教育事業，諸般手続きの代行，墓地・火葬場の維持，衛生事務，郵便事務，各種文化活動の主催などであった。日本人小学校（1907年9月開校）は，これも居留民会によって運営されていた。開校当時本願寺の一室で授業を行っていた。入学児童は僅に十四名であったが，1912年の時点では百五名に達していた。本願寺ははじめセミョーノフスカヤ街とアレウツスカヤ街の交差点にあり，その後フォンタンナヤ街に移り，新本堂をアレウツスカヤ北詰に1910年3月5日に建立したとされている。また，前出川邊の回想によれば，こうした日本人のコミュニティを支える施設の建設などの「公共事業」を行ったのは，ほとんどが「女郎屋のオッチャマ連」であったとしている。
　「在留民の公共事業などに力瘤を入れるのはいつも女郎屋のオッチャマ連で本願寺にしろ学校にしろ大概この勢力でモノにしたのである。田中萬吉さんとか時札源藏さんなどはオッチャマ連の大将株であった」(川邊翁「平等会での話し（四）」『浦潮日報』大正10年7月16日)。
117　杉山公子『ウラジオストクの旅』地久館，1989，42-44頁。
118　角田，39頁。同書に依れば，当時の日本人の一等商店は，杉浦商店，徳永商店，日本郵船支店，九州製茶支店。
119　日露戦争終結後の日本人の反応として，杉山は，1つのエピソードを紹介している。「日露開戦で日本人もやむなく帰国となったが，戦争終結をまちかねた一部の人びとは1905（明治38）年9月，ポーツマス条約締結を知ると，ただちに再渡航の申請をしている。そして交戦相手であったロシアのわが家へ，その年のうちに帰っているのだ。かの地での暮らしは，それほどに人々をひきつけていたのかと思う」（杉山，前出「浦潮に生きた人びと（1）　最初の企業家有田伊之助」1頁)。

これら「一部の人びと」にとっては，ウラジオストクが単に「金をかせぐための場所」である以上に，杉山の表現を借りれば「わが家」というような意味をすでにもってしまったことを示しているように思われる。先にも述べたが日露戦争までの間に居留者はこの地に存在するための基盤をかなりの深度でつくりあげていたことは指摘できるだろう。

120 グラーヴェ，160-161頁。
121 野村，18頁。
122 野村は日露戦争後の日本人の増減に関して以下のように述べている。「在留日本人の増減／戦後日本人の最も多く住居せしは明治四十一年にして一時四千人乃至五千人に達せり。又最も少数なりしは四十二年末より四十三年の初めとすしかして其減少の主因は有税港となりしに基づけりと雖も又朝鮮清津の開港と羅南兵営の建設とにより職工等の彼地に移住したる者三百人の多きに至れるに因るという然して現今の在留者二千五百人を戦前に比すれば約五百人の減少なりとす」(野村，48頁)
123 「からゆきさん」の中でも日本人経営の料理屋に所属するものではなく，他国人の傘下におかれたものが特にこのグループに属する可能性がある。森崎はからゆきさんが海外の娼楼にもっとも多くいた時期が日露戦争後から大正の初めまでの10年間であるとしている（森崎，31-32頁）。また「被仕切女」に関しては，「この他日本人にして支那人の家屋内に同居し，国籍不明なる男女（男は小児多し）約五六百名を下らず，女子は俗に被仕切女と称し清人の妾たるものなり」(角田，33頁)という記述がある。また，橋本はこれらの日本人女性は『浦潮日報』には顔を見せることはないが，在留日本人として忘れてはならない，と指摘する。橋本哲哉「『シベリア出兵』期における『浦潮日報』」（所収：古厩忠夫編『東北アジア史の再発見　環日本海叢書3』有信堂，1994）
124 バザールと周辺街区の構造については，第4章を参照。バザールは1940年代に壊され，現在はジナモ競技場となっている。バザールは市の所有であり，1年更新の契約であったという。野村，44頁。
125 野村，49-50頁。「一時の勃興／日本人商店の戦後一時勃興したるものは絹布及美術的雑貨を販売する商店にして当時十数軒の多きを算へたるも現今は僅に協信，共盛，神本の三洋行残存するのみにして其一部は哈爾浜に移り他は悉く内地に敗退又は引揚げたるものなりと云う。其重なる店名及出身地を挙ぐれば左の如し。熊澤洋行（横浜）／谷村商店（大阪）／松浦洋行（横浜）／日進洋行（大阪）／梅原商店（神戸）／勢至洋行（北海道）／馬場洋行（長椅）／三盛洋行（大阪）／能勢洋行（長崎）。而して此等は皆戦後初めて浦港に来り開店せし者にして数年ならずして閉店せるものなり」
126 日本国有鉄道『日本国有鉄道百年史　第五巻』1972, 554頁。
127 ロシア側は極東の商業貿易政策を，日露戦争以前に従来のウラジオストクから不凍港大連を中心としたものに変更していたが，「長春・旅順間の鉄道の租借権を日本に譲渡したため，やむを得ず大連中心主義を放棄して，再びウラジオストク中心主義を採用しなければならなかった。（略）満洲における日本の進出の大きな推進力となる南満洲鉄道（東清鉄道）との連絡運輸を開始することは，そうでなくとも条件の悪いウラジオストクの繁栄を妨害するものとして，容易に認めがたい空気が支配的であった」という（日本国有鉄道，553-554頁）。当時の対満洲貿易の日本側の中心は大阪であり，満洲の対日貿易の中心は哈爾濱であったから，実質的にはほとんどの貨物は朝鮮・大連経由によって輸送されるということを意味していた，とされる（同書, 556-561頁）。しかし，高嶋は，当時勃興しつつあった満州大豆の輸出ルートとして，ロシア側の運賃設定などの要因により，ウラジオストクはその輸出ルートとして位置づけられていた，と指摘している。高嶋雅明「ウラジボストク貿易と外国為替金融―浦潮斯徳松田銀行部

（十八銀行支店）の分析を中心として―（所収『土地制度史学』No.56, 土地制度史学会, 1971.7, 35-50頁）46頁。

128 大阪商船株式会社社史はこの航路に関して以下のように記している。「日露戦争終息後, わが国とシベリア間の交通が重要となるべきを察し, 四十年四月逓信省の命令航路として敦賀浦潮直行線及び浦潮回航船を開設した。前者は欧亜連絡の大幹線として国際交通上に重要なる役割を演じ, 後者は主として北海道と浦潮とを直接連絡せし点において重要なる意義を有した。欧州大戦中浦潮直行線ならびに浦潮回航船は軍需品輸送のために貢献するところ少なからざりしが, 戦後ロシア国情不安のため浦潮航路は不振に赴き, ついに回航船は大正12年3月限り休航のやむなきに至り, 直行線は昭和4年3月限り, 当社の関係会社たる北日本汽船株式会社に譲渡し, 以て同航路より全然手を引くに至った。」（大阪商船株式会社「大阪商船株式会社五十年史」1934, 250-251頁）。なお, この文中に欧州大戦とあるのは, 大正3年（1914）に勃発した第一次世界大戦のことである。

129 「浦潮の居留民はどうかすると寄留民等に攪乱されます。寄留民の中には口も八丁手も八丁の者が多いのです。而して彼等には永久的利害の考えがありません。只だ目の前の利害や理屈を並べ立てるから浅慮の居留民等は直ぐ彼等に攪乱されます。然らば居留民と寄留民と如何して判断区別しますか私達は考えます。此区別は当地に在住した年数と其職業に就て調査すれば直ぐ分ります。何年浦潮に住んで現に如何なる職業に従事して居るか有職か無職かということを調査すれば直ぐ解ります。時局より来る居留民の利害を彼の居留民ならぬ寄留民等の議論に任せて置いては危険ですよ諸君！（以下略）」（「寄留民居留民区別論に大賛成」『浦潮日報』大正11年9月16日　3面, 一部著者が句点を追加）

130 1925年には, ウラジオストクの在留日本人は, 590人, 1930年には380人を数えたにすぎない。土岐, 23頁, 及び, 「在外本邦人国勢調査報告」外務省通商局, 1931より。

131 廖によれば, 長崎の客商には以下の3つのカテゴリーが想定されるという。「イ）仕入季節に応じて長崎に来る者, ロ）ほかの開港場の商号から派出された出張者として長崎に滞在する者, ハ）新たに渡来してまだ独立の商号を開くことのできない者」である。廖赤陽「在日華商の社会組織とその商業ネットワーク　長崎福建会館の事例を中心に（1860～1950年代）」（所収：『年報・近代日本研究』No.14, 山川出版社, 1992.10), 129-130頁。

132 廖, 168頁の注23。

133 Matveev, p.99.

134 角田, 26頁。

135 グラーヴェ, 24頁。なお, 1892年の禁止措置は中国人に対してのみであり, それ以外の外国人はこれに先立つ1890年にすでに土地所有を禁じられていた。1892年の時点ですでにウラジオストク市内での中国人の土地所有者は13人いた。またすでに1881年から, 外国人の土地所有は, 軍務知事の許可がある時のみに限られていた。Siegelbaum, pp.310-311.

136 Matveev, pp.128-129.

137 徳永は, 日露戦争前より銀行業務, 風呂屋などを手掛けていたことで知られる。このほか, 1910, 1911年の家屋所有者リストでは, "Sugiura Khisakhiro" の表記がある。高嶋雅明「ウラジボストク貿易と外国為替金融―浦潮斯徳松田銀行部（十八銀行支店）の分析を中心として―（所収『土地制度史学』No.56, 1971.7, 35-50頁）38頁。

138 瀬脇には, 「亜人コーペルと云る（ママ）者, 今現にウラジオストークに来住して, 武藤が寓居の隣家に臣店を開き住居せり」（76頁）。また, 「余等が旅宿の主人コーペル

氏は富者と見え且好事家にして賓客を愛す」（88頁）とあるように，瀬脇は現地滞在においてCooperの厄介になっていたことがわかる。

139 Riabov, N., Obertas,V., *Istorii zastoroiki Vladivostoka*, Primorskoe knizhoe izdatel'stvo, Vladivostok, 1961, p.6.

140 瀬脇，106頁。

141 建物売買の記録は「明治十四年七月乃至十月浦潮港報告」『通商彙編　明治14年』95頁，及び神戸連載第2回，21頁。「該社は其隣家米人「クーペル」氏より半煉瓦製の大屋及地面を一万八千廬布（ルーブル）にて購求せり。即ち昨年九月の事なりき。自来家屋の内外を装飾し，漸く本月本日（1882年1月16日）を以て開店式を行えり」また，前出Riabovにも土地売買の話が紹介されている。6頁。

142 クーパーの配偶者等に関しては瀬脇，88-89頁参照。ここでクーパー家の様子は以下のように描写されている。「又旅宿のコーペルが家に三人の子あり。其長男は八歳，次男は七歳，末子は五歳なり。長男の付添は満州人，次男の付添は朝鮮人，三男の付添は露人なり。兄弟三人相会して遊ぶ時，各其言葉通じ難き赴きなれども，長男は其年齢の稍長したる所あるを以て其の付添より学たる満州語と，又稍朝鮮語を交え話す由。此のコーペルが家に又，去春朝鮮より亡命し来れる十三歳の下女あり。朝鮮語は勿論，次に又能く露語を用ふ。総て当地の人は，男女老幼を論ぜず三四国の語に通ぜざる者なし」（85頁）。ここに紹介されているクーパーの息子は，中国人が母であったとすると，アメリカ人と中国人のハーフであるが，後にロシア人に帰化している（極東研究協会Miz Nelly氏からのご教示による）。所有者リストに記載されたKuper Germ. Karl. 及びAleksandr Karlov Kuperとは，彼らのことだと思われる。

143 「外国人たち，デンビ，クーパー，スミスはフォンタンナヤ通りとセミョーノフ草刈り場の全区域を買い占め，中国人移民マンズに貸した。ロシア人は外国人に愛想がよすぎ，外国人がロシアの土地を奪い取るのにただ見とれているだけだった」N. P. Matveev, p.131. 文中，セミョーノフ草刈り場は，現在のジナモ競技場の一帯。

144 瀬脇には，デンビの妻は「支那人」と記述されているが（103-104頁），後に彼の妻は日本人として知られている。デンビ家に関しては，アミール・ヒサムトヂーノフ（沢田和彦訳）「実業家デンビー一族」（所収：『地域史研究　はこだて』No.28，1998）及び，清水恵「函館におけるロシア人商会の活動　セミョーノフ商会・デンビー商会の場合」（所収：『地域史研究はこだて』No.21，1995）参照。

145 Matveev, p.35.

146 「Adolf Vasilevich Dattan (1849-1924). Thuringia生まれ。1871年にウラジオストクに来住し，グスタフ・クンスト，グスタフ・アルベルスの企業に参加。1884年にロシア国籍取得。1886年にクンストとアルベルスの共同経営者となり，1910年にはアルフレッド・アルベルス（グスタフ・アルベルスの息子）の共同経営者となる。ドイツのスパイ容疑で1914年に逮捕され，16年にトムスクへ移住。1924年に息子のジョージ・フォン・ダッタンが，商会の共同経営者を継ぐ。」Stephan, p.315.

147 神戸最終回，65頁（1883年10月）。

148 「聞く所に因れば該船（三菱汽船社寮丸号）は本港清人吉祥（カチン）氏と約し同店の荷物を蟹子の小船三艘に積み之を率いて「ポシエート」港に至り陸揚の後朝鮮諸港を経て帰国すと云う」前出神戸，連載第2回，67頁。

149 Matveev, p.120.

第4章

旧セミョーノフスキーバザール周辺における街区形態の形成と変容

1. はじめに

　中心市街地全域の建物配置図の検討と全域の踏査を重ねた結果，現況において帝政時代の空間構成が比較的明瞭に残存していると確認できたエリアは大きく以下の2つであった。

　①スヴェトランスカヤ通り沿道
　スヴェトランスカヤ通り（旧レーニンスカヤ通り）は，ゾロトイ・ローグ湾の海岸と平行に走る古くからの目抜き通りであり，この通りを中心に市街化されていったことも手伝い，表情豊かな街並みが形成されている。
　②旧「セミョーノフスキーバザール」周辺
　アムール湾に面した現在ジナモ競技場となっている区域は，1940年代中頃までセミョーノフスキーバザール（20世紀初頭に開設）という公設の市場があり，中国人はそこでの職業をほぼ独占していたといわれる。その一帯は現地において「ミリオンカ」と呼ばれており，中国人が空間形成に関わったとされる。

　①の街並みは，すでに第3章で見たとおり，ロシア・ドイツ系などの比較的大きな商店などが軒を連ねる整然とした「表の顔」であった。それに対して，②は市の商品経済の中心であったセミョーノフスキーバザールに関わりをもつ中国系の商人などが関わって作られたとされる高密である種の猥雑さをもった空間であり，ある意味で「裏の顔」をなしていたと指摘することもできる。この二者はウラジオストクの帝政時代の性格を反映していると考えられるため，本章と次章ではこの両者を対象として取り上げる。
　本章では後者の②旧「セミョーノフスキーバザール」周辺の街区A．B．（前出の第6街区と第15街区：図55）を対象とし，街区形態に着目して，形成上の特質と形成過程に関する考察を行う。①に関しては第5章で取り扱う。

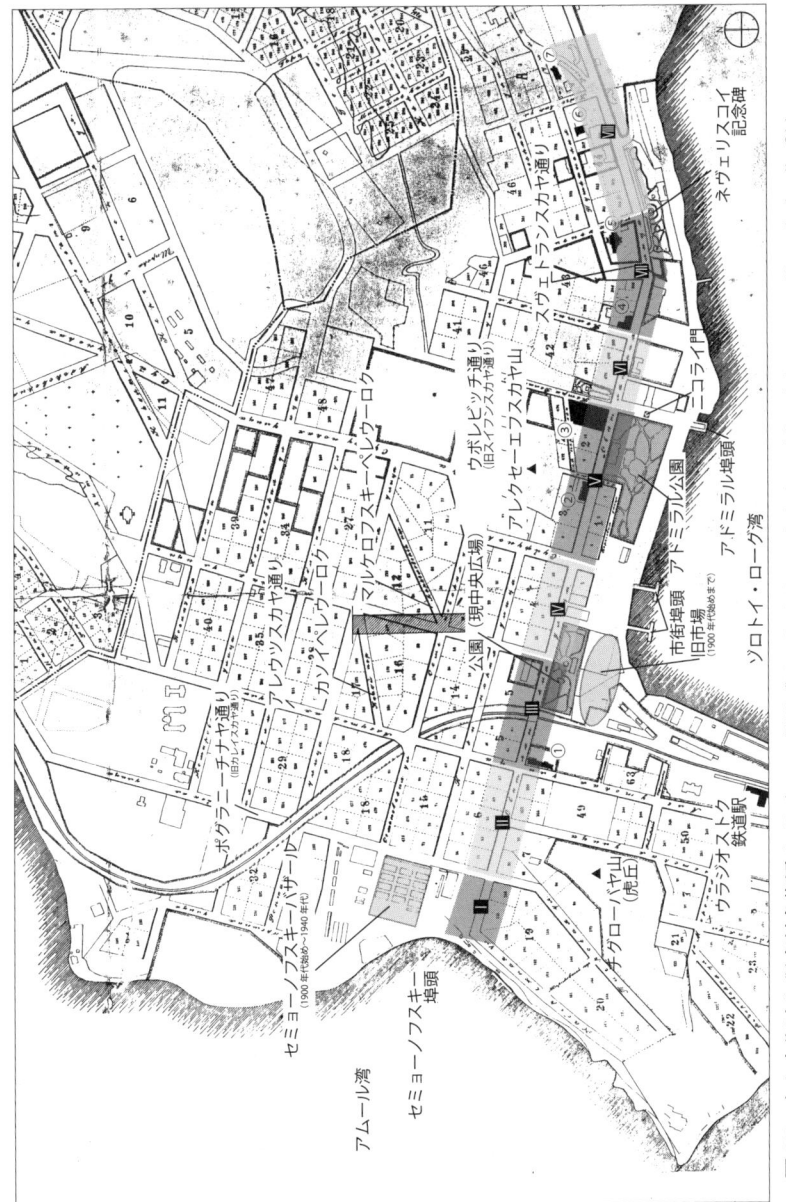

図55 中心市街地と調査対象街区 A, B（ベース図は "Plan Syshchestvuiushchago i Proektirovannago Raspolozheniia Oblastnogo Goroda Vladivostoka Primorskoi Oblasti"（1910））①州庁，②郵便局，③軍司令部，④市庁，⑤ウスペンスキー寺院，⑥東洋学院（現極東工科大学），⑦ルーテル教会

第4章　旧セミョーノフスキーバザール周辺における街区形態の形成と変容………219

1.1 調査・分析方法

1.1.1 街区形態に関する調査
①1880年代末における空間構成の推定
　当時の写真（写真20）から上記の街区Aにおける空間構成の復元・推定を行った（図64）。
②現況の実地調査
　建物配置・利用状況に関する調査により建物配置図の修正を行い，これを考察の上での基礎とした（図65）。

1.1.2 調査対象街区
　対象街区が接するスヴェトランスカヤ通り，アレウツスカヤ通りは市街地の発展とともに重要性を増してきた街路である。現在それぞれ中心市街地から新市街地へとつながる交通上の要路となっている。前者は古くからの一番の目抜き通りで，中心市街地の市街化の中心軸である。後者は市街地の拡大に伴って，市街を南北につなげる軸として，あるいはウスリー鉄道駅へ到る街路として重要性を増していったものと理解できる。この2つに比べてフォキン通り（旧ペキンスカヤ通り），セミョーノフスカヤ通り，ポグラニーチナヤ通り（旧カレイスカヤ通り）は，セミョーノフスキーバザールの存在に起因して帝政期に商店・企業が集積していた。第3章で見たとおり特にフォキン通り（旧ペキンスカヤ通り）には中国系の商店が多く立地していた。1940年代半ばのセミョーノフスキーバザールの撤去以降，徐々に住居機能へと置き代わったことにより，街路としての性格を変えたものと捉えられる。このうちセミョーノフスカヤ通りは，西側へと抜ける通過交通が多い。

　スヴェトランスカヤ通り，フォキン通りのAブロックに接する部分は，原則的に自動車の進入が禁止されている。フォキン通り沿道には，市当局主導により道路上に日用品販売のための仮設のキオスク（売店）が設置され，A，B両ブロックの間に230mにわたって190軒あまりが軒を連ねており，近年では日中は大変な人出があり，再び商業機能が集積し始めている。

1.2 街区形態の捉え方

ここでは，街区形態を，
①街区割り
②土地ロット（以下ロット）
③建物ユニット（以下ユニット）
という3つの要素から明らかにする（図56）。

1.2.1 街区割り

初期市街地計画に関しては，第1章にて明らかにしたとおりだが，対象街区はこの計画によって街区割りがなされた。街路計画のスペックは不明であるため，1910年の図面より寸法を割り出すと，対象街区周囲の街路幅員はどれもほぼ10サージェン[3]（約21.4m）である。街区は南北約50サージェンで，東西方向は112サージェンである。

1.2.2 土地ロット

ソビエト時代においては土地は全て公有化され，土地所有の境界は理論上は存在していない。現在のところまだ，帝政ロシア時代の地籍図，土地台帳などの有力な資料が見つかっていないために推定の域を出ないが，敷地の分割方法，敷地寸法という2点から土地ロットのあり方を再度検討しておきたい。

①ロット分割の方法
　まず現況の建物配置（図57）から街区内におけるロット割りのラインを想定することがある程度可能である。例えば街区A, Bの場合，街区の中心に東西方向の背割り線があったことが推測される。また南北方向にも街区長辺を5等分するような線の存在が想像される。古い市街地図[4]（図58）にもそのようなロット分割を暗示する線を見ることができる。
　さらに1910年の地図（図55, 図59）を見ると，上述した敷地割り推定線の裏付けとなる表現が見られる。図58は街区A, Bの部分を示しているが，ロット上に数字が見られる。この地図は市政府当局の土地に対する税管理のための図面[5]だが，このロット分割推定線の裏付けとなる。

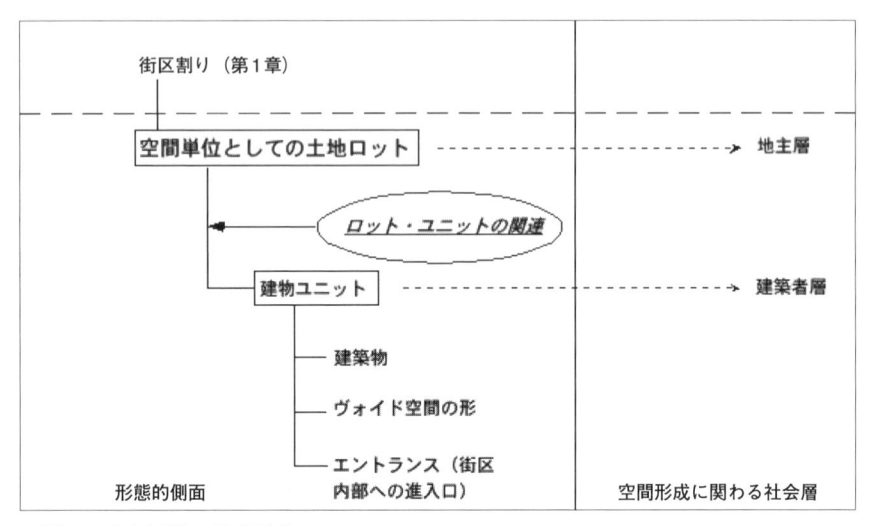

図56　街区形態の構成要素

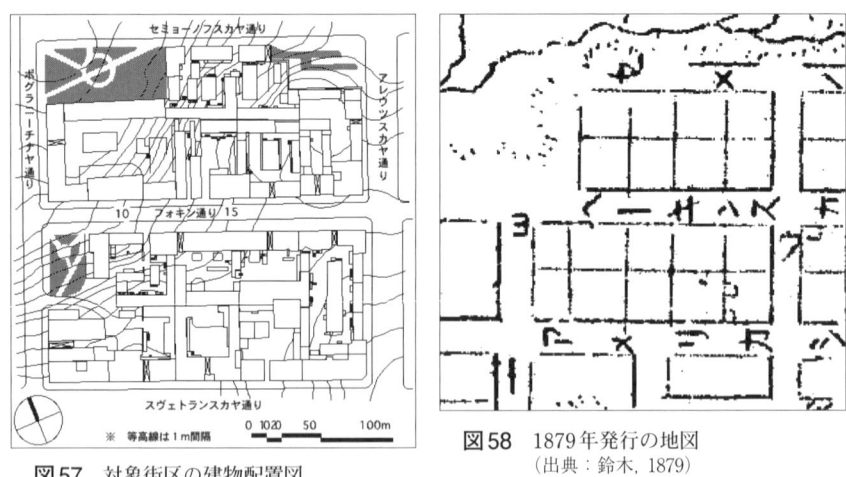

図57　対象街区の建物配置図

図58　1879年発行の地図
（出典：鈴木, 1879）

②敷地寸法

1879年に発行された「浦潮斯徳紀行」には，土地分譲の方法に関しての記述がある。

　　市街の地所は方弐拾五「サージン」（七「フート」を壱「サージン」と云う）

を壱区とし，官府之を売す時，其価を定むるには競売法を用ひ，最高値なる者を以て之を定め，且つ手数料として別に壱「サージン」毎に三「コペーキ」を徴す。市外の地所は横四拾「サージン」，長六拾「サージン」を一区とし，其壱区の地価三「ルーブル」半，一人にて幾区も買受る亦防げなしとす。[6]

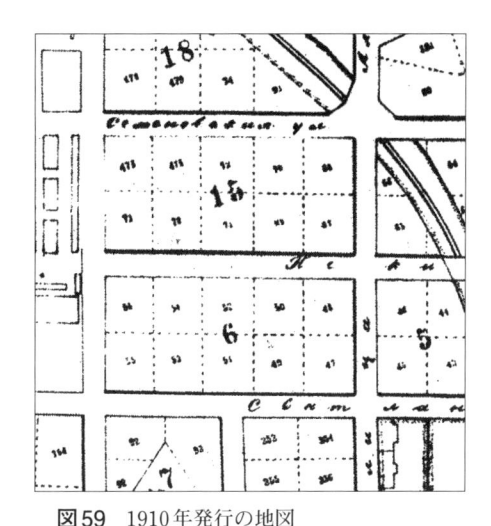

図59 1910年発行の地図
（出典："Plan Syshchestvuiushchago i Proektirovannago Raspolozheniia Oblastnogo Goroda Vladivostoka Primorskoi Oblasti", 1910））

　市街の分譲土地のサイズは一区画25サージェン四方で，競売により最高値をつけたものに落札するとある。この記述における区画の規模と実際の寸法との関係を1984年発行の5,000分の1地図から算定することにより比較する。[7] 地図の縮尺からある程度の誤差は否めない。敷地規模の標準は市街では25サージェン（1サージェンは約213.6cm．従って25サージェン≒約53.4m）四方と書かれていたが，A，Bブロックとも図59の分割方法にしたがって寸法を出すと，図60の様になり，南北方向約24〜25サージェンで，記述に近いが，東西方向約22サージェンとなり，差が大きい。他の街区の区画に関しても，24×24サージェンという敷地寸法が算出された街区（Aブロックより2つ東側のブロック）が1つある以外は，いずれも24×22〜23サージェンであり，ほぼ同一である。

　先の記述との数字上の差違の理由としては，①25×25サージェンのロットを確保するための街区割がなされたわけでなく，全て地形的制約に起因して街区寸法が定まり，そこから半ば自動的に街区を等分割するため，寸法がケースバイケースとなること，②今回の寸法算出時の誤差，あるいは街路骨格の形成に先立って行われた土地分譲の際の街路敷設時の区画寸法の修正などの要因により生じたものであることを推測することができる。

③本研究での仮定

　以上，決定的な資料にかけることは否めないが，1870年代初期の土地分譲の際，図59の均等なロットの分割方法によっていたとして論を進めていく。この仮定は以下の2点から妥当だと考えられる。

・この方式は，第1章で見たグリッドシステムにおける「均等な分割」という考えをさらにロット割りにおいても踏襲したもので，植民都市で多く見られる方法であり，合理的な一貫性があること。
・同一街区内で異なる形状のロットを造ることは，接道する複数の街路に対して都市活動的な観点から，価値の軽重が認識されていたことが前提となる。だが，少なくとも1860年代までは街路自体も都市活動を支える場とはなりえていないこと，この都市自体の重要性や位置づけが明らかでなく，対象街区が接する街路の幅員はどれも同一であることから，街路の性格づけが反映されたロット割がされていたと考えにくいこと。

以下での記述のために，便宜的に街区内のロット番号を設定する（図61）。

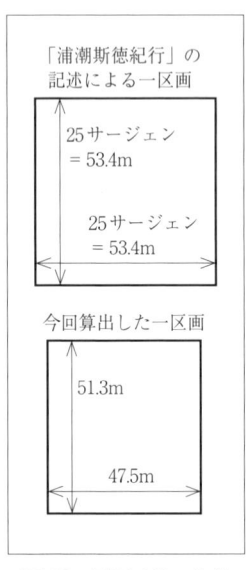

「浦潮斯徳紀行」の記述による一区画
25サージェン = 53.4m
25サージェン = 53.4m

今回算出した一区画
51.3m
47.5m

図60　区画寸法の比較

1.2.3　建物ユニット

　ユニットとは複数の建物によって構成された街区内の空間単位を指すこととする。このユニットは，建築物によって構成されるが，平面上建物が建てられていないスペース（ヴォイド空間）を含んでいる。また，街路からユニット全体への進入路をエントランスとした。

　これらの要素は，すでに第3章にて検討したとおり，空間形成に関わる社会層と対応していると考えられる。社会層としては〈地主〉，〈建築者〉，〈借家人〉の3つの層が存在し，この3層の構成する社会構造が帝政期の空間形成に関わっていたとことから，ロットとは〈地主〉が元来所有した地所の単位を指しており，ユニットとは〈建築者〉が〈地主〉から建物を建てるために土地を

借り受けることによって発生したまとまりであり，ある程度都市活動が活発化し，空間の需要が増大した段階において，地主によって地所を分割して貸し付けたことにより表れたものだと考えることができる。

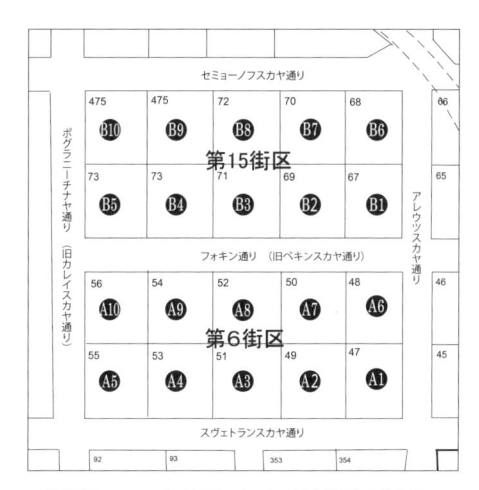

図61　ロット番号：（　）内は前章で検討した際に付されていたロット番号

2. 帝政期における市場空間とその活動

すでに前章で見たとおり、中国人はロシア極東の主要都市において商業活動を行っていた。中国人商人の多くは小規模であり、都市における活動の舞台は、各都市の市場空間であった。街区形態の形成を見るにあたり、その背後要因となる経済活動の場であった市場空間の変遷を概観しておきたい。

2.1 初代市場（現中央広場付近）の発生と市場の空間形態

市場が発生した年代は定かではないが、ゾロトイ・ローグ湾岸の市有埠頭周辺に徐々に発生したものだと思われる。写真12は1860年代の市場の写真であると伝えられるが、このような簡単な小屋掛けの店が最も初期の形態であろう。

市場は、商いの場であったとともに、初期の段階においてはまた流入者の住まいの場でもあった。1876年に市会は市場空間の改善に乗り出すが、その時点までにおいては、中国人及び朝鮮人の流入者が許可なく住み着いていたという記述がある。後にロシア当局は中国人商業勢力の台頭ぶりを脅威として見ることになるが、その際に、住まいの場と商いの場が一体となっており、また非常に多くの人間が狭いスペースで暮らしていることを指摘する。すでに1870年代において、その端緒が現れていたといえる。

市場の形態に関しては、1879年の鈴木による『浦潮斯徳紀行』に記録がある。

> 満州人の市場借地税
> 　間口三「サージェン」奥行四「サージェン」を一区とする者は一ヶ年四拾「ルーブル」
> 　間口一「サージェン」奥行三「サージェン」を一区とする者は一ヶ年拾五「ルーブル」
> 　右（上）二項は千八百七十七年より五ヶ年間貸与の公約なり。
> 　蔬菜及び飲食物を販売する者ならびに被雇人一ヶ年十五ルーブル

諸種の行商一ヶ年一「ルーブル」半[10]

すでに1877年には市有のものとして市場が位置づけられていることがわかるが、これは先の市場の改善を受けてのものである。なお、この記述から、間口3×奥行4サージェン、及び間口1×奥行3サージェンという2種の区画が貸与されていたことがわかる。鈴木らを含む一行がこの時に撮影した市街の写真が残されているが（写真13）、これを見る限り、市場には大規模な建物はなく、ここでの一区画は、建物内のスペースを意味しているのではなく、市場区域内において貸与される土地区画のことを指しているものといえる。この写真から、その配置の状況も、埠頭付近を中心に自然発生的な形態を保持しているように見受けられる。

写真12　1860年代の中国人市場
（出典：『古都ウラジオストク』）

そののち、1892年の川上の『浦潮斯徳』においては、以下の記述がある。

　　又市有に属する市場の借店料及び雑払料は租税にあらずといえども商業者参考の為これを付記す
　　市場借地料
　　　本店（四十八）一戸に付き　　　年額七〇〇留乃至五〇〇留
　　　小屋掛店（十一）一戸に付き　　同　　五〇〇留乃至四〇〇留[11]

小屋掛店の最低でも400ルーブルという借地料は、先の鈴木の記述と比べると約25倍強であり、10年あまりの間の高騰ぶりに驚くが、市場自体はこの間にかなり整備されていることが写真からわかる（写真14）。上の文中で「本店」と書かれているものは、市場の共同建物で、写真14の中央やや右あたりに並んでいる4棟の建物を指していると思われる。別の写真（写真15）では、この「本店」と思われる建物が比較的よく映っている。

さて、さらに10年を経ると、賃借料は高騰し、市場の店数は増加している

写真13 1877年の市場付近（拡大）（北海道大学付属図書館北方資料室所蔵）

ことがわかる。

　市場（バザル）は公園と税関埠頭との間に介在す，毎日早朝より野菜食料品そのた百貨を販売す，総数百十三個の店に分かつ，毎年競争入札を以て州庁より貸与す，一区画前口一サージェン半，奥行三サージェンのもの，その借地税入札最高額一千留に上りしという，其の繁盛なること推知すべし，現今借地使用者露人二十八人，清人八十五人あり，このほか付近の地及びスヴェトランスカヤ街に出る大通りには露店を設け，沍寒凛烈の季も猶果物雑貨を販売す，多くは清人にして露人は僅かに四五にすぎず，彼等寒気と戦うの勇気驚くに堪えたり[12]

　店数が，この記述では113とあり，このほかにも周囲に露店が設けられていることがわかる。1900年代はじめとされる写真（写真16）を見ると，1890年代初頭の写真14にみた「本店」の建物に代わって，新たに細長い建物が8棟ほど現れている。この奥にもさらにいくつか市場施設と思われる建物もあるが（これらは1890年初頭の写真14にも写されている），ここでの113軒の店は手前の細長い建物群の内部にあったと思われる。

2.2　初代市場とその周辺における空間構成の変化

　これらの写真資料（写真13，14）から，1879年及び1891年の旧市場付近における空間構成をある程度把握することができる。以下復元的に構成推定図（図62，63）を示し，各要素ごとにその状況を示す。

2.2.1　街　路

　1879年には路面も整備されておらず，道路断面は凹型である。計画道路と空地部分に発生した抜け道との区別がつかず，特に市場付近では，周辺の街路

写真14　1891年の市場付近（拡大）（出典：『古都ウラジオストク』）

からの抜け道的アプローチが見られる。1891年においては，写真から判断される限りでは，路面が整備され，街路が格子状に組まれていることを確認できる。

2.2.2　土地利用

1879年においては原地形の名残である小川が存在している。アレウツスカヤ通りとスヴェトランスカヤ通り交差点付近一帯は，低湿地で未利用のままである。その他の部分も未利用のまま残されている部分が少なくない。1891年には，この一帯の利用がまんべんなく進んでいる。

写真15　1890年代の市場（拡大）
（出典：『古都ウラジオストク』）

2.2.3　土地ロット―建築物の関係

1879年の時点で，随所に塀が見受けられ，敷地の分譲がすでに行われたことを示している。しかし，道路に沿って立ち上げられている建築物はまれで，ほとんどがロットの中ほどに配置されている。これは空間利用がロットごとに完結しているということにほかならず，ここからは第1章で見たごとく，むしろ農村的な土地利用状況を見て取ることができる。1891年にはこれが一変し，沿道に建築物が建ちならび始め，ロット内部の利用も進むなど，土地ロット―

写真16　1900年代初頭の市場付近（拡大）（ウラジオストク・アルセーニエフ郷土博物館所蔵）

建築物の関係が多様化している。

2.2.4　建　築　物

1879年では，ほとんどが木造の平屋建てで構成され，時に2階建ての建築物を見受けるが，1891年には2階建てがかなりの数を占めている。公園北東側のブロックでは，煉瓦造の建築物も出現している。

2.2.5　都市的施設

①埠頭と市場

1879年から91年の間に，埠頭の整備，埋め立てが行われている。また市場は79年においては湾に面した部分で，仮設の小規模な建物群であったのが，91年には専用の建築物に移動している。市場はほぼ中国人の独占であったといわれている。

②公園

1879年においては未利用であった市場の北側部分が，91年には公園として整備され始めている。

2.3　セミョーノフスキーバザールの設置と市場の空間形態

一方アムール湾岸でもすでに1890年代終わりから，それまでの「セミョーノフの草刈り場」に徐々に市場が形成されだしたことが指摘されている。本章で扱う旧セミョーノフスキーバザール周辺とはこの一帯のことである。後に

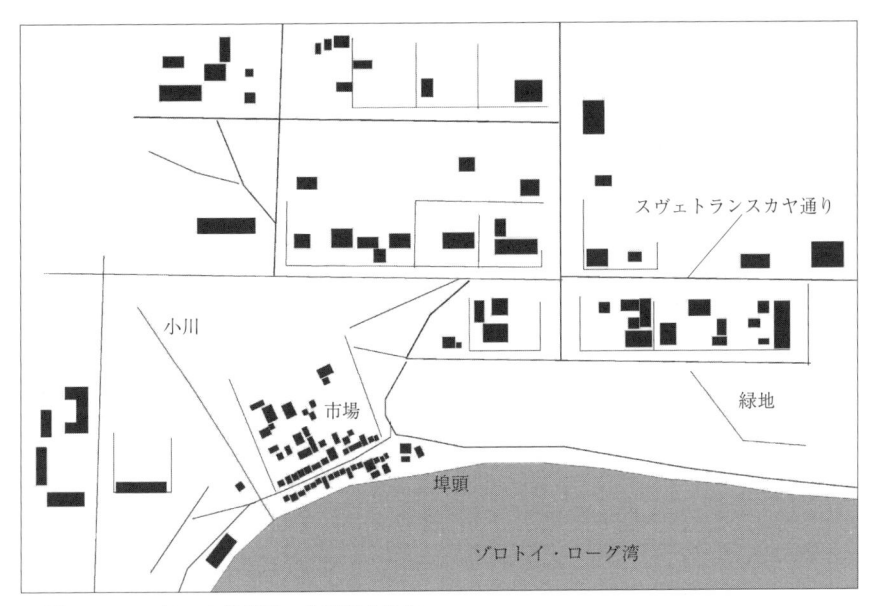

図62　1879年の市場付近の空間構成推定

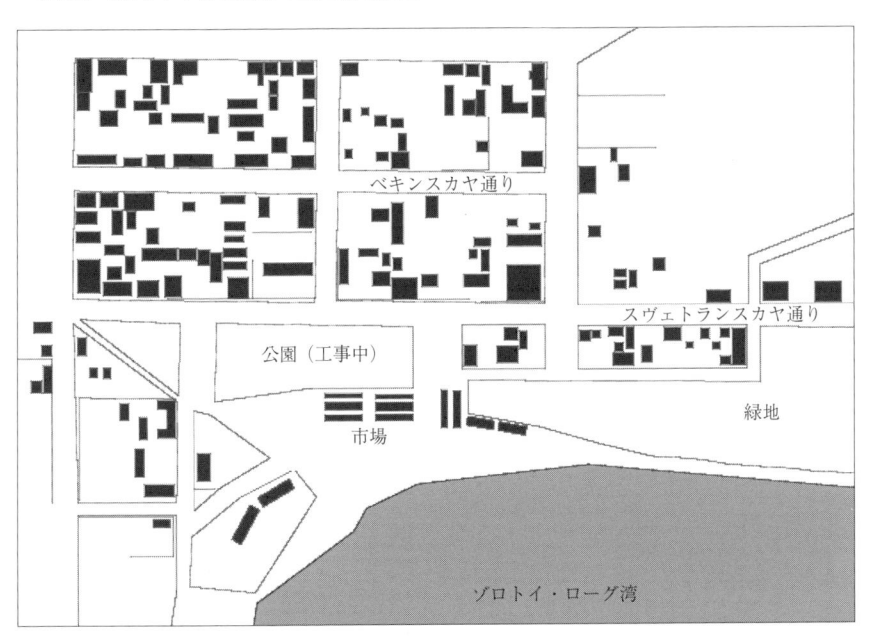

図63　1891年の市場付近の空間構成推定

第4章　旧セミョーノフスキーバザール周辺における街区形態の形成と変容………231

1900年代半ばには，市街埠頭とスヴェトランスカヤ通りの間にあった前述の市有市場が廃止され，こちらに移ってくる。市の発展に伴う人口の増大や，経済活動の活発化といった現象から水陸のボトルネック的な地点に位置していた市場が，手狭になってしまったためである。

> 市場は旧来商港埠頭と市の公園との中間にありしが戦後之を現今の黒龍湾岸に移してより商業の中心もまた動き旧来盛んなりし旧市場付近の「キタイスカヤ」街は稍々寂れて現今の市場付近は繁盛の地点となれり。[13]

具体的な例示はなく，印象論に傾いている観もあるが，市場の移転により商業中心も移動し，かつての市場付近は寂れてきつつあることを述べている。新市場の形態についてもやや詳細な記述がある。

> 市場は（中略）其の前街を『カレイスカヤ』街と称す，市場の中央なる『セメーノフスカヤ』街より入りたるところの道路より南北に両断して縦横に数条の道路を作り各商店軒を並ぶ其の北方には多くの雑貨，古着，ブリキ，トタン細工及び理髪店等あり又南方には野菜，果実及び食料品等を販売する商店羅列し，日々早朝より食料品その他の物資を販売す。浦港全市の魚菜，肉果は総てこの市場より供給せらる故に貴賎を問わず自ら日々の食料品の購買するを例とせり。（中略）
> 市場は市の所有にしてその店舗は市庁より貸与するものなり店舗の借り賃は近来新築したる前口約三サージェン奥行き三サージェンのものは一ヶ月二十七留半にして旧来よりのものは夫れより稍々狭隘にして二十三留なり又店舗を建てざる廣き空所ありて野天のまま物品を販売す。その借り賃は一サージェン四方半ヶ月一留半とす。尚その南端に鉄材を骨子とし下部を石造とし上部を煉瓦造となしたる堅牢なる市有建物あり。之を『パッサージ』（我が勧工場の如きもの）という。『パッサージ』の内部を三十六区割，外部を十九区割に分つ。又其下部を九に画して総て生肉販売店となし，（中略）『パッサージ』の一区画は前口一サージェン半，奥行二サージェン位にて一ヶ月の借り賃は三十留なり。[14]

この記述から，2種の店舗区画（間口約3サージェン×奥行き3サージェンのものとこれよりやや小さな旧来よりのもの）と露店区画，それに「パッサージ」内部の区画という4種類の形態があったことがわかる。この「パッサージ」とはバザールを構成していた建物の1つで比較的大きな市場の建物のことである（写真17）。注目すべきなのは「自由港時代」には邦人によってパッサージ内部の店舗が全て借りられていたこと，そして現在（1912年）では6軒となっているという指摘であるが，パッサージを内包する建物は写真で見る限り大架構の空間であり，ごく自然に考えるなら，この中を整然と1列18軒の商店群がリニアーに2列並んでいたような配置形態が考えられる。

　先に検討した1910年の商店リストには，このバザール内の店舗もリストアップされているが，これはいずれも店舗区画，あるいは「パッサージ」内の区画であった。ちなみにこのリストからは24軒の中国人商店の存在を確認でき，そのうち青果商が14軒，食肉商が6軒を占めている。

2.4　市場空間と中国人

　中国人は，初期においてはすでに地所を所有する地主層もいたものの，食料品や生活雑貨などを取り扱う小規模な商業者が大多数であった。市場空間の仮設的な小屋は彼らの商いの場であるとともに生活の場でもあった。後に徐々にその商業基盤が整い出したものから，活動の場を拡大し，常設店へと移動していく。それに伴い，この市場の一帯，すなわちキタイスカヤ通り（現在のオケアンスキー大通り）周辺に中国人街が形成されていったものと考えられる。

　1900年代初頭に市場が市街地西部の未開発であったアムール湾沿いのセミョーノフスキーバザールへと移転したのに伴い商業活動の中心も西へ移り，中国人などの居留民が移動していった。この中国系の商店・企業が新市場付近，すなわちペキンスカヤ通りの沿道に多く立地していることは，前章で明らかにしたとおりであるが，中国人居住区は「ミリオンカ」と称され，この地域には商店のみならず，3つの中国人劇場，中国人湯屋，阿片吸引所，賭博場なども立地した。これらの建設に際して中国人資本が関わっていたであろう事は想像に難くない。

　ウラジオストクに限らず，ハバロフスク，ブラゴベシチェンスクにおいても，

写真17 セミョーノフスキー・バザール（ハバロフスク地方博物館所蔵）

写真18 セミョーノフスキー・バザール湾岸部・年代不詳（出典："Vladimir Klavdievich Arsen'ev :Biografiia v Fotografiiakh, vospominaniiakh druzei, svidetel'stvakh epokhi"）

　最も初期の段階から中国人は市場にて活動を行っていた。それらは初期の段階において，水陸交通の結節地点に発生し，徐々に形態も整い，また市街の発展と人口の増大に合わせて，規模も大きなものとなっていくことは共通である。また一般的に中国人の商人はその社会的上昇過程において，仮設的な店舗から常設店，そして家屋の所有という形態的な発展段階が見られるが[16]，このように目に見える形での彼らの勢力の増大は，ウラジオストクを中心としてロシア極東の都市において，ロシア当局にとっては脅威に映るものとなっていく。

　ロシア極東の都市内において多くの中国人の活動の中心でもあった市場空間をどのように管理するのかは，ロシア当局から見れば都市経営上，衛生行政上の大きな要点であり，それはまた極東の人種政策とも関連があったといえよう。

3. 19世紀における街区形態の復元

写真19, 20は街区Aの周辺が写されている。この写真をもとに建物の配置を推定し, 復元した (図64)。

3.1 1870年代末

3.1.1 建築物

写真19の画面中央のやや下を左右に通る街路がスヴェトランスカヤ通り, この街路に直交して画面のほぼ中央から左上に向かって走る街路がアレウツスカヤ通りであり, 街区Aはすなわちこのアレウツスカヤ通りの左側の部分にあたる。この写真上ではAブロックの東側のごく一部しか確認することができないが, 概ね木造平屋建ての建物である。ただ2階建ての建物も既に存在している。街区Aでは, A6のロットのアレウツスカヤ通りとペキンスカヤ通りの角に立つ建物がそうであり, またペキンスカヤ通りをさらに東に行ったこの画面右端には道路に沿う形でこの中では比較的規模の大きい2階建ての建物も確認できる[17]。

3.1.2 土地ロットと建物ユニット

建物はロット内に分散して配置され, 土地ロット内も未利用部分が多いことが分かる。また上で推測したロット分割線に沿って, 柵の存在が確認でき, 空間形成の原単位として土地ロットがあることがわかる。アレウツスカヤ通り沿いのロット (A1, A6) においては, 建物がやや建て込んでいるように見受けられるが, この写真から細かい配置状況などを視認することは困難である。

写真19 1870年代のAブロック東側付近（出典："Vladivostok konets XIX-nachalo XX veka"）

写真20 1891年のAブロック付近（出典：『古都ウラジオストク』）この写真を収録している「古都ウラジオストク」のキャプションには，1880年代末とある。

3.2 1890年代初頭

3.2.1 建築物

建築物のほとんどが勾配屋根の木造平屋建てである。1886年市内の建物は，木造家屋597に対し，煉瓦造家屋38となっており，この写真19においても，[18]

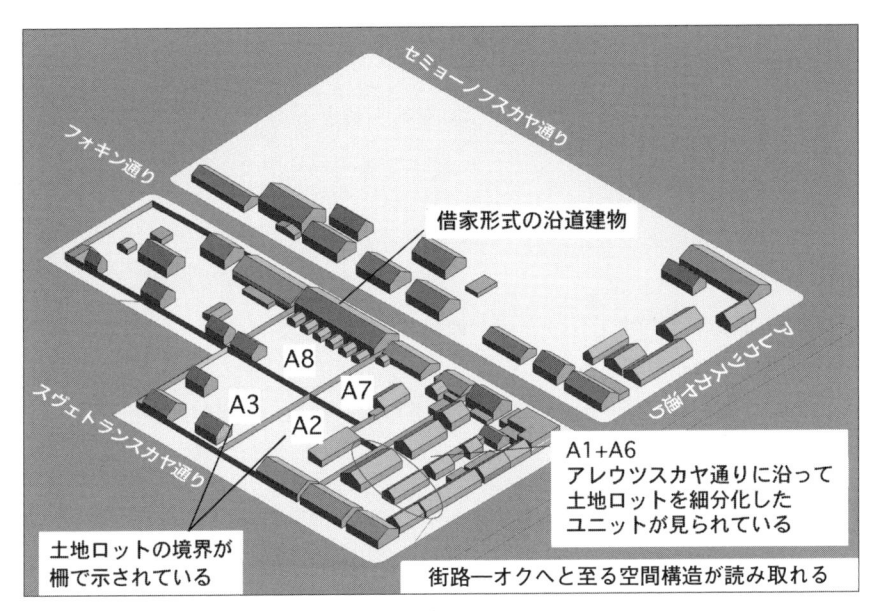

図64 1890年前後の建物配置（推定復元図）

わずかに見られる2階建ての煉瓦造らしき建築を除けばほとんどは木造平屋建てであった様子が知れる。なお，この1878年に行われた北海道開拓使らの視察には木造防寒住宅の調査も含まれ，その視察報告である鈴木の『浦潮斯徳紀行』には家屋に関する詳細な記述があり[19]，「ウラジオストック風」と称する家屋が数多く見られていたものと思われる[20]。

3.2.2 土地ロットと建物ユニット

ロット内の建物の分散的配置や，土地ロット内に空地部分が多いことは1870年代末と同様である。また，写真右側のアレウツスカヤ通り沿い（A1, A6）においては，この推測される区画を越えて一体的な領域が形成されると同時に，やや細分化されて街路―オク（土地ロット内部）へと至る空間単位の形成が読み取れる。その他は空間単位は分譲当初の土地ロットとほぼ同様であり，それは柵の存在からも理解されるところである。この時点では敷地内部の空地部分は残余的なあり方を見せている。

第4章　旧セミョーノフスキーバザール周辺における街区形態の形成と変容………237

3.3 世紀末における土地―建物関係の類型

以上の検討に基づくと、土地ロット内の空間構成のタイプとしては、19世紀末において、

①住宅及び作業場などが柵によって囲まれた1つのロット内において分散配置されるタイプ（A2, A3）。
②①の発展型として1つのロットの境界が柵で示されながら、接道部分に沿った形で建物が配置されるタイプ（A7, A8）。
③アレウツスカヤ通り沿いにおいてはさらに、敷地の効率的な利用が進んでおり、ロットの間口を分割して接道建物が配置され、さらに建物群により「接道部―オク」という空間構造が現れているタイプ（A1 + A6）。

が発生していたことが認められる。

これに先立つ1870年代末には、対象街区に関しては、部分的な情報しか得られないが、上記の空間構成類型の①がほとんどの部分を占め、ごく部分的に②のタイプが見られているにすぎない。

1886年の統計では、ウラジオストクの人口は13,600人とされている[21]。当時在住した日本人の回想には「三十年前の浦潮市街は一個の村で家屋は全部木造だったそうである。現今のウェルサイユホテルのある所などは車も通らぬ坂道で牛や豚の遊び所であった。[22]」とあり、道路のあり方からもこの時期は市街化の過渡期であったことがうかがわれる。上で見てきたように実際の土地ロットの利用においても、市街化の進展に伴った敷地利用の高度化、あるいは建物機能の分化の萌芽が見え始めている。

すなわち、空間利用の高度化を建物配置から捉えれば、ロット内での分散配置（①のタイプ）から、接道部分における建物の出現（②のタイプ）→ロット内部の利用（③のタイプ）という順序で進んでいったと考えられる。また③のタイプ（A1, A6のロット）では、さらにアレウツスカヤ通り接道部の間口が分割されて建物が配置されており、後述するロット内小ユニットの形成の端緒が見られている。このA1, A6においては、市街化が進展や1891年からのウスリー鉄道の建設を控えてアレウツスカヤ通りの重要性が増していったことを背景として、

この時点ですでに敷地が分割されている可能性が高く，ユニットの形成の端緒となったものと思われる。

　以上のように，19世紀末においては，建物もいわゆる農村にも見られるようなものから都市的な建築タイプ（商業・業務用建物，賃貸用アパートなど）へと，更新が進みつつある。①のような初期の農村的な利用形態から始まった土地利用は徐々に変化し，空間利用にも様々なタイプが見られてきている。こうした混在状況は，都市化の過渡的な状況を反映しているものと理解できる。

4. 街区形態の現況

　建物配置・利用状況に関する調査により建物配置図の修正を行い，これを考察の上での基礎とした（図65）。

4.1　建　築　物

4.1.1　用　　途
　図65に1996年10月現在の対象街区の建物の用途を示す。商業業務専用となっている建物は街区Aのスヴェトランスカヤ通りと街区Bのアレウツスカヤ通り沿道に見られるのみで，その他は住居との併用，もしくは住居専用建物である。また，街区Aの北西角，街区Bの北西角，北東角はオープンスペースとなっている。対象街区では全般的に，この数年で店舗・オフィスへの転用傾向が見られる。

4.1.2　構造及び階数（図66）
　ほとんどが煉瓦造で，一部に木造が見られた。階数は煉瓦造は1～4階建てまで存在し，木造は1階か2階建てである。木造の建築は煉瓦造の主屋に対する附属屋のような形が多い。

4.1.3　建　築　年　代
　煉瓦造の建築物はおそらく19世紀末から20世紀初頭に更新されたものだといえよう。ソビエト時代の煉瓦造の建築物は対象街区内に4棟見られるのみである。またソビエト時代に行われた改変としては，この他に建築物の上階への増築が見られる。[23]

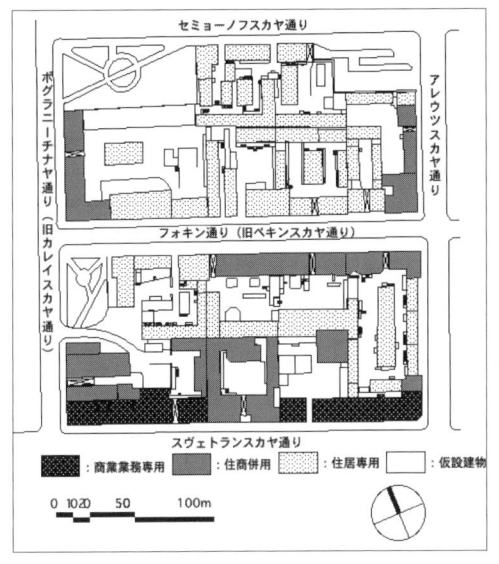

図65　対象街区の建物用途現況（1996年10月）

図66　対象街区の建物階数現況（1996年10月）

4.2　街区ファサード

4.2.1　連続性

　Aブロックの沿道においては，建物の高さがある程度一定であり，建物が密に建っている。また特にフォキン通りでは素材の色等がほぼ揃っており，町並みとしての連続性がある。北西角（A10）がオープンスペースとなっており，連続性が分断されている。Bブロックにおいては，ある程度の連続性は感じられるが，北側の中央部分（B3）において途切れる。またAブロック同様北西及び北東角の部分（B6, B10）がオープンスペースとなっている。なおA，Bブロックの角地におけるオープンスペース（A10, B6, B10）は既存建物の取り壊しにより，1960年代に都市計画的にオープンスペース化したものである。

4.2.2　街区内部への進入口（エントランス）の形式

　街路からロットの奥の部分へと至るための進入口（エントランス）は，ファサード面を構成する1つの要素となっている。現地において見られた型は大き

第4章　旧セミョーノフスキーバザール周辺における街区形態の形成と変容………241

く表15に示すように分けられる。

①トンネル型
建物の1階のトンネルをくぐり抜けて街区内部に至るタイプ。全ての街区において見られたもの（写真21）。トンネルの立面形状はアーチ型のものと方形のものがある。

②隙間型
建物の連続性がとぎれた部分に現れるタイプ（写真22）。隙間部分の幅はトンネル型よりも広い。

③歯抜け型
隙間と呼ぶにはあまりにも幅がありすぎるタイプで，かつては建物が連続していたものが壊されてそのまま放置されたものと考えられる。

4.3 ロットとユニットの空間構成

4.3.1 ユニットの空間構成形式

ユニットの空間構成形式は，平面上建物が建てられていないヴォイド空間の型に着目することで一応の整理が可能である。図67に示した対象街区の街区形態現況のヴォイド空間は表16のように分類できる。まずヴォイドが整形の形状を呈しているものと不整形のものとに分けることができる。整形のもののうち，スクエア型系とはスクエアなヴォイドを抱え込んだ配置形態を基本としているが，ヴォイドの中に別の建物があるドーナツ型（A1+A6, B2）と，スクエア型の結合によって特徴づけられる連結型（A7+A8）と二重型（A2）を指す。

またスクエア型とは明確に異なる構成をもつ街路型は注目するに価する。

4.3.2 ロットの空間構成

ロット内の建物間の関連性が見出しにくく，明らかに当初の原形を崩していると思われるものも少なくない。このパターンに該当するケースは，もともと地形条件がよくない部分に多く見受けられ，ソビエト以降に建てられたと判断できる建物（ソビエト時代の規格煉瓦造やコンクリートパネル造で保存対象外の建物）によってかつて形作られていたであろうユニットが崩されているもの（A4,

表15　エントランスの形式

型	概　要
①トンネル型	建物の一階のトンネルをくぐり抜けて街区内部に至るタイプ。すべての街区において見られたもの（写真21）。
②隙間型	建物の連続性がとぎれた部分にあらわれるタイプ（写真22）。
③歯抜け型	かつては建物が連続していたものが壊されてそのまま放置されたものと考えられる。

B4+B5）や，建物の取り壊しにより公園となっているもの（A10, B9, B10），荒廃しているもの（A9）などが挙げられる。

写真21　トンネル型

4.3.3　ロットとユニットの関係

1つの建物によってロットの空間が構成されているものはA3に見られるのみであり，その他は全て複数の建物によって構成されたユニットが1つあるいは複数集まって1つのロットを満たしている。ロットとユニットの関係から見ると，以下の2つがある。

・小ユニット
　ロットをさらに細分化した形でロット内部に存在しているユニッ

写真22　隙間型

第4章　旧セミョーノフスキーバザール周辺における街区形態の形成と変容………243

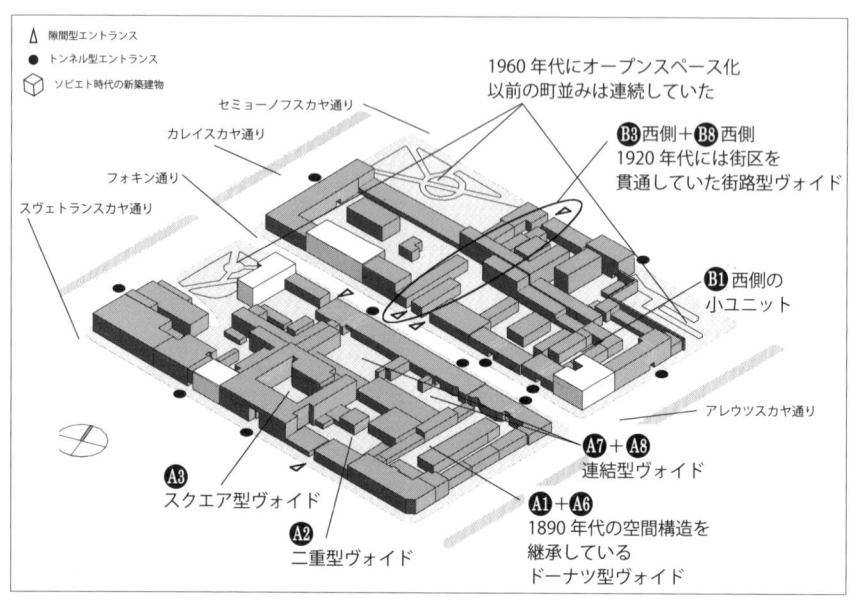

図67 対象街区の街区形態現況

トで，A4の東側，B1，B3，B8の西側で発生が認められる。この小ユニットは，街路型のヴォイドを介して敷地の長手方向左右に建物が配置される。
・大ユニット
2つのロットにまたがり存在しているユニットで，A1+A6，A7+A8，B4+B5などで集約化が起こっている。

4.4 まとめ

4.4.1 エントランスの進化とファサードの連続性
ロット内の空間利用の高度化に伴って，エントランスの型が進化していったと考えられる。歯抜け型から隙間型へと変化し，そして街路沿いの建築物が高密に集積し，それらが隙間なく連続することにより，トンネル型エントランスが生じたと考えられる。このような沿道建物のファサードの連続により，結果的に一体感を生む街区形態が形成されていたことがわかる。だが，その後の取り壊しとオープンスペース化により，再び歯抜け型エントランスが発生し，沿

表16 ヴォイド空間の形式
整形のもの…その形状からスクエア型系と街路型系に分かれる
不整形のもの…ヴォイド空間の形状が不明確で計画的につくられたように見えないもの。

	型	概　要
スクエア型系	スクエア型	四方を建物によって完全に囲まれたタイプ（写真23）。
	ドーナツ型	スクエア型の空間の中央に建物があり，ヴォイド空間が環のようにつながっているタイプ。
	連結型	二つのヴォイド空間が連結され，連続部分の存在によって連続性がもたらされているタイプ。
	二重型	街路から進入してきた空間が導入部を介してさらに奥へと連なっているタイプ。
街路型系	街路型	導入部と同じ幅で奥まで続き，街路がそのまま延長されたように明確な方向性をもつタイプ（写真24）。

写真23　スクエア型

写真24　街路型

道建物の連続性が部分的に断たれ，その一体感も損なわれてきている。

4.4.2　ユニットの発生

　先に見た1880年代における空間構成においては，1ロットが空間形成上の基本的な単位となって建物群が構成されたが，その後ユニットと呼ぶべき建物群が現れ，それによってロットの細分化，あるいはロットの集約化がなされた形跡が認められる。これは都市活動が活発化した19紀末から20世紀初頭にかけ

て起こってきた現象であると考えられる。これは，第3章で検討した〈建築者層〉の発生により生じたものであろう。

4.4.3 地形条件とヴォイド空間の型

ロット内の建て込みが見られる区画は，A9，B8など等高線の密集している斜面部分に位置している。対照的に平坦地の例えばA1＋A6，A3，B6などは基本的に街区内部に整形のヴォイド空間を内包した明確な空間構成が見られ，ロットの土地条件によって明白に差が見られる。端的にいえば平坦地＝スクエア型系ヴォイド，斜面地＝不整形ヴォイドという図式がある。斜面地では地盤を平面的に利用可能なように細かく分節する必要から不整形なヴォイド空間がもたらされたわけだが，その背後には都市の創世期に条件のよい土地の分譲を富裕な西洋人が受けていたという事実[24]と関連している可能性があり，都市社会の構造と対応して行われた空間形成の結果を反映していると見ることができよう。

5. 考　　察

5.1　家屋所有形態とユニット

　まず，こうした街区形態の形成を第3章で検討した1913年における家屋所有形態との関連から捉えてみたい。具体的には，〈小ユニット〉，〈大ユニット〉が発生した背景を探ることである。
　図68に対象街区における1913年時点での家屋所有者をロット別に振り分けたものを示した。各ロットに複数見られる所有者は，建物番号別の家屋所有者リストとの照合により，その位置関係を推定し，点線にて分割状況を示したものである。

5.1.1　大ユニット

　大ユニットは，A1（北側）+A6（図中：ロットNo.47北側+48），A7+A8（No.50+52），B4+B5（No.73+73）にて発生が認められたものであったが，この図からもわかるとおり，それらの複数のロットは，1913年の時点においては，同一の家屋所有者によることがわかる。初期状況におけるロット分割線を越えて形成されたこれらの大ユニットは，同一の所有者に所有権があったことにより発生した，と考えられる。
　またこのうち，A1+A6は中国人の所有になるものであり，また，A7+A8はアメリカ系クーパーの子孫の所有であるが，第3章で検討したとおり中国人社会と極めて近い位置にいたことが推測される。

5.1.2　小ユニット

　一方小ユニットは，現況の配置形態からA4の東側（ロットNo.53），B1（No.67），B3（No.71），B8（No.72）の西側で発生が認められるが，このうちB1（No.67），B3（No.71）においては，それぞれ推定される所有分割状況と一致しているものの，A4の東側（No.53），B8（No.72）では，推定分割線には一致していない。

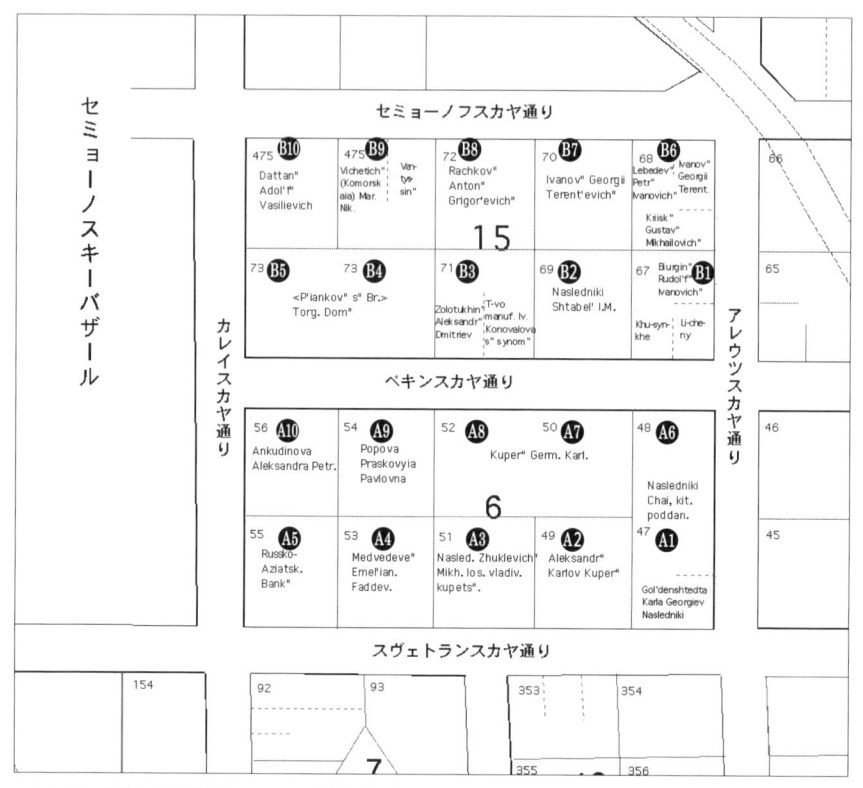

図68 調査対象街区における家屋所有者（1913年）

　小ユニットは，それぞれが別の建築者により開発されたと前提するならば，この時点（1913年）までの間に所有権がすでに地主に移管していたという推測も可能である。しかしながら，現時点までに見出した資料においては，そのことを具体的に証明する手だてはなく，説得力に乏しいことは否めない。

　この小ユニットは，ヴォイド空間の型から見るならば，〈街路型〉に該当するわけだが，ここで視点を変えて，こうした街路的空間の意味について考えてみたい。

5.2 街路と街路的空間の意味

5.2.1 街路型ヴォイド空間の連結（「ペキンスカヤ街からセミョーノフスカヤ街へと抜ける小路」〈B3, B8〉）

現地の邦字新聞「浦潮日報」の1922年における「本社員が疑問の行方／深更邦人に遊撃され／憲兵隊の保護を受け帰宅の途中より行方不明」という記事中に，「ペキンスカヤ街からセミョーノフスカヤ街へと抜ける小路」という表現が見られた。これは紛れもなく複数の小ユニット間をつなぐ路地的なヴォイドがかつては存在していたことを示している。具体的にはB3（写真25）とB8（写真26）に存在する街路型ヴォイド空間を指しており，これらがつながり，街区内部を南北に突き抜ける街路的な性格を有していたものとして理解できる。

この事例は土地ロットを空間形成の原単位としている街区形態の中で，土地ロット内の〈小ユニット〉が，土地ロットの境界を越えて結合されえたことを意味している。計画的な意図の有無は定かでないが，記事中の「小路」という表現のとおり，通路的役割も果たす利便性をもつ存在であり注目に値する。

5.2.2 セミョーノフスカヤ通り

写真27は20世紀初頭のセミョーノフスカヤ通りの風景であるが，沿道には仮設的な店舗が出されていることが確認できる。これらは，中国人によるものであるが，セミョーノフスカヤ通りは，セミョーノフスキーバザールに至る街路であったこともあり，沿道の利用形態はここに見られるような仮設的な商空間が展開する場でもあったと思われる。

5.2.3 セミョーノフスカヤ通り3番の建物

写真25のほぼ中央に写された建物には，こうした街路型ヴォイドを内包した空間構成が見られる。このセミョーノフスカヤ通り3番の建物は，三層吹き抜けをもつ中庭回廊形式の建物で，1910年頃までには建てられていたといわれている。実測調査により，図69～71を作成した。かなり改築が施されており，当初の部屋割り等を復元することはできなかったが，写真27からもわかるとおり，通路部分には仮設の店舗が張り出し，また当時は一部屋（16～18㎡と思われる）に10～15人もの中国人が暮らす生活の場でもあった。

写真25　B3西側の街路型ヴォイド
　　　　フォキン通り（旧ペキンスカヤ通り）から北方向へ撮影（1996年10月）

写真26　B8西側の街路型ヴォイド
　　　　ロット内部より北方向へ撮影（1996年10月）

写真27　1900年代初頭のセミョーノフスカヤ通り（出典：*Staryi Vladivostok*）西方向へ撮影。この街路の突き当たりがセミョーノフスキーバザールである。

写真28　セミョーノフスカヤ通り3番の建物の内部通路部分（出典：*Staryi Vladivostok*）セミョーノフスカヤ通りを背にして北方向への撮影

5.2.4　街路空間とミリオンカ

　対象街区の街区割りは約100×250mであり，約50m四方のロット割りを前提としてつくられたものであった。経済活動の活発化から空間需要が増大した際に，一方では，沿道建物の一体化が見られたが，ここで見てきたような街路

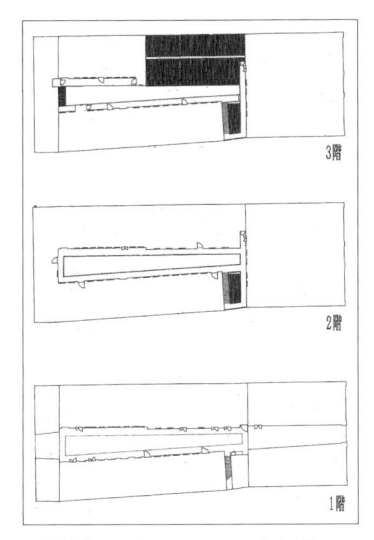

図69 セミョーノフスカヤ通り3番の建物平面

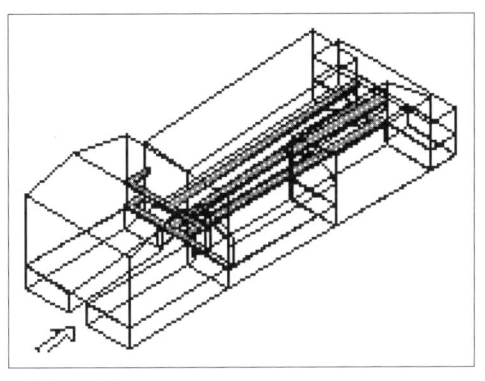

図70 同アクソメトリック

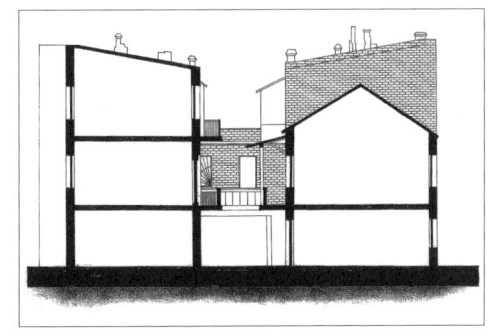

図71 同断面図 セミョーノフスカヤ通りを背にして北方向への東西断面

型ヴォイドは，ロット内部での利用形態の高度化とともに生み出されたといえる。

　これらの街路及び街路型ヴォイドの位置を改めて図72に示すが，セミョーノフスカヤ通り3番の建物を抜けた街路は，さらにその先，ポグラニーチナヤ通り（旧カレイスカヤ通り）まで抜けることが可能である。すでに検討したとおり，ペキンスカヤ通り（現：フォキン通り）には中国人商店が最も多く集積が認められ，図72に示した街区を貫通する街路的空間はペキンスカヤ通りから，セミョーノフスカヤ通りに至り，さらにその先，セミョーノフスカヤ通り3番の内部を通り，カレイスカヤ通りまでの一連のつながりがあり，ある種の連続性をもっていたことが推定できる。これらの一連の街路と街路的空間は，同様の利用形態と性質をもつ，すなわち通路的な役割と中国人を中心とした中国人の生活と商いの場として，相互に関連していたものと思われる。

　こうしたいわば「迷路」的な通路を生み出した街路型ヴォイドとは，街区構

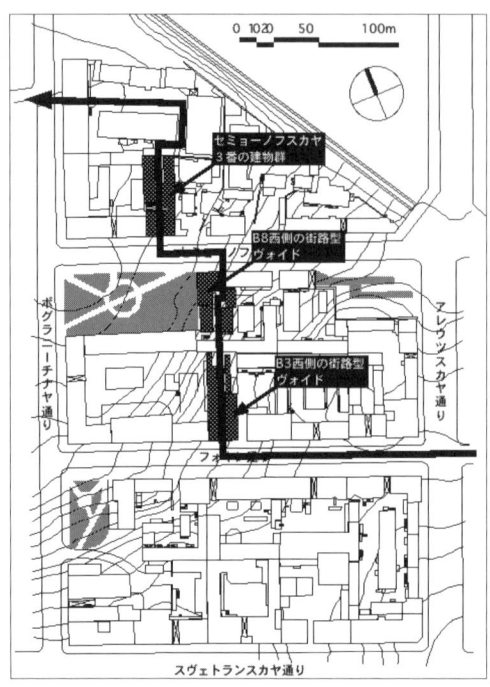

図72 対象街区を貫通する街路的空間

成の統一性に亀裂を入れながらも，比較的規模の大きい街区割において，街路同士をつなぐ通路的役割も果たす利便性をもつという両義的な性格をもった存在であったといえよう。

そしてこうした街路及び街路的空間の利用形態も，またこの地区の特異性を浮き彫りにさせ，その高密さ，街路空間利用の多層性・多重性により，「ミリオンカ」と呼ばれうる意味的領域が，認識されるに至る一因となったと思われる。

5.3 街区形態の形成過程

以上の検討から街区形態の形成過程を再度整理しておきたい。

5.3.1　1860年代～1870年代

中心市街地の街区割り，ロット割りがなされ，土地の分譲が行われる。ロット割りは当初，1つの街区を等分したものであった。当初はこの1ロットが空間形成上の原単位であり，すでに第1章で検討したとおり，ここに家屋敷のほか，菜園，附属屋などが配置されていた。

5.3.2　1880年代～1900年代　ユニットの発生

その後，都市の諸活動の活発化に合わせて，1880年頃より敷地内の利用が変容していく。

①小ユニットの発生

場所によっては，19世紀末の時点で，ロットが細分化した形跡を建物配置から推測できる。これによりロット内の小ユニットが発生している。現況の配置からは，A4の東側，B1，B3，B8の西側で発生が認められる。

②大ユニットの発生

一方，現況の建物配置からはさらに，ロットをまたがるような大ユニットなどの新たな空間単位を見出すことができる。これは，A1（北側）+A6，A7+A8，B4+B5などのロットにおいて見られており，複数のロットが同一の所有者であるために，こうした結合が行われたものと考えられる。

特にアレウツスカヤ通り沿いでは，市街化が進展するとともに19世紀末の比較的早い時期からロットの細分化と集約化が起こっている。一方，複数の小ユニット間をつなぐ路地的なヴォイド（B3+B8）も形成された。同一の所有者であるという条件のほかに，小ユニットが，土地ロットの境界を越えて結合されえた条件があったことを意味している。

また社会的な側面を考えれば，こうした敷地内の利用の変容に伴って，特に1880年代より増加していった中国人商人がここをその活動の場とし始める。

5.3.3　1900年代　街区ファサードの連続

もちろんこうした現象は全てのロットにわたって見られたわけではないが，総じてロット内の空間利用の高度化が起こり，街区内部での利用も進み，また沿道部の建物が連続することから，一体感をもった街並みが形成された。この時期は1900年代の間と推測される。

その過程は街区内部へ進入するエントランスの形状の進化に表れている。1870年代までの土地利用構成においては，ファサードという概念は生じていないが，徐々に沿道に建物が発生することにより，街区内部への進入路が形成され出す。まず隙間型が発生し，さらに沿道部の建築物が高密に集積し，隙間なく連続することから，トンネル型エントランスが生じたと考えられる。

5.3.4　1960年代以降

1960年ごろより，中心市街地では老朽化した建物などのクリアランスが行

写真29 アレウツスカヤ通り（1900年代・出典：*Vladimir Klavdievich Arsen'ev :Biografiia v Fotografiiakh, vospominaniiakh druzei, svidetel'stvakh epokhi*）アレウツスカヤ通りを南から北方向への写真。画面左側の連続した平屋の建物がB6のロットである。ここは現在小公園になっている。ペキンスカヤ通りの交差点より北よりの地点から、北の方向へ眺めている。

われ出す。街区の一部がオープンスペース化されているのは、こうした取り壊しによるものである。写真29, 30はそれぞれ対象街区内の1910年代までの写真で、1960年代以降に取り壊された部分を写しているものである。

写真30 カレイスカヤ通り（1900年代・出典：*Staryi Vladivostok*）カレイスカヤ通り（現ポグラニーチナヤ通り）を南から北方向への写真。画面右側の看板のある建物が、A5のロット、その先に家屋が数軒固まっている場所がA10のロットであるが、今は小公園となっている。

注

1 ウラジオストク市役所の建物保存計画図（"Istoriko-Arkhitekturnyi Opornyi Plan Tsentral'noi Chasti g.Vladivostoka"）及び現地の設計事務所〈Gorod〉による、中心市街地計画案における配置図をベースにして、1992年11月に作図したもの（作図：佐藤洋一, 羽佐田清貴, 米澤和宏）。

2 「ミリオンカ（Миллионка）」という語は、ロシア語の"Миллион"の変化形であり、

現地においては一般に市民が使用している通称の地名である。研究社露和辞典（1988）によると、「Миллион　1. 100万；［数量］100万個［人］. 2.［通例複数で］何百万、非常な多数；《口》何百万の富、；何百万大衆」とあるように、英語の"Million"と同様に、「何百万多数の、無数の」という意味に理解される。ミリオンカの起源に関しては、聞くところではいくつかの説がある。①多数の人々が蝟集し、居住した地区を指している（N. S. Riabov氏へのヒアリングより）、②この付近に賭博場などがあり、一晩で大金を使ってしまうという意味でつけられた（V. N. Sokolov氏へのヒアリングより）、などである。いずれにせよ、中心市街地においては、中国人が多く居住しその空間形態がある程度残存している一帯を指しており、市街地の中において、歴史的・文化的意味が共通に認知されている領域をさしていると理解できる。大多数の中国人居住者の都市活動の中心は、セミョーノフスキーバザールであり、ここでの対象街区はほぼ「ミリオンカ」の領域内に含まれると考えられる。

3　"Plan Syshchestvuiushchago i Proektirovannago Raspolozheniia Oblastnogo Goroda Vladivostoka Primorskoi Oblasti" 1910（極東研究協会図書館所蔵）。
4　鈴木大亮『浦潮斯徳紀行』所収の地図。図上の表記に「千八百七十二年　コルトマン氏の製図」とある。この暗示的な敷地割り線は、日本で発行された他の案内書所収の地図にも見られる。
5　地図は3に同じ。地図に関する説明は、極東地理学協会代表A.A.Khisamutdinov氏による。また、第3章で検討した家屋所有者リスト（1913年）とも一致しており、間違いないものと思われる。
6　鈴木、344頁。
7　街区寸法は1984年発行の5,000分の1の地形図（"Vladivostok [28]"〈Glavnoe Upravlenie Geodezii i Kartografii pri Soveta Ministrov〉、〈Gorod〉設計事務所所蔵）のコピー写真から算出した。地図上の1ミリは5メートルに相当する。
8　Matveev, p.99.
9　グラーヴェ、27-28, 96, 100-102頁。
10　鈴木、342頁。なお、この文中の「満州人」とは、満州族を指すわけではなく、漢人のことを指している。ロシア人は、流入する漢人のことを「マンズ」（Manz）と呼んでおり、これを「満州人」と誤訳したものと思われる。原『ウラジオストク物語』50, 87, 100頁。
11　川上俊彦『浦潮斯徳』大倉保五郎、1892, 54-55頁。
12　角田他十郎『浦潮案内』日露経済会、1902, 70頁。
13　野村喜一郎「露領浦潮斯徳港視察録」（所収：『勧業報告』第一号」石川県内務部、1912, 4頁。
14　野村、44-45頁。
15　グラーヴェ、96-97頁、角田、21頁。
16　廖赤陽「在日華商の社会組織とその商業ネットワーク　長崎福建会館の事例を中心に（1860〜1950年代）」（所収：『年報・近代日本研究』No.14, 山川出版社、1992.10）、鳴海邦碩編『都市・集まって住む形』朝日新聞社、1990。
17　この建物は後に東京貿易商会として日本人が店舗を開き、またその後杉浦商店が営業をした建物である。
18　川上、17頁。
19　「露人・家屋、其基礎は乱石を畳み、厚さ2尺5, 6寸より3尺4, 5寸、石灰及び粘土と砂との混和物を以て其空隙を填塞して最下の四壁を為す。其の高さ一様ならず。低き者は更に土中に穿ち、此の部に窩庫あるいは庖厨を設け。室内必ず煉瓦製の煖炉あり、

屋蓋は多く木板にして，或いは瓦及び亜鉛板等を用る者あり。概ね外飾を事とせず。専ら防寒を主とす。又二層樓より高き者なし。是れ風が猛烈なるが為なり。」（鈴木，314頁）。このほか，瀬脇の視察録にも以下の記述が見られる。「煉化石にて作たるは甚だ稀にして，多くは材木のみにて作たる家なり。其結構は，譬へば，長さ七間ある家なれば，凡そ一間程宛相隔てて柱を立て，之に横に丸太を積み重ねて壁と為し，屋根は板にて葺き，其内を客室，食堂，居間などに分ち居住すると見えたり。」（瀬脇寿人「烏刺細窊斯杜屈見聞雑記」1875（所収：加藤九祚「浦潮物語（一）」『ユーラシア』第4号　1972，70頁）。

20　吉田らは，明治初期の開拓使長官黒田清隆らのウラジオストク視察を受けて計画された明治11年の函館の街区改正計画のうち，家屋改良の要点の1つとして「傾斜地では，石積み布基礎の上にガラス窓付校倉造りで，地下室を備えたウラジオストック風家屋にすること」を挙げ，「寒地住宅の模範が，ウラジオストックの家屋に求められたが，どれほど実績を上げたかは疑問である」としている。（吉田理・越野武ら「明治初期の函館の都市計画について　その2　基盤整備と防火計画を中心にして」（所収：『日本建築学会北海道支部研究報告集』No.60，1987.3，201-204頁）203-204頁。また遠藤にも開拓使の住宅と関連して，ウラジオストクの家屋に関しての言及がある。遠藤明久『北海道住宅史話（上）』住まいの図書館出版局，1994（言及箇所：92-96頁）

21　川上，18頁。

22　川邊翁「平等会での話（二）」（所収：『浦潮日報』大正11（1922）年7月14日）。ウェルサイユとは後に建てたホテルの名（"Versal"）で，スヴェトランスカヤ通りをはさんだA5の向かい。川邊は旅館「扶桑館」を経営し，現地の邦人界の草分け的人物。

23　次章を参照。

24　「日なたやスヴェトランスカヤの日当たりのいい場所は，ほとんど外国人に取られてしまった」。Matveev, p.125.

25　『浦潮日報』（文28）の記事（大正11（1922）年4月28日3面「本社員が疑問の行方／深更邦人に遊撃され／憲兵隊の保護を受け帰宅の途中より行方不明」）に，「ペキンスカヤ街からセメノフスカヤ街へと抜ける小路」という表現が見られたが，B3とB8に存在するヴォイド空間を指しており，街区内部を南北に突き抜ける街路的な性格をもつものとして理解できる。

26　1996年10月における居住者（1930年より居住）へのヒアリング。

第5章

スヴェトランスカヤ通り沿道における都市空間の形成と変容

1. はじめに

1.1 都市構造から捉えたスヴェトランスカヤ通りの特質

1.1.1 ゾロトイ・ローグ湾からの眺め

ゾロトイ・ローグ湾に入港する場合，スヴェトランスカヤ通り沿道北側の町並がまず目の当たりにされる（図73。特にブロックⅢ～Ⅵ）。山を背にしたこの町並の眺めは，例えばこの町に訪れた日本人による回想録や絵葉書写真にも，時代を越えて登場している。

> 金角の湾内を次第に進めば，忽ち全面緑色の丘阜に據りて建てる，一大市街の現はれたるは是れ外ならず，浦潮斯徳是なり，其外観頗る荘麗にして，或は赤色の高塔隆々として聳ゆるもの，或は緑色の圓蓋，亭々たるもの，或は灰色の連屋，或は黄色の巨家，或は橙黄，或は黝黒等，全て様々の彩色を施せる，一大埠頭は，既に眼前に横たはれり，而して此等の家屋は後を擁する阜岡により，層々相駢ぶを以て，一層の美観なり。[1]

この記述からもわかるとおり，スヴェトランスカヤ通りの町並は，船で訪れるものに対するウラジオストクの「顔」の役割を担っていることがわかる。

1.1.2 水陸のノードとしての市有埠頭と市場

すでに第2章で見たとおり，この通りは，初期に形成された市有埠頭・市有市場，それに後に形成され商業埠頭などの物流・人流の，水陸間の結節地点であった。重要なのはこうした港湾施設を介して，海との接点を唯一もつ民間管理の地区であったことであり，関連の企業・商店がここを中心として多く集積するという条件を備えていたことを読み取りうる。

1.1.3　沿道の土地条件・施設立地

　その上スヴェトランスカヤ通りは，東西に延びる街路で，傾斜が少なく，比較的平坦で，中心市街地における街路の中では沿道の土地条件が最もよい。すでに第3章でも触れているとおり，開港初期の記録によれば，特に沿道北側の敷地は日当たりがよく，主にドイツ人，アメリカ人などに分譲された。また，図73にプロットしたとおり，1890年代～1910年代前半における中心市街地の主要な公的施設がこの街路沿いに立地していることがわかる。図中の市場は，1900年代はじめにアムール湾沿いのセミョーノフスキー埠頭方面に移転しているが，それまではこの市場が商業活動の中心であった。この場所はソビエト政権下で，広場として整備され，現在に至っている。またこの旧市場に隣接してかつては州庁があったが，この場所も現在では沿海州政府の本部となっている。また1938年に破壊されたウスペンスキー教会をはじめ，ルーテル教会（現存），東洋学院などもこの沿道に立地していた。

1.2　研究の方法

　古くから目抜き通りとして認識されていたためか，この町並を対象とした文献・絵葉書などの資料が断片的ながらも比較的多く残されており，建築物の変遷を検討することが可能である。
　そこで本章では，以下の2つの段階から論を進めることとする。

①沿道の現存建築物の情報を整理すること
　本章ではまず，関連文献や帝政時代における絵葉書などの断片的な資料を整理し検討を加え，現況調査と併せて，個々の建築物の建築年代などの情報を示すことを第一の課題とする。
②建築物の変遷を明らかにすること
　①の情報をベースにして，資料を参照しつつ，建築物の変遷を都市化の進展とその背景としての商業者の動向との関連をふまえ，経時的に明らかにする。
　なお，本章で用いている絵葉書は，複写を巻末資料編3に収録している。

1.2.1 対象範囲

図73に示す範囲の沿道全建築物を対象とする。図に示すように，対象範囲をブロックⅠ～Ⅷと便宜的に名付ける。この範囲は，最も古く（1860年代）から市街化された区域であり，120年間以上にわたり目抜き通りとしてさまざまな建設行為が積み重ねられてきたことを以下の2点から確かめることができる。

①この範囲は第1章で検討したウラジオストク最初の市街化計画である1868年のルビアンスキーによる街区割り設計区域内に入っている。そして土地区画の分譲は，この沿道から開始されている。

②現在のスヴェトランスカヤ通りの範囲は1907年以降の名称変更に伴い，ブロックⅧより東側（それまでは軍の管理下におかれていたペルヴァヤ・ポルトヴァヤ通り）を含む約3kmの長さをもっているが，本稿の対象範囲（ブロックⅠ～Ⅷ）は，最も初期からスヴェトランスカヤ通りといわれた範囲に一致する。

1.2.2 建築物のナンバリング

1996年10月に撮影した連続立面写真をもとに，絵葉書も参照しつつ，対象範囲内の沿道全建築物（62件）をナンバリングした（表17）。以下建築物は便宜的にこのナンバーにしたがって示すこととする。

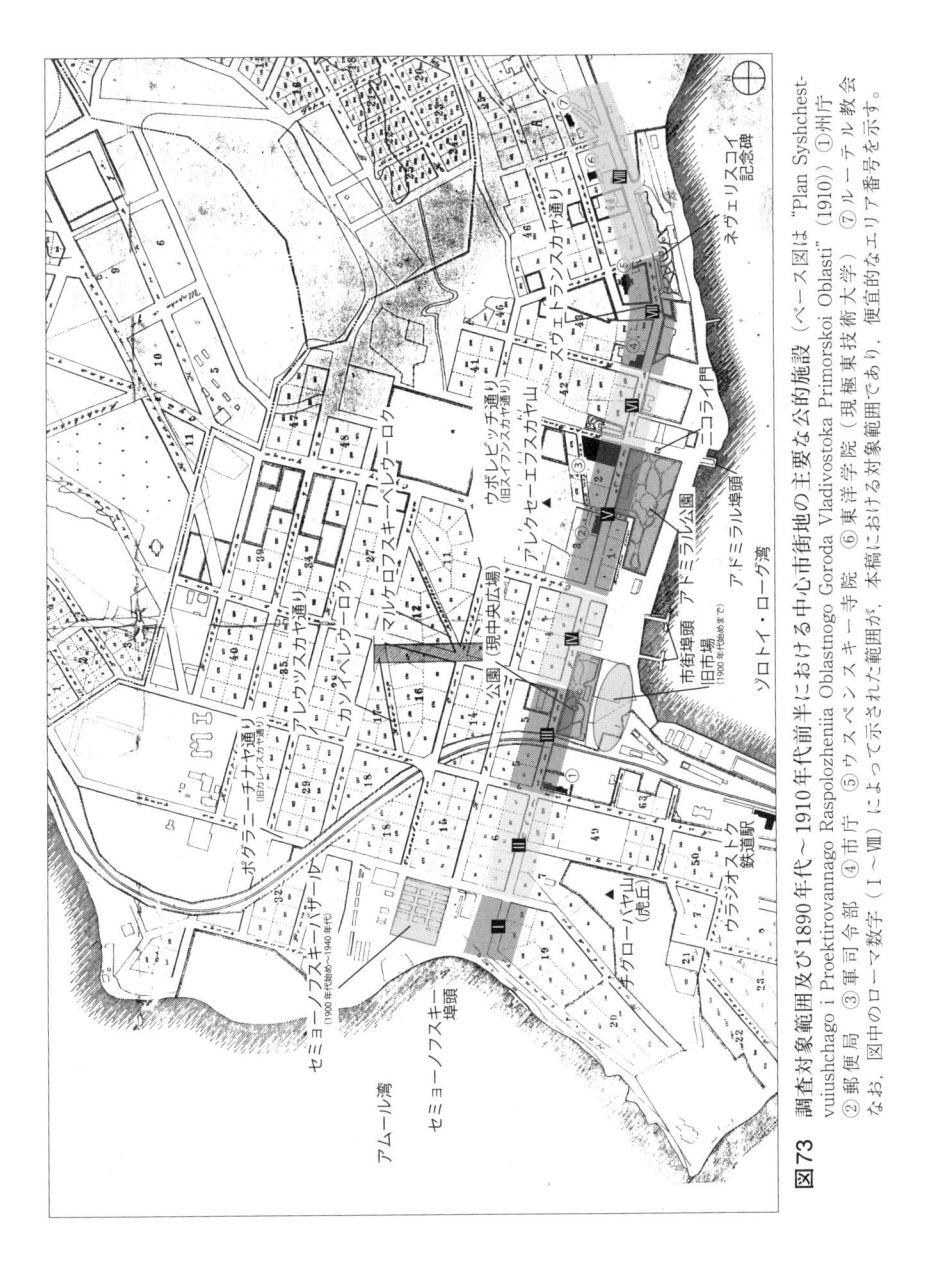

図73　調査対象範囲及び1890年代〜1910年代前半におけるウラジオストク中心市街地の主要な公的施設（ベース図は"Plan Syshchest-vuiushchago i Proektirovannago Goroda Vladivostoka Raspolozheniia Oblastnoi Primorskoi Oblasti"（1910））①州庁 ②郵便局 ③軍司令部 ④市庁 ⑤ウスペンスキー寺院 ⑥東洋学院（現極東技術大学）⑦ルーテル教会　なお、図中のローマ数字（Ⅰ〜Ⅷ）によって示された範囲が、本稿における対象範囲であり、便宜的なエリア番号を示す。

第5章　スヴェトランスカヤ通り沿道における都市空間の形成と変容………261

表17 沿道建築物リスト

■建築年代の表記について
カッコのない表記は、文献・フィールド調査に基づき確定した建築年代を示している。
〈 〉の表記は、複数の絵葉書から推定される建築年代を示している。
（ ）の表記は、下記資料＊3より得た参考情報を示している。

特徴	番号		建築物名	建築年代	構造	階数	設計者・改築状況など
A-1 1890年代の建築物	N	21	Ansambl' Dereviannykh Zhilykh Domov（木造建築群）＊1　※写真40	1890年代＊1	木造	2	高台に立地。出窓が印象的
	N	17	Zdanie Universal' nogo Magazina <Torgovogo doma Kunst i Albers>（ゲム百貨店増築部分）＊3	<1893～1903>＊7 ソビエト時代改築＊5	煉瓦	5	増築時N.S.リャボフ＊3
	N	18	Zdanie Universal' nogo Magazina <Torgovogo doma Kunst i Albers>（ゲム百貨店（旧クンスト＆アルベルス商会）＊1　※写真41	1893, 1906改築＊1	煉瓦	3	G.R.ユンゲヘンジュリ＊1 1934年にゲム（国営百貨店）となる
	N	28	Zhiloi Dom po ul Lenninskaia 51＊2, Dom M.Fedorov（旧ヒョードロフの家）＊3　※写真51, 左端	<1891～1904>＊7,(1892＊3,1959増築＊2	煉瓦	4	3階以上増築。N29.30と一体化
	N	34	Zdanie gorodskoi upravy（旧市庁）＊2	1891＊2, (1938増築＊3	煉瓦	3	3階部分増築。
	S	19	Zdanie V Kotorom Rabotal Ispolkom Pervogo Vladivostokskogo soveta Rabochikh Deptatov＊1（旧提督公邸）＊3	1889-91＊1, 1928, 39, 75に改築＊4	煉瓦	2	B.G.モオロ＊1
	N	22	Zdanie Pochtovo-Telegrafnoi Kontory（元電信局事務所。現中央郵便局）＊1	1897-99＊1	煉瓦	3	A.A.グポズジオススキー＊1
A-2 大型商人 I	S	13	Administrativnoe zdanie <Torgobogo doma Kunst i Albers>（旧クンスト＆アルベルス商会管理部門）＊1	1903＊1	煉瓦	3	G.R.ユンゲヘンジュリ＊1
	N	25	Zdanie Universal' nogo Magazina <Torgovogo doma I.Ia.Churin i k>（旧チューリン商会）＊1	1914＊1	煉瓦	4	V.ニコラエフ＊1
	S	4	Zdanie Gostinitsy <Versal'>（ホテル・ヴェルサール）＊1	1906-08＊1	煉瓦	3	IV.メシコフ＊1
	S	9	Dokhodnyi Dom V.P.Babintseva（バビンツェフの家・現アルセーニエフ郷土博物館）＊1　※写真43	1902-05＊1	煉瓦	3	IV.メシコフ＊3　角にドーム。
	N	1	Zdanie Teatra <Tikhii okean>（旧チービーオケアン劇場）＊3	<1891～>＊7 (99.1910改築＊3)	煉瓦	4	―
	N	4	Dokhodnyi Dom M.N.Zhuklevicha（旧ジュクレビッチの家）＊1	1911＊1	煉瓦	3	C.G.ファエルマン＊1
	N	14	Dom Ioganu Langelit'e（旧ランゲリーチェ商会）＊7	<1891～1903>＊7	煉瓦	3	―
A-3 大型商人 II	N	19	Dom Dattana（旧ダッタンの家）＊3　※表18, 写真34, 35	<1891～1902>＊7, (97,1928増築＊3)	煉瓦	5	4階以上がソビエト後の増築
	N	23	Dokhodnyi Dom Brat'ev P'iankovykh（旧ピアニコフの家）＊1	1903＊1	煉瓦	3	IV.メシコフ＊1
	N	33	Dom Shteinbakha（旧シュテインバハの家）＊3	<1900ごろ～1908>＊7, (1901＊3)	煉瓦	4	軒の持ち送りの簡略化
	N	40	Dom Aleksseia Dmitrievicha Startseva（旧スタルツェフの家）＊1　※写真43	1897-99＊1のち帝政期に増築＊7	煉瓦	5	V.K.ゴリデンシュテット＊3

262

			名称	建設年	構造	階数	備考
A-4 ホテル	S	15	Dom Iakova Lazarevicha Semenova - Pervogo Zhitelia Vladivostoka（旧セミョーノフの家）＊1	1903＊1	煉瓦	3	I.V.メシコフ＊1
	N	7	Zdanie Gostinitsy <Tsentral'>（旧ホテル・ツェントラーリ）＊3	1899-1901＊5	煉瓦	4	A.K.ゴリデンシュテット＊3
	N	8	Zdanie Gostinitsy <Zorotoi Rog>（旧ホテル・ゾロトイ・ローグ）＊1 ※写真44	1899に焼失後1906-07＊1	煉瓦	4	I.V.メシコフ(1907)＊1
	S	2	Zdanie Gostinitsy <Petrograd>（旧ペトログラードホテル）＊5	<1891～>＊7、1899＊8	煉瓦	3	ドーマーヴィンドウ上に「1899」
	N	5	（平屋の商店）	<1891～>＊7、1900年前後＊8	煉瓦	1	ミリオンカの低層建物と同一ストタイル
	N	6	（商店）	<1891～>＊7、1900年前後＊8	煉瓦	2	ミリオンカの低層建物と同一ストタイル
	N	9	Teatr Iunogo Aritelia（青年劇場）＊3	<1891～1904>＊7	煉瓦	3	―
	N	10	Dom Kitaia Katchanu（もと中国人カッチャンの家）＊3	<1891～1904>＊7、44改築＊2	煉瓦	3	A.I.ポレツコワ(1944)＊2
	N	11	（アールヌーボー風装飾の商店）	<1891～1904>＊7のち増築＊8	煉瓦	3	―
A-5 小規模の建築物	N	20	（小さな商店）	<1891～1911>＊7	煉瓦	2	―
	N	29	（51番地）※写真51	<1900～08>＊7、59増築＊2	煉瓦	4	4階部分増築。N28.30と一体化
	N	30	（51番地）※写真51	<1891～1904>＊7、59増築＊2	煉瓦	4	3階以上増築。N28.29と一体化
	N	31	Zdanie kafe <Svetlana>（カフェスヴェトラーナ）	<1891～1904>＊7	煉瓦	2	―
	N	32	Zdanie salon <Liudomira>（サロン<リュドミラ>）＊3 ※写真45	<1908～1909>＊7	煉瓦	2	―
	S	7	dom nakhodiatsia magazin Voentorga（軍用商店）＊3	<1891～1912>＊7、(1903＊3)	煉瓦	2	I.C.バギノフ＊3
	S	8	（小規模の商店・CDショップ）	<1891～1912>＊7	煉瓦	2	―
	S	14	kafe Voentorga（軍用カフェ）＊3	<～1911>＊7、(1907＊3)	煉瓦	2	破風に木の透かし彫り
	N	3	Dom Medvedeva（旧メドベージェフの家）＊3	<1891～>＊7、(帝政時代＊3)	煉瓦	3	緑色の煉瓦装飾あり
	N	12	Dom Kitaia Tau Tsailin（もと中国人タウ・ツァイリンの家）＊3	<1906～1912>＊7(1909＊3)	煉瓦	3	凹凸を強調したファサード
	N	15	（商店）	<1899～1904>＊7	煉瓦	3	リュクモ＊3
	N	35	Zdanie frantsuzskoe konsul' stvo（元フランス領事館のあった建物）＊3 ※写真39	<1908～1912>＊7(1909＊3)	煉瓦	3	―
	N	36	Zdanie magazin <Primorskii med>（商店<沿海地方の蜂蜜>）＊3 ※写真	<1908～1912>＊7	煉瓦	3	―

第5章　スヴェトランスカヤ通り沿道における都市空間の形成と変容………263

		N/S						
A-6 中規模の建築物		N	41	Zdanie Primorskogo Otdeleniia Rossiiskogo Gosudarstvennogo Banka (国立銀行) ＊1	1907 ＊1	煉瓦	2	不明＊1 ドームが載っている
		S	1	Zdanie kafe <Sakura> (カフェ・サクラ) ＊8	<1891〜>＊7, 帝政時代＊8	煉瓦	3	―
		S	3	(チグローバヤ通り角の中規模の建物)	<1891〜>＊7, 帝政時代＊8	煉瓦	3	―
		S	5	Zdanie Zolotosplavochnoi Laboratorii Russko-Aziatskogo Banka (旧露亜銀行金合金実験所) ＊1	1903 ＊1	煉瓦	3	A.K.ゴリデンシュテット＊1 ドーム
		S	6	Zdanie. V Kotorom Razmeshchalos' Tsentral' noe Biuro Profsoiuzov i tsentrosoiuz ＊1, dom Meshkov (旧メシュコフの家) ＊1	1911, のち増築＊1	煉瓦	5	I.V.メシュコフ＊1 3階以上増築
		S	11	(中央広場脇の建物)	<1899〜1903>＊7, のち増築	煉瓦	4	3階以上増築
		S	12	(中規模の建物)	<1903〜1912>＊7	煉瓦	4	―
		S	18	Zdanie. V Kotorom Razmeshchalsia dal' nevostochnyi filial Akademii Nauk SSSR imeni V.I.Komarova (科学アカデミー極東支部) ＊1 もと商店	1912 ＊1	煉瓦	5	N.D.フョードエフ？＊1
A-7 軍関係		N	26	Zdanie Morskogo Shtaba (海軍司令部) ＊1 ※表18, 写真36, 37	1909-11,38-44増築＊1	煉瓦	6	I.A.ザボロフスキー, 増築A.I.ボレツコフ＊1
		N	16	Zdanie Kinoteatra <Ussuri> (ウスリー映画館) ＊1	1925-1927 ＊1	煉瓦	2	G.R.ユングヘンジェリ＊3.I.N.フョードロフ＊1
		N	13	Dal' nevostochnoe tekhnicheskii institut rybnoi promyshlennosti I khoziaistva (極東漁業大学) ＊3	1950 ＊2	煉瓦	6	M.C.スミレノフ＊2 新古典主義風
		N	39	Administrativnoe zdanie (人民管理委員会) ＊2 ※写真50	1944 ＊2	煉瓦	5	A.I.ポレツコフ＊2 新古典主義風
B ソビエト時代		N	37	Zhiloi Dom -Pamiatnik Sovetskoi Arkhitektury 30-x godov (1930年代のソビエト建築の住宅) ＊1 ※写真50	1939 ＊1	煉瓦	4	A.L.ザセチェルレビー＊2 テラス
		N	42	Zhiloi Dom po ul. Lenninskaia 73 (73番地の住宅) ＊2	1959 ＊2	煉瓦	5	N.N.アルフェロバ＊2 フルシチョフカ
		N	2	(RC造の商店)	ソビエト時代＊8	RC	4	インターナショナルスタイル
		N	24	nakhoditsia filial GUMa (グム百貨店支店) ＊3	ソビエト時代＊8	RC	5	インターナショナルスタイル
		N	27	Primorskogo kraevogo dramaticheskogo teatra (沿海州ドラマ劇場) ＊3	1970年代＊3	RC	2	R.A.ペグレフ,M.B.ピンクラドドヤ＊3
		S	10	Doma Sovetov (沿海州執行委員会) ＊3 ※写真52	1983 ＊3	RC	?	E.G.ロサノフ＊3 超高層

264

■表17中の注釈・情報の出所
* 1 "Pamiatniki istorii i kul'tury Primorskogo kraia. Materialy k Svodu" Institut istorii, arkheologii i etnografii narodov Dal'nego Vostoka. 1991.
* 2 Riabov, N. V. Obertas. *Istorii zastoroiki Vladivostoka* Primorskoe knizhoe izdatel'stvo, Vladivostok. 1961.
* 3 Markov. V., *Zdravstvui, Vladivostok!* Dal'nevostochnoe knizhnoe izdatel'stvo, Vladivostok. 1988 (邦題『こんにちは、ウラジオストク！』清水陽子訳 私家版 1992).
* 4 "Staryi Vladivostok" Utro Rossii, Vladivostok 1992 (邦題『古都ウラジオストク』米子今井書店. 1993).
* 5 Vigovskaia, A. (et al), *Glavnaia Ulitsa Vladivostok*. Dal'nevostochnyi politekhnicheskii institut kafedroi arkhitektury (極東技術大学建築学科), Vladivostok. 1985.
* 6 Matveev, N. P., *Kratkii istoricheskii ocherk g. Vladivostoka*, izdatel'stvo Ussuri, Vladivostok. 1990 (邦題『ウラジオストク小史』清水陽子ら訳 私家版, 1992).
* 7 複数の絵葉書から判断した。
* 8 フィールド調査から判断した。

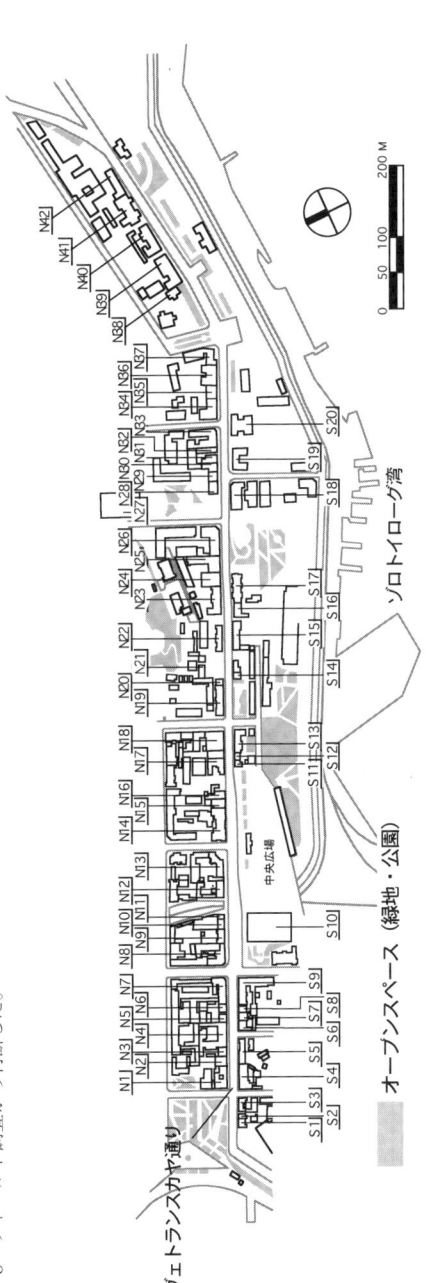

第5章　スヴェトランスカヤ通り沿道における都市空間の形成と変容………265

2. 沿道に現存する建築物

建築物の建築年代の確定は本章の考察における前提となる。その際，文献情報と絵葉書を用いたが，建築物によって確定までの過程が異なっている。そのため，以下でその手順を示しておきたい。

2.1 建築年代の確定方法

以下建築年代の確定までの手順を方法ごとに示す。

2.1.1 文献情報からの引用 (62件中27件)

建築物に関する文献情報は以下を利用し，名称，所在地，建造年，設計者を明らかにした。建造年の確定に関しては記述の信憑性を勘案し，学術的目的で出版された①，及び②a，d，e，③を使用した。②b，cの情報は，補足的に使用した。

①史跡・歴史的建築物に関する資料集成
　Pamiatniki istorii i kul'tury Primorskogo kraia. Materialy k Svodu, Institut istorii, arkheologii i etnografii narodov Dal'nego Vostoka, Vladivostok, 1991.
②現地発行の文献資料
　a. Riabov, N., Obertas, V., *Istorii zastoroiki Vladivostoka*, Primorskoe knizhoe izdatel'stvo, Vladivostok, 1961.
　b. Markov, V., *Zdravstvui, Vladivostok!*, Dal'nevostochnoe knizhnoe izdatel'stvo, Vladivostok, 1988.
　c. Matveev, N. P., *Kratkii istoricheskii ocherk g. Vladivostoka*, izdatel'stvo Ussuri, Vladivostok, 1990, (邦題『ウラジオストク小史』清水陽子ら訳，私家版，1992).

d. *Staryi Vladivostok*, Utro Rossii, Vladivostok, 1992（邦題『古都ウラジオストク』米子今井書店，1993）.

e. Vigovskaia A. (et al), *Glavnaia Ulitsa Vladivostok*, Dal'nevostochnyi politekhnicheskii institut kafedroi arkhitektury（極東工科大学建築学科），Vladivostok, 1985.

③既往研究論文

Obertas, V. A., "Arkhitektura Starogo Vladivostoka",（所収：*Arkhitekturnoe nasledstvo*, No.28, 1980, pp.107-118）.

2.1.2 絵葉書から建築年代を判断したもの（62件中30件）

以下，使用した絵葉書の概要，撮影年代の確定方法，建築年代の判定方法を示す。

1) 絵葉書の概要

建築年代を確定する手がかりとして，古い町並が写された絵葉書及びその複写写真93点も資料とした。これらは資料編3に掲げている。

- 構図・撮影地点／構図は大きく，〈俯瞰景〉(18点)，沿道・街路からの〈街路景観〉(58点)，〈(ゾロトイ・ローグ) 湾からの遠景〉(17点) に分類可能である。各例を写真31〜33に示す。
  〈俯瞰景〉には，アレクセーエフスカヤ山から南方向，虎丘から北方向，旧ウスペンスキー教会の塔上から南へ，軍事歴史博物館（旧ルーテル教会）から西へという4つのアングルがある。前の2つは町並のかなりの詳細の部分まで，視認することができる。後の2つはいずれもネヴェリスコイ記念像を捉えたもので，町並自体には目が向けられていない。〈街路景観〉の58点のうち，42点は沿道北側建築物を，13点は南側建造物を主対象として写している（残りは両側をほぼ同等に撮影）。また路上から撮影しているものは42点で，残りは沿道建築物上階などから俯瞰気味に撮影している。〈湾からの遠景写真〉は，建築物のスカイラインと，旧ウスペンスキー教会（1930年代に取り壊し。N37とN38の間。図69の⑤），ルーテル教会などのランドマークを確認できるが，建築物の位置関係が交錯して，比定が難しい。
- 被写エリア／上記の3種の絵葉書に写された町並をブロックごとにカウン

写真 31 〈俯瞰景〉：ブロックⅣ，Ⅴ付近
（アレクセーエフ山より）

写真 32 〈街路景観〉：ブロックⅦ付近

写真 33 〈海からの遠景〉：ブロックⅢ，Ⅳ付近

トすると，ブロックⅠ～Ⅷまで順に，1, 6, 8, 9, 17, 9, 16, 12枚である（重複あり）。

2）撮影時期の特定

　撮影時期の特定方法に関しては，序章で示した通りである（22～23頁）。撮影年代は，結果として1890年代から1910年代のものが大半を占め，78点が該当した。1860～70年代のものは4点あり，80年代が1点，またソビエト期以降（1922年～）が3点，この時期区分に分類できないものが7点である。

3）絵葉書からの建築年代の確定方法

　以上の撮影年代の推定を経て，建築年代を確定した。推定のための最も確実な条件は，該当建築物が存在する前の状態と存在している状態の両方の写真があることである。つまり該当する建築物が，a年に撮影されたAという写真には写されておらず，のちのb年に撮影されたBという写真には写されている場合に，はじめてa年からb年の間に該当建築物が建てられたということができる。建築年代の確定にあたってはこの原則にのっとっている。

　実際のところ，上述したとおり，推定できる絵葉書の撮影年代にも幅があり，例えば1891～95年に撮影されたと推定した写真の中に，該当の建築物が見あ

たらず，1902〜05年に撮影されたと推定した写真に該当建築物が写っている場合は，〈1891〜1905年〉という形で建築年代の確定をしている。

このケースで，例えば該当建築物が写されていない写真Aしか資料がない場合は，「a年以降に建てられた」と規定し，逆に写されているBしか写真資料がない場合も「b年までに建てられた」と規定している。この場合は，フィールド調査[5]やこれまでの研究成果で得た情報を援用した。

2.1.3 フィールド調査から判断されるもの（62件中5件）

該当の写真資料がなく，文献情報もない場合は，フィールド調査に基づいて，構造上の特徴，意匠上の特徴などから判断をした。[6]

2.1.4 新旧写真比較により判明した建築物の改変パターン

絵葉書のうち，フィールド調査において，同一撮影地点から，同じアングルでの写真撮影が可能なものは撮影を行い，新旧の変更箇所を把握した。[7]その例を表19にて示す。これにより判明した建築物の外観上の改変のパターンを表18に示した。この場合の「新」とは現地調査を行った1996年，「旧」とは，1890年代〜1910年代を指す。

1）特に改変がない

　N8，N14，N15，N20，N21，N22，N23，N35，N36，N40，N41，N43，S5，S7，S8，S9。なおN7，S4は，革命後に変更されたデザインが近年になり往時の姿に戻った例である。

2）上階に増築

　N19，N26，N28＋29＋30，N34，S6，S11。外見上明らかに増築と判別できるものが多い。

3）隣接建築物と外観上結合しているもの

　N17＋18，N28＋29＋30。後者は隣接建築物と結合した上，上階に増築。N1＋2やN9＋10＋11なども階高の違いが各建築物間にあるが，色の使い方や仕上げ方が似ており，1つの構築物として見せる意図が感じられる。

第5章　スヴェトランスカヤ通り沿道における都市空間の形成と変容………269

表18 新旧写真比較に見る建造物の外観上の改変例

	上階に増築 （例N19／上から写真34, 35）	上階に増築＋意匠変更 （例N26／上から写真36, 37）
旧		
新		

4）細部の意匠変更

　N10（付柱の強調），N22（屋上部分のデザインが簡略化），N26（上階の増築時，角の部分にテラスとコロネードを付加），N33（持ち送り等が減失，全体として陰影が薄れた）など。

2.1.5　沿道建築物リスト

　調査対象となった沿道建築物のリストを，表17（P.264～267）にて示した。

1）立　　地

　表17下部の地図からもわかるとおり，沿道の南側の建築物は少なく，件数で見れば北側42に対し，南側20と半分以下である。これは第2章で検討したとおり，すでに帝政期において南側の多くが軍用地や公共用地として確保されていたためであり，その影響として現在でもオープンスペース的に利用されている部分が多い。その結果として北側の連続ファサードが目に映りやすくなっ

表19 スヴェトランスカヤ通りの街路景観の比較

撮影地点・撮影方向	
1900-10年代	1990年代

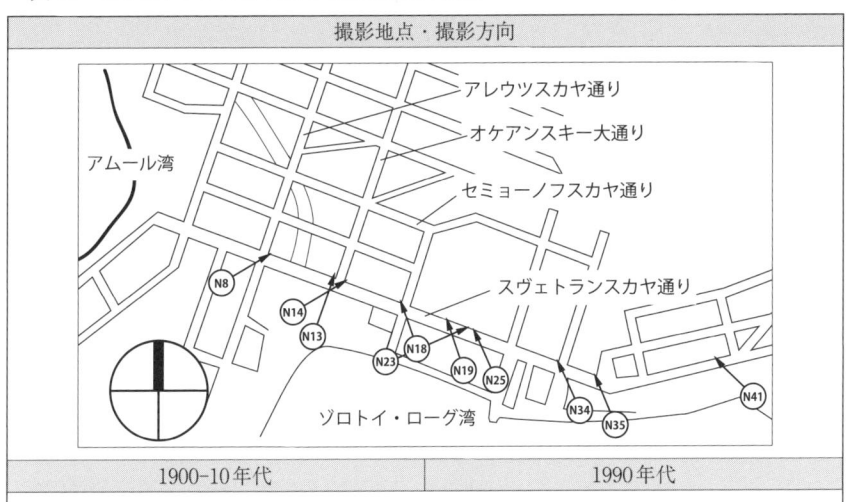

旧ゾロトイローグホテル (N8)
特に変更がないが，1995年に火災。2階以上は現在廃墟。

オケアンスキー大通り
左手前は極東漁業大学 (N13)。右側沿道建物も新築されている。

1900-10年代	1990年代
旧ランゲリーチェ (N14) 建物はそのまま残っている。	
グム百貨店 (N18) 旧クンスト・イ・アルベルス。細部にも特に変更は見られない。	
ダッタンの家 (N19) 右側の建物, 明らかに4階以上を増築している。	

1900-10年代	1990年代
ピアニコフの家（N23） 細部にも変更はないが，1階部分の店舗に日除けが出ていたことがわかる。	

| N24，N25の辺り
建て替えられていることがわかる。 | |

| 国際電話局（旧市庁：N34）
右手前の建物（N35）は3階部分増築。他は変化なし。 | |

第5章　スヴェトランスカヤ通り沿道における都市空間の形成と変容………273

1900-10年代	1990年代
元フランス領事館（N35），N36 1階部分がすっきりした他は変化なし。	

| 国立銀行（ドームの建物：N41）周辺 右手前（N42）は，1959年に建築。他は変化なし。 | |

ている。特にブロックⅢからⅣにかけての部分は，南側の「ひき」のある広場から視認されやすく，沿道地形も平坦であり，ウラジオストクを紹介する映像においてよく取り上げられる場所である。

2）建築年代

建築年代の確定作業の結果は，表17に示したとおりだが，確定方法別には以下のようであった。

　①文献情報により確定：27件
　②絵葉書から建築年代を推定：30件
　③文献等の情報がなく，フィールド調査から判断：5件

このうち②に関しては，年代の絞り込みの精度にバラつきがある。そこで，

まず大きく分けてみると，帝政時代の建築物51件に対して，ソビエト時代11件となり，帝政時代の建築物が多いことがわかる。つまり現存する町並は，上で挙げた細部の意匠変化やソビエト時代の新築建築物を除けば，その原形は帝政時代に形作られたものであり，そこからは部分的に変化が見られるものと考えてよい。帝政時代の建築物を細かく見ていくと，年代判定の基準の1つである路面電車の開通する1912年以前に建てられた建築物が少なくとも42件あり，さらに1891年に撮影されたチグローバヤ山からの俯瞰写真を参照すると，そのうちの40件までが1891年以降の建築物ということがわかる。加えて1904年発行の絵葉書シリーズを参照すると，少なくとも1891～1904年までに24件の建築物が建てられていると判断できる。以上見てきたことにより，1890年代以降に建築物の更新が進み，1900年前後にピークがあり，1910年代中頃には，その勢いが落ち着いてきていることを推定することができる。

3) 階　　数

　1階建てが1件，2階建てが12件，3階建てが24件，4階建てが12件，5階建てが9件，6階建てが2件，それ以上の高層ビルが1件 (S10)，不明が2件である。つまり沿道の町並は3階建てを中心として大半が2～4階建ての中に収まっている。5階建て以上のもの12件のうち，10件はソビエト時代に新築されたか，建て増しにより5階以上になったもので，帝政時代にすでに5階建てとして建てられていたのは2件 (N40，S18) のみである。6階建てが2件 (N13，N26) でいずれもソビエト時代に新築・増築されたものである。

4) 設 計 者

　関与した設計者が判明している建築物は31件であり，そのほかは現時点で不明である。1890年代において，旧提督公邸 (S19) を設計したモオロ (B. G. Mooro) は，軍事技師である。1890年代後半から1900年代全般にかけては，民間の建築家であったユングヘンデル (G. R. Iungkhendel')，ゴリデンシュテット (A. K. Gol'denshtedt)，メシコフ (I. V. Meshkov)，フェドセイエフ (N. D. Fedoseev) が，ソビエト時代にはポレツコフ (A. I. Poretskov) といった建築家が複数の建築物の設計をしている。

3. 沿道建築物の形成と変容

　以上見てきたとおり，現存する建築物は1890年代～1910年代に建てられたものが大半で，それ以前のものは現存していない。またそれ以降も抜本的な変化は見られない。上記の建造年の傾向をふまえ，沿道の建築物の変遷を，開港期（1860～80年代），建築物の更新が急速に進んだ建設期（1890年代～1910年代），部分的な変化に留まったソビエト期（1920年代～80年代）に分けて述べる。

3.1　開港期（1860～80年代）における都市空間の形成

3.1.1　空間形成の背景と沿道空間の更新状況
　開港後から1873年までスヴェトランスカヤ通りはアメリカンスカヤ通りと呼ばれていた[11]。1868年の地図には市街地構造を骨格として規定する格子状の街路パターンが出現しているが，本章の対象範囲はこの計画区域内である。
　この時期において重要なのは，欧米人系の居留者がすでに土地の分譲を受けていたことである。1875年の瀬脇の記録には当時の様子が次のように書かれている。

　　其状我が長崎港に髣髴たり。港内に向て奥の前面に，大小の人家三，四百戸もあり，右辺には人家一宇も無く，唯丘陵に枯木の如き雑樹あるのみ。港内の奥の前面より左辺に向て，露人，亜人，日耳曼（ゲルマニア）の居室あり，就中露領なれば露人の居宅最も多し。満州人の矮屋も五，六十軒余あり，少しく離れて海浜に露国の陣屋などある。地面の幅凡そ三十間余にして其長さは二丁程もある可し。此地内に奥行五間，長さ二十間ばかりの長屋の様なる家二十軒程あり，士官兵卒等の詰所と見えたり[12]。

　このようにすでにロシア人のみならずアメリカ人（亜人）やドイツ人等の欧米商人が入り込んでいた。彼等の住居が真っ先に目にはいることから，ゾロト

イ・ローグ湾に沿って東西に広がるスヴェトランスカヤ通り沿いにはすでにこうした欧米商人等の住居が建ち並んでいたと推測できる。

　瀬脇によれば，当時の西洋人商人はすでに四，五十名にのぼっていた[13]。彼等はロシア政府から数々の特権を与えられ，その勢力を拡大しつつあった。例えば1879年発行の「浦潮斯徳紀行」の記述には，1881年までに地所を入手したものは，永久的に地租を課せられないという特権があるとあり[14]，このことも手伝って，1870年代までに地主となった人々の中からは，その後の都市化に伴って，富を築くものが現れる。

　この時期，欧米商人がロシア極東へかける意気込みは相当のものがあり，ロシア政府がウラジオストクよりさらに西に良港を開くとの説が流れると，ウラジオストクの土地を手放してでも「此地より西なれば，第一に暖気にて又新に開く港なれば必ず繁昌すべし。此新開の港に移らん[15]」とし，さらなる進出をもくろんでいることからもうかがえる。しかし逆にいえば，この町の先行きには不透明さがあったわけで，彼らはこの地に留まり続けない可能性もあったことを示している。

3.1.2　建築物の特徴

　そのような背景もあり，当時は木造建築が主で，本格的な煉瓦造建築が見られるには至っていない。1879年の写真（写真38）からも，1891年のブロックⅢ付近の写真（写真39）からも，それを確認することができる。建築物そのものとしては目抜き通りでも少し離れた場所でも外見上さほどの違いはないといえよう。現在沿道に残る木造建築はN21（写真40）だけであるが，これは1890年代以降に建てられたものであり，この当時に建てられた木造建築はより簡素なものである[16]。1891年においては，前章でも確認したように，市場付近（ブロックⅢ）では多少建てづまりが生じ，ロット内で街路に沿った位置にファサードを立ち上げるいわゆる都市型の建築も見られてきてはいる。

3.2　建設期（1890年代〜1910年代）における都市空間の形成

3.2.1　空間形成の背景と沿道空間の更新状況

　1893年に訪問した地理学者矢津昌永が，

写真38　1879年のブロックⅢ付近（北海道大学付属図書館北方資料室所蔵）

写真39　1892年のブロックⅢ付近
　　　　（出典：Staryi Vladivostok）

写真40　N21の木造建築

　（略）或は石を運ぶもの，或は煉瓦を積むもの等にして，全く大工小屋に入るの感あり，或人は「浦鹽は火事場の如し」と評せり，兎に角，當港は，總ての事，建築時代なり。市街の設計規模は實に驚くべき大なるものにして，西北の延長七露里に及ぶ，今三五年を出でずして，東洋第一の大埠頭となると疑はざる所なり[17]。

と記しているように1890年代のウラジオストクは，熱気をはらんだ建設の時代であった。この背景には，1891年から始まったウスリー鉄道の建設，またその後の97年から始められた東清鉄道建設に伴って，ウラジオストクがその建設の拠点となったことが挙げられる。これにより都市としての重要性が確固たるものとなったわけである。建設に携わる大量の労働力と資本が流入し，それに伴い都市経済も活気づいた。この趨勢は20世紀に入っても衰えることはなく，帝政ロシアは東の玄関口たるべく大がかりな建設を進めていたダルニー（大連）とポルト・アルツール（旅順）を日露戦争の敗北により失い，その役割

をウラジオストクに求めることとなったことも影響している。この時期にも再び外国人居留者が急増し，1905〜07年の3年間で11,000人以上の流入を見ている[18]。

　こうした背景のもと，都市構造的にも，この通りの重要性は高まっていった。当時の地図（図73）により沿道の状況を見ると，現中央広場は緑地となっていたが，その先の沿岸部には東に向かってバザール，市有埠頭，さらにアドミラル埠頭がある。通りの西側に目を向ければ，アムール湾に面して通りの北側に開設間もないセミョーノフスキー埠頭がある。それまでゾロトイ・ローグ湾側のみが水陸の結節点としての機能を担ってきたのに対して，1900年代からはこのセミョーノフスキー埠頭とセミョーノフスキーバザールの開設により，小規模な船舶を主体にしてアムール湾側でも港湾機能が本格的に開始している。こうして玄関口が西にも備わり，スヴェトランスカヤ通りはこれらをつなぐ軸として重要性を高めていったといえる。

　1894年当時，スヴェトランスカヤ通りは「スウェトランスカヤ或はアレウッスカヤ等の如き主道は皆な広くして七間乃至十間，中央を馬車道とし，両側の板道は幅一間許り是即ち吾人の行道，降雨泥濘の際も甚だ清潔[19]」という状態で，路面は他の街路と違い，幾分改良されていることがわかる。そのスヴェトランスカヤ通りには有力な商人が集まっていた。例えば，この当時最も納税額の大きい一等商店という区分には，アルベルス（ドイツ，ロシア人に帰化），チューリン（ロシア），ランゲリーチェ（ドイツ），永和桟（中国），杉浦（日本），同利（中国）の6つが該当したが，そのほとんどがスヴェトランスカヤ通り沿いに店を構えており，「北方山腹に向ひ広濶なる数條の街路を以て市街を連続」していた[20]。例えばアルベルス商会の後身「クンスト・イ・アルベルス」商会（Kunst i Al'bers）は，すでに見たようにブロックⅣの東側を中心に周辺の土地も所有し，自家発電所をつくるなどして，自力で基盤づくりをしていた（図54）。このような中で，沿道の建築物の形成の主体であった商業者たちのうち，ウスリー鉄道の工事や開通，貿易の活発化などを契機に富を得た比較的富裕なものが関係して，スヴェトランスカヤ通りで建設活動を活発化させていったことは想像に難くない。

3.2.2 建築物の特徴

建築物リスト(表17)からは1890年前後から煉瓦造建築も出現していることがわかる(N17+18(写真41),N28,N34,S19)。これらはいずれもその後増改築がなされて現在に至っているが,市街地全体でも最も早い時期の煉瓦造建築である。ほかに90年代後期にはビザンチン様式のN22が出現しており,この沿道の空間形成に最も早くから資本が投下されていたことがうかがわれる。

また,都市の商業界を二分した「クンスト・イ・アルベルス」と「チューリン商会(Ia. Churin i k)[21]」に関連のある建築がいくつも造られている。前者は,前出のN17+18(写真41),S13,後者に関してはN25,S4,S9(写真42)が該当する。これらはそれぞれ建築の歴史的様式を引用し,その外観にはもはや簡素さはなく,むしろ装飾的な要素が多くなっている。特に角の部分のドームは町並にアクセントを与えることで,この通りの個性を決定づけ,ランドマークとなっている。またその他にもこれらほどの「見せる」意識はないが,やはり商人が主導となって建てられた大規模な建築(N1,N4,N14,N19,N23,N33,N40(写真43),S15)が見られる。

またこの時期の比較的大規模な建築として,ホテルの存在を挙げることができる(N7,N8,S2,前出のS4)。特にN7,N8(写真44)はこの都市の賑わいの中心であるアレウツスカヤ通りとの交差点に位置している。S2,S4もセミョーノフスキー埠頭,すなわち新しく整いつつあった西の玄関口に面している。外国人専用ホテルに対し,1896年には助成金が出されたとの記録もあり,ある種の優遇措置がとられていた。[22]

有力な商業者は大規模な建築物を建てた一方で,土地所有者層に該当する人々は,土地を細分化し,貸し付けることによって,建物を建てさせた。これにより,中心市街地各地で小規模の沢山の煉瓦造の家屋が発生するに至った。現存する2階建ての小規模な建築物の多くはこうした経緯により生み出されたものであろう。N5,N6,N9,N10,N11,N20,N29,N30,N31,N32(写真45),S7,S8,S14などは小規模な建築物であり,これらの建築物は建造年や建築家名に関する情報も乏しい。写真47はN9,N10,N11が連なっている1900年代後期の町並である。これらはいわばアノニマスな存在であり,実用本位の建築物であるが,こうした規模の建築がこの時期にはスヴェトランスカヤ通りに限らず,中心市街地内の至るところに見られ始めていたことであろう。

写真41　クンスト・イ・アルベルス商会（N17+18）

写真42　旧バビンツェフの家（S9）

写真43　旧スタルツェフの家（N40）

写真44　旧ゾロトイローグホテル（N8）

写真45　サロン・リュドミュラ（N32）

写真46　沿海地方の蜂蜜（N36）

第5章　スヴェトランスカヤ通り沿道における都市空間の形成と変容………281

写真47 1900年代後期のブロックⅢ付近（沿海地方民間都市計画研究所所蔵）

また規模的にはこれら両者の中間の建築物も少なからず存在する。N3, N12, N15, N34, N35, N36（写真46），N41, S1, 前出S2, S3, S6, S11, S12, S18 がそうだが，これらは1900年代後半から10年代にかけての建築物が多い。

以上，この時期に建てられた建築群は，市の諸活動の活発化を背景として，開港期の建築物の更新によって生み出されたもので，ここに至って，従来の農村集落的な利用形態が塗り替えられたといえる。そして，この時期の建築物によって現在の沿道の町並も大きく規定されているといえる。

3.3　ソビエト期（1920年代〜1991年）における都市空間の形成

3.3.1　空間形成の背景と沿道空間の更新状況

リストから1910年代後半に新築された建築物を発見することはできない。その背後には革命・反革命勢力の衝突，1918〜22年の連合国によるシベリア出兵があり，建設活動がさほど活発でなかった空白期であったことによるものと思われる。革命後最も早い建築物は27年に完成したN16である。

スヴェトランスカヤ通りは1924年レーニンスカヤ通りと名称を変更する。

1936年の長尾の記録によれば，ソビエト時代になっても，通りの賑やかさは変わらず，多くの人々が通りを往来していた。

> 東京の銀座通りに相当するレーニンスカヤ通りは，春夏秋冬時を問はず散策人で大雑踏だ。あまり長くはなく，京橋から尾張町位のものであるが，往ったり来たり，六回位歩くのが普通である。レーニンスカヤ通りを通っていると同じ人に幾度も会う。そして知人同志は幾度会っても帽子をとって挨拶を交す。これは気持のよいことである。通りには料理屋，喫茶店，映画館，劇場などがあって，浦潮の盛り場である。商店も両側に並んでいるのだが，晩になるともう商売を切り上げて，飾り窓だけが明るく華やかだ。[23]

しかしながらソビエト期にはいってからの一番の変化は，外国人商業者の撤退と土地・建築物の公有化である。特に後者によって民間の資本により個別的に建築が建てられることは事実上なくなり，また建築物の利用形態も大きな変化を余儀なくされた。既存建築物の増築も行われ始めるようになった。

このように空間形成に関わる社会的な構造が大きく変わるとともに，沿道のオープンスペースの利用形態も変化していく。特筆すべきなのは，1961年の中央広場の整備と銅像の設置であろう。

3.3.2 建築物の特徴

1920年代末までは沿道建築物に特に変化はなかったようである。この時期には古い建築の増築が見られる程度である（前出N19）。この後30〜50年代初頭にかけて新古典主義風の建築が現れる。1つはN26で，増築時に上階を建て増しするとともにテラスとコロネードを付加させている。新築ではN13，N39（写真49）などがその例である。この時期はスターリン政権下（1922〜53）であり，これらは「スターリン様式」とも呼ばれ，この時期のソビエト全体での建築デザインの傾向とも関連がある。しかしN37の集合住宅（写真50）はテラスの部分の曲線が目を引き，前者とは異なった印象を受ける。スターリン時代におけるもう1つの変化は，宗教施設の破壊があるが，これによりウスペンスキー教会が1938年に取り壊されている。

1950年代以降の、特にフルシチョフ政権時代に建てられた集合住宅を称して「フルシチョフカ」と呼ぶが、N42がそれにあたる。またそれまでの隣接する複数の小規模な建築を統合した形式で建て増しも見られる（前出N9+10+11、前出N28+29+30（写真51）。こうした複数の建築を統合する形の改変は当然ソビエト連邦下で建築物が全て公有されているという事情のもとでもたらされた。

　1970年代以降の建築はいわゆる「インターナショナルスタイル」であるが、N2、N24、N27、S10（写真52）が該当する。なお1992年に革命前のスヴェトランスカヤ通りに名称が再度変更された。

3.4　ま　と　め

　1880年代までの開港期における町並は、木造建築によって形作られていた。この当時に建てられた木造建築は簡素なもので、現存していない。文献・絵葉書の情報から、現存する町並のおおよその部分は、この都市の重要性が明らかになりはじめた1890年代〜1910年代初頭にかけて建てられた建築物の集積により、現在の町並が形成された。1890年代以降の建築物の更新が進み、1900年前後にそのピークがあった。ソビエト時代においては、土地・建造物が公有化され、民間の商業者による建設活動がなくなり、増改築やいくつかの新築建築物の建設に止まり、町並には部分的な変化が見られただけであった。

写真48　極東漁業大学（N11）

写真49　人民管理委員会（N39）

写真50　1930年代の集合住宅（N37）

写真51　N28+29+30の建築物の結合

写真52　沿海地方執行委
　　　　員会（S10）

第5章　スヴェトランスカヤ通り沿道における都市空間の形成と変容………285

4. 考　　察

4.1　街路空間からみた特質

　スヴェトランスカヤ通りは，最も早くから整備に着手された街路であり，1870年代のオフィチェルスカヤ・スロボーダの開発時に，原地形の地隙を埋め，市街東側への交通を可能にした。その後も歩道の敷設，街路の敷石，街路灯の設置，そして市電の設置など，全ての街路整備はこの街路からなされていった。

　比較的平坦な街路であるとはいえ，地形的な凹凸は特徴的な歩道の形態をもたらしている。写真53からわかるとおり，歩道は中央の馬車道から嵩上げされて設置されているが，地盤面の変化に合わせて，馬車道との段差に階段が設置されている。この段差は，大きいところでは1m以上は生じているようで，階段が随所に発生していることがわかる。また，歩道自体もスキップフロア的な処理を施していた箇所もある（写真54）。

　と同時に，この街路空間を特徴づけたのは，沿道の商店の集積であり，すなわち，商業的な機能の表出であった。それは具体的には，沿道建物1階のショーウィンドーであり，そこに張り出した可動式の庇であった（写真55，56）。1908年，函館商業同志會の報告書「浦潮商工業調査報告」には同行した学生の見学記が記載されており，当時のおそらく一般の日本人の目から見た印象が率直に書かれていて興味深い。その中で皆一様にウラジオストクの市街及び建築が「壮麗」であることに驚きを示している。この時多くの学生が記しているのが，スヴェトランスカヤ通りの街路景観の壮麗さ，街路の石畳，そして「クンスト・イ・アルベルス商会」訪問時の思い出（建築物の壮大さ，店内の様子など）である。そのショーウィンドーの陳列方法の「巧妙さ」「精巧さ」は彼らの心を打っている様子で，日本の学生がまだ見ぬ先進国（西欧）の文化を最も体現していたのが，クンスト・イ・アルベルス商店なのであった。[24]

　第4章の冒頭でも述べたとおり，ペキンスカヤ通り，セミョーノフスカヤ通りを中心としたセミョーノフスキーバザール周辺とこのスヴェトランスカヤ通

写真53　チューリン商会（N25の地点）前（1900年代後半・沿海地方民間都市計画研究所所蔵）

写真54　クンスト・イ・アルベルス商会前（1900年ころ・沿海地方民間都市計画研究所所蔵）

写真55　N36（1910年代半ば・ハバロフスク地方博物館所蔵）

写真56　N4（1900年代後半・沿海地方民間都市計画研究所所蔵）

りは，帝政期において，ある種対照的な意味をもっていた。それはそれぞれのエリアに集積した民族的な差異（西洋人対中国人）や店舗・企業の業種内容の差異から派生し，街路空間それ自体の表情の違いに表れていた。

4.2　建築物の形成主体構成

　スヴェトランスカヤ通り沿道の建築物の蓄積は時期的に集中してなされたことが明らかになったが，国家機関や都市行政組織による建築は，エリアⅤの東側とエリアⅥに見られていたのみであり，これらの建築物を形成した主体の多くは，帝政時代の商業者たちであったことが，建築物リストからもわかる。そ

第5章　スヴェトランスカヤ通り沿道における都市空間の形成と変容………287

の規模から見て，アノニマスな建築物も多くを占めるが，この背後には当時のウラジオストクをとりまく東北アジアのフロンティア的な状況があった。

　フロンティアとは，勢力圏・文化圏など既存の圏域の少し外側あるいは境界領域そのものを指し，したがってそこでは，既存の圏域内で通用していたシステムやルールがそのまま通用するとは限らず，個人の能力や裁量が重要な位置を占めているといえよう。商業者の中には，「クンスト・イ・アルベルス商会」や「チューリン商会」のようにかなりの資本を有し，単一で大規模な建築物を建設するものもあったが，彼らにしても，もとはこの都市の先行きが見えない状況の中，1人の若者としてこの地を踏んでいる。

　初期の農村的な土地利用形態は，彼らの資本投下により1880年代以降急速に変容していった。多数の商人が集まる中で，先鞭をつけるためには，より早く強固な活動基盤を築くことが必要であった。商人達は活動基盤を築く上で，最先端のやり方，つまり西欧の技術と方法を持ち込むのだが，それが短期間のうちに行われることになったのである。商店の建設に関して見ても，いわゆる西欧式の石造建築がメインストリートに次々と建設された。つまり商人の進出を契機として，西欧文化伝播のスピード，そして集落的な風景から西欧的都市景観への移行，が加速されたといえよう。

注

1　矢津昌永『朝鮮西伯利紀行』丸善，1894，67頁。「朝鮮西伯利紀行」は，1893（明治26）年7月25日門司港を出発し釜山，朝鮮内地，元山，ウラジオストクに寄港，8月15日長崎港に帰港した20日間にわたる朝鮮，シベリア旅行の視察録である。ウラジオストクには8月8日から10日にかけて3日間にわたり滞在している。

2　本章の内容に関わる現地調査は，1992年10月（調査メンバー：後藤春彦，浅野聡，佐藤洋一，池田賢，落合泰弘，熊丸博昭，藤掛正隆，松本泰生，米澤和宏，羽佐田清貴）及び1995年9月〜10月に行った（調査メンバー：佐藤洋一，鷲見和重）。

3　*Staryi Vladivostok*, Utro Rossii, Vladivostok, 1992（邦題『古都ウラジオストク』米子今井書店，1993）。写真181のキャプション中の記述。同書には頁数の記載なし。

4　これらの写真は，1991年7月の訪問時に沿海地方民間都市計画研究所　Yuriy Smolyaninov氏（当時）より寄贈されたもの，及び*Staryi Vladivostok*（邦題『古都ウラジオストク』）に掲載されたもの，それに極東研究協会地理学協会図書館，ハバロフスク地方博物館に所蔵のものである。

5　具体的にはN2，N24，N38，S2，S16が該当する。このうちN2，N24，S16は構造上の特徴（RC造や規格煉瓦などを利用している）からソビエト時代の建築と判断した。N2は煉瓦積の特徴及びドーマーウィンドウ上部にある「1899 Γ」（Γは「年」の意）の表示があり，帝政時代のものと判断した。N38は，規模と意匠上の特徴（窓周りの飾り

やコーナーストーンの存在）などから帝政時代の建物であると判断した。
6 上記2に同じ。
7 写真撮影は，1992年10月（撮影者：松本泰生，羽佐田清貴）及び1995年9月～10月に行った（撮影者：佐藤洋一，鷲見和重）。比較写真の例は表18に示すとおりである。
8 絵葉書の裏面には，出版者のほかに出版年も表記されている例がある。"Scherer, Nabholt & Co." というモスクワの版元から出された絵葉書シリーズには「1904」の文字がタイプされており，ここに写されているものは，1904年以前に写されたものと判断できる。
9 Obertas, V. A., "Arkhitektura Starogo Vladivostoka"（所収：*Arkhitekturnoe nasledstvo*, No.28, Stroiizdat, Moskva, 1980）p.108.
10 ユングヘンデルはドイツ出身であり，「クンスト・イ・アルベルス商会」の建築物を設計した。19世紀末に来住したと思われる。ダルニー（大連）において東清鉄道関係の建築物を設計したとされるドイツ人「エンヘンデル」とは，彼のことだと思われる。西澤泰彦『大連都市物語』河出書房新社，1999，25頁。
11 Markov, V., *Zdravstvui, Vladivostok!*, Dal'nevostochnoe knizhnoe izdatel'stvo, Vladivostok 1988, p.93.
12 瀬脇寿人「烏刺細窟斯杜屈見聞雑記」1875（所収：加藤九祚「浦潮物語（一）」『ユーラシア』第4号，1972，68頁）。
13 「今ウラジワストークに在留の亜国大商は，デフレーシ，スミス，コーペル，ボールマン四名。孛漏士（プロシア）国の大商は，ヘーケ，コンスラー，デックマン，ハカンマイ四名。又英国の大商は，デンビス一名なれども，少商は三国共に四，五十名の下らず」瀬脇，80頁。
14 「地所は都て千八百八十一年までに買受けたる者は永遠年粗を課せざるの公約あり。此特権を授け移民をして力を墾　に蓋さしむるの攻略なり。」（原文カタカナ）鈴木大亮「浦潮斯徳紀行」1879（復刻再収『明治北方調査探検記集成　第1巻』ゆまに書房，1988），344頁。
15 瀬脇，106頁。
16 本書，255頁，注19参照。
17 矢津昌永『朝鮮西伯利紀行』丸善，1894，70-71頁。
18 済軒学人編『浦潮斯徳事情』厳松堂書店，1915，によれば，1905年の人口43,648人に対し，1907年66,570人となっている。
19 松浦充美『東露要港浦潮斯徳』東京堂書店，1897，257頁。
20 松浦，6頁。
21 「クンスト・イ・アルベルス商会」や「チューリン商会」は，ロシア極東各地に支店網をもち，独自の商活動を行っており，彼らの活動を抜きにしては，ロシア極東の帝政時代の都市空間形成を語ることができない。稿を改めて論じたい。両者はウラジオストクのみならず，ロシア極東・中国東北部にその営業ネットワークをもち，商活動を競っていた。例えば「クンスト・イ・アルベルス商会」は，ハバロフスク，ブラゴヴェシチェンスク，ニコリスク（現ウスリースク），ニコライエフスク，ハルビン，ポルト・アルツール（旅順）などに支店をもち，ハバロフスク，ブラゴベシチェンスク，ニコリスクの各都市の中心街に店舗を建設していた。「チューリン商会」も，ハバロフスク，ブラゴヴェシチェンスク，ニコリスク，ニコライエフスク，チェルニゴフスク，ハルビンなどに支店をもっていた。
22 Matveev, N. P., *Kratkii istoricheskii ocherk g. Vladivostoka*, izdatel'stvo Ussuri, Vladivostok 1990, p.247.

23 長尾博「在留二十年の浦潮斯徳放談」(所収:『月刊ロシア』日蘇通信社,1936年5月号) 100頁。
24 函館商業同志会(西村彦次郎編)『浦潮商工業調査報告』函館商業同志会,1908,59-76頁。

第6章

1920年代初頭を中心とした日本人の居留空間

―― 『浦潮日報』を主な史料として

1. はじめに

1.1 ウラジオストクの日本人居留者に関する近年の研究成果とここでの視点

近年，日本側ロシア側問わず，ウラジオストクの日本人居留者に関する研究成果が以下のように，いくつか出されている。主なものを挙げておきたい。

杉山公子「浦潮に生きた人びと(1)～(5)」（所収：『セーヴェル』1,2,4,6,7号，ハルビン・ウラジオストクを語る会，大阪，1996～1998）

サヴェリエフ・イゴリ「日本語新聞『浦潮日報』とウラジオストック日本人移民：研究ノート」1996（所収：『移民研究年報』東出版，第2号，1996.3）

イヴァノヴァ（左近毅訳・訳者解説）「ロシア沿海州の日本人たち　1900年代」1998（所収：『ロシア文化と近代日本』世界思想社，1998）

土岐康子「極東ロシアと日本人娼婦」1995（所収：『ロシア史研究』No.57，1995）

これらの研究においては，それぞれ日本人の活動を総体として捉えているが，そこに生活した人々を取り囲み，布置していた場所に対する検証はなされていない。したがってここでは，都市内部における日本人の具体的な存在形態を，空間的な側面から明らかにしていきたい。

この時期の日本人社会を考える上での重要な前提は，一口に居留民といっても，この地との関わりの深さによって様々なタイプが見られていたことである。日露戦争を経て，大正にはいると，もちろん明治期の居留のあり方をベースにしながらも，日本との国家レベルでの関係に裏付けられた新たな居留者（大企業の支店，国策銀行関係者など）が流入したが，このころはシベリア出兵時の軍需景気を当て込んだ「寄留者」など，質的に異なったものが現れるようになった。

1.2 研究の方法

　ここでは現地発行の日本語新聞「浦潮日報」と1920年発行のディレクトリ（"Putevoditel' po gorodu Vladivostoku na 1920 god"）を史料として用い，日本人の商店分布の復元や当時の居留地の空間に関する調査を通じて，中心市街地の日本人居留地の実態を把握する。「浦潮日報」については，すでに序章（p.21）においてその概要を記している。

　まず1920年前後における日本人経営商店・企業の分布の復元を行った。復元に関しての情報は，「浦潮日報」にほぼ依存している。これは，在留邦人を読者対象として発行された新聞であり，ここから都市内部の実状を詳細に知ることができる。分布復元の手順は以下のとおり。

①日本人企業・商店データベースの作成[1]
　「浦潮日報」に掲載された広告をもとに，企業・商店の店舗名称・営業種目・所在地等をデータベース化し，リストを作成した。
②番地の比定
　当時の番地と現在の番地が異なるため，1920年以前に建設された建物で所在地の特定できる建物の番地をその基準とした（表20）。同時に広告中の番地に関する但し書きなどからも番地を比定した。建物が取り壊され，公園・空地となっている場所等に関しては，当時の写真・地図・現地研究者からのヒアリング等を参考とした。
③分布図の作成[2]
　所在の比定できたものに関して地図上にプロットした（図74）。

以下この手順にしたがって，方法の詳細を記しておく。

1.2.1 データベースの作成
　データベース化した情報は以下の各項目である。
　　掲載年月日／掲載ページ／店舗名称／営業種目／所在街路名／番地／番地内建物番号／所在地但し書き／電話番号／その他／記入年月日
広告中にはこれらすべての項目が掲載されていないことも多いため，最低限

表20 位置比定の基準となった番地

旧名称	旧番地	現番地（1999年）
旧露亜銀行	スヴェトランスカヤ5	3
セントラルホテル	スヴェトランスカヤ13	11
ゾロトイローグホテル	スヴェトランスカヤ15	13
緑のレンガ店	スヴェトランスカヤ23	21
ランゲリーチェ	スヴェトランスカヤ27	25
クンスト＆アルベルス百貨店	スヴェトランスカヤ31～33	33～35
郵便局	スヴェトランスカヤ39	41
ピアニコフの家	スヴェトランスカヤ41	43
チューリン商会	スヴェトランスカヤ43？	45
ウェルサールホテル	スヴェトランスカヤ10	10
横浜正金銀行	スヴェトランスカヤ20	20
森商店（旧杉浦商店）	ペキンスカヤ27	23
スイフンスカヤ角（東詰）	ペキンスカヤ37	33*
牛肉安売所井田（カレイスカヤ角）	ペキンスカヤ10	2
日本領事館	ペキンスカヤ24	20
スイフンスカヤ角（東詰）	ペキンスカヤ32	28
谷商店（アレウツスカヤ角）	セメノフスカヤ17	11?*
スイフンスカヤ角（東詰）	セメノフスカヤ33	27*
萬歳商店（キタイスカヤ角）	セメノフスカヤ28	30
スイフンスカヤ角（東詰）	セメノフスカヤ36	36*
西川商店（電信局横向かい）	フォンタンナヤ24	20
浦潮共立病院（カレイスカヤ角）	ボロジンスカヤ11	21
河村洋服店他（司令部裏門前）	ボロジンスカヤ29	43*
林洋行支店（スヴェトランスカヤ角）	カレイスカヤ22	4
Morshack（ペキンスカヤ角）	カレイスカヤ32	12
阿片専売局（正金銀行南隣）	アレウツスカヤ29	23
妹尾商店	アレウツスカヤ47	39
醤油醸造元（司令部向角）	アレウツスカヤ59	49*
高比良旅館（司令部北向角）	アレウツスカヤ61	51
協信洋行	アレウツスカヤ26	26
西峰次商店他（セメノフスカヤ北角）	アレウツスカヤ36	30*
多々新洋行支店（フォンタンナヤ角）	アレウツスカヤ42	38
川口商店（日本軍司令部下）	アレウツスカヤ44	42
日本軍司令部	アレウツスカヤ46～50	44
日本領事館	キタイスカヤ3	3
茂利洋行（セメノフスカヤ角）	キタイスカヤ11	11*
カフェカンジーテルスナヤ（ファンタンナヤ角）	キタイスカヤ15	17*
玉利洋服店（電信局向）	キタイスカヤ17	19
電信局	キタイスカヤ22	24

*は，現在空地化している部分。数字は隣接建物の番地から想定できる番地を表している。

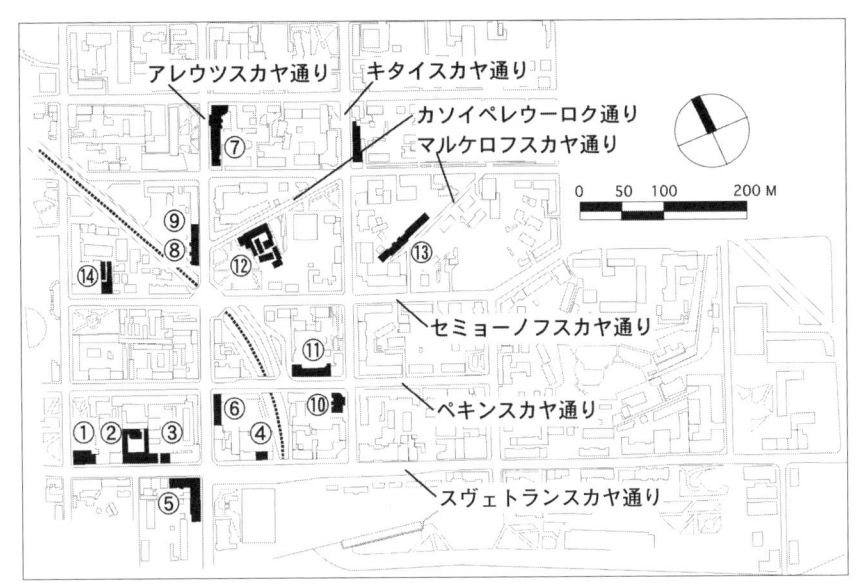

図74 現存する1920年頃の日本人居留に関わる遺構
①遠山時計店／永田栄重商店／竹馬洋服店／㈱青浦商店浦潮支店／藤田合名㈱／光武商店　②西商店　③神本商店／野上商店／小池商店／東西仕入情報社／尾崎貿易部　④太田作郎商店　⑤横浜正金銀行　⑥協信洋行／平和倶楽部／ダイヤモンドビアホール／西伯利亜阿片専売総局　⑦日本軍司令部　⑧妹尾商店／堀江商店　⑨太田良三郎商店／鐘ヶ江商店／日浦商店／近江岸商店／田島旅館／篠原優商店／商平木商店／旭洋行／中村商店／平木商店　⑩日本総領事館（旧貿易事務館）　⑪林洋行（林回漕店）／菅沼八郎商店／菅生商店／森旅館／森商店／梅田商会／木村恪商店（旧杉浦商会）　⑫岩川商店／金時亭／井手商会／中島洋服店／ひさご食堂（門内：いずみ／江戸久／かひこ／奴）　⑬堅山歯科／堀宮四郎商店／大桝／囲碁研究会／近木家具／極東林業社　⑭ワイリン（門内：東屋／露支商業倶楽部／日露日の出倶楽部）　⑮西本願寺

として店舗名称／所在街路名／番地に該当する表記があれば，比定の対象として組み入れた。また，所在地の但し書きとして例えば「日本軍司令部下」や「領事館正面」などの位置関係に関する表記が見られるものも多くある。これらに関しては番地からでなく，位置関係からの比定の対象とした。また同一商店の広告が複数回にわたって掲載されている場合，重複する内容の広告は削除した。

1.2.2　分布の比定

商店分布の復元は，基本的には「番地の比定」→「番地と商店の対応」とい

う手順で行ったが，不十分な点が多いため，所在地但し書きからの位置関係の比定も適宜組み合わせて行っている。

①番地の比定

番地の付け方は1920年当時から現在に至るまで同じであり，沿道の建物に順に奇数，あるいは偶数の番号をふっていくという方法が採られている。しかし，

・当時の沿道の建物の立地状況が完全に復元できない点，

・現在の地番は1960年代に改正されたものであり，ずれが生じている点，

という2つの点で困難さがある。

したがって沿道建物の立地状況を復元しやすい場所の商店分布は，ほとんどずれがないと思われるが，史料の乏しい場所では番地の確定が難しく，ある範囲でのずれが生じている。同じ通りにある2点の番地が確定できれば，その間の商店はある誤差の範囲で比定できるが，2点間の距離が長いほど誤差は大きい。

②位置関係の比定

所在地但し書きの情報は有用であり，位置関係の比定が行えるが，位置の正確な確定は困難な場合が少なからずある。例えば「アレウツスカヤ45　アレウツスカヤ・セメノフスカヤ角」という表記の場合，アレウツスカヤ通りの西側で交差点に位置する2つの角が位置としては想定可能となるからである。したがってこの情報に①の「番地の比定」から得られた結果を加味することによって実際の位置を比定している。

③基準とした番地

位置比定の基準とした番地を表20に記しておく。

1.2.3　分布図の作成

分布図のベース図として，現在の中心市街地の比較的詳細な平面図を用い，その上に商店をプロットしている。ここでは所在が比定されたもののみをプロットしている。それらはかなりの数にのぼるが正確な所在地を確定できないものも多い。

また日本人商店と同時に主要な西洋人や中国人の商店を地図上に数カ所プ

ロットしている。
　作成した分布図を巻末に示す。

2. 分布状況及び現存する遺構

2.1 商店・企業の分布

　　　日本商店の多くは此市場（注：セミョーノフスキーバザール）付近よりアレウツスカヤ街とセメノーフスカヤ街との十字を成せる辺に在り[4]。

　これは1912年の記述であるが，巻末の分布図からわかるとおり，キタイスカヤ通り沿いにまでその立地が広がっている。先の第3章にてその分布の一部を検討したが，アレウツスカヤ通り，キタイスカヤ通りの沿道には，一般雑貨を取り扱う小売個人商店が数多く見られる。他にカソイペレウーロク付近，キタイスカヤ通りの日本領事館以北にも立地が多い。これは，先の1910年の状況でも見られた傾向であった（図53）。特にアレウツスカヤ通りとセミョーノフスカヤ通りの交差点より北には，日本人商店が密集して立地していたことがわかる。

2.2 現存する遺構

　これまでの調査で明らかになった日本人居留に関する遺構を紹介しておきたい。商店の分布を明らかにしていく過程で，多数の商店の位置が比定できたが，ここでは重要なものを示しておく。
　それぞれの遺構に関して，その位置を図74に示した。①当時の名称，②所在地，③当時の空間利用のされ方，④現在の状況を次ページ以降に示す。表中の建物に関するコメント，及び建物所有者に関する情報は，Markov, V. "Zdravstvui, Vladivostok!" (1988) 及び "Putevoditel' po gorodu Vladivostoku na 1920 god" (1920) によっている。
　なお，ここでは便宜的に遺構と呼んでいるが，商店の場合は後に述べるように建物の一部を間借りして使用していたため，建物全体が日本人居留関係の遺

写真57 1908年頃のアレウツスカヤ通り（アルセーニエフ郷土史博物館所蔵）
カソイペレウーロクとの交差点付近から南方向へのアングル。画面中央左よりのドーム建築には，谷商店をはじめ，すでに1910年の商店リストでも4軒の日本人商店の存在があった。1980年代中頃まで存在したが，現在は小公園になっている。

構にあたるわけではない。また1920年代初頭という時期は，人口数の上では日本人社会のピークであり，シベリア出兵に起因して多数の用達商が営業を行っていたという状況であった。

現存している日本人関係の遺構は，大部分が比較的大規模な沿道建物の部分を間借りしていた商店に関するものであるが，長期にわたって同じ場所において営業していたものはむしろ少数であったと思われる。したがって，ここでいう遺構とは，建築学的な意味ではなく，都市社会史的な意味合いでの1920年前後の状況を示す遺構と解釈している。

このほかに，多くの日本人商店が営業していたと思われる小規模な建物ユニットは壊されてすでに公園になったり，建て替えられたという傾向がある。したがってここで挙げた以外にも間借り形式の商店の遺構は多数あると思われる。

表21　現存する1920年頃の日本人居留に関わる遺構

番　　　号：① 旧　名　称：遠山時計店／永田栄重商店／竹馬洋服店／㈱青浦商店浦潮支店／藤田合名㈱／光武商店 旧所在地：スヴェトランスカヤ通り5 現所在地：スヴェトランスカヤ通り1 建物所有者：露亜銀行 備考：1899年実業家イワノフの資金により建設された旧太平洋（チーヒー・オケアン）劇場。1910年住居用に建て直される。現在はオフィスになっている。	
番　　　号：② 旧　名　称：西商店 旧所在地：スヴェトランスカヤ通り9 現所在地：スヴェトランスカヤ通り7 建物所有者：Jukova, E. V. 備考：現在は商店兼住居。1911年C.G.フェルマンによる設計。旧ジュクレビッチの家であり，所有者はスイス人チーズ商レオポルド・ネイシェルであった。大規模な建築である。	
番　　　号：③ 旧　名　称：神本商店／野上商店／小池商店／東西仕入情報社／尾崎貿易部 旧所在地：スヴェトランスカヤ通り11 現所在地：スヴェトランスカヤ通り9 建物所有者：Kuper, A. K. 備考：現在は商店兼住居。	

300

番　　号：④ 旧　名　称：太田作郎商店 旧所在地：スヴェトランスカヤ通り17 現所在地：スヴェトランスカヤ通り15 建物所有者：Yan-Laya, 及び相続人 備考：市内一等地にあり，現在は商店。	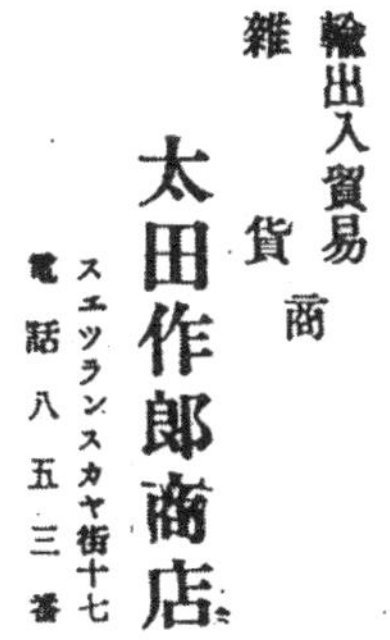 輸出入貿易商　雑貨商 **太田作郎商店** スヱツランスカヤ街十七 電話八五三番
番　　号：⑤ 旧　名　称：横浜正金銀行 旧所在地：スヴェトランスカヤ通り20 現所在地：同上 建物所有者：Babinchev, A. V. 備考：現在はアルセーニエフ名称国立郷土博物館。1902-05年ロシア人建築家I.V.メシコフによる設計。角にドームがのる。かつてチューリン商会マネージャー，バービンツェフの家。	資本金壱千弐百万円 **横濱正金銀行** 浦潮斯徳支店 本店　横濱 （アレウツスカヤ第二丁目） （電話四四五番）
番　　号：⑥ 旧　名　称：協信洋行／平和倶楽部／ダイヤモンドビアホール／西伯利亜阿片専売総局 旧所在地：アレウツスカヤ通り26 現所在地：アレウツスカヤ通り22 建物所有者：Kuper, A. K. 備考：ファサードに蓮の模様。現在は商店兼住居。1908年東洋系のキャバレーとして，A.K.ゴリデンシュテットによって設計される。この後ジェルジンスキークラブとなる。	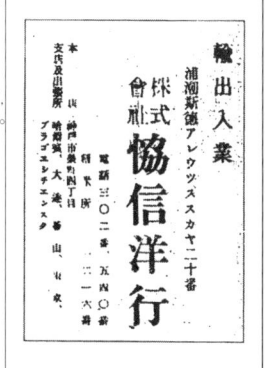 輸出入業 **株式會社 協信洋行** 本社　浦潮斯徳アレウツスカヤ二十番 支社及出張所　神戸市栄町四丁目 哈爾賓，大連，喜山，牛荘，ブラゴエシチェンスク 電新三〇二番，五四〇番，二一六番

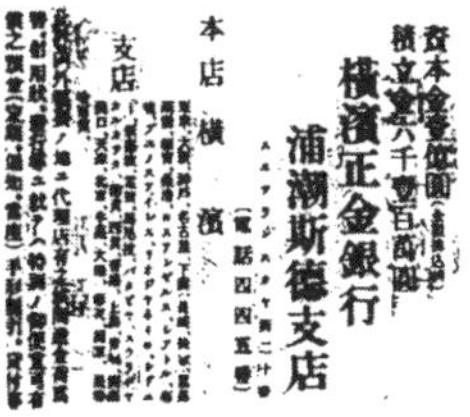

第6章　1920年代初頭を中心とした日本人の居留空間………301

番　　号：⑦
旧　名　称：日本軍司令部
旧所在地：アレウツスカヤ通り46
現所在地：アレウツスカヤ通り44
建物所有者：
備考：現在は警察の施設。ソビエト時代に大増築が行われた。

番　　号：⑧
旧　名　称：妹尾商店／堀江商店
旧所在地：アレウツスカヤ通り47
現所在地：アレウツスカヤ通り39
建物所有者：Hlidnev, Br
備考：現在は極東技術大学鉱山学部。建て替えの予定あり。

機械精米雑貨
雑穀輸出入商
妹尾商店
アレウツスカヤ街四七
（電話二八六番）
出張所　哈爾賓埠頭區トルゴワヤ街三八

番　　号：⑨
旧　名　称：太田良三郎商店／鐘ヶ江商店／日浦商店／近江岸商店／田島旅
　　　　　　館／篠原優商店／商平木商店／旭洋行／中村商店／平木商店
旧所在地：アレウツスカヤ通り49
現所在地：アレウツスカヤ通り39
建物所有者：Mefodieva, N. E.（ロシア系）
備考：現在は住居。保存状態は悪い。

雑貨貿易商
太田良三郎商店
（電話一二九番）
浦潮斯徳市アオクタンチャ街
太田商店附屬工場
各種鏡枠并ニ家具製造
大阪市東區南久寳寺町朝鮮舘
太田商店出張所
電話南三七六八番

番　　号：⑩
旧　名　称：日本総領事館（旧貿易事務館）
旧所在地：キタイスカヤ通り3
現所在地：オケアンスキープロスケクト3
建物所有者：未確認
備考：現在は病院。沿海州指定史跡。外観の保存状態は良好。1916年，Y.シャフラトによる設計。古典的な伝統を良く生かした美しい建物で，入口に神話の鳥である鳳凰が据えられている。これは，成功と長生きをもたらすという東洋の信仰を表すという。

領事館事務休業
總領事館に於ては年末に際し例年の通り十二月廿九日より翌一月三日まで事務を休む由

番　　号：⑪
旧　名　称：林洋行（林回漕店）／菅沼八郎商店／菅生商店／森旅館／森商店／梅田商会／木村恪商店（旧杉浦商会）
旧所在地：ペキンスカヤ通り27
現所在地：フォキン通り23
建物所有者：Sviderskii, A. G.（ロシア系）
備考：現在は住居。所有者は東京貿易商会から杉浦商会，その後ロシア人の手に渡る。

輸出入業　林洋行
ペキンスカヤ街廿七番
林洋行毛織物綿布部
スエツランスカヤ街七
林洋行支店
オレインスエツランスカヤ街角

番　　号：⑫
旧　名　称：岩川商店／金時亭／井手商会／中島洋服店／ひさご食堂
　　　　　門内：いずみ／江戸久／かひこ／奴
旧所在地：カソイペレウーロク通り8／門内
現所在地：モルドフツェフ横町8
建物所有者：Vittenberg, M. I.（ゲルマン系）
備考：現在は住居。門内の形態が残る貴重な遺構。門内の老朽化が激しい。

内地産生魚直輸入
新鮮なる鮮魚並に野菜類卸小賣情々御強勉可仕候間多少不拘御用命被下度申上候
浦潮カソイペレウーロク八番（金時亭内）
岩川商店
電話一四八一番

| 番　　　号：⑬
旧　名　称：堅山歯科／堀定四郎商店／大桝／囲碁研究会／近木家具／極東林業社
旧所在地：マルケロフスカヤ通り5／門内
現所在地：マルケロフスカヤ通り7
建物所有者：
備考：現在は住居。老朽化が激しい。 | 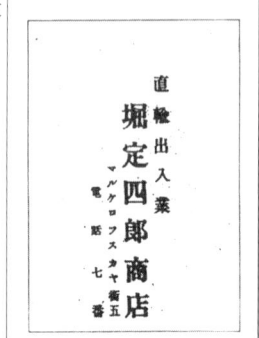 直輸出入業
堀定四郎商店
マルケロフスカヤ街五
電話　七番 |

| 番　　　号：⑭
旧　名　称：ワイリン
　　　　　　門内：東屋／露支商業倶楽部／日露日の出倶楽部
旧所在地：セミョーノフスカヤ通り5／門内
現所在地：セミョーノフスカヤ通り3
建物所有者：Ilinichkago, K. F.及び相続人
備考：現在はオフィス兼住居。吹き抜け通路をもつ珍しい形態。詳細は第1編第2章に掲載。 | 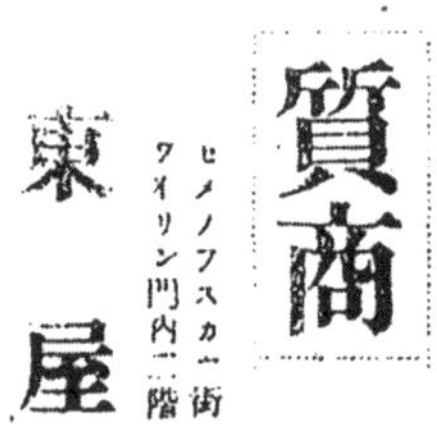 質商
桝屋
セミノフスカー街
ワイリン門内二階 |

| 番　　　号：⑮
旧　名　称：西本願寺
旧所在地：アレウツスカヤ通り？
現所在地：？
建物所有者：
備考：石垣のみ現存する。 | 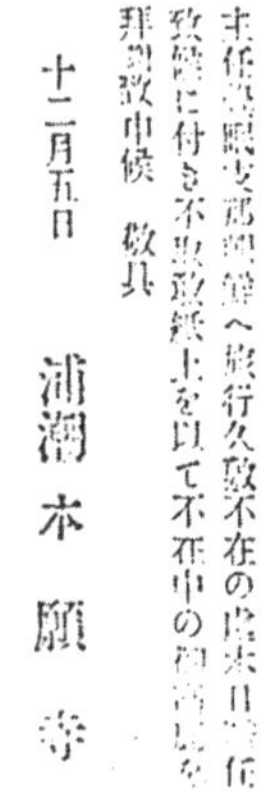 謹告
主任西照支務四郎へ繁行久敷不在の為来日不在
致候に付き不悪致候上を以て不在中の相替らす
拝趨致申候　敬具
十二月五日
浦潮本願寺 |

3. 商店形態と居住空間

3.1 集合形態

　日本人商店の店舗がどのような形態で存在していたのか。手がかりは少ないが，1907年と1920年の建物所有者リストにはそれぞれ日本人系の名がほとんど記載されていないことから，ごく少数の例外を除けば，賃貸によって店舗を確保していたものと思われる。
　さて，復元された商店分布から，同番地に数多くの商店が集中していることがわかる。同一番地に4軒以上の日本人商店が見られたものを表22にまとめた。
　この表で興味深いのは，家主のバラエティである。貸借関係の実際は定かではないが，ロシア人のみならず，中国人系あるいはゲルマン系と見られる家主の名もある。これはウラジオストクの人種的多様性を表わしてはいるが，同時に日本人が多くの民族に受け入れられていたということを示唆している。当時日本人は不景気により敬遠されつつあったが，それまでは賃料をきちんと払う人々だとの認識があり，所有者は選んで日本人に貸していたという面もあったのであろう。
　こうした日本人が密集している空間の形態としては，
　①比較的大規模な建物が建てられていて，その同一の建物内に多く日本人商店が存在しているパターンと，
　②同一の地番に存在する小規模な建物群（門内）に存在しているパターン，
の2つの存在形態が想定できる。このうち，②の「門内」についてはのちほど具体例を挙げて検討する。

3.2 店構え

　「浦潮斯徳事情」に「本邦商人の注意すべき露国の商習慣」の記載があり，

表22　4軒以上の集積が見られる番地

街路名	番地	軒数	業種	名称	家主
カソイペレウーロク	8	5	西洋料理	カフェー江戸久	Vittenberg, M. I.（ゲルマン系）
〃	〃		八百屋・内地産生魚直輸入	岩川商店	
〃	〃			井手商店	
〃	〃		料亭	いずみ	
〃	〃		税関代理事務・運送業	安部亀次郎	
アレウツスカヤ	36	6	写真機材	浪花商会	Litan-yun（中国系）
〃	〃		輸出入業	富士号	
〃	〃		果物・野菜	外海支店（移転通知）	
〃	〃		日用品・羅紗・綿反物・靴帽子など	亜細亜商会	
〃	〃		製綿業	高岡打綿株式会社出張所	
〃	〃		毛織洋反物・洋服・雑貨など	西峰次商店本店	
アレウツスカヤ	49	6	紳士用各種靴	篠原優商店	Mefodieva, N. E.（ロシア系）
〃	〃		日曜食料品・雑貨・輸出入業	鐘ヶ江商店	
〃	〃		食堂	田島旅館	
〃	〃		米・醤油・雑貨	平木商店	
〃	〃		靴及び付属品卸小売業	日浦商店	
〃	〃		綿布・雑貨・輸出入業	近江岸商店	
キタイスカヤ	3	4	理髪店	宮本理髪店	国家財産管理局
〃	〃		貴金属・時計	瀧本時計店	
〃	〃		商品附譲渡し度し	梅津商店	
〃	〃		靴・鞄原料・皮革類及付属品など	大阪屋商店浦潮支店	
キタイスカヤ	7	4	写真屋	穂下写真館	Dembi, A. R.（イギリス系）
〃	〃		雑貨屋（各種洋酒・日本酒瓶詰など）	大正洋行	
〃	〃		輸出入業	京成洋行	
〃	〃		ペイント・工業製品・化粧品など	永田増雄商店	

街路名	番地	軒数	業種	名称	家主
キタイスカヤ	11	9	輸出入業	尾崎貿易部	Ugretzova, F. M. N.-ki（ロシア系）
〃	〃	〃	産婆	柳田富枝	
〃	〃	〃	新聞	浦潮日報社	
〃	〃	〃		日露実業株式会社　浦潮	
〃	〃	〃	貴金属・時計	豊島時計店	
〃	〃	〃	洋服屋並びに洋服付属品	竹馬洋服店	
〃	〃	〃	輸出入業	茂利洋行	
〃	〃	〃	輸出入業・海運業	原商事株式会社浦潮斯徳	
〃	〃	〃	洋服・絨地その他各種雑貨商	菅生商店	
キタイスカヤ	12	8	理髪店	増田理髪店	Prevalov, P. F.（ロシア系）
〃	〃	〃	電気屋	大正電気商会	
〃	〃	〃	雑貨・文房具	戸田商店事戸田重之	
〃	〃	〃	輸出入業	符金商会	
〃	〃	〃	飲料水	大正電気商会給水部	
〃	〃	〃	洋服	岩石商店	
〃	〃	〃		岩戸商店	
〃	〃	〃	時計・貴金属	古市時計商店	
キタイスカヤ	16	7	電気製品	北神洋行	Kim, N. N.（アジア系）
〃	〃	〃		井上己芳	
〃	〃	〃	理髪店	山本・清水理髪店	
〃	〃	〃		美髪館	
〃	〃	〃	金物・雑貨	木村硝子商店	
〃	〃	〃	料亭	さらしな	
〃	〃	〃	輸出入業	長瀬商店浦鹽出張所	
スヴェトランスカヤ	5	4	貴金属・宝石など	遠山商店時計貴金属部	露亜銀行
〃	〃	〃	洋服	永田栄重本店	

街路名	番地	軒数	業種	名称	家主
〃	〃		輸出入業（氷）	株式会社青浦商店浦潮支店	
〃	〃		洋服屋	竹馬洋服店竹馬支店	
セメノフスカヤ	27	7	洋服・莫大小・防寒用品など	永田栄重支店	Ugretzova, F. M. N.-ki（ロシア系）
〃	〃		出版社	弥生商会出版部	
〃	〃		餅屋	吉永伊平太	
〃	〃		料亭	はつね	
〃	〃		中元贈答品卸小売	井上商店	
〃	〃			ノーメル・アイジキ	
〃	〃		マスク材料	永田商店	
セメノフスカヤ	28	4	日用雑貨・酒	萬歳商店	不明
〃	〃		薬品	市橋賢治商店	
〃	〃		海運業・保険・石炭販売	東和洋行	
〃	〃		病院（内科・外科・小児科・花柳病科など）	浦潮病院	
セメノフスカヤ	5（華林）	6		露支商業倶楽部	Ilinichkago, K. F. N-ki（？）
〃	〃		クラブ	日露日の出倶楽部	
〃	〃			玉川楼	
〃	〃			富士乃家	
〃	〃			岩石	
〃	〃			三七十楼	
ペキンスカヤ	27	7		菅生商店	Sviderskii, A. G.（ロシア系）
〃	〃		旅館	森旅館	
〃	〃		輸出入業	菅沼八郎商店	
〃	〃		毛織物・綿布・諸雑貨卸商	林洋行	
〃	〃		材木軸木輸出	木村恪商店	
〃	〃		海運業	森商店	
〃	〃			梅田商店	

当時の日本人商店がロシアで営業をする際にどのような点に注意をしていたのかがわかり，興味深い[8]。それによると，看板はロシア語で表記しなければわかるものは少ない，と指摘している。

商店の店構えに関しては，多少の写真史料があるので，以下に示して検討する（表示している番地は当時の番地）。

①スヴェトランスカヤ通り7番，長崎洋行（ロットNo.53）（写真58）

長崎洋行は美術品などを商う雑貨商であり，市内の目抜き通りスヴェトランスカヤに店を構えていた。

この建物は現存していないが，比較的規模の小さい平屋建てであり，建物単位を借りて営業していたものと思われる。

正面上部の看板には「РАСПРОДАЖА（売り出し中）」とあり，また店の入り口の両側には，ロシア語日本語両方の縦長の看板が掛かっている。店員達の記念写真であり，男性は洋装，女性は和装，子供達は洋装で，一番小さな子供だけ和装である。

②スヴェトランスカヤ通り17番，太田作郎商店（ロットNo.43）（写真59）

同じく雑貨商であるが，アレウツスカヤ通りとの交差点に近く，一等地である。前を歩いている女性とのバランスから，先の長崎洋行よりも間口が狭い。また看板はロシア語の大きな看板と入口左手に日本語の控えめな看板が掛かっているのが見える。上述の「商習慣に関する注意」にあったとおりである。ショーウインドー内も奇麗に飾られており，日除けの庇が出ている。太田商店は当時の東京にあったとしてもかなりモダンな店構えだったのではないだろうか。

③キタイスカヤ通り13番，島崎写真館（ロットNo.177）（写真60）

キタイスカヤ通りには日本人の店舗が多く見られたが，この島崎写真館は比較的中規模の店舗であったと思われる。小振りのショーケースに貼られた写真が過剰な印象を与える。この店もやはり看板はロシア語で掛けられている。

④アレウツスカヤ通り47番，妹尾商店（ロットNo.478）（写真61）

邦人相手の雑貨商。写真が小さいため見づらいが，真っ白い看板は全体のトーンに比べ，少し不自然であり，現像時の修正で書き加えているように見える。

写真58　長崎洋行（松本八郎氏提供）

写真59　太田作郎商店（馬場いね子氏提供）

写真60　島崎写真館
　　　　（出典：『浦潮斯徳事情』）

　この場所は現在も残っているのだが、ウスリー鉄道とアレウツスカヤ通りに切り取られた不整形な敷地に立つ建物であり、印象的な外観をもっている。この写真で見られている入り口のレベルは、現在道路の嵩上げにより、半分ほど見えなくなっている。

　1階の外壁に漢字で書かれた袖看板が見られる。

　⑤スヴェトランスカヤ通り35番、穂下写真館支店（ロットNo.6）（写真62）

　やはり、ロシア語で「ФОТОГРАФИ……」とかなり大きく書かれた看板が掛けられている。先の長崎洋行と同様でこの建物は平屋建てで、現存していない。この建物は目抜き通りにあるにも関わらず、平屋であることから、いわば第一世代の建物、おそらく19世紀のものであると思われる。この敷地にはその後大きな煉瓦造が建てられている。日本人商店の遺構が残っていない部分が多いが、その理由としては、こうした比較的古い小規模の建物を借りて営業していたものも多く、その後建て替えや取り壊しによる消滅に起因していると思われる。

　またこうした小規模な建物が多

写真61　妹尾商店（出典:『浦潮斯徳事情』）

写真62　穂下写真館支店（出典:『浦潮斯徳事情』）

く存在していた番地は後述する門内という空間構造が見られたと考えられる。なお穂下写真館の本店はキタイスカヤ7にあった。

⑥アレウツスカヤ通り・セミョーノフスカヤ通り角，谷源蔵商店（ロットNo.90）（写真63）

同じく邦人相手の雑貨商。これも写真が小さく見づらい。上の穂下写真館の例とは異なり，比較的大きな建物であったと思われるが，現存していない。この規模から推して，建物全体を谷商店が使用していたと考えにくいが，同一番地に日本人商店は多く存在していた。看板の様子など不明である。しかし，この建物もファサードが印象的であり，ファサード自体を印象付けようとする意図がこの広告には含まれている。

⑦キタイスカヤ通り，日本領事館ならび（ロットNo.37）（写真64）

キタイスカヤ日本領事館周辺には日本人商店が多く見られたが，いずれも小規模な建物，平屋造が主であるが，この形式の町並みはほとんど現存していない。先にも述べたように，こうした比較的古い形式の建物を多くの日本人商店が使っていたと考えられる。

以上見てきた商店は，いずれも街路沿いに位置しており，比較的店構えのあり方が意識されていた例であったと思われる。「門内」にあった店舗は，店構

写真63　谷源蔵商店（出典：『浦潮斯徳事情』）

写真64　日本領事館付近の町並み（出典："Staryi Vladivostok"）

えもよりシンプルなものであったと思われる。ロシア語の看板を掲げている店が多いが，これはいずれも大通りに面している店舗であるからであろう。

3.3　店　　内

比較的裕福な商店の内部の様子が，連載記事「浦潮斯徳婦人界」において見られる。事務所や応接室はほとんどが洋室の例ばかりであるが，以下に例を示しておく。

> 通された二階の部屋は畳なら約八畳も敷けそうな清楚の装飾を施した長方形の北向きの室。
> 薄いクリーム色のセッセッション式の壁模様，壁間には大小二面の燦々足る金縁の油絵風景画，中央に大小二個の卓子，小さい卓子の上には一二月号の雑誌「中央公論」を上に四五冊の和津の書籍が重ねてある。熊の皮を敷いた二個の長椅子，同じ型の白布で覆った五六の安楽椅子も程よく置かれて紙反古一つ散らしていもない。（ペキンスカヤ街林回漕店楼上応接室）[9]

売場に関しては数点の写真（写真65〜67）がある。参考までに以下に掲載する。いずれも『浦潮斯徳事情』に掲載された広告写真であり，比較的規模の大きな店舗である。写真自体は，売場に陳列された商品に視線が注がれており，

店内の細部までを記録するという意味で撮影されたものではない。そのため、店内の様子はこの写真からでは確認することができない。

3.4 住まい

大正10年の連載記事「片寄った旧式な型から脱却して覚醒向上を計れ」では、現地での生活改善に焦点があてられていたのは主に服装の改善に関してであったが、洋装化より先にまず洋室化をすべきであるという以下のような主張も見られ興味深い。

> その次に日本服の生活から生まれる畳の生活です。これは浦潮あたりの湿気の多い所や光線の当たらないところには非常に不衛生です。先ずこれを撤廃していきますと洋服の必要を感じます。高価な畳を高い税金を払っておまけに長持ちのしない物を使用するよりも先ず洋装問題よりもこの方面に生活改善の力を注ぐ必要があります。[10]

写真65　遠山時計店の店内
（出典：『浦潮斯徳事情』）

写真66　松田銀行部の店内
（出典：『浦潮斯徳事情』）

写真67　廣部商会の店内
（出典：『浦潮斯徳事情』）

税金とは畳を輸入する際の関税であると思われるが，これも反面，当時の日本人の多くは畳の間に暮らしていたということを想像させる。また1921年頃にウラジオストクへ移り住んだ戸泉米子氏（当時9歳）が語るところによると[11]，当時日本人は，煉瓦造2階建ての家の内部に畳を敷き，そこで日本と変わらぬような暮らしをしていたという。また新聞広告の中でも畳屋の広告を見ることができる[12]。

　また，少ない例ではあるが，住居内部の描写も見られた。

　　（略）右手の書斎兼寝室へ案内される。通された室は道路に面した北向きで畳なら十畳も敷けそうな階上の一室，三方硝子窓で雪に包まれた山や立木や家屋がさながら大きな油絵のように見える。白いカーテンと下部をピンクで塗り分けた白墨の壁と快いグリーンの絨段とて室内は目覚めるばかり明るい。
　　室の中央には大小二個の卓子に椅子が三脚。
　　正面の窓の下には大きなデスクと背皮金文字の和洋の書籍をギッシリと詰めた書架が一基，左手には大きな姿見鏡のついた白木のシカップと，白い綿羊の毛皮を敷いたWベットが一台，ベットの枕許の鉄棒には鉄側の懐中時計が謎の様に十二時五分前で止まったまま小紐で下げてある。ベットの下には御趣味か写真器械が覗いている。四ツ五ツの旅行鞄も見えるその内の一つには「釜山港大東旅館」と石版で刷った旅館の名札もついていた（中略）夫人は右手の窓を背にして安楽椅子に倚られ，記者は正面の窓に対して椅子に倚る。右手の壁には陰鬱な空と荒れ狂う激浪とを描いたもの凄い油絵の大画面，正面の壁にも強烈な色彩と大胆なブラブシュとて表現された「晩秋」とでも題してありそうな燦々たる金縁油絵額，其他右にも左にも，窓の上とはいわず，机の上とはいわず写真，絵画と，その数凡そ五六面[13]。

　案内につれて通された室は奥まった西光線さす日常御住居の日本室。
　　左手の欄間に高く「意必固我」と論語の中の一句が墨痕淋漓見事に認められた大横額，正面の白木の箪笥の上には，当年八十歳尚赫釣として老を山翠く水清き故郷播洲に養はる，御北堂のお写真も宛として生けるが如し。

茶棚の上の蕨篭には赤く熟した林檎が二ツ三ツ。(中略)
 けれど御客来もある御様子なれば茶の間の框に腰をかけたままでお話する。スチームの通う室は，春の日の如き長閑な思がする。[14]

現地社会では比較的地位の高い住宅への訪問記であり，また多少の誇張と偏りもあろうが，最も進歩的な位置にあった人々の例といえる。これらから当時の状況の推測がある程度できよう。
 当時日本国内では，中流以上の階級では和洋折衷の住宅に住む人々が多くなってきていた。折衷住宅の多くは，居住スペースは和室であって，応接間だけ洋間，という形態が多くの例で見られるようになっていた。
 反面ウラジオストクにおいては，これまで紹介した記事からもわかるとおり，居住スペースが和室であったとしても，畳を敷くよりも洋間の方が経済的には負担が少なかったと考えられるから，経済的な制約に応じて，何らかの折衷が行われたことも予想される。

3.5　遊　郭

その一方で，ウラジオストクの日本人女性の大多数を占めていたのは，売春婦である。この遊郭に関する記述は散見されるものの，その空間を描いたものは見られない。その中で，唯一ウラジオストクの遊郭を撮影したと思われる写真がある (写真68)。またウラジオストクではないが，ニコリスク (現ウスリースク) の日本人遊郭の様子を描いた1903年の文章があるので，この両者からその様子を瞥見してみたい。

　　日本人街の地位は市内の要所にあり，幅凡そ十間長さ四五町，中央馬車道を通じ，その左右には多少の闊葉樹を植えたり，貸座敷の建物は，すべて露国風なる亜鉛 (トタン) 屋根の平屋にして，長方形の家屋幾棟より成り，窓はまた道路に面して開けるもの少なからず，亜鉛をば多く之を碧にし，欄間と窓の周囲には露国的装飾を施し，赤，青，黄，樺等種々の色を以て彩色せる，さながら壮士芝居の道具立若くは書割をそのままに見るが如し，これ実に西比利亜における模範的日本貸座敷なり，旅行者はいづれ

写真68 ウラジオストクの日本人遊郭
(出典:「沿海州写真帖」,北海道大学附属図書)

に行くとしてか,日本人のある所,この種の家屋を見ざる事なかるべし。[15]

　この写真では,色調はわからないが,しかし上記の文中で触れられているとおり,その装飾の陳腐さ,あるいは全体の平板さなどから,ここに写されているものも「さながら壮士芝居の道具立若くは書割」のようにも見える。

　もちろん少ない例からの断定は避けなければなるまい。この写真も,おそらく雑誌に掲載するという前提で撮られたものであり,撮影場所の選択にあたっては最もその特徴が出ている場所を選ぶことが自然だと考えられるからである。

　そうだとしても,こうした「書割」的な風景は「日本人のある所,この種の家屋を見ざる事なかるべし」とされていることは,この種の陳腐な装飾は程度の差こそあれ,日本人遊郭に一般的に見られていたといってもいいだろう。

4. 都市空間の呼称からみた日本人の居留空間

4.1 町の呼称について

4.1.1 「日本人町」
案内書に見られた表現であり，アレウツスカヤ通りのセミョーノフスカヤ通りとの交差点より北の地域を指していると思われる[16]。このほかに「日本町」という語も見られるが，これは市街地東部のマトロスカヤ・スロボーダ（水兵村）に所在する通りの名称（Iaponskaia ulitsa）の日本語訳である。

4.1.2 山の上・上町・下町
新聞には「山の上」「上町」「下町」という呼称が頻繁に使用される。ウラジオストクの地理的特性を的確に表現しているこれらの呼称名は，在留邦人の生活と密接に関わっていたと思われる。「山の上」「上町」とはアレウツスカヤ通りを北上したさらに先にある別名「朝鮮町」[17]，「下町」はセミョーノフスカヤ通りとフォンタンナヤ通りに挟まれた，中心市街地で最も標高の低い元来低湿地であった一帯である。「上町」「下町」の地域は花街の俗称としても使用され，在留邦人が数々の事件に巻き込まれた舞台として頻繁に紙面上に現れる[18]。

4.1.3 「スヱブラ」
記事に「スヱブラ」なる言葉が出てくる。銀ブラをもじったもので，東京の銀座をスヴェトランスカヤ通りになぞらえている。東京のモダン趣味の視線が，ウラジオストクにまで持ち込まれており，興味深い。長くなるが引用する。

> 東京の銀座街は浦鹽のスヴェトランスカヤ通りに比すべく市中目抜の街路たると同時に商賈軒を並べある商業中心地に有。之候スヴェトランスカヤ街が夏の夕景ゾロゾロと散歩する人に満てるが如く銀座も其の人出中々盛んなるものにて候。都人士之を「銀ブラ」と呼び居候が蓋し銀座をブラ

ツクの意味に有之候，之より推して浦鹽にも是非「スウエブラ」なる語の必要を認め申候。(以下略)[19]

また，こうした東京の盛り場とスヴェトランスカヤ通りを比較する視点は，大正11年（1922年）に東京へ修学旅行に出た「浦潮日本小学校」の報告記にも見られている。

東京人は少しも左側通行を守っていません日本橋通りでも上野公園前でもメチャメチャです，浦潮のスヴェトランスカヤの右側通行の方がよっぽど整っています。[20]

スヴェトランスカヤ通りには西洋人の有力な企業・商店が多く立地し，日本人の多くが同胞相手に商売を営んでいたアレウツスカヤ通りなどの「日本人町」とは対照的に，ヨーロッパ的な通り，モダンな通りとして捉えられていたものと思われる。これらはスヴェトランスカヤ通りの建築物が構成していた町並み（第5章参照）やここに並んでいた百貨店や高級雑貨店（第3章参照）によって形成されたイメージであった。

4.1.4 本願寺高台

本願寺はアレウツスカヤ通り北端にあり，現在も石段が残っているが，本願寺高台という表現が見られた。[21]

4.2 街区・土地区画内の空間形態に関して

第4章で取り上げたような街区の空間形態に着目すると，新聞紙上に現れる言葉からいくつかのパターンが抽出される。

4.2.1 門　　内

商店広告にはしばしば門内という表記が見られる。具体的な例としては「徳山門内」（フォンタンナヤ），「金時門内」「大桝門内」（カソイペレウーロク），「安本門内／安本組門内」「松玉門内」（ボロジンスカヤ），「桑江薬店門内」（カレイスカ

ヤ」、「秀島商店門内」「プラチナ館筋向門内」（キタイスカヤ）、「錦江楼門内」（ペキンスカヤ）、「ワイリン門内」「徳永湯屋門内入り口」（セミョーノフスカヤ）というものが見られた。「門内」という語の前につく固有名詞はいずれも店の名前ではあるが、これらが沿道に存在していた店の名前である場合と、必ずしも通りに面した店でなくとも非常に名の通った店であり、その場所が共通に認識されていたという場合の2通りが考えられよう。

この「門内」の空間形態に関して概観すると、同一の土地ロット内に建物が細分化して建っている状況がわかる。これは前章までに検討してきたいわゆる小ユニットによって構成される空間である。街区内部へのトンネル型あるいは隙間型のエントランスを門と見立て、その内部の広がりの部分をこう呼んだものと思われる。

当時の居留者の話によると、同胞相手の商店は街路沿いに店を構える必要がなく、敷地の奥に店を構え、看板のみを表に出したという。多くの商店が同じ番地に集中しているのは、これらの商店が同一の門内にあったことを推測させる。また区画内の比較的高密な形態は、まさにヒューマンスケールの空間でもあり、同じ門内に同胞が集まれば、さらにその国

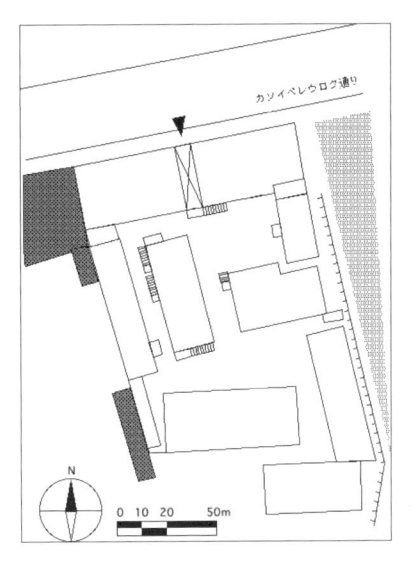

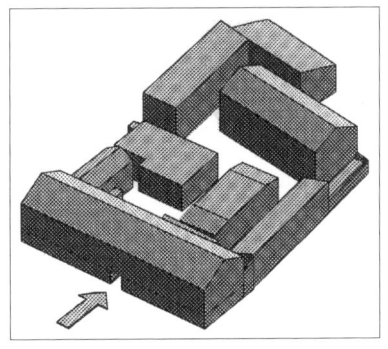

上・**図75** 旧カソイペレウーロク通り8番（門内）の現況建物配置図

下・**図76** 同アクソメトリック
カソイペレウーロクには日本料亭・座敷が多く分布していたが、この門内には、「料亭いずみ」「カフェー江戸久」「岩川商店（八百屋）」などが存在していた。

の人々は増え、囲まれていることから安心感がもたらされる。その意味で門内とは居留者コミュニティの居住空間の1つの空間単位という意味も有していた。

4.2.2 路次，小路

記事中に「北京街支那遊郭路次[24]」という表現が見られた。これはペキンスカヤ通り（現フォキン通り）にあった遊郭と第4章であつかったBブロックの中程の街路型のヴォイド空間を指している。また先にふれたように，このヴォイド空間に関しては「ペキンスカヤ街よりセミョーノフスカヤ街に通ずる小路」（大正11年4月28日）という表現もあり，これらは街区内を貫通する抜け道をさしているものと思われる。

また，上述の門内との関連では，カソイペレウーロクの光景を唄った都々逸が新聞紙面で紹介されており，そこにも「君と別れた路地口に 雨はふれふれ日暮れまで」というフレーズが登場する[25]。これはロット内の街路型ヴォイドを路地と見立てており，小次郎（おそらく酌婦の源氏名であろう）と別れたことをトンネル型エントランスの出口とともに想起しているのである。

4.2.3 楼，楼内

同様にこれもペキンスカヤ通り周辺に頻繁に出てくる表現であるが，具体的には「北京楼内武田屋」「ペキンスカヤ街北京楼三階松鶴」「ペキンスカヤ街錦江楼の青楼前」「ペキンスカヤ街錦江楼内邦人遊郭松葉」「ペキンスカヤ街錦江楼（貸座敷）松葉屋（伊崎新太郎）」「新吉原朝日楼」「セミョーノフスカヤ街美人楼」などである。他の地域では，「朝鮮町」では，例えば「朝鮮町31番楼前の露人遊女屋」というように楼の前に番号がついた表記となっていたり，「エゲリセード23笑福楼」「一二三楼（二番川日本軍駐屯地）」などの例も見られた。これらが「遊郭」を指していることは間違いがないと思われる。「○○楼」を空間形態という観点から見ると，複数の「貸座敷」「遊女屋」がはいった建物全体を指していると思われる。そしてこれらが○○楼という名称で特に番地を併記していないことから推して考えると，建物のエントランス，あるいはトンネル型エントランスの上部などに「○○楼」の看板がかかっていたのではないかと思われる。こうした命名や看板などは中国起源のスタイルであるといえよう。おそらくその持ち主，建築者も中国人系であったことが予想される。

4.2.4 屋敷

少ない例ではあるが，「屋敷」という表現も見られる。具体的には，「シン

ケーウィチ屋敷内」(コマロフスカヤ22),「ガラノフスキー方屋敷」(コマロフスカヤ50) というのがその例だが，これら両者が中心市街地の中でもはずれに位置していることから，「門内」と呼ばれる空間構成とは異なっていて，建物が街路沿いに立ち上がっている建物はなく，低層建物がロット内に散在しているいわば，開港期から見られていた〈農村集落的〉な利用形態を保持している敷地に対応する名称であったと思われる。

4.2.5 花園・庭園

さらに「花園」「庭園」という言葉も出てくる。これは「観月会」の催しの告知で，その場所は先に示したカソイペレウーロク沿道である。

5. 考　　察

5.1　都市の形成過程と日本人居留エリア

　日本人の渡航はすでに1860年代から何らかの形で生じていたが，それが本格化する以前にはすでに欧米人や中国人，それにロシア人の商業者に中心市街地の土地はほとんど買い占められていた。日露戦争以前においては，当時の一等商店であった杉浦商店を筆頭に，かなりの深度でこの町の形成に関わっていた事実もある。またこの時点においては，貿易事務館（遺構 No.10の位置）は同胞会の事務所も兼ね，日本人社会の中心であった。当時はまた現在の中央広場に市場があり，キタイスカヤ通りが商業の中心で，杉浦商会をはじめとする居留者も多く，この辺りに日本人が集積したと思われる。

　1900年代に市場が市街地の西部のアムール湾沿いに移転したのに伴い商業活動の中心も西へ移り，周辺には中国人をはじめとした多くの居留民が移動していった。日本人居留者の渡航が本格化したのは丁度この時期にあたり，新たな流入者は当時市街化されつつあったアレウツスカヤ通りとセミョーノフスカヤ通りの角以北へと住み着いたことは間違いないといえよう。アレウツスカヤ通り一帯には，フォンタンナヤ通りの交差点付近に日本人小学校，北端には西本願寺があるなど，在留邦人のコミュニティ施設が存在しており，数多くの日本人を引きつけたと考えられる。またここで検討したシベリア出兵期において，在留日本人に多大な影響を与えた日本軍司令部もこの沿道に立地し，軍相手の商売を見込んだ「用達商」の商店が群がるようになったと考えられる。

5.2　1920年前後の日本人居留の都市空間への関わりとその背景

　明治中期までの段階で新天地を求めて海を渡った第一世代の中には，杉浦商店，徳永商店のように土地や建物を所有する者が現れるほどであった。しかし日露戦争の引き揚げで全てを失った。その辛酸をなめた者にとって，戦後に

おいては建物を借りること，所有にまで手を伸ばすことにためらいをもたざるをえなかったのではないかと思われる。1920年の建物所有者リスト[26]において，中国人系の人物名はペキンスカヤ通り，アレウツスカヤ通りにおいて頻繁に見られるのに比べ，日本人系の人物名はわずかに1名見られるだけである。

シベリア出兵時の政情不安のもと，日本人の引き揚げ者も続出する中で，日本人居留民会は日本人小学校の建設計画を立案し，外務省に建設費の補助を仰いでいる[27]。また注目すべきは，某有力者の談という，以下の発言である。

　　　表面は在留外国人は土地所有権無きが如きも其方法如何によりては所有権と殆ど同様の方法なきにあらず極東の政権も統一せらるるに至れば在留諸外国人に対しても無論土地使用権を許可するに至るなるべく日本人も今より大いに注目を要する所にして発展の基礎は結局不動産に噛りつかざれば不可なりと[28]。

ここでは，混乱状況にあった極東において統一的な政権ができるであろうという前提に立って，将来の発展の基礎は結局不動産に噛りつくことだという見解を紹介し，浮足立つ同胞へ，定着を呼びかけていこうとしている。

都市形成に一番の拍車のかかっていた日露戦後の1900年代において日本人が大きな影響力を発揮できなかった背景には，国家の施策によって運命を翻弄されることへのためらいという内的な要因もあったと思われる。1920年前後はシベリア出兵という状況下で，多くの日本人商店が立地していたことは間違いがないが，この都市へ住みつくことの深度を土地や建物の所有で判断するならば，さほどのものではなかったというのが実際のところであろう。

5.3　日本人居留の遺構

本章では，1920年前後の状況に的を絞って日本人居留民の存在形態の一端を明らかにしたが，旧日本領事館を除いては，日本人が関与した建築学的遺構を発見することはできなかった。すでに第3章にて触れたとおり，1870年代の渡航者の中に有田伊之助という建築請負師がおり，日本人居留者はすでにこの都市で空間形成に関わる活動を開始している。一般的に見て，その後に急速に

進んだ市街地建築物の更新により，その時期の構築物が残っている可能性は高くないが，日露戦争前において，前述の家屋所有者と並んで，この都市の内側に深く入り込んでいたといえる。

　市街化の初期段階においては，その家屋の多くは木造であり，日本の在来の伝統的構法技術者も何らかの活動の余地があったものと思われる。その後，煉瓦造の建築へと更新が進むにつれて，彼らの活躍の場は徐々に減少していったと思われるが，すでに見た1910年の商店企業リストからは，「指物師」の日本人がいたことも知られる。こうした遺構は残っておらず，現存する日本人の居留の遺構はいわば，都市社会史的遺構というべきものである。

注

1 なお『浦潮日報』に掲載されていない商店に関しては対象から漏れることとなる。実際同時期のロシア語版ディレクトリに掲載されている日本人商店のうち，『浦潮日報』に掲載されていない商店も存在していることを指摘しておく。

2 製作は1996年5月，製作者は，鷲見和重，佐藤洋一（以上，早大戸沼研）と杉山公子氏の3名であることを付記しておく。1996年6月杉山氏の現地訪問の際，極東総合大学，アルセーニエフ郷土博物館に各1部ずつ寄贈し，後者には展示されている（1999年8月現在）。

3 我々が入手した史料から復元が最も容易であったのはスヴェトランスカヤ通りであり，アレウツスカヤ通り，ペキンスカヤ通り，セミョーノフスカヤ通りなどと資料的に大きな開きがあり，復元の精度も異なっている。

4 野村喜一郎「露領浦潮斯徳港視察録」石川県内務部，1912，4頁。

5 *Ves' Vladivostok, Adresnaia i spravochnaia kniga*, Tipografiia G. K. Ioganson, Vladivostok, 1907，の家屋所有者リストには，"Сугіура, Хисихира" と "Сигитаро, Такунаго" の記載がある。また*Putevoditel' po g. Vladivostoku Na 1920*, Vladivostok, 1920の建物所有者リストにも "Сигитаро, Такунаго" の記載があるが，その他日本人名らしき名前は見あたらない。

6 1920年前後から少し時代がさかのぼるが，野村「露領浦潮斯徳港視察録」には日本人商店の家賃に関する以下の記述が見られる。

「浦港の日本商店・家賃／浦港に於ける日本商店の家賃は明治三十九年を最高とし今は低落して約三分の一となれり之れを戦前に比すれば尚一二割方の低落なり而して其一例を挙ぐれば太田商店は最高一ヶ月四百留を支払いたるも現今は百五十留を，向井商店の家屋は最高三百五十留なりしを今は百留を支払い居るが如き状況なり尚現今重な商店の家賃を示せば左の如し

　協信洋行　アレウツスカヤ街　二百五十留／太田商店　アレウツスカヤ街　百五十留／浪花商会　アレウツスカヤ街　百二十留／堀江商店　アレウツスカヤ街　百五留／谷商店　アレウツスカヤ街セメノーフスカヤ街角　百留／向井商店　セメノーフスカヤ街　百留／田中商店　セメノーフスカヤ街　八十留」（野村，50頁）。

この記述から見る限り，協信洋行，太田（良三郎）商店といった比較的老舗の商店でさえ賃貸であったことから，上述したとおり，ほとんどの店舗が賃貸によっていたと考え

られる。例外として考えうるのは，19世紀末頃より進出した日本の財閥系企業であるが，その詳細は不明。
 7　例えば以下の記事は邦人が不景気で不評判であるとの記事だが，反面それ以前には評判がよかったことを示す記述が見られる。
　　「不景気風で邦人の家賃が滞り勝ち／邦人借家人は不評判最近内続く不景気風の襲来に在留邦人中大分生活に困難を来しているのがあるらしく，領事館あたりへ露国人の家主から借家料の支払方を求めて来るものが多い。中には撤兵する際に支払うなどという飛んでもない不景気な邦人もある様であってそれがために従来日本人でなければ家賃が入らぬとの理由で日本人の借家人を求めていた家主も近頃は日本人ならば断るというもののさえある様子である。（以下略）」『浦潮日報』大正10年12月4日。
 8　「第五項　言語及看板に関すること／店内に於ける言語は勿論露語を用うべく，且顧客の面前にては可及的日本語又は符号を須いざることに注意すべし。然らざれば顧客は是等の言葉を解せざるが故に，悪感情を抱き自己を誹謗するかの如く邪推することあるを以ての故なり。看板の文字は露語を用いざれば解するもの少なし。且商店及会社等は創立の古きを尊ぶが故に，何年の創立又は誰某の後継者たるを表示することを良しとす」（済軒学人編『浦潮斯徳事情』厳松堂書店，1915，191-199頁）。
 9　「浦潮斯徳婦人界　伊藤薫夫人」（『浦潮日報』大正6年12月27日）。
10　「片寄った旧式な型から脱却して覚醒向上を計れ　尾崎夫人談」（『浦潮日報』大正10年6月4日）。
11　長崎国際テレビ制作番組「ウラジオストック日本人街『北の大陸を目指した人々は』」の中での証言。同番組は1996年10月31日長崎地方にて放映。
12　大正10年9月3日の広告に「移転／今回フォンタンナヤ街徳山門内へ移内転仕候旧に倍しお引き立ての程お願い上候／元（金時門）畳屋　平田常太郎」とある。また，フォンタンナヤ通り35番林畳店はしばしば掲載されている。
13　「浦潮斯徳婦人界　岩瀬治三郎夫人」（『浦潮日報』大正7年1月1日）。岩瀬氏は三井合資会社浦潮斯徳支店支店長。
14　「浦潮斯徳婦人界　日露商会中村謙吉氏夫人」（『浦潮日報』大正7年1月31日）。
15　菊池清『日本海周遊記』春陽堂，1903，314-315頁。
16　野村，4頁。
17　1893年に強制的に定められた居住区（コレイスカヤ・スロボーダ）を指している。第2章（2）参照。
18　「上町下町の花街寂れる／呉服物は値下げ撤兵声明後在留邦人殊に上町下町その他の花街が寂れてきたことは争われん事実であるがその他の者も一般に節約するので日本人向きの雑貨店は余程打撃を受け，掛売などは一切中止している所もあるが，又商品を投売して手放さんとしている所が多いので呉服物膳碗というようなものは著しく値下げを実施している。（以下略）」『浦潮日報』大正11年7月28日）。
19　「東京便り（24）」（『浦潮日報』大正10年7月6日）。
20　「私達の眼に映った東京／子供用の汽車に大人がぎっしり／群玉舎に明かす入京の第一夜（三）／浦潮日本小学校生徒内地観光記」（『浦潮日報』大正11年4月28日）。
21　「楽しき今日の小学校運動会／本願寺高台で　暁の明星のような美しい魂の持主二百七十の少年少女達の待ちに待たれた小学校の秋季運動会はいよいよ今日午前九時半を合図に分秒の相違なくあの本願寺高台の広場でちょうど人形箱を覆した様に目覚しく開催されるのである。（以下略）」（『浦潮日報』大正10年9月25日）。
22　第4章参照。
23　杉山公子氏のご教示による。

24 「博徒鐵棒を奮って仲間を撲殺す／北京街支那遊廓路次内の惨劇／寒風吹きすさぶ一昨日夕刻六時すぎ本社前の支那遊廓路次内なる名物ヤボラ屋にて残忍極まる殺人事件ありたるが今本社の精探する処によれば右は加被害者共博打常習者にて同日も朝来同家に博打開帳中今回の惨劇の主人公王某及び他両名は（以下略）」（『浦潮日報』大正6年12月25日）。

25 「カソイ横町の坂道は／糸より細い銀の雨。／夕辺をそそる爪弾きの／三味は千鳥の館から。／薄渋色の蛇の目の傘に／赤く燃えたつ友禅に。／仇な姿の湯上りを／一人のぼるは小次郎ぢゃないか。／君と別れた路地口に／雨はふれふれ日暮れまで。」（『浦潮日報』大正11年9月5日，3面，「まさを」の作）。

26 "Putevoditel' po gorodu Vladivostoku na 1920 god"には，德永の名がある。

27 『浦潮日報』大正10年7月29日，3面。

28 『浦潮日報』大正10年7月1日，3面。

第7章

ウラジオストク中心市街地の史的意義

1. ソビエト期以降の中心市街地とその歴史性の継承

以下では，ソビエト期以降の中心市街地の変化を概観した上で，前章までの検討結果を歴史層という観点から整理し，ソビエト体制下から徐々に見られ，近年力が入れられつつある歴史的建築物保存政策の流れを紹介し，その歴史性の継承に関して考察してみたい。

1.1 ソビエト期以降の中心市街地の変化

中心市街地は，ソビエト期以降でどのような変化を見せたのか。Richardson, William, "Vladivostok: city of three eras"[1]での整理に依拠しつつ，時代を追って概観する。

1.1.1 1920年代
社会主義体制下に移行しても，市内の非ロシア人，主に中国人・朝鮮人は留まり続けた（表23）。また一方で国営の巨大な企業が出現したが，私有企業も存続した。1920年代半ばの統計では，市内の企業1,450箇所のうち，外国人の所有になる企業は975，一方ロシア人所有の企業は475にすぎなかったという。1920年代においては，当時のヨーロッパロシアでの風潮と同じく，新規の全体的な建設はなされず，既存のビルの改修・模様替えなどが多く行われた。

1.1.2 スターリン体制下
1930年代のスターリン体制下は都市空間において，様々な変化が見られた時代であり，それはレーニン像の建造や教会の取り壊しなどに象徴される。ウラジオストクの歴史的記述において，特によく例に出されるのは，ニコライ門，市の主教会，それに市街地北部のポクロフスキー墓地と付属の教会の取り壊し及び公園化である。ポクロフスキー墓地には旧教徒，カソリック，中国人それに日本人が眠っていたが，その墓は公園となり，付属の教会はスターリンの銅

表23　人種別の人口推移（出典：Vasil'ev,E.A "Bol'shoi Vladivostok" 1938）

年次	ヨーロッパ系人種		中国人		朝鮮人		日本人		合計	
	人口	増加率	人口	増加率	人口	増加率	人口	増加率	人口	増加率
1897	16.3	100	10.1	100	1.3	100	1.3	100	28.9	100
1916	50.5	310	39.2	388	4.2	315	3.7	293	97.5	337
1921	76.3	469	31.5	313	5.0	376	3.8	307	116.7	403
1923	77.3	475	23.2	229	5.3	402	0.9	75	106.7	369
1926	78.4	482	22.1	219	6.9	521	0.5	47	107.7	373
1931	108.7	667	13.2	131	13.4	1,262	-	-	138.0	478

表中の人口の単位は（千人），増加率は1897年を100としたときの比率。

像に置き換わった。

　一方，コレイスカヤ・スロボーダ（朝鮮人地区）は1920年代終わりから30年代にかけて，近代化され，衛生的に改善され，クラブや図書館，劇場なども建設されたが，1937年の秋に市内の朝鮮人は中央アジアへと強制移住させられる。中国人も同様に市内から追放された。

　建築的には，巨大な集合住宅がアレウツスカヤ通りやスヴェトランスカヤ通りの東方面に出現したり，あるいは大学，軍施設などの公的な施設が，いわゆるネオクラシック様式で建てられている。また，いわゆる装飾的な帝政時代の建物は，さらに上階を建て増ししたり，隣にある建物と一体化するなどの方法で対応され，基本的にその存在は，受け入れられた。

　1930年代のもう1つの重要な事柄は，E.A.Vasil'evにより，市の抜本的な改革を目指す"Bol'shoi Vladivostok（大いなるウラジオストク）[2]"という壮大な計画が提出されたことである（図78）。ウラジオストクにはモスクワの開発のための計画や手法が反映され，また太平洋へのロシアの玄関口であるという役割が明瞭に示されている。またこの計画策定のための各種調査の内容も多岐に渡っており，この計画案が後に与えた影響は大きいものがあると思われる。このプランで最も特徴的であるのは，オルリノエ・グネズド山の頂上に設置される計画の高さ70メートルに及ぶ光の塔で，天辺にはレーニンの銅像が押し戴かれていた。またこの山腹には6,000人が収容される円形劇場が配されていた。しかしこの計画は結局，第二次世界大戦の開戦によって一時凍結され，そのままになってしまう。

戦後の10年間に力が注がれたのは，船舶修理，冶金，化学工場，家具工場などといった工業の振興であった。これは中央政府の政策上の判断と一致したものであったが，ここには市内の市民生活に対する配慮はほとんど見られなかった。

1.1.3 フルシチョフ時代

これに対して，フルシチョフの時代は市民生活の快適性の向上にも目が向けられ，しかるべき計画が行われた時代である。1960年1月にソ連の閣僚会議は「ウラジオストクの発展にあたって」という宣言を公表し，1960年から65年の間に，25億ルーブルを提供することを約束した。これにより，プレファブの多層階をもつ集合住宅が郊外に大量に出現していく。中心市街地においてもこうした傾向の下に集合住宅への建て替えが進んだ。一方レクリエーション・エリアも計画され，セミョーノフスキーバザールの跡地に建てられたジナモ・スタジアムを皮切りにこの一帯に形成された。また1963年には，レーニンスカヤ通り（旧スヴェトランスカヤ通り）の西の端に，極東で初めての大スクリーンをもつ映画館が建設された。

図77 "Bol'shoi Vladivostok"計画におけるオルリノエ・グネズド山のレーニン像と麓の円形広場スケッチ
（出典：Vasil'ev,E.A "Bol'shoi Vladivostok" 1938）

このフルシチョフ時代に，市全体の居住スペースは2倍になった。1968年までにはプレファブの12階建ての集合住宅が建てられるようになり，これは，旧コレイスカヤ・スロボーダ（朝鮮人居住区）の一帯に建てられた。

中央広場における「革命戦士の像」（写真69）を初めとして，レーニンスカヤ通りの沿道にいくつかの大小広場が計画され，モニュメントが整備されていく

のはこの時期である。また，中心市街地内部では老朽化した建物群を取り壊して，特に角地に小公園を設けていくのも，この時代からブレジネフ時代にかけてである。これにより，多くの小規模な無名の建築が失われた。

1.1.4　ブレジネフ時代

ブレジネフ時代になっても，ウラジオストクの都市発展は急速に進められた。フルシチョフ時代に描かれた計画の多くが，ブレジネフの時代で実現された。

ジナモ・スタジアムに始まったアムール湾岸のレクリエーション施設群（通称「スポーツの岸」）は完成し，民間用の埠頭はかつてのエゲルシェリド埠頭まで延ばされ，鉄道駅周辺では通称「海の駅」と呼ばれる客船ターミナルが1964年にでき，インターナショナルスタイルの新しい郵便局が駅前広場にできた。

一方ブレジネフ時代には巨大なものを指向する態度もあり，中央広場の横に超高層の地方政府本部（写真52）が建てられたのもこの時期である。

図78　"Bol'shoi Vladivostok" 計画における中央広場とスヴェトランスカヤ通り一帯の町並み（出典：Vasil'ev, E. A "Bol'shoi Vladivostok" 1938）

写真69　革命戦士の像

1.1.5　ま　と　め

①土地・建物の国有化

前章までの検討を受けて，ソビエト時代での都市空間に関わる最も大きな変化を改めて考えてみると，土地の国有化という根本的な事柄を忘れてはなるま

写真70 元チューリン商会（1915年建造・右半分）とソビエト時代の増築部分

い。ソビエト政権の樹立とともにウラジオストクでも土地及び建物の占有が認められなくなる。すなわちここでは第3章で見たような地主層や建築者層などの法的な存在根拠がなくなり，全ての建物が国庫に帰された。その上で初めになされたのは，こうした空間の国民経済的な観点からの再配分であった。すなわち，社会主義の原則に則り，万人に平等に住居を分配すべく，既存建物の増築や，内部の改造・細分化により，住居スペースの確保が図られた。これは当時のソビエト全土に共通する傾向である。その一部は第5章で見たとおりであり，2階建ての建物は4階に，3階建ては5階にというような建て増しが方々で見られた。これらは上で見たとおり1930年代〜40年代にかけて実施されている。

② "Bol'shoi Vladivostok（大いなるウラジオストク）"のもつ意味

"Bol'shoi Vladivostok"計画が策定された1938年という年は，ロシア極東の朝鮮人が，中央アジアへと追放された翌年である。この2つは偶然の一致ではなく，概念的には同じ方向を向いている。すなわち，朝鮮人をはじめとする黄色人種の追放は，都市空間のレヴェルで考えるなら，都市内のエスニック・ディストリクト（ethnic districts）の崩壊をもたらし，同時にそのままスラブ系ロシア人のアイデンティティの強化につながるからである。

"Bol'shoi Vladivostok"計画は，それまで形成されてきた多民族性（multi-ethnicity）を破壊し，その地点から新たな都市の再構築を志向している（図74）。その内容とは，当時のモスクワの計画をそのまま反映した純粋なる「ソビエト都市化」なのであった。計画書に載せられたスケッチには，街路骨格こそは既存のものをある程度踏襲しているが，特に第5章で見たような比較的本格的な建築物群でさえ残さず，全面的に一からの建設を行うという意志が現れている。その一端は，宗教施設の破壊という行為として，やはり，この1930年代にす

でに現れているのである。

　そうした社会的背景を考えると，この計画の策定時期は，いかにソビエト都市としてのアイデンティティをつくりあげるかという重要なエポックに重なっているのである。

　ソビエト時代の中心市街地における建築活動の中で，歴史的な文脈がほとんど考慮されていなかったことは，上で検討した例のみならず，Richardsonも引き合いに出している元チューリン商会の建築の事例（写真70）からもうかがうことができる。既存の建物に増築部分が強引に接合されていることがわかる。
　ここでは，ソビエト時代において新たにどのような変化が加わったのかを概観したが，そこでの歴史性の継承の内実を探るべく，次項では歴史的建築物保存指定の実際の流れを見ておきたい。

1.2　ウラジオストクにおける歴史的建築物保存対象の指定の流れ

　以下では，「沿海地方の歴史・文化記念物の保存と利用に関する学術・産業センター」（Nauchno-proizvodstvennyi tsentr po okhrane i ispol'zovaniiu pamiatnikov istorii i kul'tury Primorskogo Kraia），及び中心市街地の地区計画の立案を行っている設計事務所"Gorod"などへのヒアリングとそこで入手した資料などをもとに，歴史的建築物保存対象指定の流れを概観する。

1.2.1　ウラジオストクにおける歴史的建造物の保存の概要

　ウラジオストクにおける歴史的建造物の保存は，沿海地方政府を主体として進められている。1996年に地方政府による法律（Zakon Primorskogo Kraia "ob okhrane pamiatnikov istorii i kul'tury"〈25 iulia 1996g.〉）ができるまで（1978年～96年まで），連邦レベルでのみ文化財関係の法律（Zakon RSFSR "ob okhrane pamiatnikov istorii i kul'tury"）があっただけであった。現在では1996年7月に発効した地方レベルでの法律に基づいて地方政府主導で保存指定が行われている。
　対象となる保存建築は，正式には，Pamiatnik Arkhitektury（建築的文化財）といわれる。これは文化財保護行政の対象となる4つのカテゴリー，すなわち，①建築的文化財（Pamiatnik Arkhitektury），②歴史的文化財（Pamiatnik Istorii），

③考古学的文化財（Pamiatnik Arkheologii），④芸術的文化財（Pamiatnik Iskusstva）のうちの1つとして位置づけられている。

　文化財の登録に至るまでのプロセスは，まず連邦政府に所属する専門機関である「沿海地方の歴史・文化記念物の保存と利用に関する学術・産業センター」（Nauchno-proizvodstvennyi tsentr po okhrane i ispol'zovaniiu pamiatnikov istorii i kul'tury Primorskogo Kraia）によって調査が行われる。候補となる物件を調査し，そのリストと写真を添えて，モスクワの美術研究所（Institut Iskusstvoznaia）の専門家に，確認調査を依頼する。美術研究所にはロシア極東の建築に関する専門家がおり，そこで得られた結果を知事・地方政府が承認して保存対象リストに加えられる。この手続きを経ていないかぎり，法的には保存建築物として認められない。

　指定の際には，増築された部分も一括して文化財として登録されるが，増築部分はオリジナルの部分と同様のデザインとしてもらう，あるいは小屋などの付属建物は5年以内に撤去するといった措置を，個別具体的にとる。

1.2.2　保存対象の指定の流れ

　ウラジオストクにおける建築的文化財の一番はじめの対象物件の指定は，1960年8月30日の連邦政府の閣議決定第1327号によるものである。3件の指定であるが，以後の指定件数の推移を表24でまとめた。具体的な指定状況と指定物件の流れを概観しておく。

　最初の指定で対象とされた3件は，スヴェトランスカヤ通りの「ホテル・ウェルサール（Versal'）」（1906～08年建造：第7章におけるS4, 写真71）と軍務知事公邸（1891年：同S19），それにラゾ通りのホテル・海の教会（Morskoe podvor'e）（1891年）であった。1890年代の建築物は市内でも希少的であるということ，それにホテル・ウェルサールは，建築学的にも正統な様式建築であると判断されたものと思われる。また，ホテルMorskoe podvor'eの項には，説明が付されており，ここは革命の英雄とされるセルゲイ・ラゾたちが，幽閉されていた場所でもあった。このように，建築的文化財でありながら，指定にあたっては，史跡としての価値づけが含まれる例はほかにも多く見られる。

　第2回の指定は1968年5月26日の人民代表会議沿海州執行委員会決定第618号によるもので，ここでは旧アムール州研究協会関連施設（1914年と1890年：一

表24 ウラジオストク市内の歴史的建築物保存対象指定件数

回	指定文書名称	日付	件数	累計
1	Postavnovlenie Stoveta ministrov RSFSR No.1327	1960.08.30	3	3
2	Reshenie ispolkoma Primorskogo Kraevogo Soveta narodnyx deputatov No.618	1968.05.26	6	9
3	Postavnovlenie Stoveta ministrov RSFSR No.624	1974.12.04	2	11
4	Reshenie ispolkoma Primorskogo Kraevogo Soveta narodnyx deputatov No.27	1976.01.16	6	17
5	Reshenie ispolkoma Primorskogo Kraevogo Soveta narodnyx deputatov No.332	1980.04.11	23	40
6	Reshenie ispolkoma Primorskogo Kraevogo Soveta narodnyx deputatov No.638	1983.08.26	23	63
7	Reshenie ispolkoma Primorskogo Kraevogo Soveta narodnyx deputatov No.125	1987.02.27	202	265
8	Reshenie ispolkoma Primorskogo Kraevogo Soveta narodnyx deputatov No.59	1990.02.23	14	279
9	Reshenie ispolkoma Primorskogo Kraevogo Soveta narodnyx deputatov No.234	1991.08.16	6	285
10	Postavnovlenie Dumy Primorskogo Kraia No.169	1995.09.13	11	296
11	Ukaz Prezidenta RF No.176	1995.02.20	1	297
12	Postavnovlenie Dumy Primorskogo Kraia No.314	1996.03.27	219	516
13	Postavnovlenie Dumy Primorskogo Kraia No.385	1996.06.19	13	529
14	Postavnovlenie Dumy Primorskogo Kraia No.741	1997.11.19	0	529

部S18)，あるいは旧東洋学院（1899年），科学アカデミー支部（1932年）など，文化・芸術関係の施設が相次いで指定されている。続く第3回（1974年12月4日）では，2件が指定されているが，1905～06年の暴動や1917年からの国内戦争あるいは他国による侵攻（シベリア出兵）との関連でウスリー鉄道駅（1905年）が，また沿海州でのソビエト政権の樹立が発表されたプーシキ

写真71 ホテル・ウェルサール（スヴェトランスカヤ通り：1995年撮影）

第7章 ウラジオストク中心市街地の史的意義………335

ン人民の家（1907年）が指定されており，いずれも社会主義政権から見た際の価値が強調されている。第4回の指定（1976年1月16日）では，計6件が指定されているが，カトリック教会（1912年），旧ルーテル教会（1907～09年）などの教会施設，それにスヴェトランスカヤ通りの郵便局（1898～1900年：N22），旧国立銀行（1907年：N41）なども指定されており，ここまでの指定の際に見られた社会主義政権樹立に関する価値認識から徐々にその判断基準が広められる傾向がうかがえる。

　こうした傾向は続く第5回の指定（1980年4月11日）でより明確になる。23件の指定物件を具体的に見てみよう。この時点で隣接する複数の建築物を一体のものとして捉えるアンサンブル（Ansambl'）という見方が提示されており，アレウツスカヤ通りのスターリン時代の集合住宅群（アレウツスカヤ17番〈1940年〉，19番〈1938年〉，写真72）や，プーシキンスカヤ通り33番のシンケビッチ（Sinkevicha）の家一帯の6件の住宅が指定されている。また，単体のものとしては，帝政期の資本家のいくつかの持ち家（アレウツスカヤ通り15番のブリネルの家〈1908～10年〉，スヴェトランスカヤ通り18番のバビンツェフの家：S9）や，スターリン時代の建築物（プーシキンスカヤ通り2番の住宅〈1947年〉，ホテル「赤いウラジオストク（Krasnyi Vladivostok）」〈1938～39年〉）なども含まれ，内容もより多様になってきている。

　第6回の指定（1983年8月26日）では，22件が新たに指定されたが，その内容は前回の指定の延長線上にあるといえる。帝政期の資本家の所有した家屋は，新たにフォキン通り（旧ペキンスカヤ）25番の「デンビ（Dembi）の家」（1899～1900年），「クンスト・イ・アルベルス商会」関係の2つの建物（スヴェトランスカヤ通り35番（1880年：同N18）と40番（1903年：S13）），ダッタン（Dattan）の私邸（1891年：N19），ランゲリーチェ（I. Langelit'e）の住宅（1896年：N14），スタルツェフ（Startsev）の所有家屋（1896～1900年：N40）などが含まれ，またアレウツスカヤ20番のゾロトイローグ・ホテル（1907年：N8）もこの時に指定されている。しかし指定物件は経過年の古いものばかりというわけではなく，一方で30年代以降の建築物もいくつか指定されている。

　続く第7回の指定（1987年2月27日）では，過去最高の202件が指定されているが，この時に顕著になったのは，特定の通りの建築物群を，アンサンブルによる指定によって線的，あるいは面的に保護するという傾向である。中心市街

地においては，我々がすでに第4章で検討した2つの街区を含む街路，すなわち，①ナベレージュナヤ通りからアレウツスカヤ通りまでの間のスヴェトランスカヤ通りの全19件と，②ポグラニーチナヤ通り（旧カレイスカヤ通り）からオケアンスキー・プロスペクト（旧キタイスカヤ通り）までの間のアドミラル・フォキン通り（旧ペキンスカヤ通り）

写真72 スターリン時代の集合住宅群（アレウツスカヤ通り：1995年撮影）

における全48件が，ともに保存対象物件となった。また日本領事館（1916年），チューリン商会（1914～15年：N25），海軍司令部（1911年：N26）などが，新たに指定された。

後の第8回（1990年2月23日）から第10回（1995年9月13日）の指定までは主に市街地周辺部の帝政時代の建築物を中心に指定がなされている。また，第11回の指定（1995年2月20日）では，新たに19世紀以降1940年代までの軍事要塞（Krepost'）が指定対象となっていることが特徴的である。

第12回の指定（1996年3月23日）は，指定件数が急増し，過去最高の219件に上った。ここでは，これまでの指定の傾向を継承しつつ，以下のような特徴が見られている。①沿道建物ばかりでなく，裏通りや敷地の裏側にある建物にまで指定が及んでいること，②したがって，中心市街地の場合，帝政時代のロット単位で建物群を指定するという例が目立ってきたこと，③1940年代以降の建築物も積極的に指定していること，などである。具体的な場所でいえば，これまでも多く指定されてきたスヴェトランスカヤ通りでは，中国人の所有した家屋にも指定がなされ，また沿道北側の50番台以東の建物もこれまではほとんど指定されていなかったが，これを期に指定がなされている。また，セミョーノフスカヤ通りの建築物もこの第12回の指定において，多くが登録されている。続く第13回の指定（1996年6月19日）では，主に1900年代までの郊外の建築物が指定されている。

このように，ウラジオストクにおける歴史的建築物の保存指定は1960年に始められ，特に87年の第7回指定以降，その件数が非常に増加している。そしてソビエト崩壊後の96年に行われた第12回の指定で指定件数は累計で500件弱に達した。指定の形態も，いくつかの建築的に，あるいは歴史的な意味も含めて重要な建築物を対象にした点的なものから，線的なものへと移行し，現在の指定状況は，中心市街地に位置する帝政期，あるいは1940年代までのほとんど全ての建築物を保存することを意味しており，面的な広がりを見せている。

　上で見た指定状況の変遷から，ソビエト期における保存建築を通してその歴史認識の一端をかいま見ることができ，主に1970年代までの間は，ソビエト体制樹立との関わりという観点から建築物が指定されてきた傾向も認めることができるが，第1回指定でウェルサール・ホテルが指定されていることに代表されるように，必ずしもソビエト時代においてそうしたイデオロギー的な価値観のみから保存指定がなされてきたわけではないこともわかる。

　しかしながら，中心市街地の建築物の歴史的な価値が一般に評価されるようになったのは1990年代以降にすぎない。これはソビエト体制の崩壊に伴う歴史観の変化とも軌を一にしている。すなわち，端的にいえば，ソビエト体制の崩壊とともに，自分たちのアイデンティティの危機に直面し，その在処をソビエト時代以前の姿に求める，という傾向である。原は現地においては，長く停滞状況にあった郷土史研究が息を吹き返し，帝政期の歴史を中心にこの町の歴史に関する多くの出版物が出されるようになったことを指摘するが，[5] 中心市街地における建設行為にも，歴史的な文脈をデザイン上で考慮することが求められるようになったのもこうした世論的背景もあろう。

　最近では，ここで見られたような中心市街地における帝政時代の建築物の保存のほかに，要塞の調査・登録に力が注がれている。また特にルースキー島の要塞は，規模的にも形態的にもロシア国内では最大規模のものであり，ほぼ同時期に作られたポルト・アルツール（旅順・Port Arthur）のトーチカときわめて似たものであるという。軍事要塞が文化財として登録され始めたのは1990年代のはじめからで，ウラジオストクのいくつかの要塞は，その規模や形態に起因して，地方文化財でなく，連邦文化財として登録されている。ウラジオストクの都市建設は，海の存在，それに軍の存在に規定されているところが大きいという認識が背景にはあるといえよう。

1.3 現在の都市空間における動向

　中心市街地ではソビエト期の変化により，主に密集家屋集合エリアの小公園化（これは主に中国人や日本人が住んでいた区画であることが多い），さらに空地部分や密集家屋の取り壊しによる集合住宅の建設などが起こってきたため，帝政期の空間形態が集団的にかつ明瞭に残っているのは，本論文第4章，第5章で取り上げたエリア程度である。

　1980年代までの保存指定を受けて，90年代以降，より積極的に都市の記憶を残すために，歴史的建築物の修復事業も行われている。これまでに，ウラジオストク鉄道駅，ホテル・ツェントラーリ（スヴェトランスカヤ通り11），ホテル・ゾロトイローグ（スヴェトランスカヤ通り13），ホテル・ウェルサール（スヴェトランスカヤ通り10），デンビの所有家屋（アドミラル・フォキン通り25），ブリネルの所有家屋（アレウツスカヤ通り15-b）で修復が完了している。

　中心市街地では1990年代初めの「大ウラジオストク構想」と前後して，外資の流入が相次ぎ，その一部はいくつかの高層ビルとなって実現しているが，実のところ外資をてこにした都市の諸活動の活発化は当初期待されていたほどではなく，資金面からとん挫した建設プロジェクトもまた相当な数に上るといわれる。大プロジェクトはそれほど多くは実現していないものの，中心市街地における既存建物内の商業用スペースは急速な勢いで増殖している。それまで住居だった街区内部の建物も商店になったり，あるいはソビエト時代に空地になったところに半仮設的な店舗が出現し，衣類や香水・酒などの嗜好品を売っている。その一方で，キオスクと称する市が管理する仮設の売店も増加しているし，また行政の直接の管理外である立ち売りや座売りなども人の集まる所では，特にソビエト崩壊以後今日に至るまで，常に見られるものである。現在の中心市街地におけるこうした多様な商業空間の発生現象をもって，中心市街地に恒常的な商業施設が足りないと判断するのは早計とは思われるが，しかし中心市街地に新しくできる商業空間はどこも平日に昼間から人出が多く，物価の驚異的な高さにもかかわらず繁盛していることは事実である。

　当然中心市街地の再開発計画にあたっては，商業スペースの確保と充実が条件になっている。例えば，資金の問題からその実現のめどは立っていないある街区の整備計画はいわゆる保全的再開発というカテゴリーに属する。その主

写真73 旧ホテル・ツェントラーリ（スヴェトランスカヤ通り11：1995年撮影）ソビエト時代に改変された意匠を復元した。現在は修復が完了している。

眼は，商業施設の確保と業務スペースの確保などの大幅な増床にあるが，同時に住居スペースを一定の割合で設け，また，保存指定建築はそのままリニューアルしながら街区内部のヴォイドスペースに高層棟が建てられるというものである。

また特に1996年の地方政府による法律の制定以降は，単体の保存・修復という枠を越えて方策が考えられてきている。現在，州政府は「沿海地方の歴史・文化記念物の保存と利用に関する学術・産業センター」が1998年1月に提出した「アレウツスカヤ通りからルゴヴァヤ通りまでの間のスヴェトランスカヤ通りの歴史的・文化的記念物保存地区計画（Proekt zon okhrany pamiatnikov istorii i kul'tury ulitsy Svetlanskoi ot ul. Aleutskoi do ul. Lugovoi)」の策定を検討している。ここでは建築物単体の保護を越えた景観の保全育成計画が立てられている。中心市街地全体の地区計画も別の箇所にて作成中であり，これができあがってから，スヴェトランスカヤ通りの計画はオーソライズされる予定になっているという。ここでの計画内容は，かなり踏み込んだ内容をもつもので，沿道の建物の保存のみならず，修復の際の厳しい条件，海への眺望の確保など多岐にわたる内容を含んでいる。

ウラジオストクの中心市街地は，いわゆるインターナショナルスタイルなどの近代的な建築と帝政期の建築物とが混在している。また西洋人の商人が建てた建築物と中国人の商人が建てた建築物が同じ街区内に隣り合わせに存在し，それはこの都市の内部で繰り広げられたであろう人種の交錯的な関係をある意味で表象してもいるのである。

1.4 中心市街地の歴史層

　現在の中心市街地における，これまでの140年間ほどの空間形成過程を，そこに積み重なる層に分けて確認しておきたい（表25）。
　この中で，第1層をなす，1860年のロシアによる占領以前の層は，マクロな原地形として残っているものの，当時の人為的な事物は都市の中に生きる形では残されていない。この層の上に，都市基盤整備を伴わずに，海軍の兵舎や倉庫，上官住宅，それに教会などがまず木造で建てられた。
　第2層を規定するのはルビアンスキーによるグリッドパターンの街路網であり，これにより中心市街地の骨格が形成された。また，その街路骨格の前提となった街路幅は一部を除いては変わっておらず，同時に街区内のロット割りは帝政期の建築群が残る街区においては，配置形態からロット割りを確認することができる。しかしながら，この第2層をなす建築物，主に母屋と家畜小屋と貯蔵庫といった構成の農村集落におけるものとあまり変わらない土地ロットの利用形態は，中心市街地においてはすでに残されていないといえよう。ルビアンスキーの計画は，市街の形を計画するというよりは，市街化の範囲を設定し，分譲に供するためのものであった。これらそれぞれのロットは，ロシア人のみならず，むしろ重要な位置においては，それより勢力をもった西欧や中国人の商人の手に渡った。
　その後の第3層は，近代的長距離輸送機関の整備と共に，文字通りの都市づくりが急速に進んだ時期であり，その幕開けは，欧露からの定期航路の開設と移民事務所の設置である。これにより，ヨーロッパからの物資や人員の輸送は飛躍的に改善された。ここにおいて，広域的には極東への（人材，物資などの）入口としてのウラジオストクの役割が明確に位置づけられた。欧露からの輸送路は，さらにシベリア横断鉄道の建設着手によって身近なものとなり，その建設資材や労働者なども含めて様々な要素を受け止めつつ，都市内部では都市としての形が出来上がっていく。徐々に市街地が伸びるとともに，中心市街地では第2層において比較的ゆとりをもって配置されていた建築は，煉瓦造のものへと建て変わり，徐々に高密化が進んでいく。中心市街地がその経済的求心性をもちえた要因は，一方で市街を取り囲んでいた要塞の防御ラインによる制約であり，またゾロトイ・ローグ湾においても軍事機能に取り囲まれる中で，ボ

表25 中心市街地形成の歴史的な時期と概要

区分		時期	規定要因	トピック	都市形成の背後要因		都市空間	
					貿易／輸送	産業形態	空間形態の動向	社会層での動き
1		～1860	ロシアの入植以前		前近代的交易	漁労	ファンザ	
2		1860～1880頃	軍事拠点設定		軍事拠点の確保・交易 欧米貿易商人の流入		グリッドパターンの街路骨格と家屋敷（農村集落的土地利用），木造家屋	土地分譲，地主層の形成。Racial mixture
3	1	1880頃～1890頃	移民の本格的流入		近代定期航路の創設による移民の本格化	東アジア交易圏への参入 商社の活動	〈徐々に煉瓦造の建物に建て替えが進む〉	
	2	1890頃～1905頃	シベリア鉄道の敷設	ウスリー鉄道，東清鉄道	鉄道輸送による輸送形態の再編		街路沿いに建つ都市的建築物	建築者層の台頭
	3	1905頃～1920頃	日露戦争からロシア革命まで	日露戦争。第一次大戦。	東清鉄道による満州大豆の集散。自由港制度の撤廃。	国際金融機関	高密化による土地の細分化。	地主層の占有，間借り層の増大
4	1	1920頃～1940頃	ソビエト化の初期段階（スターリン政権）	シベリア出兵。ソビエト政権。		工業化の進展	既存建物の建て増し。建築物の住居化。宗教施設の破壊	社会構成の急変・解体。アジア系移民の強制排除
	2	1940頃～	第二次世界大戦期	第二次大戦		物資の自給化	新古典主義風公共建築とアパート。〈巨大化の傾向〉	
	3	1960頃～	フルシチョフ政権				更地による公園化。フルシチョフカ，ブレジネフカによる住宅団地の大規模な建設	
5		1990～	ソビエト崩壊	ペレストロイカ			商業用途の急増〈建築物の保存政策，保存的再開発〉	

トルネック的に存在していた水陸の結節点を中心市街地が抱えていたからにほかならない。このことにより，中心市街地は市街埠頭から市有市場の周辺より徐々に高密化が進んでいった。市場及びその周辺では，数の上では中国人の商業者が活躍していたが，その多くは零細な規模であり，社会構成上優位に立っていたのは，人数が少ないものの，欧米人系の商人であった。これらの商人は，特に第2層の形成期にウラジオストクへ交易ネットワークを伝って上陸し，不動産を入手したことから，その後の発展に伴って重要な地位を占めるようになっていく。彼らはまた，市内の自律的な生産体制が，十分に形成されていなかった帝政期全般において，本国や近隣国からの様々な物品を輸入する業務においても，この都市にはなくてはならない存在であった。そして，その一方で

日常的な生鮮食料品（青果・生肉）や雑貨などの供給に関しては，中国人や朝鮮人がなくてはならなかった。このように多様な要素を受け入れつつ，都市は形成されていったが，人口の増加とともに，市街地はさらに高密なものとなり，地価は上昇し，一種の不動産ブームが巻き起こる。こうした動きの中で形成された層は第3層と呼ぶべきものであり，中心市街地における現在の空間構成はこの第三期におけるものに多くを負っている。

　ロット内の配置でいえば，目抜き通りでは更新時に沿道に「高層」建物（多くは3,4階建て程度）を配置する都市型の土地利用が目立ち，これにより，沿道部に連続した町並みが形成されるに至った。ロット単位で見た場合には，土地区画の境界線にそって建物を立ち上げるいわゆるスクエア型ヴォイドを内包する形態がそうした傾向を最も顕著に表すものであり，これがこの第3層における都市の諸活動を最も顕著に表象する形態であったといえよう。一方そうしたロットから少し離れたところでは，第2層において見られたロット内の建築物の分散配置の形を継承しつつ結果的にロットを細分化する形で煉瓦造の平屋，または2階建ての建物に建て替えられていったロットも存在していた。これは第2層から第3層への移行の中間的な性格をもつ形態であるといえる。

　このように形成された形態を大まかにいうならば，沿道建物による連続的な都市形態は概ね継承されているが，過渡的な形態であった煉瓦造建物のロット内分散配置の形は，結局，ソビエト時代における市街整備の際に主にロット単位で取り壊された。これにより，中心市街地の形態はすっきりとしたものになったといえるが，1860〜80年代の頃の形態を思わせるロット内での不整形なヴォイド空間は，中心市街地においてはごく部分的に見られるだけのものとなった。

　その後の第4層は，ソビエト下の都市として歩みを進めた1920年代中期以降であるが，そこにおける建設行為は，第3層までに見られるような個人の商人などによる空間形成とは異なり，時代が下がるにつれ，地方政府並びに中央政府当局という強力な建設主体によって組織的かつ画一的に進められていく傾向が顕著なものになっていく。そこにおいて基本的に価値が置かれたのは，国民経済的側面からの都市の整備であった。これにより社会的都市基盤は飛躍的に改善されることとなったが，そうした時期がしばしばそうであるように，都市の歴史性ということにはほとんど考慮が及ばず，既存の建物群の歴史的文脈を

継承しつつ建て替えが行われるなどということはありえなかった。実態として現れたのは，第3層において形成された過渡的な形態の建物群の破壊とそれによる大規模な建築物の形成であり，これは市街を刷新してソビエト都市を形作ろうという意志の表れであった。一方で第3層における比較的堅牢な建物では，上階への増築や内部の改装，改造という程度の改変に留まり，結果的に中心市街地の建物，特に第3層の商人による都市型の建築物が数多く残されるという形で推移してきたのである。

　以上これまでの検討内容から，帝政期における都市空間形成の流れを振り返ったが，改めて興味深く思われることは，このように各地から流入する人やものを受け止めてきた器としての，中心市街地の土地ロットである。本論文ではその所有形態についてはその一部を明らかにしたにすぎなかったが，おそらく重要であるのは，この単純なロット割りと分譲システムのあり方が，ある種雑居的といえる状態を規定したことである。同じ街区の南側には欧米人が高級雑貨の店を構え，その裏側のロットでは中国人の商店が軒を連ねる。こうした同一街区内での対比的な状況が可能であったのは，ロットの面積がある程度大きなもの（25サージェン四方＝約52m四方）として確保されていたことと，ロットの境界としての性格が比較的はっきりとしていたことであろう。第2層において見られたロット間の柵はそうした境界の原初的な姿であるが，そこから基本的にはその境界条件が崩れることなく，個々のロット（あるいは同一所有者による隣接するロット群）で建設が進められたことである。結果的に沿道部においては地方政府当局の介入により，統一的なデザインが施されるに至るが，ロットの中側ではそれぞれの所有者が不動産投機目的に切り売りをしたり，あるいは商会のバックヤードとして使うなど，その状況は形態・内容もともにまちまちであった。こうしたロットという枠組みにのみ，利用の性格が境界づけられていたことは，異種隣接的な雑居状況が可能となった理由の1つであろう。特に民族的な棲み分けに関しては，もちろん地区レベルで比較的分布強度の強い地区や政策的に生み出されたコレイスカヤ・スロボーダもあったが，中心市街地内においては多民族が集積した。そしてその集積の基本単位はあくまでもロットだったのであり，一部朝鮮人に対してのみ適用された居住区があったが，結局形態的に境界条件の強い「黄色人居住区」は，ウラジオストクでは生み出され

なかったのである。
　ソビエト期における「公有化」を経て，近年では土地・建物の個人所有が許されるようになってきている。個人所有化はまだ過渡的な状況にあるが，場合によっては，今後この中心市街地のかつてのロット割りが，何らかの形で再浮上するという可能性もあるといえるだろう。その時，かつてのように，外から押し寄せつつある人やモノを，都市の空間が，歴史的なアイデンティティを醸成しつつ，新たにどのような場所を創出し，受け止めていくのかが問われている。

2. 今後の研究に向けての継承すべき課題と関連分野への示唆

　以上，本書では，帝政期におけるウラジオストクの都市空間の内部的な事象に立ち入って，その特質を検討してきた。本書の延長線上でやり残した課題に関しては，各箇所で示したが，ここでは今後，研究を大きく展開する上で重要であると思われる課題を示す。最後に，都市内部の問題から離れ，本書冒頭に示した3つの研究文脈に対して示唆しうる点を述べておきたい。

2.1　帝政期のウラジオストクの都市空間の形成史を考える上で継承すべき課題とその意義

2.1.1　方法論的な課題
①ロシアにおける研究枠組みからの捉え直し

　本論文では既往研究として，主に国内の関連研究には目を配ったが，ロシア側の研究における認識枠組み，歴史観，都市観自体を検討する必要がある。その上で本論文のもつ意味と内容を改めて位置づける必要があるといえるだろう。

　より独自な成果を得ようとするなら，具体的には，一次資料としてのアルヒーフ（公文書）の調査が必要条件となるだろう。本研究では一部で，アルヒーフを用いているものの，その調査はごく部分的なものにすぎない。もちろんこの作業は，然るべき課題内容を設定し，その枠の中でのみなしうるものであるが，特に都市内部での人種間の錯綜した関係や，それに対する当局の政策の推移を把握しようとする際には，ロシア側の公文書は欠かせない。

②建築生産史及び技術史的な調査

　都市空間の形成を考える上での技術的な基礎となる建設材料や構法，それに伴う諸産業の動向なども含めた側面には言及できなかった。特に本論文冒頭で示したとおり，ウラジオストクに限らずロシア極東の都市の形成は，主に他地域からもたらされた人・モノによっており，これは特に初期段階において顕著な傾向である。そして人が携えてきた技術がどのように適用され，あるいは技

術自体がどう変容したのかは，都市形成を規定する方法的な下部構造として把握される必要がある。

2.1.2 内容的な課題
①都市基盤施設（水道・電気など）に関する検討

都市計画上の主要課題である都市基盤施設の整備に関しても，検討が不足している。都市内部においては，そうした公共財の配分が市街地内部でどのようになされていったのかを検証する必要がある。またこの課題は視点を広げれば，ロシア本国，特に軍事技術との関連からの都市計画史的な系譜の把握につながるものだといえる。

②軍事施設の建設

特に要塞に関しては，冷戦の終結とともにその役割も縮小されたが，現在では現地の研究者が活発に調査を行っている対象でもある。ロシアの東方植民地が軍事拠点として築かれていったという歴史的な背景との関連は，ロシアの東方進出における都市建設に関する本質的な部分での理解につながると思われる。

③空間形成に関わる法律面での検討（土地所有・建築規則）

都市内部的なことでいえば，上述のアルヒーフの調査によって，空間形成の規制・誘導などに関する法律的な側面での検討がなされる必要がある。

以上示した内容的な課題は，ウラジオストク内部での都市形成を理解するための目的のみならず，帝政ロシアの内国植民都市の系譜を探る上で，いずれも重要な課題であると思われる。本論文冒頭でも示したとおり，帝政ロシアの東方進出過程における植民都市に関しては我が国では，まったく知られていないといってよい。ウラジオストクの例は，時代的，地域的に見て，この系譜の末端に位置するものであるが，逆にいえばそれを明らかにする際の糸口があるといえる。

2.2 関連する研究領域への示唆

2.2.1 ロシア極東地域史・都市史研究への示唆
ともすると旧社会主義国の都市は，一般に一面的，あるいは先入観をもって

理解した気になりがちであるが，これに対して本論文では，限界はあるものの，ウラジオストクという都市がもつ多面性をある程度明らかにしえたのではないかと考える。

　ウラジオストク郊外の住宅団地群は，社会主義時代に形成されたものだが，量塊として圧倒的な景観を展開し，この時代の大きな刻印となっている。しかしその一方，歴史的発展過程の中核である中心市街地においては，150年ほどではあるが，都市形態的に見て帝政期の構成が残されている部分もある。街路骨格も大きな変更はなく，街区内部においてもそこに刻まれた歴史層を今日でも見出すことも可能なのである。したがって，ウラジオストクの都市空間の特徴を言い表そうとする場合，旧社会主義国の都市であるという規定は，皮相的かつ一面的なものにすぎないことは明らかである。

　ウラジオストクはロシア極東のゲートウェイとして，多面性をもつ都市である。帝政ロシアの東進過程のいわば最東の軍事拠点の1つとして形成されたこと，地理的にはアジア地域に位置していること，また，アジア系民族が多く流入していたこと，あるいは，その背景として東アジアの交易ネットワークの一端に組み込まれていたこと，などは都市内部の諸事象を考える上で看過できない外部規定要因である。

　多面的な性格をもつ都市は，一般にその総体を捉えにくい。特にウラジオストクの場合，さまざまな意味での周辺性を内包したフロンティア都市であるがゆえに，ある種の周縁的な性格をもたらしている。

　原は，こうしたウラジオストクの多面性を記述しようとする際，ある一面を捉えようとすると，別の側面が見えなくなってしまうということを指摘している[6]。多面性を明らかにすることは，勿論ロシア極東の地域史研究においては必須の課題といえる。ただし，都市形成という立場から地域史研究に参与することを考えるとき，本質的に重要であり，都市空間の問題と関わってくる用件とは，植民都市下におけるロシア人（当局）対黄色人種，という構図であろう。

　主導的な役割を担った帝政ロシア当局の視点から捉える場合，ロシア植民都市の形成過程とは，本質的には，近隣諸国からの人口圧力，多民族の錯綜，あるいはロシア自身の極東戦略との関連の中で，いかに「ロシアの都市」としてのアイデンティティを獲得し，作り上げていくのかという道のりであったと言い換えることができる。この問題は，ロシア国内の政治的な観点からは，「中

央政府」対「地方政府」として捉えられているが，この地方特有の特徴であった中国人・朝鮮人に代表されるアジア系民族との交錯した社会関係を背景におくことなくしては理解しえないはずである。そしてこのロシア人（あるいはロシア当局）対黄色人種という構図は，極東においてはまたきわめて今日的な問題として浮上してきている。民族的に交錯した都市内部の中から，いかなるものを排除し，あるいは強調し，誘導していったのか，という過程が内部に立ち入ったところで，フィジカルに把握される必要があり，都市史研究者が担いうる研究課題は数多くあるといえるだろう。都市内部でのセグリゲーション，市場空間の管理，軍事的機能の強化を目的とした要塞群の建設，都市衛生，近年の歴史的建造物の保存などの具体的な都市空間の問題は，こうした文脈のもとで相互に関連あるものとして検討される必要がある。

　このロシア人（あるいはロシア当局）対黄色人種という構図は，ひとりウラジオストクのみならず，ロシア極東の主要都市でも事態はほぼ同様であり，極東におけるロシア植民都市の性格を理解する上で最も本質的な要件だといえよう。

2.2.2　東北アジア近代都市形成史研究への示唆

　さらに19世紀末から20世紀初頭において帝政ロシアが侵攻した中国東北（旧満州）における都市政策でも，同様の構図が存在していたと見るべきである。またロシア当局の視点から見た，ロシア極東と満州地域との連続的な展開過程を見ることから，その共通する特質，あるいは相違する特質が浮き彫りにされるはずである。

　これはすでに多くの識者により指摘されている近代東北アジアの地域形成を見る際の重要な視点であるが，都市形成を見る際にも同様に敷衍すべき視点であるといえよう。

1）東北アジア近代都市史研究の基本的視点

　東北アジア（ここではロシア極東・中国東北）における近代都市形成はロシアの植民政策を契機として始まったが，実質その空間形成においては多様な主体が関わりをもっていた。ロシア人が入植，市街地の建設計画を行うと，そこに労働者としてアジア系人種（中国人や朝鮮人）がはいってきたほか，欧米系の商人などが交易ネットワークを伝って流入し，それぞれの居留エリアにはある種の

特徴をもった地区が形成された。しかしこれまでこの地域に対して描かれてきた歴史は，ともすると当地域が各国家にとってどのような位置づけにあるのか，という戦略的，あるいは安全保障的な視点からのみ捉えられることが多い。例えばハルビンを帝政ロシアの建設した都市と捉えているロシア人と，中国側の領土を一時的に占領されたにすぎないとする中国人の溝はそうした一面的な捉え方を浮き彫りにしている。そこでは，複数の主体の活動に着目することによって，都市空間の特質を捉える上で自らの視点を様々なレベルに移行させることが重要な方法であると考えられる。

さて，中国東北部・ロシア極東における人口流入に着目すると，主要都市（ウラジオストク，ハバロフスク，ニコラエフスク・ナ・アムーレ，ブラゴベシチェンスク，ウスリースク，ハルビン，大連）の市街地形成が同様のプロセスに基づくことがわかる（図79）。

- まず原住民や漢人の生活・交易拠点として小さな村が散在するだけであった極東の地にロシアのコサックや軍人が植民化を目的とした調査にやってくる。条件の良いところ（その後都市が建設されるところ）には宿営が設置され，寝泊まりのための木造建築が建設された。
- 続いて市街地計画の決定とともに市街地の建設が始まる。
- この市街地建設に際し，登場するのが主に中国人や朝鮮人の労働者である。地方から移住してきた中国人は建設期にあった新市街のエッジ（都市によって市街地─司法上の─の中に含まれるところ，と含まれない所があった）に集住し，いわゆる中国人街を徐々に形成する。
- 一方，新市街中央部ではロシア人による計画が進行し，細かくロット割りがなされた中央部への移住が奨励される。そこにはロシア人移民のほか新たな市場を求める欧米系の商店が進出してくることになる。これらの商店は資本力を背景として市街の中央部に土地を買い，建物を建て，各都市の顔となる空間を形成した。
- 市街地建設は鉄道の敷設事業の発生とともに第2段階を迎える。そこには新たな労働者（中国人・朝鮮人を中心として）が流入するが，市街地の拡大とともに集住地区は新たなエッジへと移転されるケースが多かった。

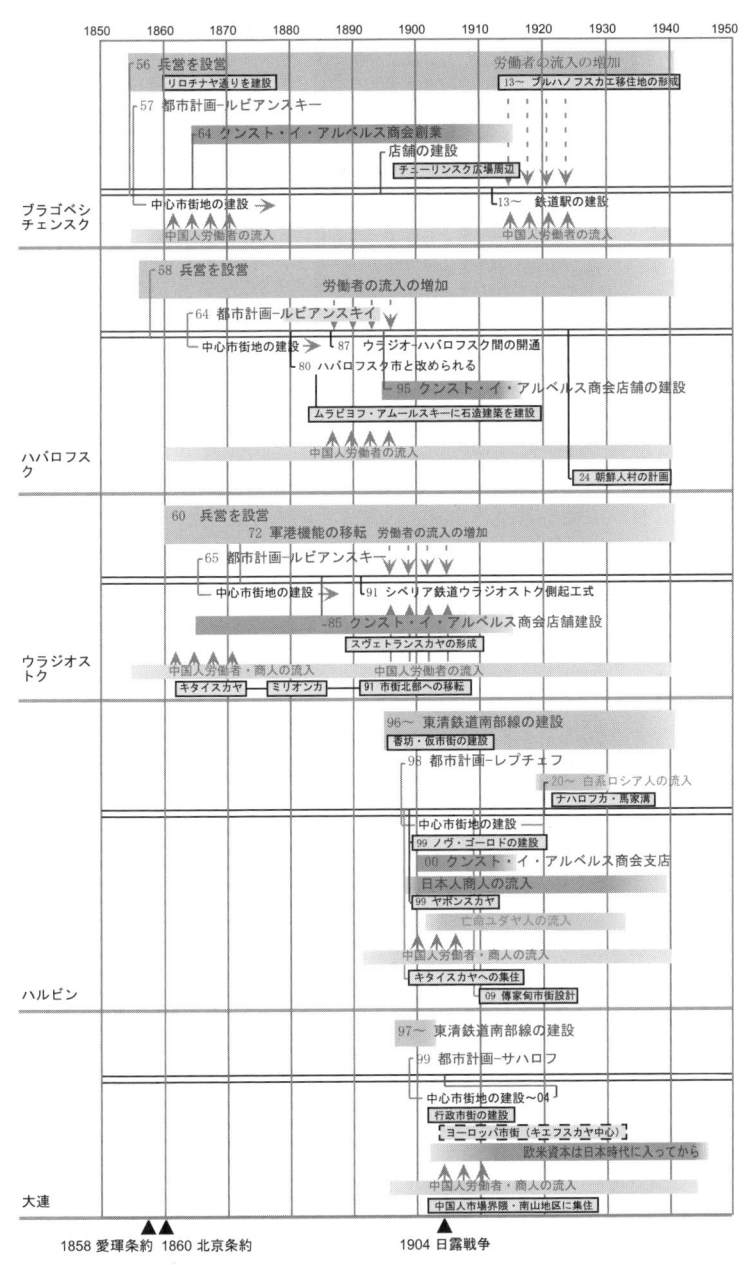

図79 東北アジア5都市への流入と空間形成との関わり

第7章　ウラジオストク中心市街地の史的意義………351

東北アジア（ロシア極東・中国東北）主要都市の中には，空間の特性，形成の背景，都市内における位置づけ，の点で類似した地区を見出すことができるが，これは，①同様の背景をもつ主体が5都市の空間形成に重複して関わっていること，②各主体の都市活動（及び空間形成）はある一定の市街地形成段階において現れること，による。そして都市構造的に同様の性質をもっていること—メインストリートには主に欧米系の商店が占めていること，中国人街は市街地のエッジに配されること，も共通に見られるものである。

図80 極東・シベリア・満州のクンスト・イ・アルベルス商会広告（出典：Klark, I. S.（1913））中央がウラジオストク本店，右上が発電所。

以上は近代初期から1910年代頃までのプロセスに関する仮説を呈示したにすぎないが，形成主体を念頭に置いて各都市の空間形成を明らかにすることは，各都市の歴史的な出自を問うことを可能にするのみならず，各主体間に存在した都市間の関係性に対して焦点をあてることも可能にする。

例えば，本論でも取り上げた「クンスト・イ・アルベルス商会」や「チューリン商会」は極東及びシベリア・満州にまで支店網を広げていた。またロシア人に帰化した紀鳳台（ロシア名：ティー・ホン・タイ）なども，ハバロフスクや満州での商取引やロシア軍の御用商人として巨利を得，大連には劇場を，ハルビンやハバロフスクには中国人労働者のための住宅を，そしてウラジオストクにも家屋を所有していた。こうした人々は，中ロ国境をまたぎ，まさに都市間に人的・商業的ネットワークを張り巡らせることにより，活躍をしていた。

2）東北アジアの空間形成における多面性把握への展望

こうした東北アジアの空間形成における多面性を描く上で2つの方向性が必

要である。1つは①関係する主体の多様性をより詳細に把握する，という方向，もう1つは②各主体を捉える視点を検証する，という方向である。

関連する主体の多様性をより詳細に捉える上で，以下のポイントが今後の課題となろう。

・多様な主体といっても，本研究において扱ったのは取り扱い可能な資料に制約されている。特に史料という観点から見る場合，都市内におけるアジア系民族の記録は，ロシア人に比べるとまだまだ発掘の余地がある。
・また，今後は原住民など，これまで民族学の領域でしかクローズアップされてこなかった都市の中の少数派民族にも着目するべきである。中見が指摘するように，東北アジア近代史とは，原住民としてのツングース系民族が，主に東アジアやロシアからの流入者によって，その生活空間を奪われていくという歴史でもあるからであり，東北アジア近代都市の形成に関してきわめて根元的な問いかけを含んでいる。
・一口にロシア人・中国人といっても，その実は多様な背景をもった民族のまとまりにすぎない。その多様さは空間形成にも影響を及ぼしている。東北アジアに流入した移民の出身地域や移住の背景を細かく描くことも1つの課題となろう。

また，各主体を捉える視点を検証するという姿勢も必要である。

・例えば開拓者やコサックに着目すると，その活動領域は今回扱った範囲には収まらない。実際には当時江戸時代であった日本やアラスカ半島にまで触手を伸ばしている。また一部のユダヤ人・白系ロシア人にとって東北アジアは亡命の通過点にすぎなかった。つまりどのような主体に着目するかによって，まったく異なる地域像を描くことができるのである。自らがどのような意図をもってその主体を対象として扱おうとしているのか，という検証が前提とされるべきである。

2.3　日本—ロシア極東関係史研究への示唆

　ウラジオストクは日本から大陸への1つの玄関口であった。本論文の特に第6章では，都市内部における日本人の存在形態を空間的に把握することを試みたが，日本と東北アジアとのつながりを考える際に興味深いのは，この都市の玄関口という性格である。すなわち，この玄関を通して奥を見ようとしていたという視線に注目しなければならない。あるものは仮想敵国としてのロシアの実状を，この都市の中から探ろうとしたし，またあるものはこの都市の「壮麗さ」を通してロシアの文化，あるいはまだ見ぬヨーロッパの香りをかぎ取ろうとしたのである。

　すなわち，ウラジオストクと日本とのつながりを考える際に，都市内部の問題を通して，日本人一般が，何を見，何を感じ取ろうとしていたのか，という点に考察を向けるという試みが必要であり，この点は都市史・建築史研究と日露文化交流史研究との接点を形成しうる課題であると考えられる。

　いいかえれば後に大規模なものとなる中国東北への進出に連なる生活空間の原型が，ここに胚胎していたという可能性がある。すなわち，日本の大陸体験の原型という観点から検討されてしかるべきであろう。また本研究では取り扱いえなかったが，都市空間における日本人の位置を考えるためには，明治・大正期の文献を基にして同じアジア系民族へのまなざしや，あるいはロシア人などのヨーロッパ系の文物に対するまなざしの意味を考えることが併せて必要となろう。

注

1. Richardson, William, "Vladivostok: city of three eras", 1995（所収：*Planning Perspective*, No.10, 1995, pp.43-65）.
2. Vasil'ev, E. A., *Bol'shoi Vladivostok -po materialam general'nego proekta planrovki*, Vladivostok, 1938.
3. Gorod事務所には，地図の提供を受けたほか，現地調査の度に，街区の改善計画などの詳細に関してヒアリングしている（1992年以降）。
4. "Zakon Primorskogo Kraia -ob okhrane pamiatnikov istorii i kul'tury" (25 iiulia 1996g.), Nauchno-proizvodstvennyi tsentr po okhrane i ispol'zovaniiu pamiatnikov istorii i kultury Primorskogo kraia "Spisok zdanii-pamiatnikov g.Vladivostoka" など。
5. 原暉之『ウラジオストク物語』三省堂，1998，の巻末関連文献リスト中の記述。
6. 1999年10月10日に行われたロシア史研究会大会のシンポジウム「ロシア近代史における東北アジア　ウラジオストク，ハルビン，日本人」（於：明治大学）における原

輝之の発言。
7 本田良一『揺れる極東ロシア 国境を行く』北海道新聞社,1995,ユ・ヒョヂョン「ウラジオストック―アジアの中のヨーロッパ的都市の民族関係」(所収:『和光大学人間関係学部紀要』No.2, 1997, 163-180頁) などを参照。
8 中見立夫「"北東アジア"からみた"東アジア"」(所収:濱下武志編『東アジア世界の地域ネットワーク』山川出版社, 1999)。
9 ウラジオストクを対象とした原暉之『ウラジオストク物語』三省堂, 1998, は、こうした観点を含む近年の成果である。これを他の都市にも敷衍することで、東北アジアの都市間のネットワークを浮き彫りにすることも可能になろう。

資 料 編

1. 市街地図リスト
2. 1907～1914年における家屋所有者リスト
3. スヴェトランスカヤ通り沿道の都市空間に関する写真史料
4. ウラジオストク都市形成に関する年表

1. 市街地図リスト

　本研究を進めるにあたって使用・参照した市街地図を次頁以降に示す。帝政期の地図はほぼ全て収録し，ソビエト期のものは重要なものを除いては省いた。
　なお，同じ地図を本文中で使用している場合は，ここでは重複を避けて図幅を掲載していない。掲載は作成年順。なお，解説部分の記載内容は，以下のとおりである。

■ウラジオストク市街地図
表記内容＝①名称，②作成年，③作成者または発行者，④縮尺，⑤所蔵または所収
　　　　（発行年），⑥表記内容などの概要，⑦所蔵状態

No.1（図19に掲載）
①"Plan porta Vladivostok v 1867g."②1867年③軍事技師Sokolov⑤所収：Obertas, V. A., *Formirovanie planirovochnoi struktury Vladivostoka v XIX v.*（1976年）。オリジナルはTsGVIA（Tsentral'nogo gosudarstvennogo Voenno-istoricheskogo Arkhiva）fond349-opis8-dokument N1523⑥⑦オリジナル未見。Obertas氏の論文中の図版

No.2（図資1-1：部分図は図9, 23参照）
①"Plan Proektirovannogo Goroda Vladivostok Primorskoi Oblasti Vostoch Sibiri"②1868年⑤所蔵：ウラジオストク要塞博物館⑥ルビアンスキーによる市街地計画の範囲が表記されている。⑦写真撮影によるコピー

No.3（図資1-2）
①「浦塩港之図」②1872年③図中「コルトマン氏の製図」とあり。⑤所収：鈴木大亮『浦塩斯徳紀行』（1879年）⑥日本語地図で一番古いものか？　サージェン表記で縮尺が掲載されている。中心市街地中央部のセメノーフスカヤ河の表記が見られ，過渡期の市街地の状況を読みとることができる。街区に背割り線を入れて，10ないし8分割しているであろう状況も表記されている。⑦ゼロックスコピー

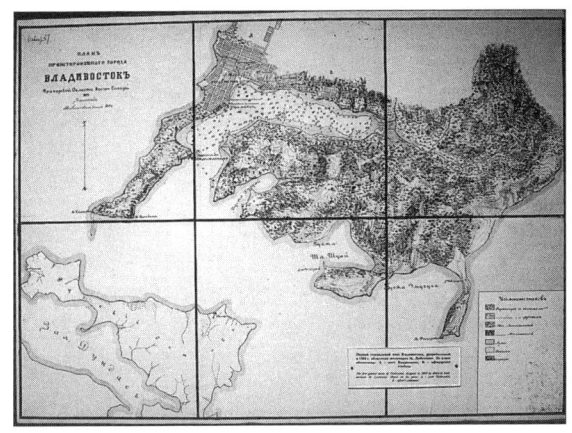

図資1-1
"Plan Proektirovannogo Goroda Vladivostok Primorskoi Oblasti Vostoch Sibiri"
（1867年）

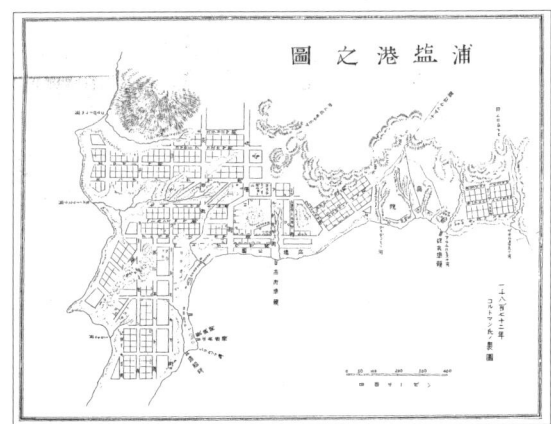

図資1-2
「浦塩港之図」
（1872年）

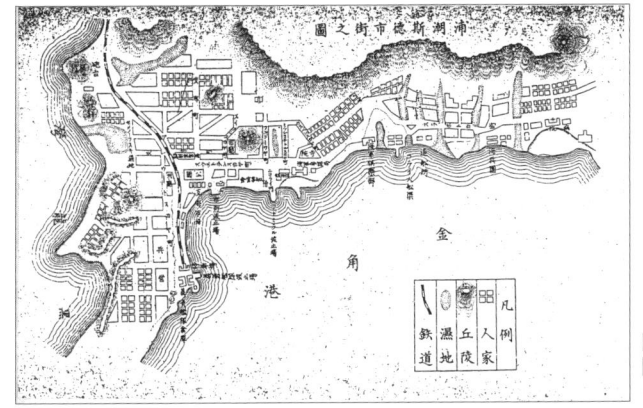

図資1-3
「浦潮斯徳市之図」
（1880年代と思われる）

資料編………359

No.4（図21）
①"Plan goroda Vladivostoka za 1883g."②1883年 ③V.A.Obertasによるコピー ⑤オリジナルの所蔵：TsG VIA（Tsentral'nogo gosudarstvennogo Voenno-istoricheskogo Arkhiva）fond349-opis'8-dokument N1572。再録書誌は，Primorgrazhdanproekt, *Istoriko-arkhitekturyi opornyi plan tsentral'noi chasti g.Vladivostoka*, Vladivostok, 1990年 ⑥以下の施設等が，番号にて表記されている。1.港務長官邸, 2.市参事会, 3.将校小屋, 4.海軍司令部, 5.ウスペンスキー教会, 6.シベリア艦隊置き場, 7.海軍集会所, 8.市の建築家G.Regoにより計画中の街区, 9.セミョーノフの草刈り場と干し草市場, 10.墓地, 11.コレラ患者のバラック, 12.海軍将官の敷地。その他，市境界，峡谷の名称の表記もある。1880年代の市街化状況を表す貴重な地図である。⑦Obertasによる筆写図面のコピーを模写。パソコンにて清書。

No.5（図資1-3：部分図は図58に掲載）
①「浦潮斯徳市之図」②不明だが1880年代と思われる。⑤所収：『浦潮斯徳』（1889年）⑥すでにウスリー鉄道（予定線か）が表記されている。⑦コピー

No.6（図資1-4）
①「浦潮斯徳市街之図」⑤所収：『浦潮之将来』（1892年）⑥凡例あり。人家, 丘陵, 湿地, 鉄道が表記されている。

No.7（図33～35に掲載）
①"Plan chasti zemli g.Vladivostoka prednaznachatoi dlia zaseleniia kitaitzev i koreitzev（ウラジオストク市の中国人・朝鮮人居住者のための居住地の計画）"3点 ②1893年③市の測量技師④⑤所蔵：極東歴史資料館（F.28-O.1-D.176-L.16及び38及び39）⑥居住地計画の街区割り, ロット割りなどが記載⑦コピー

No.8（図資1-5）
①「浦潮斯徳市街及港湾」④1/24,300⑤所収：松浦充美『東露要港浦鹽斯徳』（1897年）⑥縮尺及び方角の表記がある。⑦コピー

No.9（図77に掲載）
①"Plan goroda Vladivostoka v 1897g."②1897年③（V.A.Obertasによるオリジナルのコピー）⑤オリジナルの所蔵：TsG VIA（Tsentral'nogo gosudarstvennogo Voenno-istoricheskogo Arkhiva）fond349-opis'8-dokument N1769-1775。再録書誌は，Primorgrazhdanproekt, *Istoriko-arkhitekturyi opornyi plan tsentral'noi chasti g. Vladivostoka*, Vladivostok（1990年）⑥以下の施設等が，番号にて表記されている。1.知事の住居と庭園, 2.港務長官の住居と庭園, 3.アムール州研究協会の所有地及び博物館, 4.駅, 5.市有庭園及びバザール, 6.ウスペンスキー教会, 7.ネヴェリス

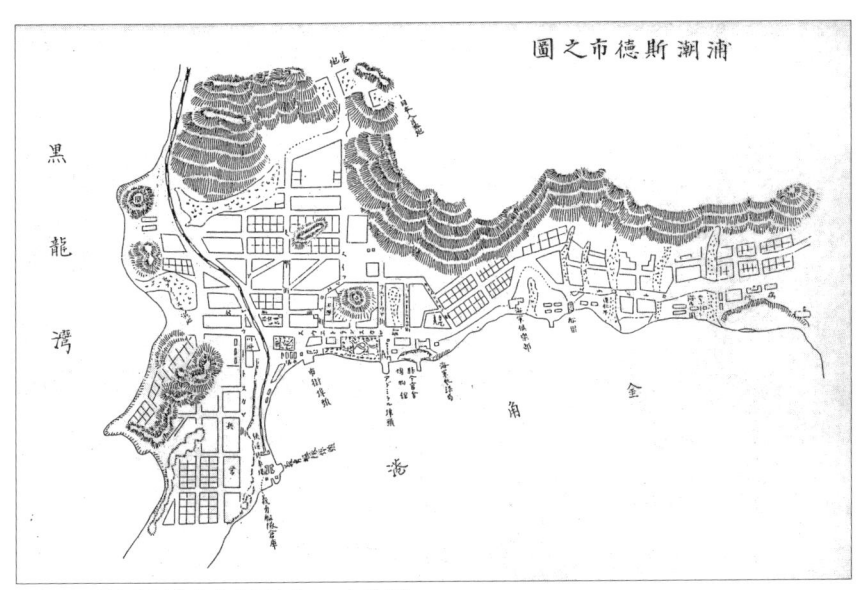

図資1-4「浦潮斯徳市街之図」(1892年発行)

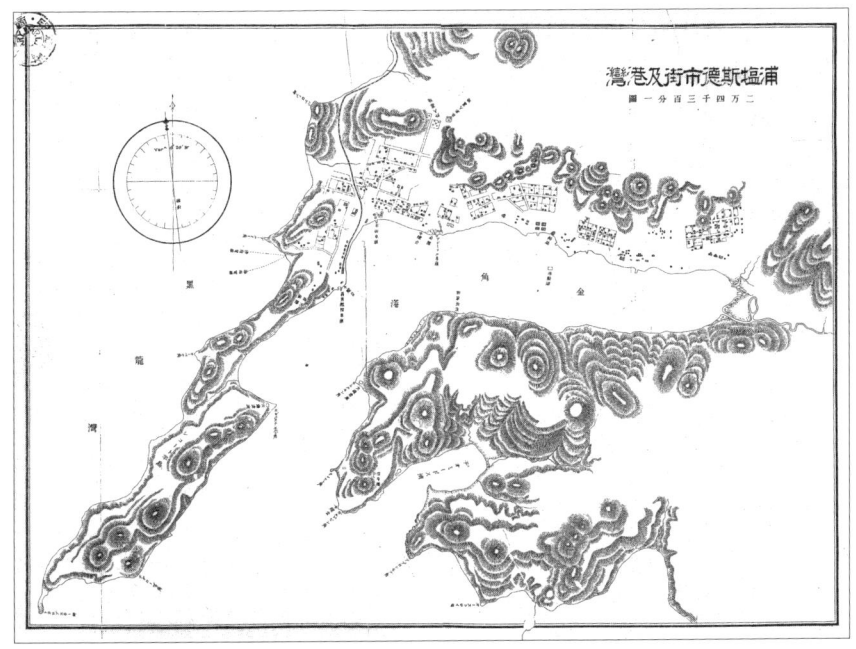

図資1-5「浦潮斯徳市街及港湾」(1897年発行)

資　料　編………361

コイ記念像, 8.海軍集会所及び庭園, 9.海軍将官及び新船渠用地, 10.シベリア艦隊置き場, 11.陸軍省により建築中の街区, 12.墓地, 13.軍事要塞の墓地, 14.移民バラック用地, 15.石油保管所。その他, 市境界, 病院敷地などの表記もある。1883年の市街図（上記No.4）と比べ, 表記される範囲が広がっている。これも貴重な地図である。⑦Obertasによる筆写図面のコピーを模写。新たに作成。

No.10 （図資1-6：新たに作成したものは図54に掲載）
① "Situatsionnyi Plan postroek Torgobago Doma Kunst i Al'bers v. g. Vladivostoke" ②不詳だが, 関連文書から推察すると1900年前後か？ ⑤所蔵：極東歴史資料館（fond28-opis1-dokument606a, l.362）⑥クンスト・イ・アルベルス商会の発電及び配電施設の配置図。現在のグム百貨店周辺の限られた区域における詳細な建物配置がわかる。オリジナルの凡例には建物構造の表記があるが, 色が薄くなっており部分的に判別ができない。⑦オリジナルのコピー, 及び新たに作成。

No.11 （図資1-7）
①「浦潮港市街図」⑤所収：『浦潮案内』（1902年）⑥スケールバーあり。主要施設は, 図中の数字にて参照できるようになっており, 数字は90まであって, 主要施設の位置などの情報量は多い。⑦コピー

No.12 （図資1-8）
①「浦潮斯徳要塞図（海正面図）」②1904年③日本軍（詳細不明）⑤所蔵：国土地理院地理史料室⑥日本軍による極秘扱いの地図。日露戦争と前後して作成されたものと思われ, 要塞・砲台の位置, 軍事施設の位置などが記載されている。要塞・砲台に関してはそれぞれ形式や火器配備の状況などが書き込まれている。⑦オリジナルの筆写

No.13 （図資1-9）
①「浦潮斯徳要塞図（陸正面図）」②1904年③日本軍（詳細不明）⑤所蔵：国土地理院地理史料室⑥前者とセットになっており, 市街地自体は範囲が簡略的に示されているのみで, 主に要塞配置と軍用道路の表記が見られるのみである。⑦オリジナルの筆写

No.14 （図36に掲載）
① "Skhema Koreiskoi slobodki Kuperobskoi padi gorod Vladivostoka 1905goda 371 fanza" ②1905年③N. Puriesoba？ ⑤所蔵：極東歴史資料館（fond28-opis1-dokument234-l.386）⑥非公刊資料。コレイスカヤ・スロボーダの1905年の371件のファンザ配置図。通し番号が振られており, 添付された居住者リストと対応している。図自体は見取り図である。⑦オリジナルのコピー

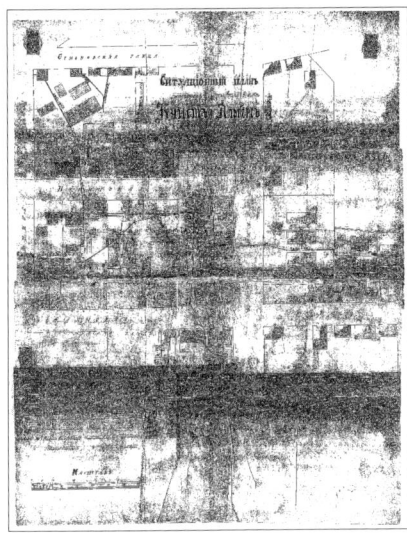

図資1-6
"Situatsionnyi Plan postroek Torgobago Doma Kunst i Al'bers b g. Vladivostoke"

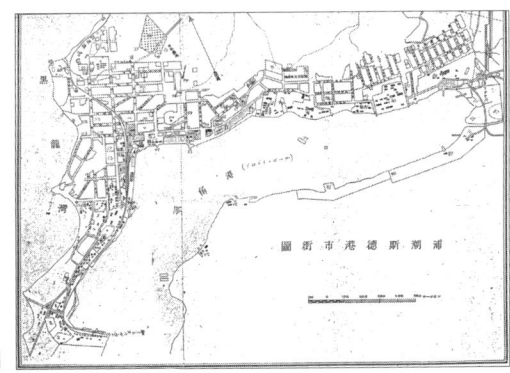

図資1-7
「浦潮港市街図」

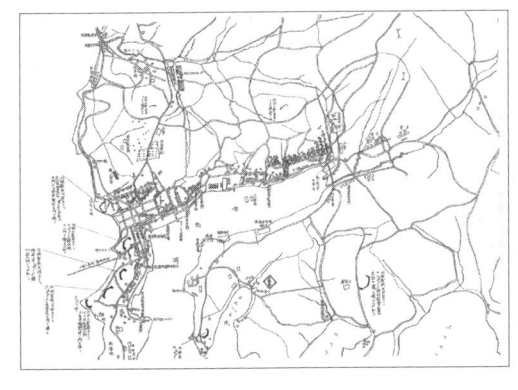

図資1-8
「浦潮斯徳要塞図（海正面図）」
（1904年）

資　料　編………363

No.15（図24に掲載）
① "Proekt razvitiia selitebnoi chasti razrabotannyi v 1906g. N. K. Starozhilovym (Utverzhden 18 Iiulia 1906g. Vladivostokskoi gorodskoi dumei)" ②1906年 ③N. K. Starozhilov（V.A.Obertasによるコピー）⑤オリジナルの所蔵：TsG RSFSR (Tsentral'nogo gosudarstvennogo Arkhiva RSFSR Dal'nego Vostoka) fond11-opis'1-delo 287a。再録書誌は，Primorgrazhdanproekt "Istoriko-arkhitekturyi opornyi plan tsentral'noi chasti g. Vladivostoka" Vladivostok（1990年）⑥1906年における市街計画図。以下の施設等が，番号にて表記されている。1.ニコリスキー教会の本山及びアレクサンドル3世の記念碑を伴った計画中の新市有広場，2.計画中の入口広場，3.一番川の市有地広場と聖ペトロ教会，聖パブロ教会，4.計画中の公園，5.新しい公園，6.要塞の地雷置場，7.新しい市営市場，8.市営墓地と教会，9.計画中の旧教墓地，10.仏教偶像堂（除去），11.カレイスカヤ・キタイスカヤラボーダ（朝鮮人・中国人居住区）の新仏教徒偶像堂，12.石油保管所，13.保管所及び車両組立工場。また，計画中の特定の居住区として，А.朝鮮人・中国人居住区，Б.労働者居住区，В.鳩の谷地区が表記されている。その他，湾岸部での機械工場及びドック，病院，競馬場などの施設も表記されている。⑦Obertasによるコピーを模写。コンピューターにて清書

No.16（図資1-10：図45も参照）
① "Plan Vladivostokskago Porta" ②1908年③K predstavleniiu M. T. i Pr. ot 10 maia 1908g. za No.2492④表記あり⑤不明（Obertas氏より寄贈）⑥スケールバー，オリエンテーションともに記載されている。所蔵しているものはコピーである。凡例には，以下の区域が表記されているが，原図がカラー表記であるため，この図からは判別できない。類別は以下の通り。"Territoriia Kommercheskago Porta"（商業港区域），"Territoriia Morskogo i Voennago Vedomotv"（海・陸軍用地），"Territoriia Ussuriiskoi zhel. dor."（ウスリー鉄道用地），"Territoriia Kitaiskoi Vostochnoi zhel. dor"（東清鉄道用地）。表記内容・表現方法は，先の「浦潮港市街図」(1902)とかなり共通している箇所がある。⑦オリジナルのゼロックスコピー

No.17（図資1-11）
① "Plan Goroda Vladivostoka masshtab" ②1909年④表記あり⑤所蔵：アルセーニエフ郷土博物館⑥凡例及び施設名（軍用区域・建築物）・街路名の索引付き。凡例として表記されているのは，"Kvartaly zastroeknye"（建設された街区）"Kvartaly chastiiu zastroennie i kvartaly zastroeki. nepravil'ne"（一部建設街区と未整備街区）"Kvartaly proektirovannye"（計画街区）"Uchastki vedomstv"（軍用区域）"Granitsy i NoNo chastei goroda"（市街地区域間の境界線）。欄外に時計・貴金属店の広告のような短文が印刷され，スタンプが捺されている。⑦オリジナルのゼロックスコピー

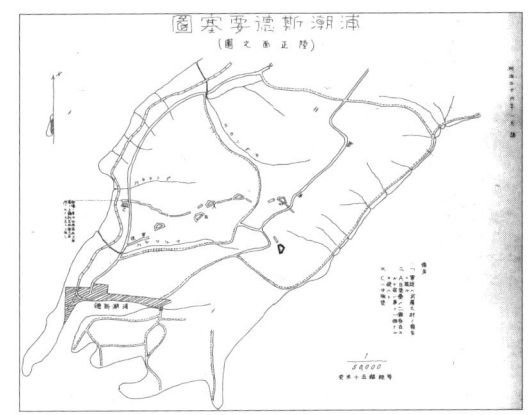

図資1-9
「浦潮斯徳要塞図（陸正面図）」
(1904年)

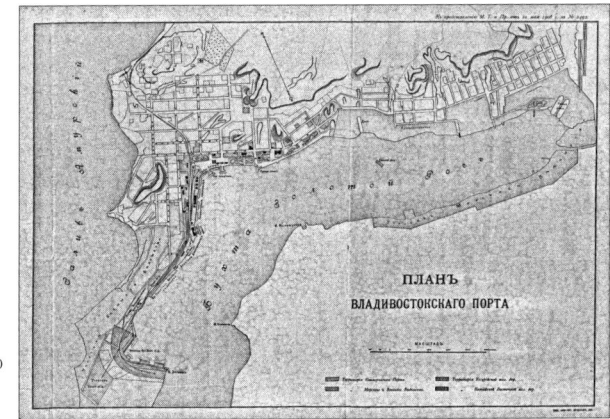

図資1-10
"Plan Vladivostokskago Porta"
(1908年)

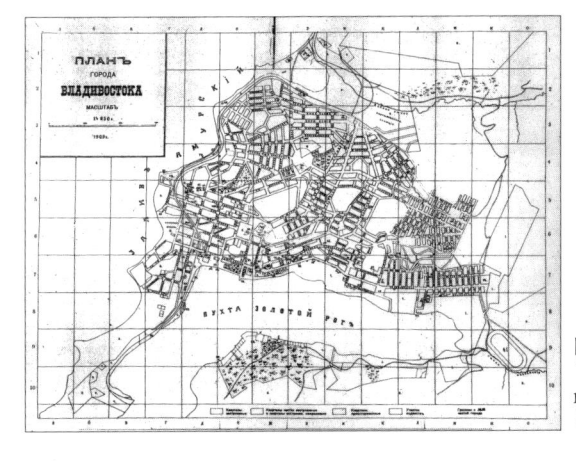

図資1-11
"Plan Goroda Vladivostoka masshtab"
(1909年)

No.18 (図25に掲載)
① "Plan Goroda Vladivostoka masshtab" ②1909年 ④表記あり ⑤大連市立図書館 ⑥前の地図（No.17）と表記内容は同じ。原版は同じものと思われるが，市街地区域の境界線の表記が消されている。

No.19 (図11，59に掲載)
① "Plan Syshchestvuiushchago i Proektirovannago Raspolozheniia Oblastnogo Goroda Vladivostoka Primorskoi Oblasti" ②1910年 ④1/10,272 ⑤極東研究協会地理学協会図書館 ⑥ロット割りとロット番号，それに街区単位でふられている通し番号がみられるのが特徴。市街地図の中でもかなり詳しく，街区寸法も概ね算定することが可能である。また市街地内の地区（Ⅰ～Ⅳまで）が表記されている。⑦オリジナルのコピー

No.20 (図資1-12)
① "Plan Vladivostokago Torgovago porta 1910g."（部分掲載）②1910年 ③要確認 ④1/5,000 ⑤所蔵：極東歴史資料館（fond1-opis5-dokument2118-l.31～32）⑥ウラジオストクの商業港地区。商業港エリアが実線によって表記されており，埠頭と倉庫，それに周辺街路が表記されている。"Uslovnyia oboznacheniia"（符号），"Granitsy"（境界）の二つの凡例表記があり，前者は，倉庫の材質を表記しており，"Kamennyia stroeniia"（石造），"Dereviannyia stroeniia"（木造），"Zhelezniia stroeniia"（鉄製），後者は，"Torgovago porta"（商業港），"Voennago Porta"（軍港），"Voennago vedomstva"（軍用区域），"Ussur. zh. dorogi"（ウスリー鉄道），"Kitaiskoi zh. dorogi"（東清鉄道），"Gorodskikh vladenii"（市有地），"M.Finansov"（大蔵省），"Stochnia kanav"（下水渠），"Kanalizatsiia"（排水溝），"zh. d. vodoprovod"（水道管）が表記されている。しかしこの図も白黒コピーであるため，色が識別できない。また，左下に図のクレジットが記載されている。⑦コピー

No.21 (図資1-13)
①「浦潮斯徳市街全図」②不明 ④不明 ⑤所収：野村喜一郎『露領浦潮斯徳港視察録 勧業報告第一号』（1912年）⑥縦長の構図。主要施設と日本人関係施設の位置が，数字にて表記されている。⑦コピー

No.22 (図資1-14)
① "Vladivostok" ②1914年 ③Wagner & Debes' Geogr. Establ.Leipzig（ライプチヒ）④1/60,000 ⑤復刻所収：『19世紀欧米都市地図集成第1集』（1993）原図はドイツの旅行ガイド "Baedeker"（ベデカ）に収められたもの。おそらく Karl Baedeker, *Baedeker's Russia*, Leipzig, 1914 が原典である。

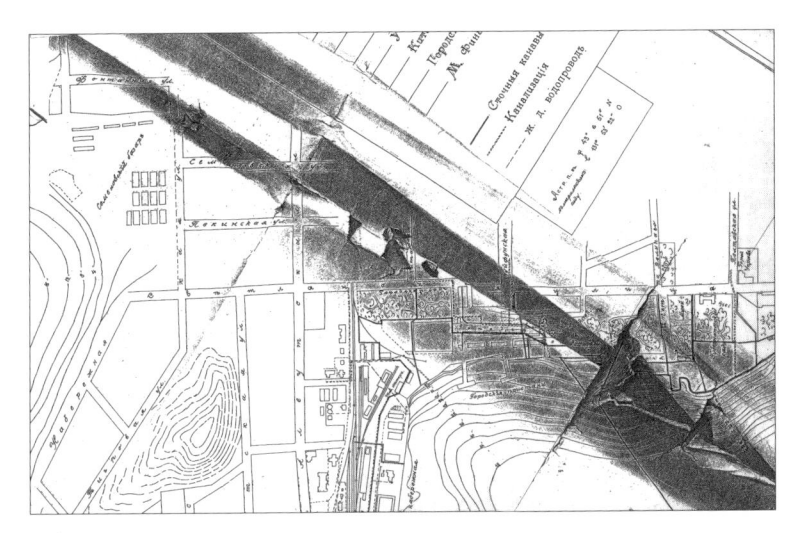

図資1-12
"Plan Vladivostokago Torgovago porta 1910g."
(部分掲載・1910年)

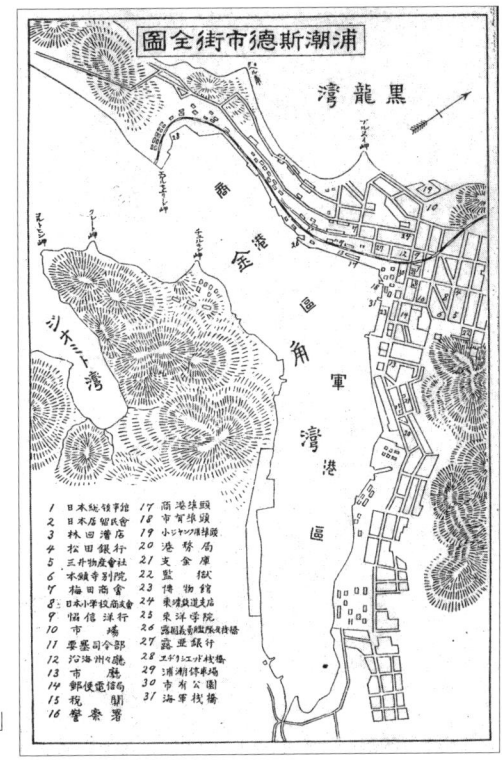

図資1-13
「浦潮斯徳市街全図」
(1912年発行)

No.23（図26に掲載）
①「浦潮斯徳市街図　二万分一之尺」②1918年（大正7年）④1/20,000 ⑤所蔵：国土地理院地理史料室 ⑥日本軍による極秘扱いの地図。シベリア出兵と前後して作成されたものと思われ，要塞の位置，軍事施設の位置などが記載されている。⑦オリジナルの筆写

No.24（図資1-15）
①"Vladivostok" ②1920年 ③Wagner & Debes' Geogr. Establ.Leipzig（ライプチヒ）④1/60,000 ⑤復刻所収：『19世紀欧米都市地図集成第1集』（1993年）原図はドイツの旅行ガイドBaedeker（ベデカ）に収められたもの。1920年版。⑥スケールバーは，"Kilometers" と "English Miles" のほか，"Japanese Ri" の表記もあり，シベリア出兵当時の状況を垣間見せている地図である。

No.25（図資1-16）
①題名不詳 ②不明だが1920年前後 ④1/10,000 ⑤所蔵：早稲田大学中央図書館 ⑥日本語の地図。シベリア出兵当時の地図であり，軍事施設に関する表記が充実しており，また日本軍関係の建物も表記されている。その上，地図の所有者による書き込みが沢山あり，公園，旅館のほか，料理店，遊郭などの書き込みが見られる。所有者は軍人か。⑦コピー

No.26（図資1-17）
①「浦潮斯徳市街全図」②不明だが1920年前後 ③豪洋書院（ウラジオストク）④要確認 ⑤所蔵：早稲田大学中央図書館 ⑥日本語の地図。シベリア出兵当時の地図である。凡例には，「既成地区」「半成地区」「予定地区」「高地」「領事館」「鉄道」「電車」の表記がある。図の範囲は，北はピエルヴァヤレーチカ（一番川），東は競馬場までを含んでおり，比較的広範囲に図示されている。前出の題名不詳の地図（No.25）とセットになって，早大図書館に収蔵されている。⑦コピー

No.27（図資1-18）
①「浦塩斯徳港之図」②1921年 ③南満州鉄道株式会社総務部調査課（技術部員堀親道）④要確認 ⑤所収：『浦潮斯徳商港　調査報告書第10巻』⑥港湾関係の調査報告書の添付図。倉庫などゾロトイ・ローグ湾沿いの表記が充実しているが，地図上方の表記は消されている。図中，倉庫に振られた通し番号は，文中のリストと対応している。スケールバーはメートル表記。⑦コピー

No.28（図資1-19）
①「浦塩斯徳港図」②1926年 ④1/10,000 ⑤所収：「数字上より観たる浦鹽斯徳商港哈調資料」⑥前出No.27（「浦塩斯徳港之図」〈所収：『浦潮斯徳商港　調査報告書第10

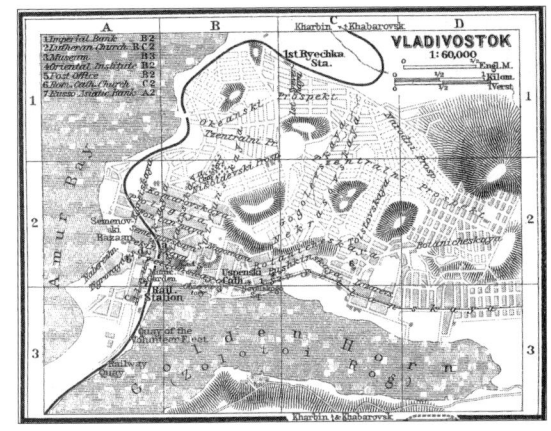

図資 1-14
"Vladivostok"
（1914 年発行）

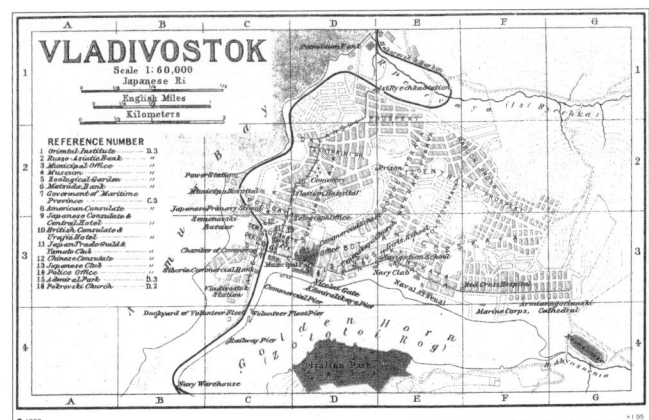

図資 1-15
"Vladivostok"
（1920 年発行）

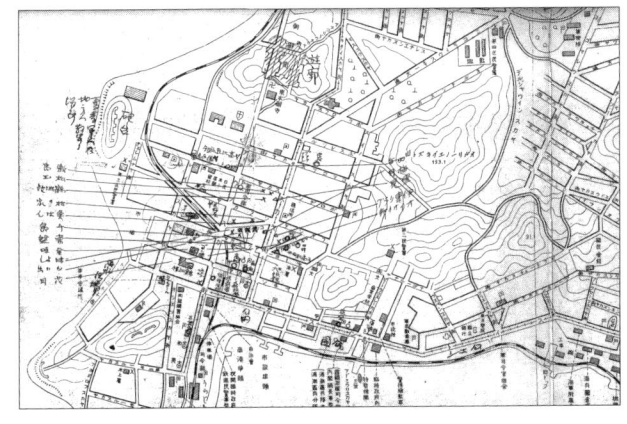

図資 1-16
題名不詳
（1920 年前後）

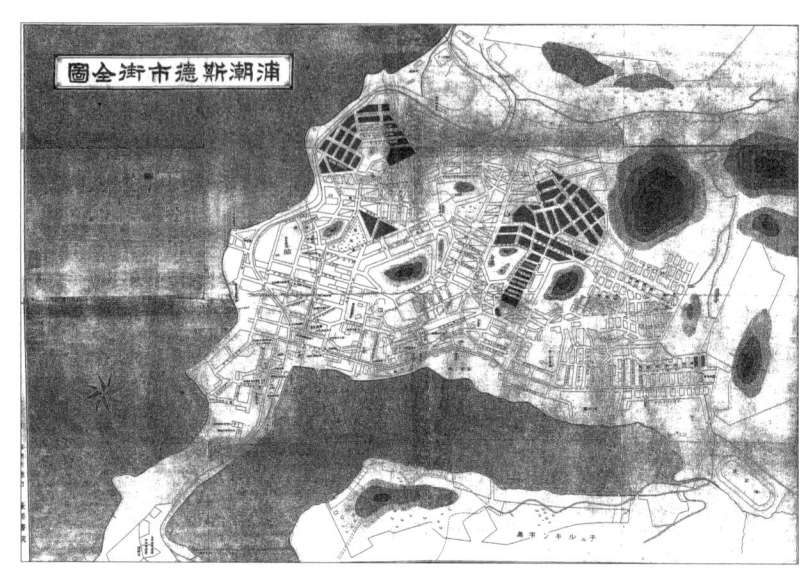

図資1-17「浦潮斯徳市街全図」(1920年前後)

巻』〉）と同様に，ゾロトイ・ローグ湾沿いの倉庫及び埠頭と引き込み線が詳細に表記されている。スケールバーはメートル表記。⑦コピー

No.29 （図27，43に掲載）
①「浦潮（軍事極秘）」関東軍測量隊 ②1939年 ③参謀本部 ④1/25,000 ⑤所蔵：国立国会図書館地図室 ⑥図中右下の表記が切れている。25,000分の1なので，市街地の詳細はわからないが，市域全体の街路骨格などを把握することはできる。⑦コピー

No.30 （図資1-20）
①"Vladivostok（26, 27, 28）" ②1984年 ③(Glavnoe Upravlenie Geodezii i Kartografii pri Soveta Ministrov) ④1/5,000 ⑤所蔵：Gorod設計事務所 ⑥ソビエト体制下の官製1/5,000地図。1mピッチの等高線と建物の輪郭も表記されている。⑦写真撮影によるコピー

No.31 （図資1-21）
①"Istoriko-Arkhitekturnyi Opornyi Plan Tsentral'noi Chasti g.Vladivostoka" ②不詳 ③ウラジオストク市市役所 ④要確認 ⑤ウラジオストク市役所 ⑥建築物の保存における取り扱いの程度，建築物の老朽化の程度などが示されている。⑦写真撮影によるコピー

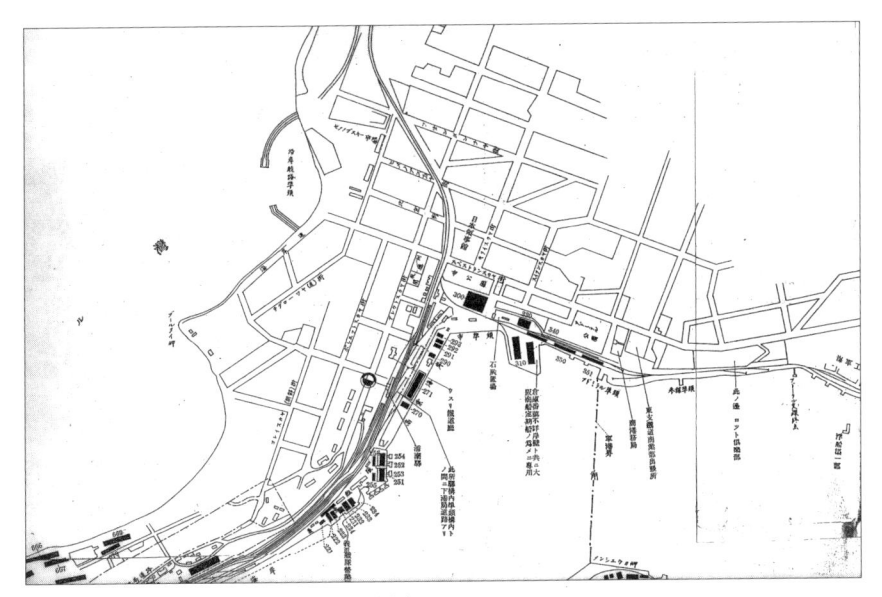

図資1-18「浦塩斯徳港之図」(1921年発行)

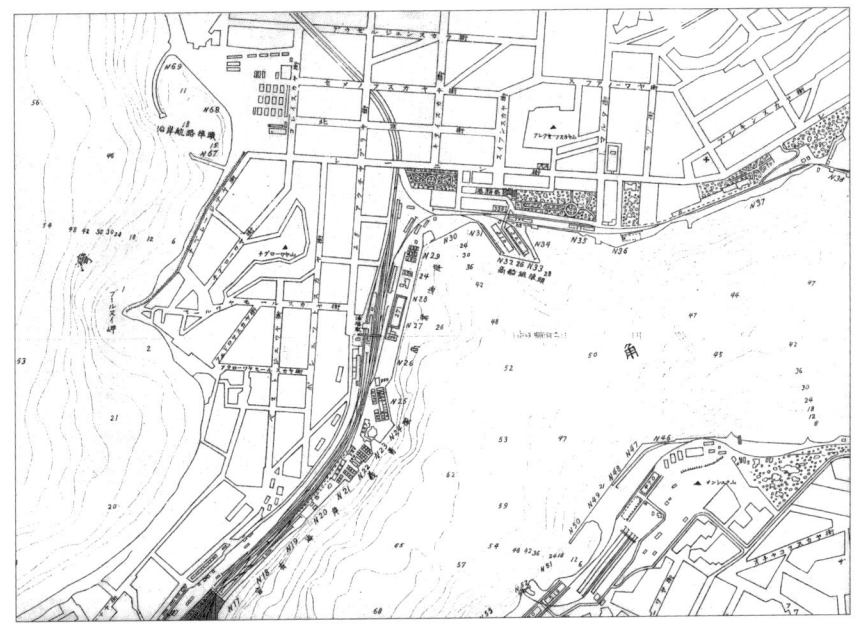

図資1-19「浦塩斯徳港図」(1926年発行)

資　料　編………371

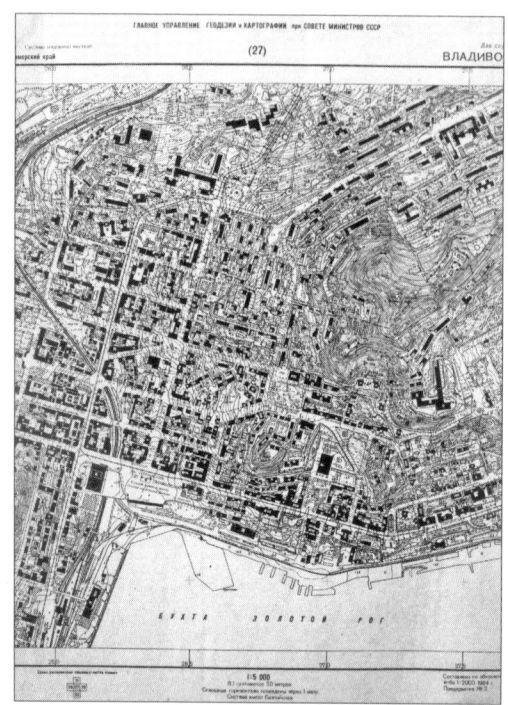

図資1-20
"Vladivostok (26, 27, 28)"
(1984年)

図資1-21
"Istoriko-Arkhitek-turnyi Opornyi Plan Tsentral'noi Chasti g.Vladivostoka"
(1990年代)

2. 1907～1914年における家屋所有者リスト

　ここで掲げるリストは，本文第5章（5-3）で検討した家屋所有者のリストである。調査対象とした6街区とその周辺に限って，以下の2種類のものを収録した。所有者の表記は，誤植と思われるものも含め，原リストの記載内容をそのまま表記している。

1）1907年における家屋所有者リスト（所収：*Ves' Vladivostok, Adresnaia i spravochnaia kniga*, Tipografiia G. K. Ioganson, Vladivostok, 1907, 極東国立歴史資料館所蔵）

　このリストは，アルファベット順にて家屋所有者が示され，所有家屋の所在街区の番号，所在街路名，警察管区（第一管区～第三管区）が表記されているものである。これまでの調査において入手しえた所有者リストのうち，最も古いものであるが，所有家屋が所在する街区と面している街路が記載されている。ここでは，街区番号単位にて沿道道路の順序で示す。

2）1910年前半における家屋所有者
　以下の史料の内容を組み合わせ，表として，まとめたものを以下で示す。

　①～④1910年，11年，13年，14年番地別家屋所有者リスト（所収：Klark, I. S., *Adres-kalendar' i torgovo-promyshlennyi ukazatel' Dal'niago Vostoka i sputnik po Sibiri, Man'chzhurii, Amuru i Ussuriiskomu kraiu : adres-kalendari gorodov Amurskoi, Zabaikal'skoi, Kamchatskoi, Primorskoi, Sakhalinskoi i IAkutskoi oblasteii Man'chzhurii*, 1910, 11, 13, 14 g., 極東国立歴史資料館所蔵）

　⑤1913年土地区画別家屋所有者リスト（"*Spisok domovladel'tsev i arendatorov gorodskikh zemel' gor. Vladivostoka, s pokazaniem otsenki ikh imushchestv na 1913 god*", 極東国立歴史資料館所蔵）

前者（①～④）には，アルファベット順で所有者が示され，所有家屋の所在街路と建物番号が記載されている。建物番号そのものは土地区画に対応しているわけではなく，建物にふられた通し番号となっているため，ここでの情報のみからでは正確な位置を復元することができない。
　後者（⑤）には，街区番号及び土地ロット番号ごとに所有者が示されている。家屋所有者を基準として上で示した①～⑤の史料を照合することにより，ロット番号と建物番号との対応関係を把握することも可能となる。
　ここではロット番号と建物番号との対応関係と，その所有者名を掲載することとする。表記は通り別・沿道別（例・スヴェトランスカヤ通り北側）単位で示す。

表資2-1　1907年における家屋所有者リスト

街区番号	家屋が面する街路名	家屋所有者
1	Ploshch（広場）	Городск. Уч., аренд Гусакобымъ
	Svetlanskaia	Городск. Уч., аренд Брин., Кыз. и Ко
	Svetlanskaia	Семеновъ, Яковъ Лазар.
	Svetlanskaia	Т-й, Д-мъ „Кунстъ и Алъберсъ"
	Svetlanskaia	Шевелева наследн.
2	Svetlanskaia	Морское ведомств
	Svetlanskaia	Пьянковъ Влад. Павл.
	Svetlanskaia	Т-й, Д-мъ „Чуринь И.Я. И Ко"
3	Nagornaia	Бюбинцева, Гд. Ва
	Nagornaia	Гагемейръ, Хр. Иван
	Solom	Смиттъ С. Д.
	Suifunskaia	Брюгенъ, Елена Купмин
	Suifunskaia	Брюгенъ, Руд. Иван.
	Suifunskaia	Городск. Уч., Старая Управа
	Suifunskaia	Духовенство Владим. Церкйи
	Suifunskaia	Дубникова, Граф. Емел.
	Svetlanskaia	Почтово-Телегр. Контор
	Svetlanskaia	Т-й, Д-мъ Кунстъ и Алъберсъ
4	Pekinskaia	Ниппонъ-Юсенъ-Кайш
	Svetlanskaia	Т-й, Д-мъ „Кунстъ и Алъберсъ"
	Svetlanskaia	Т-й, Д-мъ Лангелитье И

街区番号	家屋が面する街路名	家屋所有者
5	Aleutkaia	Куперъ, Марты наследн.
	Kitaiskaia	Японское Коммерч. агентств
	Svetlanskaia	Галецкий Иванъ Ивановъ
	Svetlanskaia	Котчанъ, кит. Под.
	Svetlanskaia	Тау-це-линъ, кит. Под.
	Svetlanskaia	Ян-лай, кит. Поддани.
6	Aleutkaia	Куперъ, Марты наследн.
	Aleutkaia	Куперъ, Марты наследн.
	Aleutkaia	Чай, кит. Поддан.
	Pekinskaia	Попова, Пр. Павл
	Svetlanskaia	Гольденштедтъ К. Г.
	Svetlanskaia	Жуклевичъ, Михаил
	Svetlanskaia	Медведева, Е. Фал. Насл.
7	Koreiskaia	Куперъ Алекс. Карл.
	Koreiskaia	Радомышельский
	Posietskaia	Ионасъ. Кл. Григ
	Posietskaia	Ионасъ. Карл. Карл.
	Posietskaia	Т-й, Д-мъ Кордесъ Роб. Иван.
11	Fontannaia	Кауфманъ, Ел. Зах.
	Markelovskii	Гурьевъ.
	Markelovskii	Степанова, Ник. Ин. Наслед.
	Markelovskii	Самеоновъ, Бар. Ив.
	Markelovskii	Терлецкая, Евд. Д.
	Semenovskaia	Встовский, Андр. Вас. наследн.
	Semenovskaia	Даттанъ Адольф Васил.
	Semenovskaia	Чарушниковъ, Мих. Ве
	Suifunskaia	Дылевский, Иван. Фо
	Suifunskaia	Кузнецова, Анна Порфир
	Svetlanskaia	Даттанъ А. В.
12	Fontannaia	Васильевъ, Никол. Никол.
	Fontannaia	Гольденштедтъ К. Г.
	Fontannaia	Галичанина, Ел. Петр.
	Kitaiskaia	Превалова, Петра Фед. Насл.
	Kitaiskaia	Черновой, Е. В. Наследн.

街区番号	家屋が面する街路名	家屋所有者
	Markelov	Задрадинъ, Ив. Алекс
	Markelov	Попова, Праск. Павл.
	Markelov	Сорокинъ
	Markelov	Тамасова Ек. Ал.
13	Pekinskaia	Семеновъ, Яковъ Лазар.
	Pekinskaia	Т-й, Д-мъ Кунстъ и Алъберсъ
	Pol.	Хагемейеръ, Христоф Игнат.
	Semenovskaia	Менардъ Григ. и Алекс.
14	Aleutkaia	Михайловой, Т. Андр. насл.
	Aleutkaia	Не-син-санъ, Кантай
	Kitaiskaia	Демби Анна Рудольф
	Pekinskaia	Сугиура, Хисахира яп. Подд
	Semenovskaia	Жебровский, Ст, Зинов
	Semenovskaia	Калиханова, Н.Н. Наследн.
15	Aleutkaia	Жариковъ, Василий Анис
	Aleutkaia	Крейцъ Г.М.
	Pekinskaia	Ван-бин-линъ, кит. Под.
	Pekinskaia	Пьянковъ, Мих. Павл.
	Pekinskaia	Ху-сын-хе, кит. Под.
	Pekinskaia	Штабенъ, наследники
	Semenovskaia	Вутечитъ Мария Никол.
	Semenovskaia	Ван-тыс-синъ, кит. Под.
	Semenovskaia	Даттанъ Адольф Васил.
	Semenovskaia	Ивановъ,Тер Иван.
	Semenovskaia	Колцаков
16	Aleutkaia	Кирионал
	Aleutkaia	Превалова, Петръ Федор
	Kasoi	Назарова, Гл. Павл.
	Kitaiskaia	Манаевъ, Ефр. С.
	Kitaiskaia	Манаевъ, Михей. С.
	Kosoi	Павловская, Пел. Мих.
	Semenovskaia	Даттанъ Адольф Васил.
	Semenovskaia	Колосова Аг, Иван.
	Semenovskaia	Пономаревъ, В. П. Наслед.

街区番号	家屋が面する街路名	家屋所有者
17	Aleutkaia	Васильева, Никол. Никол. Наслед.
	Aleutkaia	Кравцовы Ф. И. М.Васил.
18	Aleutkaia	Галецкий Иванъ Иванов.
	Aleutkaia	Маргаритовъ, Вас. Петр.
	Aleutkaia	Мефодиева, Над. Ерм.
	Koreiskaia	Ван-тыс-синъ кит. Под.
	Semenovskaia	Ивановой С., наследники
	Semenovskaia	Ильницкаго, Конст. Флоп., наслед
	Semenovskaia	Москвина,(насл.Иванова)
	Semenovskaia	Сигитаро, Такунаго. Яп. Подд.
19	Koreiskaia	Ахтарумова Ал. Иван.
	Koreiskaia	Бысовниковъ Иан. Макс.
	Koreiskaia	Золотухинъ, Вас. Сам
	Naber	Ивановъ,Тер Иван.
	Naber	Савельева. Пол. Семен.
	Naber	Хабаровъ, Степ. Петр.
	Svetlanskaia	Коркинъ, Сафр. Игн.
	Svetlanskaia	Колесникова, Анна Васил.
	Tigrovaia	Золотухинъ, Ал. Дм.
	Tigrovaia	Меркулова, Евд. Лар.
	Tigrovaia	Суворовъ. Мих. Ив.
	Zhar.	Сычева, Алекс. Андр,(наследен)
	Zharik.	Носковъ, Степанъ Мих.
	Zharikov	Лашевъ, Варл. Игнат.
31	Semenovskaia	Красиова, В. А. Наследн.
49	Aleutkaia	Бабинцева, Гл. Вас.
	Aleutkaia	Бриннерь, Юл. Ин.
	Aleutkaia	Датский телеграфъ
	Aleutkaia	Пьянковъ, Мих. Павл.
	Aleutkaia	Суворовъ. Ад. Иван.
	Pavl.	Акимовъ, Макс. Ефим.
	Pavl	Кириллова, Кадит. Андр.
	Posietskaia	Домбровская
	Posietskaia	Кедроливанский, Ал. Григ.

街区番号	家屋が面する街路名	家屋所有者
	Posietskaia	Сибирскич Торговый Банк
	Svetlanskaia	Батновъ, И. А.
	Svetlanskaia	Мешковъ Ив. Вл.
	Svetlanskaia	Плансонъ Влад. Ант.
63	Aleutkaia	Русско-китайский Банк

表資2-2　1910～14年における家屋所有者
スヴェトランスカヤ通り（南側）

土地区画番号別所有者リスト			建物番号別所有者リスト								
1913年			1910年		1911年		1913年		1914年		
街区	ロット	所有者名	建物番号	所有者名	建物番号	所有者名	建物番号	所有者名	建物番号	所有者名	
19	155	Наследники Иванова Тер Иванов	2	Иванова Терент Иванов	2	Иванова Терен Иванов Н-ки	2	Иванова Терен Иванов Н-ки	2	Ивановий	
					2	Чернова А. Е.	2	Чернова А. Е.			
					4	Даттанъ Адол Васил.	4	Даттанъ Адол Васил.			
			4	Коркинъ Софронъ Игнат	4	Коркинъ Софронъ Игнат	4	Коркин Софронъ Игнат			
		Торг. Домъ М. Пьяниковъ съ бр							4	<Пьяниковъ съ Бр> Торг. Домъ	
	154	Колесиникова Анна Васильевна	6	Колесиникова Анна Васил.	6	Колесиникова Анна Вас.	6	Колесиникова Анна Вас.	6	Колесиникова Анна Вас.	
		Золотухинъ Лесит. Василисвич	8	Золотухинъ Васил. Самисонов	8	Золотухинъ Вас. Самс.	8	Золотухинъ Вас. Самс.	8	Золотухинъ Вас. Самс.	
			8	Курковъ Маркъ Дмитриевичъ							
Koreiskaia（カレイスカヤ通り）											
7	92	Радомышельский Дав. Лейба Шл.	10	Радомышельский Лейба Шлеймовъ.	10	Радомышельский Лейба Шлеймовичъ	10	Грейсъ Ревек. Яковлевна	10	Радомышельский Лейба Шлеймовичъ	
	93	Владивост. Городц. Общ Банкъ	12	Русско-Азизтск Банкъ	12	Русско-Азизтск Банкъ	12	Русско-Азизтск Банкъ	12	Городъ	
Pos'etskaia（ポシエツスカヤ通り）											
49	353	Мешковъ Иванъ Владимировичъ	14	Мешковъ Иванъ Владим.	14	Мешковъ Ив. Владм.	14	Мешковъ Ив. Владм.	14	Мешковъ Ив. Владм.	
									16	Бабинцевъ Анаст Вас.	
			16	Бапиновъ Иоанесъ Сердаков	16	Бапиновъ	16	Бапиновъ			

					16	Плансонъ Влад Антон	16	Плансонъ Влад Антон		
					18	Плансонъ Влад Антон	18	Плансонъ Влад Антон	18	Плансонъ Влад Антон
									18	Берковичъ А. К. П.
	354	Бабинцевъ Анаст Вас.	20	Бабинцевъ Анаст Вас.	20	Бабинцевъ Анаст Вас.	20	Бабинцевъ Анаст Вас.	20	Бабинцевъ Анаст Вас.
Aleutskaia（アレウツスカヤ通り）										
		no data	22	М-ва Бн Дель	22	М-ва Бн Дель	22	М-ва Бн Дель	22	М-ва Бн Дель
		no data	24	Уссур. Жел. дорога	24	Уссур. Жел. дорога	24	Уссур. Жел. дорога	24	Областное Управление
		no data	26	no data	26	Городъ	26	Городъ	26	
		no data	28	Городъ	28	Городъ	28	Городъ	28	Городъ
1	5	Министерство тор-ли и прои. 商工業省								
		Биржевое О-во 株式取引組合								
		Т. Д. Кунстъ и Альберсъ	30	Кунстъ и Альберсъ	30	Альберсъ Густавъ	30	Альберсъ Густавъ	30	Альберсъ Густавъ
Suifunskaia（スイフンスカヤ通り）										
1	4	Шевелева Анжелина Михайлов	32	Шевелева Владим. Мих.	32	Шевелева Анжелина Михайлов	32	Шевелева Анжелина Михайлов	32	no data
	2	Шевелева Владим. Михаил.	34	Шевелева Ачжелиева Михаиловна	34	Шевелева Влад. Мих.	34	Шевелева Влад. Мих.	34	no data
	1	Семеновъ Яковъ Лаз. Влад куп.	36	Семеновъ Яковъ Лазаревичъ	36	Семеновъ Яковъ Лазар	36	Семеновъ Яковъ Лазар	36	Городъ

スヴェトランスカヤ通り（北側）

土地区画番号別所有者リスト			建物番号別所有者リスト							
1913年			1910年		1911年		1913年		1914年	
街区	ロット	所有者名	建物番号	所有者名	建物番号	所有者名	建物番号	所有者名	建物番号	所有者名
		no data	1	Городъ	1	Городъ	1	Городъ	1	Городъ
		no data	3	Городъ	3	Городъ	3	Городъ	3	Городъ
		no data	3	-	3	Биржевое О-во	3	Биржевое О-во	3	Биржевое О-во
Koreiskaia（カレイスカヤ通り）										
6	55	Русско-Азиатск Банкъ	5	Антипасъ Георг. Дмитр	5	Русско-Азиатск Банкъ	5	Русско-Азиатск Банкъ	5	Русско-Азиатск Банкъ
	53	Медведевъ Емельян. Фаддев.	7	Медведевъ Емельян. Фаддев.	7	Медведевъ Емел. Фад.	7	Медведевъ Емел. Фад.	7	Медведевъ Емел. Фад.

	51	Наслед. Жуклевичъ Мих. Иос. Владив. Купецъ	9	Жуклевичъ	9	Жуклевичъ Мих. Иос. Владив. Купецъ	9	Жуклевичъ Мих. Иос. Владив. Купецъ	9	Жукова Евд Вас.
	49	Александръ Карлов Куперъ	11	Куперъ Ал-дръ Карлов	11	Куперъ Ал-дръ Карлов	11	Куперъ Ал-дръ Карлов	11	Куперъ Ал-дръ Карлов
	47	Гольденштета Карла Георгиев наследники	д. 13	Гольденштета Карла Георгиев	д. 13	Гольденштета Карла Георг Н-ки	д. 13	Гольденштета Карла Георг Н-ки	д. 13	Гольденштета Карла Георг Н-ки
Aleutskaia（アレウツスカヤ通り）										
5	45	Галецкий Иванъ Ивановичъ	15	no data	15	Галецкий Ив. Иван.	15	Галецкий Ив. Иван.	15	Галецкий Ив. Иван.
	43	Наследники кит. Под. Ян-лай, сыновья его Ян-и-ти, Ян-и-че, Ян-и-цей и жена его Ян-нан-сы	17	Ян-и-и, Ян-и-пей и Ян-и-ти	17	Ян-лая Н-ки	17	Ян-лая Н-ки	17	Ян-лая Н-ки
			17	Ян-нан-сы	17	-	17	-	17	-
	41	Катчанъ кит.	19	Катчанъ	19	no data	19	no data	19	Катчанъ
			21	Катчанъ	21	Катчанъ	21	Катчанъ	21	Катчанъ
	39	Тау-це-линъ	23	Тау-це-линъ	23	Тау-це-линъ	23	Тау-це-линъ	23	Тау-це-линъ
	37	no data	25	Морское ведомство	25	Морское ведомство	25	Морское ведомство	25	Морское ведомство
Kitaiskaia（キタイスカヤ通り）										
4	15	Лангелитье Иоганнъ Михайлович владивост купец	27	Лангелитье Н-ки, Иоганнъ Михайлов	27	Лангелитье Иоганнъ Михл	27	Лангелитье Иоганнъ Михл	27	Лангелитье Иоганнъ М
	14	„Кунстъ и Альберсъ" Торг. Домъ	29	Кунстъ и Альберсъ	29	Альберсъ Густавъ	29	Альберсъ Густавъ	29	„Кунстъ и Альберсъ" Торг. Домъ
	13	„Кунстъ и Альберсъ" Торг. Домъ	31	no data	31	„Кунстъ и Альберсъ" Торг. Домъ	31	„Кунстъ и Альберсъ" Торг. Домъ	31	„Кунстъ и Альберсъ" Торг. Домъ
	12	„Кунстъ и Альберсъ" Торг. Домъ	33	Кунстъ и Альберсъ	33	„Кунстъ и Альберсъ" Торг. Домъ	33	„Кунстъ и Альберсъ" Торг. Домъ	33	„Кунстъ и Альберсъ" Торг. Домъ
Suifunskaia（スイフンスカヤ通り）										
3	6	Даттанъ Адол Вас статс сов	35	Кунстъ и Альберсъ	35	„Кунстъ и Альберсъ" Торг. Домъ	35	„Кунстъ и Альберсъ" Торг. Домъ	35	Даттанъ Адол Васил
	7	1.„Кунстъ и Альберсъ" Торг Домъ 2.Даттанъ Адол Вас статс сов.	37	Кунстъ и Альберсъ	37	Даттанъ Адол Васил	37	Даттанъ Адол Васил	37	„Кунстъ и Альберсъ" Торг. Домъ
	8	Почтов. Телег Ведомство	39	Почтов. Контора	39	Почтов. Контора	39	Почтов. Контора	39	no data

2	9	Пьянковъ Вл. Павликов купецъ	41	Пьянковъ Владим Павликов	41	Пьянковъ Влад. Павл.	41	Пьянковъ Влад. Павл.	41	<Пьянковъ съ Бр.>Торг Домъ
	10	„Чуринь И.Я. И К-о" Торг. Д.	43	Чуринь И.Я. И К-о"	43	Чуринь И.Я. И К-о" Торг. Домъ	43	Чуринь И.Я. И К-о" Домъ	43	Чуринь И.Я. И К-о" Торг. Домъ
	11	no data	45	Морское ведомство	45	Морское ведомство	45	Морское ведомство	45	Морское ведомство

ペキンスカヤ通り（南側）

土地区画番号別所有者リスト			建物番号別所有者リスト							
1913年			1910年		1911年		1913年		1914年	
街区	ロット	所有者名	建物番号	所有者名	建物番号	所有者名	建物番号	所有者名	建物番号	所有者名
Koreiskaia（カレイスカヤ通り）										
6	56	Анкудинова Александра Пет р.	6	no data	6	Анкудинова Ал. Петр.	6	Анкудинова Ал. Петр.	6	Анкудинова Ал. Петр.
	54	Попова Парасковья Павловн а	8	Попова Парасковья Павлов	8	Попова Параск. Павл.	8	Попова Параск. Павл.	8	Попова Параск. Павл.
	52	Куперъ Герм. Карл.	10	Куперъ Ал-дръ Карлов	10	Куперъ Герм. Карл.	10	Куперъ Герм. Карл.	10	Куперъ Герм. Карл.
	50	Куперъ Герм. Карл.	12	Куперъ Ал-дръ Карлов	12	no data	12	no data	12	Куперъ Герм. Карл.
	48	Наследники Чай, кит. поддан	14	Цой Петръ Семенов	14	Чай Н-ки	14	Чай Н-ки	14	Чай Н-ки
Aleutskaia（アレウツスカヤ通り）										
5	46	Куперъ Ал-дръ Карлов	16	Куперъ Ал-дръ Карлов	16	Куперъ Ал-дръ Карлов	16	Куперъ Ал-дръ Карлов	16	Куперъ Ал-дръ Карлов
	44	Наследники кит. Под. Ян-лай, сыновья его Ян-и-ти, Ян-и-че, Ян-и-цей и жена его Ян-нан-сы	18	Ян-и-и, Ян-и-пей и Ян-и-ти	18	Ян-лая Н-ки	18	Ян-лая Н-ки	18	Ян-лая Н-ки
			18	Ян-нан-сы						
	42	Кетчанъ кит	20	Катчанъ	20	Ян-лая Н-ки	20	Ян-лая Н-ки	20	Катчанъ
	40	Японское Генер. Консульство	22	Городъ	22	Городъ	22	Городъ	22	Городъ
	38	Японское Генер. Консульство	24	Японское Консульство	24	Японское Консульство	24	Японское Консульство	24	Японское Консульство
Kitaiskaia（キタイスカヤ通り）										
4	16	Альберсъ Густ. Герм. подда нны	26	no data	26	Альберсъ Густавъ	26	Альберсъ Густавъ	26	„Кунстъ и Альберсъ" Торг. Домъ
	17	Торг. Домъ„Кунстъ и Альберсъ"	28	Альберсъ Густавъ	28	Альберсъ Густавъ	28	Альберсъ Густавъ	28	„Кунстъ и Альберсъ" Торг. Домъ

		18	Торг. Домъ „Кунстъ и Алъберсъ"	30	Алъберсъ Густавъ	30	Алъберсъ Густавъ	30	Алъберсъ Густавъ	
				30	„Кунстъ и Алъберсъ" Торг. Домъ	30	„Кунстъ и Алъберсъ" Торг. Домъ	30	„Кунстъ и Алъберсъ" Торг. Домъ	
4	19	Торг. Домъ „Кунстъ и Алъберсъ"	32	Кунстъ и Алъберсъ	32	„Кунстъ и Алъберсъ" Торг. Домъ	32	„Кунстъ и Алъберсъ" Торг. Домъ	32	„Кунстъ и Алъберсъ" Торг. Домъ	
			32	Алъберсъ Густавъ	32	Алъберсъ Густавъ	32	Алъберсъ Густавъ		
Suifunskaia（スイフンスカヤ通り）										

ペキンスカヤ通り（北側）

土地区画番号別所有者リスト			建物番号別所有者リスト							
1913年			1910年		1911年		1913年		1914年	
街区	ロット	所有者名	建物番号	所有者名	建物番号	所有者名	建物番号	所有者名	建物番号	所有者名
Koreiskaia（カレイスカヤ通り）										
15	73	<Пьянковъ съ Бр.>Торг. Домъ	3		3		3		3	„Чуринъ И.Я. И К-о" Торг. Домъ
			5	Пьянковъ Михаилъ Павлинов	5	Пьянковъ Михаилъ Павлинов	5	Пьянковъ Михаилъ Павлинов	5	<Пьянковъ съ Бр.>Торг. Домъ
			7	Пьянковъ Михаилъ Павлинов	7	Пьянковъ Михаилъ Павлинов	7	Пьянковъ Михаилъ Павлинов	7	<Пьянковъ съ Бр.>Торг. Домъ
			9	Пьянковъ Михаилъ Павлинов					9	<Пьянковъ съ Бр.>Торг. Домъ
	71	Золотухинъ Александръ Дмитриев			9	Золотухинъ Ал-дръ Дмитр.	9	Золотухинъ Ал-дръ Дмитр.		
			11	Золотухинъ Ал-дръ Дмитриев	11	Золотухинъ Ал-дръ Дмитр.	11	no data	11	no data
	69	Наследники Штабелъ И.М.	13	Штабелъ	13	no data	13	Штабелъ И.М. Н-ки	13	Штабелъ И.М. Н-ки
	67	Ху-сын-хе	15	Ху-сын-хе	15	no data	15	no data	15	Фу-сын-хе
					17	Ху-сын-хе	17	Ху-сын-хе	17	Ху-сын-хе
									17	Цой Петръ Семен
			17	Русско-Азизтск Банкъ			17	Русско-Азизтск Банкъ		
Aleutskaia（アレウツスカヤ通り）										
14	65	Не-син-санъ, Кантай	19	no data	19	Не-син-санъ, Кантай	19	Не-син-санъ, Кантай	19	Цой Петръ Семен
		Цой Петръ Семеновичъ	21	Цой Петръ Семенов	21	Цой Петръ Семен	21	no data	21	Феклина Екат. Филип.

	63	Феклина Екатерина. Филипповна	23	Феклина Екат. Филип.	23	Феклина Екат. Филип.	23	Феклина Екат. Филип.	23	no data
	61	Ван-бин-линъ, кит. подданный	25	Ван-бин-линъ	25	Ван-бин-линъ	25	Ван-бин-линъ	25	Ван-пен-линъ
14	59	Сеидерский Аввак. Гавриловичъ	27	Хисахиро Сигиура	27	Сигиура Хисахиро	27	Сеидерский Аввак. Гавр.	27	Сеидерский Аввак. Гавр.
	57	Демби Ад. Георг.	29	Демби Анна Рудольф	29	Демби Анна Рудольф	29	Демби Анна Рудольф	29	Демби Ад. Георг.

Kitaiskaia（キタイスカヤ通り）

13	35	Торг. Домъ „Кунстъ и Алъберсъ"	31	Кунстъ и Алъберсъ	31	Алъберсъ Густавъ	31	Алъберсъ Густавъ	31	„Кунстъ и Алъберсъ" Торг. Домъ
	33	Семеновъ Яковъ Лазар.	33	Семеновъ Яковъ Лазаревичъ	33	Семеновъ Яковъ Лазар.	33	Семеновъ Яковъ Лазар.	33	Семеновъ Яковъ Лазар.
	31	Семеновъ Яковъ Лазар.	35	Семеновъ Яковъ Лазаревичъ	35	Семеновъ Яковъ Лазар.	35	Семеновъ Яковъ Лазар.	35	Семеновъ Яковъ Лазар.
	29	Хагемейеръ Яковъ Лазаревичъ	37	Хагемейеръ Христьанъ Ивановичъ	37	Хагемейеръ Христ. Иван.	37	Хагемейеръ Хрис. Ив.	37	Хагемейеръ Хр. Ив. н-ки

Suifunskaia（スイフンスカヤ通り）

セミョーノフスカヤ通り（南側）

土地区画番号別所有者リスト			建物番号別所有者リスト							
1913年			1910年		1911年		1913年		1914年	
街区	ロット	所有者名	建物番号	所有者名	建物番号	所有者名	建物番号	所有者名	建物番号	所有者名

Koreiskaia（カレイスカヤ通り）

15	(475)	Даттанъ Адольфъ Васильевичъ	6	Даттанъ Адол. Васил.	6	Даттанъ Адол. Васил.	6	Даттанъ Адол. Васил.	6	Даттанъ Адол. Васил.
	475	Вучетинъ (Коморская) Мар. Ник.	8	Коморская Дмитр. Филиксов	8	Вучетинъ Мария Никол.	8	Вучетинъ Мария Никол.	8	Коморская
	475	Ван-тыс-синъ	10	Ван-тын-синъ	10	Ван-тын-синъ	10	Ван-тын-синъ	10	Ван-ди-синъ
	72	Рачковъ Антонъ Григорье	12	no data	12	Рачковъ Ант. Григор.	12	Рачковъ Ант. Григор.	12	Рачковъ Ант. Григор.
	70	Ивановъ Георгий Терентьевичъ	14	Ивановъ Терент. Иванов.	14	Ивановъ Терент. Иванов.	14	Ивановъ Терент. Иванов. Нки	14	Ивановъ Терент. Иванов. Нки
	68	Лебедевъ Петръ Ивановичъ	16	Лебедевъ Петръ Иван.	16	Лебедевъ Петръ Иван.	16	Лебедевъ Петръ Иван.	16	Лебедевъ Петръ Иван.

			18	Ивановъ Терент. Ивановъ	18	Ивановъ Терент. Иванов	18	Ивановъ Терент. Иванов. Нки	18	Ивановъ Терент. Иванов. Нки	18	Ивановъ Терент. Иванов. Нки
Aleutskaia（アレウツスカヤ通り）												
14	66	Наследники Михайловой' Клавдия, Игнатъ и Макаръ Александровичи Михайловы и Желтенко Анастасия Андреевна		no data		no data		no data		no data		
14	64	Коликановъ Николай Николаев.	20	Коликановъ Никол. Никол.	20	Коликановъ Н. Н. Н-ки	20	Коликановъ Николъ. Николъ.	20	Коликановъ Н. Н. Н-ки		
	62	Шевелева Александра Дм., Янковские Маргарита и Ангелика Мих. И Влад. Мих.	22	Шевелева Мих. Григор.	22	Шевелева Михаил. Григ. Н-ки	22	Шевелева Мих. Григ.	22	Шевелева Мих. Григ. Н-ки		
	60	Жевровский Степанъ Зиновьевъ	24	Жевровский Степ. Зинов	24	Жевровский Степ. Зинов	24	Жевровский Степ. Зинов	24	Язымъ Петръ Павелъ		
		Язымъ Петръ и Павелъ Як.	26	Язымъ Петръ и Павелъ	26	Язымъ Петръ Павелъ	26	Язымъ Петръ Павелъ	26	Язымъ Петръ Павелъ		
	58	Демби Ад. Георг.	28	Демби Анна Рудольф	28	Демби Анна Рудольф	28	Демби Анна Рудольф	28	Демби Анна Рудольф		
Kitaiskaia（キタイスカヤ通り）												
13	36	Торг. Домъ „Кунстъ и Альберсъ"	30	Альберсъ Густавъ	30	Альберсъ Густавъ	30	Альберсъ Густавъ	30	„Кунстъ и Альберсъ" Торг. Домъ		
	34	Торг. Домъ „Кунстъ и Альберсъ"	32	Альберсъ Густавъ	32	Альберсъ Густавъ	32	Альберсъ Густавъ	32	„Кунстъ и Альберсъ" Торг. Домъ		
	32	Менардъ Григорий Августовичъ	34	Менардъ Григор. Августов.	34	Менардъ Григ. Авг.	34	Менардъ Григ. Авг.	34	Менардъ Григ. Авг.		
	30		36	no data	36	no data	36	no data	36	Городъ		
Suifunskaia（スイフンスカヤ通り）												

セミョーノフスカヤ通り（北側）

土地区画番号別所有者リスト			建物番号別所有者リスト							
1913年			1910年		1911年		1913年		1914年	
街区	ロット	所有者名	建物番号	所有者名	建物番号	所有者名	建物番号	所有者名	建物番号	所有者名
Koreiskaia（カレイスカヤ通り）										
18	476	Ильницкий Константинъ Фролов	5	no data	5	Ильницкаго Конс. Фр. Н-ки	5	Ильницкаго Конс. Фрол.	5	Ильницкаго Конс. Фр. Н-ки

		479	Сигитаро Такунаго	7	Такунаго	7	Сигитаро Такунаго	7	Сигитаро Такунаго	7	Сигитаро Такунаго	
		74 ※	Московинъ-Ивановы Черняшовская Е.М. И Рачкова А.С.	9	Московина Акулина	9	Иванова Степ. Н-ки	9	Иванова Степ. Н-ки	9	Аморандосъ Данниелъ	
		91 ※	Наследники Иванова Москов ины Тихонъ и Акулина	9	Московина Тихонъ	11	Аморандосъ Данниелъ	11	Аморандосъ Данниелъ	9	Московина Иванова Н-ки	
18	91 ※									11	Иванова Н-ки Московины	
										11	Иванова Степ. Н-ки	
										11	Московина Иванова Н-ки	
				13	Иванова Степанъ	13	no data			13	Иванова Степ. Н-ки	
								13	Иванова Н-ки Московины	13	Иванова Н-ки Московины	
										13	Московина Иванова Н-ки	
				15	Иванова Степанъ	15	no data	15	no data	15	Иванова Степ. Н-ки	
										15	Иванова Н-ки Московины	
										15	Московина Иванова Н-ки	
Aleutskaia （アレウツスカヤ通り）												
16	90		Приваловъ Петръ Федоровичъ	17	Приваловъ Петръ Федоров.	17	no data	17	no data	17	Преваловъ Петръ Фед.	
										17	Преваловъ	
			Левицкая Надежда Леонтьевна	19	Левицкая Надеж. Леонт.	19	Левицкая Надеж. Леонт.	19	Левицкая Надеж. Леонт.	19	Левицкая Надеж. Леонт.	
			Пономаревъ В. П.	21	Пономаревъ В. П.	21	Пономаревъ В. П.	21	Пономаревъ В. П.	21	Пономаревъ В. П.	
		174	Зыбарева Агафья Ивановна	23	Колосова Агафья Ивановъ	23	Колосова Агафья Иван.	23	Колосова Агафья Иван.	23	no data	
			Гранбергъ Карлъ	25	Гранбергъ Карлъ	25	Гранбергъ Карля Н-ки	25	Гранбергъ Карля Н-ки	25	Гранбергъ Карля Н-ки	
		89	Наследники Ф.М.Угрецова и Угрецовъ Влад Федосеев	27	no data	27	Угрецова Ф.М. Н-ки	27	Угрецова Ф.М. Н-ки	27	Угрецова Ф.М. Н-ки	
Kitaiskaia （キタイスカヤ通り）												
11	84		Чарушниковъ Михаилъ Венедик.	29	Чарушниковъ Мих. Венед.	29	Чарушниковъ Мих. Венедик.	29	Чарушниковъ Мих. Венедик.	29	Чарушниковъ Мих. Венедик.	

	79	Торг. Домъ „Чуринъ И.Я. И К-о"	31	Встовская	31	Встовский Андр. Васил.	31	Встовский Андр. Васил.	31	„Чуринъ И.Я. И К-о" Торг. Домъ
		Даттанъ Адол. Васил.	33	Альберсъ Густавъ	33	Даттанъ Адол. Васил.	33	Даттанъ Адол. Васил.	33	Даттанъ Адол. Васил.
			35	Городъ	35	Городъ	35	Городъ	35	no data

Suifunskaia（スイフンスカヤ通り）

カレイスカヤ通り（西側）

土地区画番号別所有者リスト			建物番号別所有者リスト						
1913年			1910年		1911年		1913年		1914年	
街区	ロット	所有者名	建物番号	所有者名	建物番号	所有者名	建物番号	所有者名	建物番号	所有者名
19	156	Ахшарумова Александра Иван.	39	Ахшарумова Ал-дра Иван.	39	Ахшарумова Ал-дра Ив.	39	Ахшарумова Ал-дра Ив.		
			41	Ахшарумова Ал-дра Иван.	41	Ахшарумова Ал-дра Ив.	41	Ахшарумова Ал-дра Ив.	31	Ахшарумова Ал-дра Ив.
	154	Бусовиковъ Леонт. Максимович	43	Бусовиковъ Егоръ Гавр	43	Бусовиковъ Петръ Макс.	43	Бусовиковъ Петръ Макс.	33	Водовозовъ Зин Яковл.
			45	Бусовиковъ Егоръ Гавр	45	Бусовиковъ Петръ Макс.	45	Бусовиковъ Петръ Макс.	35	Золотовъ Л.В.
		Золотухинъ Лесит. Василиевич	47	Золотухинъ Лесит. Василиевич	47	Бусовиковъ Петръ Макс.	47	Бусовиковъ Петръ Макс.		

Svetlanskaia（スヴェトランスカヤ通り）

記載なし（※市有地＝セミョーノフスキー・バザール）	49	Городъ	49	Городъ	49	Городъ	37	Городъ (Семеновск. Базаръ)
	51	Городъ	51	Городъ	51	Городъ	39	Городъ (Семеновск. Базаръ)
	53	Городъ	53	Городъ	53	Городъ	41	Городъ (Семеновск. Базаръ)
	55	Городъ	55	Городъ	55	Городъ	43	Городъ (Семеновск. Базаръ)
	57	Городъ	57	Городъ	57	Городъ	45	Городъ (Семеновск. Базаръ)
	59	Городъ	59	Городъ	59	Городъ	47	Городъ (Семеновск. Базаръ)
							49	Городъ (Семеновск. Базаръ)
							51	Городъ (Семеновск. Базаръ)
							53	Городъ (Семеновск. Базаръ)

カレイスカヤ通り（東側）

土地区画番号別所有者リスト			建物番号別所有者リスト							
1913年			1910年		1911年		1913年		1914年	
街区	ロット	所有者名	建物番号	所有者名	建物番号	所有者名	建物番号	所有者名	建物番号	所有者名
			24	Петелиной Л.И.	24	Петелиной Л.И. Н-ки	24	Петелиной Л.И. Н-ки	22	Петелиной Л.И. Н-ки

				26	Петелиной Л.И.	26	Петелиной Л.И. Н-ки	26	Петелиной Л.И. Н-ки	24	Петелиной Л.И. Н-ки
7	92	Моринъ Игн. Никол.		28	Куперъ Альдръ Карлов	28	Куперъ Альдръ Карлов	28	Куперъ Альдръ Карлов	26	Моринъ И. Н.
		Куперъ Алекс. Карлов		30	Куперъ Альдръ Карлов	30	Куперъ Альдръ Карлов	30	Куперъ Альдръ Карлов	28	Куперъ Альдръ Карлов
		Радомышельский Дав. Лейба Шл.		32	Радомышельский Дав. Лейба Шлеймов.	32	Радомышельский Дав. Лейба Шлеймовичъ			28	Радомышельский Л.С.
Svetlanskaia（スヴェトランスカヤ通り）											
6	55	Русско-Азизтск Банкъ		34	Антипасъ Георг. Дмитр	32	Русско-Азизтск Банкъ	32	Русско-Азизтск Банкъ	30	no data
				36	Антипасъ Георг. Дмитр	34	Русско-Азизтск Банкъ	34	Русско-Азизтск Банкъ		
	56	Анкудинова Александра Петр.		38	Анкудинова Ал. Петр.	38	Анкудинова Ал. Петр.	38	Анкудинова Ал. Петр.	32	Анкудинова Ал. Петр.
Pekinskaia（ペキンスカヤ通り）											
15	73	<Пьянковъ съ Бр.>Торг. Домъ		40	Пьянковъ Михаилъ Павлинов	40	Пьянковъ Михаилъ Павлинов	40	Пьянковъ Михаилъ Павлинов	34	<Пьянковъ съ Бр.>Торг. Домъ
	475	Даттанъ Адольфъ Васильевичъ		42	Даттанъ Адол. Васил.	42	Даттанъ Адол. Васил.	42	Даттанъ Адол. Васил.	36	„Кунстъ и Альберсъ" Торг. Домъ
Semenovskaia（セミョーノフスカヤ通り）											
18	476	Ильницкий Константинъ Фролов		44	no data	44	no data	44	no data	38	Ильницкий Конст. Фр. Н-ки
	477	Ван-тыс-синъ		46	Ван-тын-синъ	46	Ван-тын-синъ	46	Ван-тын-синъ	40	Ван-ди-синъ

アレウツスカヤ通り（西側）

土地区画番号別所有者リスト			建物番号別所有者リスト							
1913年			1910年		1911年		1913年		1914年	
街区	ロット	所有者名	建物番号	所有者名	建物番号	所有者名	建物番号	所有者名	建物番号	所有者名
49			33	Датский телеграфъ	33	Датский телеграфъ	33	Датский телеграфъ	23	Датский телеграфъ
			35	Кравцовъ Матв Васил.					25	Датский телеграфъ
					35	Пьянковъ Михаилъ Павлиновочъ	35	Пьянковъ Михаилъ Павлиновочъ		
							35	Горбуновъ Григор		
	356	Пьянковъ Михаилъ Павлинов.	37	Пьянковъ Михаилъ Павлинов.	37	Пьянковъ Михаилъ Павлиновочъ	37	Пьянковъ Михаилъ Павлиновочъ	27	<Пьянковъ съ Бр>Торг. Домъ
	354	Бабинцевъ Анаст. Вас.	39	Пьянковъ Графира Вас.	39	Бабинцевъ Анаст. Вас.	39	Бабинцевъ Анаст. Вас.	29	Бабинцевъ Анаст. Вас.

Svetlanskaia（スヴェトランスカヤ通り）										
6	47	Гольденштета Карла Георгиев наследники	41	Гольденштета Карл. Кар.	41	Гольденштета Карла Георг. Н-ки	41	Гольденштета Карла Георг. Н-ки	31	Гольденштета Карла Георг. Н-ки
	47 +49	Наследники Чай, кит. поддан	43	Цой Петръ Семенов	43	Чай Н-ки	43	Чай Н-ки	33 35	データなし Чай Н-ки
Pekinskaia（ペキンスカヤ通り）										
15	67	Ли-че-ны			45	Ли-че-ны	45	Ли-че-ны	37	Ли-че-ны
			45	Русско-Азизтск Банкъ	45	Русско-Азизтск Банкъ	45	Русско-Азизтск Банкъ		
		Бюргинъ Рудольфъ Ивановичъ	47	Жарникова Т.Т.	47	Бюргинъ Рудольфъ Ив.	47	Бюргинъ Рудольфъ Ив.	39	Бюргинъ Рудольфъ Ив.
	68	Крийскъ Густавъ Михаилович	49	Крийскъ Густ. Михаил.	49	Крийскъ Густав Михаил.	49	Крийскъ Густ. Мих.	41	Крийскъ Густ. Мих.
			51	Тун-тай-сянъ	51	Тун-тай-сянъ	51	Тун-тай-сянъ	43	Чай Н-ки
			53	Сун-тай-гюй	53	Сун-тай-гюй	53	Сун-тай-гюй	45	Хаджири Мария Данил.
Semenovskaia（セミョーノフスカヤ通り）										
18	478	Демби Альфредъ Георгиевич							47	no data ※
	186	Мефодьева Надеж. Ефимов.	55	Мефодьева Надеж. Ефимов.	55	Мефодьева Надеж. Ефим.	55	Мефодьева Надеж. Ефим.	49	Мефодьева Надеж. Ефим.
			57	Маргаритовъ Васл. Петр.	57	Маргаритовъ Васл. Петр.	57	Маргаритовъ Васл. Петр.	51	Удлеръ

アレウツスカヤ通り（東側）

土地区画番号別所有者リスト			建物番号別所有者リスト							
1913年			1910年		1911年		1913年		1914年	
街区	ロット	所有者名	建物番号	所有者名	建物番号	所有者名	建物番号	所有者名	建物番号	所有者名
			18	Русско-Азизтск Банкъ	18	Русско-Азизтск Банкъ	18	Русско-Азизтск Банкъ	18	Русско-Азизтск Банкъ
			20	Уссур. Жел. дорога	20	Уссур. Жел. дорога	20	Уссур. Жел. дорога	20	Уссур. Жел. дорога
			22	М-ва Бн Дель	22	М-ва Бн Дель	22	М-ва Бн Дель	22	М-ва Бн Дель
Svetlanskaia（スヴェトランスカヤ通り）										
5	45	Галецкий Иванъ Ивановичъ	24	Галецкий Ив. Иван.	24	Галецкий Ив. Иван.	24	Галецкий Ив. Иван.	24	Галецкий Ив. Иван.
			24		24	Демби Альфр. Георг.	24	Демби Альфр. Георг.	24	Демби Альфр. Георг.

		46	Куперъ Ал-дръ Карлов	26	Куперъ Ал-дръ Карлов	26	Куперъ Ал-дръ Карлов	26	Куперъ Ал-дръ Карлов	26	Куперъ Ал-дръ Карлов			
										28	Куперъ Ал-дръ Карлов			

Pekinskaia（ペキンスカヤ通り）

14	65	Не-син-санъ, Кантай	28	Не-син-санъ, Кантай	28	Шталъ	28	Шталъ	30	Цой Петръ Семен
			30	Катчанъ	30	Катчанъ	30	Катчанъ	32	Катчанъ
14	66	Наследники Михайловой' Клавдия, Игнатъ и Макаръ Александровичи Михайловы и Желтенко Анастасия Андреевна	32	Михайлова Клавдия Александров	32	Михайловой Н-ки	32	Михайловой Н-ки	34	Михайловой Н-ки

Semenovskaia（セミョーノフスカヤ通り）

16	90	Приваловъ Петръ Федоровичъ	34	Приваловъ Петръ Федоров	34	Приваловъ Петръ Федор	34	Приваловъ Петръ Фед	36	Ли тан-Юнъ
	181	Кориополи Георгий Ивановичъ, греческий подданны	36	Кориополи Георг. Иван.	36	Кориополи Георгий Ивановича Н-ки	36	Кориополи Георгий Ивановича Н-ки	38	Кориополи Георгий Ивановича Н-ки

Kasoi Pereulok（カソイペレウーロク）

17	184	Кравцовъ Фаддей Васильевич	38	Кравцовъ Матв. Васил.	38	Кравцовъ Фед. Васил.	38	Кравцовъ Фед. Васил.	40	Кравцовъ Фед. Васил.
			40	Васильевъ Никол. Никол.	40	Васильевъ Никл. Никл.	40	Васильевъ Никл. Никл.	40	Васильев Никл. Никл.

キタイスカヤ通り（西側）

土地区画番号別所有者リスト			建物番号別所有者リスト						
1913年			1910年		1911年		1913年		1914年
街区	ロット	所有者名	建物番号	所有者名	建物番号	所有者名	建物番号	所有者名	建物番号	所有者名

Svetlanskaia（スヴェトランスカヤ通り）
5	37	no data	1	Морское ведомство	1	Морское ведомство	1	Морское ведомство	3/1	Морское ведомство
	38	Японское Генер. Консульство	3	Японское Генер. Консульство	3	Японское Генер. Консульство	3	Японское Генер. Консульство	3	Японское Генер. Консульство

Pekinskaia（ペキンスカヤ通り）

14	57	Демби Ад. Георг.	5	Демби Анна Рудольф	5	Демби Анна Рудольф	5	Демби Анна Рудольф	5	Демби Анна Рудольф
	58	Демби Ад. Георг.	7	Демби Анна Рудольф	7	Демби Анна Рудольф	7	Демби Анна Рудольф	7	Демби Анна Рудольф

Semenovskaia（セミョーノフスカヤ通り）										
16	89	Наследники Ф.М.Угрецова и Угрецовъ Влад Федосеев	9	Угрецова Ф.М.	9	Угрецова Ф.М. Н-ки	9	Угрецова Ф.М. Н-ки	11	Угрецова Ф.М. Н-ки
	177	Манаевъ Ефремъ Силантьевичъ	11	Манаевъ Ефремъ Силант	11	Манаевъ Ефр. Силант	11	Манаевъ Ефр. Силант	13	Манаевъ Ефр. Силант
		Манаевъ Михай Силантьевичъ	13	Манаевъ Михай Силант	13	Манаевъ Михай Силант	13	Манаевъ Михай Силант	15	Манаевъ Михай Силант

キタイスカヤ通り（東側）

土地区画番号別所有者リスト			建物番号別所有者リスト							
1913年			1910年		1911年		1913年		1914年	
街区	ロット	所有者名	建物番号	所有者名	建物番号	所有者名	建物番号	所有者名	建物番号	所有者名
									2	データなし
Svetlanskaia（スヴェトランスカヤ通り）										
4	15	Лангелитье Иоганнъ Михайлович владивост. купецъ	2	Лангелитье Н-ки, Иоганнъ Михайлов	2	Лангелитье Иоганнъ Михл.	2	Лангелитье Иоганнъ Михл.	4	Лангелитье Иоганнъ М.
	16	Алъберсъ Густ. Герм. подданны	4	Алъберсъ Густавъ	4	Алъберсъ Густавъ	4	Алъберсъ Густавъ	6	Куперъ
Pekinskaia（ペキンスカヤ通り）										
13	35	Торг. Домъ „Кунстъ и Алъберсъ"	6	Алъберсъ Густавъ	6	Алъберсъ Густавъ	6	Алъберсъ Густавъ	8	Куперъ
	36	Торг. Домъ „Кунстъ и Алъберсъ"	8	Алъберсъ Густавъ	8	Алъберсъ Густавъ	8	Алъберсъ Густавъ	10	„Кунстъ и Алъберсъ" Торг. Домъ
Semenovskaia（セミョーノフスカヤ通り）										
12	85	Николашина Евд. Алексеевна и Хаборова Анна Алексеевна	10	Приваловъ Петръ Федоров	10	Приваловъ Петръ Федор.	10	Приваловъ Петръ Фед.	12	Приваловъ Петръ Фед.
			12	no data	12	no data	12	no data		
	176	Чернова Ел. Вас.	14	Чернова Елена Васил	14	Чернова Е. В.	14	Чернова Е. В.	14	Чернова Е. В.

3. スヴェトランスカヤ通り沿道の都市空間に関する写真史料

　ここに掲げる史料は，本論第7章において，検討の対象とした写真史料である。これらの写真は，1991年7月の訪問時に沿海州都市計画研究所Yuriy Smolyaninov氏（当時）より寄贈されたもの，及び"Staryi Vladivostok" Utro Rossii, Vladivostok 1992（邦題『古都ウラジオストク』米子今井書店，1993）に掲載されたもの，それに沿海州研究協会地理学協会図書館，ハバロフスク郷土博物館に所蔵のものである。

　掲出にあたっては，写真の複写とともに，カメラ位置，被写エリア，被写体（建造物とその他），撮影年代，オリジナルの所収などのデータを併記した。なお，被写エリアの記号と建造物の番号に関しては，それぞれ次ページの図を参照のこと。

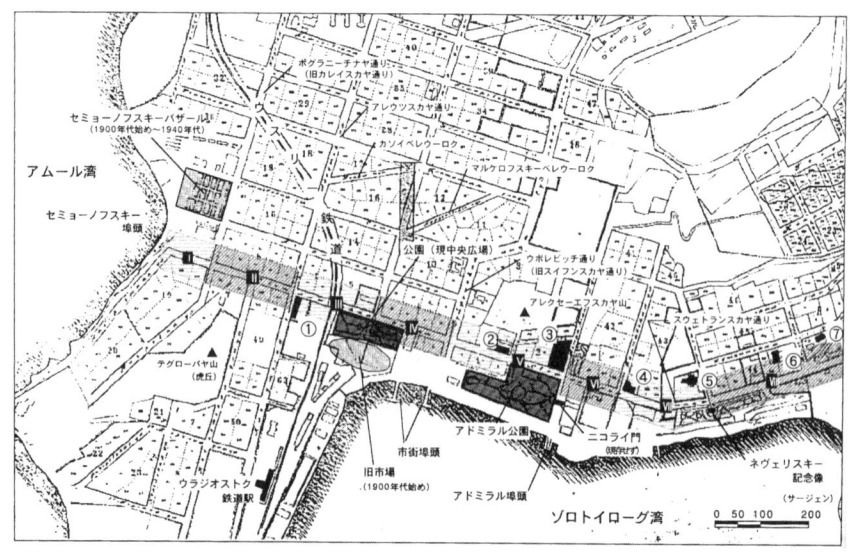

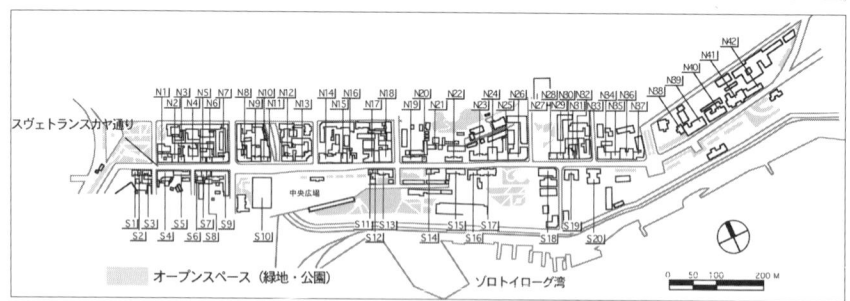

1890年代～1910年代前半における中心市街地の主要な公的施設
(図73に同じ。ベース図は "Plan Syshchestvuiushchago i Proektirovannago Raspolozheniia Oblastnogo Goroda Vladivostoka Primorskoi Oblasti", 1910)
①州庁　②郵便局　③軍司令部　④市庁　⑤ウスペンスキー寺院　⑥東洋学院（現極東技術大学）　⑦ルーテル教会
なお，図中のローマ数字（Ⅰ～Ⅷ）によって示された範囲が，調査対象範囲であり，便宜的なエリア番号を示す。

<凡例>
①写真グループ〈湾からの遠景、俯瞰、街路景観〈被写ブロック〉、草創期〉、②カメラ位置、③構図（湾からの遠景、俯瞰、街路景観、草創期）、④被写体（建造物）、⑤被写体（その他）、⑥撮影年代、⑦出典（記号）、⑧年代推定・確定の根拠、その他
⑦出典について
　A：「ウラジオストク写真帳」（早稲田大学戸沼研究室蔵・沿海地方都市計画研究所寄贈）
　B：「古都ウラジオストク」
　C：ハバロフスク郷土資料館蔵

No.1 ①湾からの遠景／②入り江／③湾からの遠景／④ブロックⅦ, Ⅷか ら東へ／⑤船舶／⑥1910s／⑦B.章扉グラビア／⑧N41

No.2 ①湾からの遠景／②商業埠頭南側（鉄道駅裏）／③湾からの遠景 ／④ブロックⅢ, Ⅳ／⑤ジャンク船／⑥不明／⑦A. No.16／⑧不明

No.3 ①湾内からの遠景／②入江から／③湾内からの遠景／④左手にウ スペンスキー教会／⑤湾／⑥1899～1938／⑦A. No.59, B. No.213／⑧ ウスペンスキー教会

資料編………393

No.4 ①湾内からの遠景／②湾内からの遠景／③湾内からの遠景／④ソロトイ・ローグ湾付け根付近／⑤湾内の船舶／⑥不明／⑦A. No.80／⑧不明

No.5 ①湾内からの遠景／②湾内から／③湾内からの遠景／④ブロックⅥ・ニコライ門／⑤小型船／⑥1891以降／⑦A. No.15／⑧ニコライ門建造年より

No.6 ①湾内からの遠景／②アレウツスカヤ通り沿道（高い位置）／③湾内からの遠景／④ブロックⅢ・旧バザール／⑤貨車／⑥1906頃／⑦A. No.2 D／⑧画中文字に旧バザールの表記

No.7 ①湾内からの遠景／②商業埠頭から／③湾内からの遠景／④ブロックⅤ・市場／⑤ボート／⑥1890年代後半〜1900年代前半／⑦A. No.40／⑧N19の建造年と市場建物

No.8 ①湾内からの遠景／②商業埠頭／③湾内からの遠景／④ブロック Ⅷ／⑤小舟／⑥1890年代後半〜1900年代前半／⑦A. No.47, 82（重複収録）／⑧N19の建造年と市場建物

No.9 ①湾内からの遠景／②湾内から／③湾内からの遠景／④ブロックⅥ, Ⅶ, ニコライ門／⑤船舶／⑥1908〜1909／⑦B. No.114／⑧書中のキャプション

No.10 ①湾内からの遠景／②湾内から／③湾内からの遠景／④ブロックⅧ（旧ルーテル教会周辺）／⑤潜水艦／⑥1908以降／⑦A. No.84, B. No.158／⑧旧ルーテル教会の建造年

No.11 ①湾内からの遠景／②湾内から／③湾内からの遠景／④ブロックⅥ, Ⅶ（S17）裏側・船着き場／⑤小舟／⑥1903〜／⑦B. No.36／⑧S15, N23

No.12 ①湾内からの遠景／②湾内からの遠景／③湾内からの遠景／④ブロックⅣ（N14〜17），ボート埠頭／⑤ジャンク，小舟／⑥1899以降／⑦A. B. No.244／⑧N14, 15 No.85, B. No.85.

No.13 ①湾内からの遠景／②湾内からの遠景／③／④ブロックⅦ（ウスペンスキー教会周辺）／⑤ボート／⑥1899〜1916／⑦B. No.247／⑧ウスペンスキー寺院と海軍

No.14 ①草創期／②アレウツスカヤ通りから／③遠景／④バザール，ブロックⅣ／⑤バザール用地埋め立て／⑥1884／⑦B. No.86／⑧書籍中の記述より

No.15 ①草創期／②アレウツスカヤ側から／③遠景／④ブロックⅣ, V, グスタフ・アルバスの店（N12の位置）〜N23／⑤路面未舗装／⑥1874／⑦B. 章扉グラビア／⑧掲載書の記述

No.17 ①草創期／②街路南側／③街路景観／④郵便局（N23）の位置／⑤未舗装／牛・丸太小屋／⑥1874／⑦B. No.72／⑧写真中のキャプション

No.19 ①草創期／②街路南側／③街路景観／④グスタフ・アルバスの店（N12の位置）／⑤未舗装／⑥1870's／⑦B. No.73／⑧土地利用状況から

No.16 ①草創期／②アレウツスカヤ側から／③遠景（ドローイング）／④グスタフ・アルバスの店（N12の位置？）／など木造家屋、ブロックIV／⑤路面未舗装／⑥1866／⑦A. No.2B, B. No.62／⑧書中のキャプション

No.18 ①草創期／②スヴェトランスカヤ通り北側より／③俯瞰的ドローイング／④ブロックIV.V付近／⑤帆船／⑥1860's／⑦B. No.50／⑧掲載書の記述

資　料　編………397

No.20 ①俯瞰／②アレウツスカヤ沿い塔状の建物から／③俯瞰／④N14～24, バザール／⑤市場の賑わい／⑥1900頃／⑦A. 巻末パノラマ／⑧S13が建設中

No.21 ①俯瞰／②虎丘／③俯瞰／④N7～25, S9～13, バザール／⑤中心市街地の全体的な広がり／⑥1900年代前半／⑦C. ／⑧建物の建設状況

No.22 ①俯瞰／②虎丘／③パノラマ／④元N3〜23／⑤ソロトイ・ローグ湾及び中心市街地全般／⑥1890頃／⑦B.章扉グラビア／⑧N18とスリー鉄道線路未起工

No.23 ①俯瞰／②虎丘／③パノラマ／④元N12〜18／⑤ソロトイ・ローグ湾及び中心市街地全般／⑥1906頃／⑦B.章扉グラビア／⑧バザール多少整理されている

No.24 ①俯瞰／②虎丘／③パノラマ／④元N8〜23／⑤ソロトイ・ローグ湾／中心市街地全般／⑥頃／⑦C.／⑧1906〜08

No.25 ①俯瞰／②虎丘／③パノラマ／④元N5〜11／⑤ソロトイ・ローグ湾／中心市街地全般／⑥1906〜／⑦C.／⑧N8（1906〜）

No.26 ①俯瞰／②虎丘／③俯瞰景／④S4．5（裏側），セミョーノフスキー・バザール，ミリオンカ周辺／⑤市街地の骨格／⑥1900年代半ば以降／⑦A. No.48、B. No.237／⑧セミョーノフスキーバザール．S4

No.28 ①ブロックⅡ／②南側歩道／③街路景観／④N4〜7／⑤馬車／⑥1911年以降／⑦B．No.240／⑧N4 (1911)

No.30 ①ブロックⅡ／②アレウツスカヤ通り東側歩道／③街路景観／④N7〜8, S9, アレウツスカヤ通り沿道／⑤馬車／⑥1907〜／⑦A．No.53, B．No.191／⑧N8 (1907)

No.27 ①俯瞰／②虎丘ふもと／③俯瞰景／④S3〜5, セミョーノフスキーバザール／⑤市街西側の一帯／⑥1906〜08／⑦B．No.240／⑧

No.29 ①ブロックⅡ／②N8 (ソロトイローグホテル)／③街路景観／④S5〜9／⑤石畳, 路面電車線路／⑥1911〜／⑦A．No.55／⑧路面電車線路から

資　料　編⋯⋯⋯⋯401

No.32 ①ブロックⅡ／②N8（ソロトイロークホテル）建物2階／③街路景観／④S5〜9／⑤石畳／⑥1911〜／⑦A. No.17／⑧S6（1911）

No.34 ①ブロックⅢ／②沿道南側／③街路景観／④N7〜8／⑤馬車／⑥1906〜／⑦A. No.89. B. No.4／⑧N8（1906〜07）

No.31 ①ブロックⅡ／②南側歩道／③街路景観／④N4〜7／⑤馬車.電柱／⑥1911〜／⑦A. No.22／⑧N4（1911）

No.33 ①ブロックⅡ／②北側歩道／③街路景観／④S4〜5／⑤石畳.電柱／⑥1908〜／⑦B. No.2／⑧S4（1908）

No.36 ①ブロックⅢ／②S9（アルセーニエフ博物館）2階／③街路景観／④N9〜11，元12，元13，14／⑤馬車／⑥1907〜11／⑦A. No.25／⑧ウスリー鉄道立体交差（1907〜），路面電車（1911〜）

No.38 ①ブロックⅢ／②州庁2階／③街路景観／④N8〜10，元11，元12，市立公園／⑤馬車／⑥1908〜11／⑦B. No.183／⑧ウスリー鉄道立体交差（1907〜），路面電車（1911〜）

No.35 ①ブロックⅢ／②車道／③街路景観／④N元12，元13，14，S11／⑤ウスリー鉄道，蒸気機関車／⑥1899-1907／⑦B. No.172／⑧鉄道S11＜1899〜＞

No.37 ①ブロックⅢ／②S9（アルセーニエフ博物館）3階／③街路景観／④N9〜11，元12，元13，14，州庁（右手前）／⑤馬車／⑥1907〜11／⑦A. No.44／⑧ウスリー鉄道立体交差（1907〜），路面電車（1911〜）

No.40 ①ブロックⅢ、Ⅳ／②車道／③街路景観／④N14、日本領事館／⑤馬車、路面電車線路、水兵／⑥1914～／⑦A. No.65／⑧日本領事館（1914）

No.42 ①ブロックⅣ／②南側歩道／③街路景観／④N17、18／⑤馬車／⑥1906～11／⑦B. No.226／⑧N18建て替え（1906）、路面電車（1911～）

No.39 ①ブロックⅢ／②南側歩道／③街路景観／④N8～10、元11、元12／⑤馬車／⑥～1899／⑦A. No.52／⑧N7（1899）が映っていない

No.41 ①ブロックⅢ／②S9（アルセーニェフ博物館）2階／③街路景観／④N8／⑤馬車／⑥1907～11／⑦A. No.69／⑧N8（1907)、路面電車線路なし

404

No.44 ①ブロックⅣ／②南側歩道／③街路景観／④N17〜19／⑤広告塔／⑥1906〜／⑦A. No.30／⑧N18建て替え（1906）

No.46 ①ブロックⅣ／②南側歩道／③街路景観／④N17, 18／⑤馬車／⑥1885〜1906／⑦A. No.41（1891）．同増築（1906）

No.43 ①ブロックⅣ／②南側歩道／③街路景観／④N17〜19／⑤歩く人々／⑥1891〜1906／⑦B. No.225／⑧N19（1891）．N18建て替え（1906）

No.45 ①ブロックⅣ／②南側歩道／③街路景観／④N17, 18, S13／⑤馬車／⑥1906〜11／⑦A. No.29／⑧N18建て替え（1906），路面電車（1911）

資　料　編………405

No.48 ①ブロックⅣ／②北側歩道／③街路景観／④N14, S11／⑤道路工事中／⑥1891～1911／⑦A. No.70／⑧N14〈1891～〉, 路面電車路工事中, 線路未出 (1911)

No.50 ①ブロックⅤ／②南側歩道／③街路景観／④N18, 19, S13／⑤馬車, 弁髪の中国人／⑥1906～11／⑦A. No.43, B. No.185／⑧N18建て替え (1908), 路面電車レール未現出

No.47 ①ブロックⅣ／②南側歩道／③街路景観／④N14／⑤路面電車レール／⑥1911～／⑦A. No.45／⑧路面電車 (1911)

No.49 ①ブロックⅣ／②北側歩道／③建造物／④S13／⑤路面電車レール, 石畳／⑥1911～／⑦B. No.14／⑧路面電車 (1911)

No.51 ①ブロックⅤ／②南側歩道／③街路景観／④N23, 24（旧）／⑦A. No.57／⑧N23（1903）, 路面電車（1911）
⑤馬車／⑥1903～11

No.52 ①ブロックⅤ／②S15（セミョーノフの家）建物内／③街路景観／④N18～21／⑤馬車／⑥1906～11／⑦A. No.62／⑧N23（1903）, 路面電車（1911）, 右手前の建物は現存せず

No.53 ①ブロックⅤ／②S15（セミョーノフの家）建物内／③街路景観／④N23, 24（旧）／⑤馬車／⑥1903～08／⑦A. No.66／⑧N23（1903）, N26（1908）が未現出

No.54 ①ブロックⅤ／②S18（地理学協会）建物内／③街路景観／④N23, 24, 26／⑤路面電車線路／⑥1911～13／⑦A. No.79／⑧路面電車（1911）, N25建て替え（1913）がまだされていない

No.55 ①ブロックⅤ／②南側敷地後方／③建造物／④N22／⑤馬車／⑥1897～1902／⑦A. No.81／⑧N22（1897～99），N22向かいの敷地のS15（1903）がない

No.56 ①ブロックⅤ／②南側歩道／③街路景観／④N22～24（旧）／⑤馬車，歩く人々，荷車／⑥1903～11／⑦A. No.92／⑧N23（1903），路面電車（1911）線路なし

No.57 ①ブロックⅤ／②南側歩道／③街路景観／④N23, 24, 26, 27／⑤路面電車線路／⑥1911～13／⑦A. No.42, B. No.253／⑧路面電車（1911），N25建て替え（1913）まだされていない

No.58 ①ブロックⅤ／②S18（地理学協会）建物内／③街路景観／④N23, 24, 26／⑤路面電車，馬車／⑥1911～／⑦A. No.3, B. No.180／⑧路面電車（1911）

No.59 ①ブロックⅤ／②南側歩道／③街路景観／④N23、24、26／⑤路面電車／⑥1911〜14／⑦A. No.1／⑧路面電車 (1911)、N25建て替え (1913) されておらず

No.60 ①ブロックⅤ／②南側歩道／③街路景観／④N19、20、22／⑤馬車／⑥1899〜／⑦A. No.38／⑧N22 (1899)

No.61 ①ブロックⅤ／②南側歩道／③街路景観／④N22〜24 (旧)／⑤馬車／⑥1903〜11／⑦B. No.227／⑧N23 (1903)、路面電車 (1911)

No.62 ①ブロックⅤ／②南側歩道／③街路景観／④N18〜20、22／⑤馬車／⑥1906／⑦B. No.333／⑧N18 (1906)

資料編………409

No.63 ①ブロックⅤ／②南側歩道／③街路景観／④N18〜20, 22／⑤馬車／⑥1906〜11／⑦B. No.7／⑧N18建て替え (1906), 路面電車線路 (1911)

No.64 ①ブロックⅤ／②車道／③街路景観／④N19, 20, 22, 23, S15／⑤雪景色・馬車／⑥1903〜／⑦B. No.182／⑧N23, S15 (ともに1903)

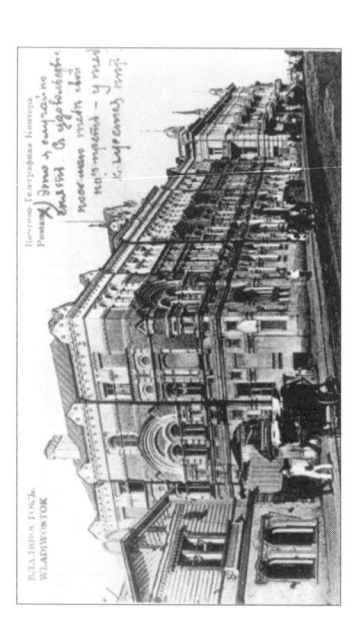

No.65 ①ブロックⅤ／②南側歩道／③街路景観／④N22, 23／⑤馬車／⑥1903〜11／⑦B. No.262／⑧N23 (1903), 路面電車線路 (1911) なし。画面左端N22の西隣に建物あり (現存せず)

No.66 ①ブロックⅥ／②南側歩道から背中へ／③建造物／④ニコライ門／⑤植栽, ソロトイ・ローグ湾／⑥1891〜／⑦A. No.83／⑧ニコライ門 (1891)

No.67　①ブロックⅤ／②南側歩道／③街路景観／④N26、28〜34／⑤馬車／⑥1911以降／⑦A. No.58／⑧N26（1909〜11）、路面電車線路（1911）。日本語キャプション入り。シベリア出兵期のものか？

No.68　①ブロックⅥ／②南側歩道／③街路景観／④N33、34／⑤馬車／⑥1900年代以降（1900年代前半か）／⑦A. No.13／⑧年代を絞り込む要素が少ないが、正面のN33は、1901年の建造との情報がある

No.69　①ブロックⅥ／②南側歩道／③街路景観／④N28〜32、34、S19／⑤街灯／⑥1891〜1908（1890年代か）／⑦A. No.2／⑧年代を絞り込む要素が少ないが、1890年代にこの一帯は公共的な建築物が多く建てられており、その時期のものである可能性が高い

No.70　①ブロックⅥ／②北側歩道／③建造物／④S19／⑤石畳の路面、歩く人／⑥1928〜／⑦B. No.254／⑧改築（1928）後。しかし表記にドイツ語があり、疑問もある

資料編………411

No.72 ①ブロックⅦ／②南側歩道／③街路景観／④N28～34／⑤ザザイコ記念像除幕式の行進／⑥1908／⑦B. No.164／⑧式典（1908）。人物が合成のように見える箇所もある

No.74 ①ブロックⅦ、Ⅵ／②南側歩道／③街路景観／④N23、24（改築前）、N33～34／⑤／⑥1903～12／⑦A. No.74／⑧画面左、沿道北側にN23（1903）が確認される。路面電車線路（1912）確認できない

No.71 ①ブロックⅥ／②車道から／③建造物／④S19／⑤木製の柵、庭／⑥1895以降／⑦B. No.9／⑧S 19（1895）

No.73 ①ブロックⅦ、Ⅵ／②N35（旧フランス領事館）2階／③街路景観／④S19、N34、35／⑤馬車／⑥1903～11／⑦B. No.187／⑧沿道左側の遙か前方のS15（1903）が確認できる。路面電車のレールが写っていないほか、左手のS19の向こうにS18（1912）の存在が確認できない

412

No.75 ①ブロックⅦ／②南側歩道／③街路景観／④N26, 33〜36／⑤路面電車／⑥1912以降／⑦B. No.170, C./⑧路面電車 (1912) のほか, S18 (1912) の存在が確認できる

No.76 ①ブロックⅦ／②南側歩道／③街路景観／④N33〜36／⑤歩く人々, 馬車, 石畳／⑥1912以降／⑦A. No.49／⑧No.75とほぼ同じアングルで, 同様に路面電車 (1912) レールのほか, S18 (1912) の存在が確認できる

No.77 ①ブロックⅧ, Ⅶ／②ドイツ寺院／③俯瞰景／④ネヴェリスコイ記念像／⑤グロトト・ローグ湾／⑥1891〜1927以前／⑦A. No.2, C./⑧ドイツ語のキャプション

No.78 ①ブロックⅧ, Ⅶ／②ウスペンスキー教会前／③俯瞰気味の街路景観／④ネヴェリスコイ記念像（オベリスクの頂部の鷲が, 1927年に星のマークに変わっている）／⑤路面電車／⑥1927〜60／⑦B. No.369／⑧オベリスク頂部の飾りが変わっていること

No.79 ①ブロックⅧ, Ⅶ／②南側歩道／③街路景観（記念塔を撮影）／④ネヴェリスコイ記念像／⑤清掃労働者／⑥1891〜1927／⑦B. No.368／⑧オベリスク頂部の飾り

No.80 ①ブロックⅧ, Ⅶ／②南側歩道／③街路景観（記念塔を撮影）／④ネヴェリスコイ記念像／⑤記念像周辺の状況／⑥1891〜1927／⑦B. No.131／⑧オベリスク頂部の飾り

No.81 ①ブロックⅧ, Ⅶ／②北側歩道／③街路景観／④ネヴェリスコイ記念像／⑤路面電車線路／⑥1891年／⑦B. No.129／⑧ネヴェリスコイ記念像除幕式典

No.82 ①ブロックⅧ, Ⅶ／②南側歩道／③街路景観／④ネヴェリスコイ記念像／⑤佇む男／⑥1891〜1927／⑦B. No.367／⑧1891〜1927は記念像の建造年と改造年

414

No.84 ①ブロックⅧ, Ⅶ／②ウスペンスキー教会裏／③ウスペンスキー教会からの眺め／④ウスペンスキー教会（1899）／⑤プロトイ・ローグ湾／⑥1899〜1927／⑦A. No.56／⑧ネヴェリスコイ記念像改造（1927）。フランス語のキャプション

No.86 ①ブロックⅧ, Ⅶ／②ウスペンスキー教会裏／③俯瞰／④ウスペンスキー教会／⑤プロトイ・ローグ湾／⑥1899〜1938／⑦B. No.207／⑧ウスペンスキー教会取り壊し（1938）

No.83 ①ブロックⅧ, Ⅶ／②ドック内の船舶からの俯瞰か？／③俯瞰／④N39. 40. ルーテル教会（右手の尖塔：1907〜09）、ネヴェリスコイ記念像（5）記念像と街路北側の街並との関係／⑥1909〜27／⑦C.／⑧記念像の改造（1927）前。N38（1944）の場所に別の建物が確認できる

No.85 ①ブロックⅧ, Ⅶ／②ウスペンスキー教会裏／③俯瞰／④ウスペンスキー教会／⑤プロトイ・ローグ湾／⑥1899〜1927／⑦A. No.94／⑧キャプション日本語

資料編………415

No.87 ①ブロックⅦ／②No.83と同様にドック内帆船マストからか／③俯瞰／④ウスペンスキー教会／⑤ネベリスキー記念像／⑥1899〜1927／⑦B. No.181／⑧ウスペンスキー教会落成（1899）、ネベリスキー記念像改造（1927）

No.88 ①ブロックⅧ／②南側歩道／③街路景観／④N40／⑤／⑥1906〜12／⑦B. No.190／⑧路面電車のレールが確認できない

No.89 ①ブロックⅧ／②南側歩道／③街路景観／④N40, 41／⑤路面電車／⑥1912以降／⑦A. No.26, B. No.289／⑧路面電車（1912）

No.90 ①俯瞰／②旧電信局裏の丘／③俯瞰／④街区No.1周辺、旧市場／⑤ノヴォトロイ・ローグ湾／⑥1890年代初頭か／⑦B. No.206／⑧旧市場前の埠頭の整備状況より

No.91 ①俯瞰／②旧電信局裏の丘／③俯瞰／④N18～19, S19及び中心市街地全域／⑤ノロトイ・ローグ湾／⑥1895年頃／⑦A. 巻末パノラマ写真／⑧N18の改築前, N19が建設途中

No.92 ①俯瞰／②旧電信局裏の丘（アレクセーエフスカヤ山）／③俯瞰／④街区No.1周辺, 旧市場／⑤ノロトイ・ローグ湾／⑥1890年代初頭か／⑦B. No.206／⑧旧市場前の埠頭の整備状況より

No.93 ①俯瞰／②旧電信局裏の丘（アレクセーエフスカヤ山）／③俯瞰／④N18, 19, S19及び中心市街地全域／⑤ノロトイ・ローグ湾／⑥1895年頃／⑦A. 巻末パノラマ写真／⑧N18の改築前, N19の建設途中

資料編………417

4. ウラジオストク都市形成に関する年表

西暦	和暦	一般史・市史	都市形成史	外国人居留史	日本人居留史
1852	嘉永5	フランスの捕鯨船によってウラジオストクを含むピョートル大帝湾一帯がヨーロッパにまで知らされる。(「小史」) なお, 当時は清国の版図で吉林省の所轄「海参蔵」と称されていた。(「浦潮案内」)			
1854	嘉永7				最初の日露和親条約, 下田で締結される
1858	安政5	愛琿条約によりアムール川以北をロシア帝国が領有			
1859	安政6	ウラジオストクの情報が初めてペテルブルグの新聞に載る。(「小史」)			
1860	万延1	6月20日 ロシア海軍コマロフ指揮の下, 帆船「マンジュリア」号にて正規大隊40名が初上陸。ピョートル大帝湾の探検調査が行われる。(「川上」)	1861年にかけて, ロシア軍部隊により, この地に兵舎や教会が建設される		
		当時の記述「港は良好, 快適, 暖かく, 活気がある。辺りにはカシの小丘, 絵のような山々。低地には小川が流れ, ところどころに泉が湧く。」また当時の駐屯地は鬱蒼と茂ったタイガの真ん中にあり, 周囲には日中でも虎が出没したという。(「小史」)			
		11月2日 北京条約により公式にロシアの領土となる			

418

西暦	和暦	一般史・市史	都市形成史	外国人居留史	日本人居留史
1861	文久 1		商人セミョーノフ，ウラジオストクにおける最初の住民となる。(「小史」)		
1862	文久 2	この地がウラジオストクと命名される。(「事情」)			
		12月25日ウラジオストク港を開港し，無税港（自由貿易）とする。(「事情」)			
1864	元治 1	ウラジオストク港に南部諸港長官をおき，ピョートル大帝湾内の諸港の港務を統括する	6月22日 沿海州知事が測量技師に町の計画を作成するように依頼。しかしこの年には実施されず	この頃既にウラジオストクで外国人商人が活動を開始していた。そのうちの何人かが住居，店舗用に土地分譲を請願	
				これら外国人（土着中国人を除く）は主にドイツ人，スウェーデン人の手工業者。政府の保護下におかれ，住居・店舗用に有利な場所を優先的に譲渡される等，ロシア人商人に比べ特別待遇を受けていた。彼らは商業界で支配的な地位を占めるようになった。(「小史」)	
1865	元治 2 (慶応1)			シベリア艦隊の往来が始まり，海軍工作場が設置され，これが移住民を導く嚆矢となる。(「川上」)	
1866	慶応 2		このころ町には教会が1軒，官舎10棟，個人家屋34軒，倉庫12軒，中国人農家11軒が存在，船着き場が2カ所あった。人物構成は聖職者，軍人とその家族，ロシア人や外国人の商人，退役兵，港の職人，女流刑囚など。また昆布漁最盛期には約300人あまりの外国人が来集		

資料編………419

西暦	和暦	一般史・市史	都市形成史	外国人居留史	日本人居留史
1868	明治 1	ウラジオストクーハバロフスク間に電信が開通する	測量技師ルビアンスキーにより，グリッドパターンによる市街地の計画がなされる	5月 ロシア人と中国系移民との間で金の採取を巡って争いが起きる。(「小史」)	
1869	明治 2	初の自治団体の組織。(「事情」)			
1871	明治 4	ニコラエフスクより軍港機能が移転してくる。(「視察録」)	2月 皇帝命令として東シベリア総督管轄下から海軍を分離し，港湾施設をウラジオストクへ移転することが決定。また県知事の住居も移転。この後人口が急激に増加	この頃外国人経営による商店はドイツ人によるものが3，アメリカ人によるものが1つあり，商品の輸出入に携わっていた（他にロシア人商会2あり）。(「小史」)	
			2月 土地が完全に住民所有となる（該当箇所127箇所）。またこの年敷地売買のオークションが行われる。(「小史」)		
			デンマークの大北電線会社によりウラジオストクー長崎，上海間に海底ケーブルが敷設される。(「事情」)		
1875	明治 8	ロシアと日本，千島樺太交換条約締結			
1876	明治 9	ウラジオストク市制発布。(「川上」)	警察署開設 またスヴェトランスカヤ通りをはじめとする中心街路の補修や敷設計画が行われる		6月 日本貿易事務館開設。ロシア政府は軍港であることを理由に，領事館の開設を認めなかった(1908年領事館に昇格)
1877	明治10		露土戦争の結果，英仏艦隊の来襲に備えるため初めて海岸に砲台築く。後年ウラジオストク港要塞の基礎となる		
1878	明治11		この頃，町には建物が505棟存在（含建築中）。教育施設4，医療施設2，慈善施設1あり。(「事情」)	この頃アジア系移民は，3,442人	日本の海軍大臣カワムラと北海道長官黒田清輝がウラジオストクを来訪。目的はロシア海軍や町の港湾施設の調査と，日本商品販売のための商館か商会の開設のための調査。(「小史」)

西暦	和暦	一般史・市史	都市形成史	外国人居留史	日本人居留史
1879	明治12	日本軍艦が訪問	建造物に石造りのものが見られ始める。(「小史」)	当時のアジア系移民5,772人	山下某，市内の大通りに日本人店舗第一号を開設。(「小史」)
		ウラジオストクーペテルブルグ間に初の定期航路開設。途中軍港であるオデッサにも寄港		当時の記述「市場には中国人，朝鮮人移民が住み，そこはコレラの病巣となっていた。また幹線道路沿いの一等地はドイツ，アメリカ，オランダ，デンマーク，中国人などの外国人に優先的に分譲され，ほとんどが外国人（ロシア人以外）に取られてしまった。」(「小史」)	開拓使少書記官の鈴木大亮による調査報告記「浦潮斯徳紀行」出版
1881	明治14	市街開発における森の乱伐を防ぐため，森林法が制定される	この年までに地所を買い受けたものは年賦が永久的に免除された。(「紀行」)		日本とを結ぶ最初の定期航路としてウラジオストクー長崎間に定期航路開設。この後日本からの渡航者が急増
1883	明治16	4月17日　この地方初の本格的な新聞「ウラジオストク」が発行される	人口1万人を越す		
1885	明治18		町で最初の石造り高層建築（3階だて）である「クンストアルベルス商店」が建造される		
1886	明治19			外国人居留者数アジア系約5,500人，白人約101人	
				10月　アジアコレラが猛威をふるい，不潔と貧困の中で暮らしていた朝鮮人に発病者，死者が多数出る	
1887	明治20	砲台及び要塞の築造が開始。(「川上」)			
1890	明治23	州庁がハバロフスクより移転	アルセーニエフ名称郷土博物館開設		日本郵船会社が神戸，上海出港の3隻の汽船を長崎経由で出航させる

資料編………421

西暦	和暦	一般史・市史	都市形成史	外国人居留史	日本人居留史
1891	明治24	5月19日 シベリア鉄道ウラジオストク側起工式。ロシア帝国皇太子ニコライこの地を訪れ，臨席のもと。他に船舶ドック，ネベリスキー像の起工式がおこなわれる。(「事情」)	クンストアルベルス会社により，市内に初めて電灯照明が行われる。(「小史」)	ロシア皇太子ニコライ日本を訪問，大津で巡査にきりつけられる。(大津事件)	川上俊彦「浦潮斯徳」
1893	明治26			市街北部に朝鮮村が新しく形成され，移住が行われる。この頃ウラジオストクにおける朝鮮人居留者2,817人，朝鮮人自治体を設け，会合や自らの法廷を持っていた	日本人居留民会の前身，「同胞会」設立。明治35年に居留民会と改称
1894	明治27	ニコライ2世即位	帝国銀行支店開業		邦字雑誌「さいべりあ」創刊。一年ほどの間わずか2, 4冊を発行した後露国官憲より発行を禁止される。(「海外邦字新聞雑誌発展史」)
					11月浦潮本願寺がセメノフスカヤ街に落成。工事費約8,000ルーブル余り。(「東露」)
1895	明治28	正式な居住者名簿が警察により作成される			服部徹著「浦潮之将来」出版。民間から出された初期の現地案内本
1897	明治30	10月15日 ハバロフスクまで鉄道が開かれる	人口28,896人，うち男性24,361人，女性4,535人と極端な差が見られる。(「小史」)	中国通商代表部兼領事館が開設される	松浦充美「東露要港浦潮斯徳」
			当時の記述／この頃，町には人口の増加に伴い新しい建物が急増し，町外れの建物も改築された。にもかかわらず町は住宅難でアパートは奪い合いの状態であり，土地の競売には人が殺到した。(「小史」)		

西暦	和暦	一般史・市史	都市形成史	外国人居留史	日本人居留史
			市で最初の記念碑であるロシア海軍軍人・ネベリスキーの碑完成		
			10月　乾ドック「皇太子ニコライ」完成・操業開始		
1898	明治31	東清鉄道の工事着手。(「事情」)		3月　ロシア・朝鮮人小学校が朝鮮人共同体により開設される	
1899	明治32	北京条約により旅順, 大連の租借なり, これよりしばらくウラジオストクの発展が閑却する。(「小史」)	市立銀行開業		
1901	明治34	シベリア各港に関税法の実施せられる。ウラジオストク港が自由港でなくなる。(「案内」)			ウラジオストクの邦人数 男　1,413人, 女　1,486人
1902	明治35		市議会が市中心部における木造建築物の建造を禁止させる		当時市内には日本人経営による一等商店が4（杉浦商店, 徳永商店, 日本郵船会社支店, 九州製茶会社支店), 二等商店22, 三等商店34が店を開いていた。(「案内」)
					角田他十郎「浦潮案内」
1903	明治36	中国・満洲地区経由でウラジオストクと欧露との間が鉄道で結ばれる			
1904	明治37	1月26日　日露戦争勃発。2月日本艦隊によりウスリー湾側から街の東部爆撃, 一人死亡。開戦に伴いウラジオストクを再び自由港とする。(「事情」)			日露戦争, 2月5日ウラジオストク在住日本人居留者が日本へ引き揚げ
		東支鉄道（満洲里―ハルビン―綏芬河, ポグラニーチナヤ―ウスリースク―ウラジオストク）完成			

西暦	和暦	一般史・市史	都市形成史	外国人居留史	日本人居留史
1905	明治38	第一次ロシア革命			日露間平和回復し、新・再渡航者が急増する。戦後初の邦人は11月に渡航。(「事情」)
1906	明治39	1月 駅前広場にてロシア革命を発端とする大規模なデモ隊が皇帝軍により狙撃される。死者負傷者80名			5月 貿易事務官再び赴任。(「事情」)
					義勇艦隊、敦賀との間に定期航路を開設。(「視察録」)
1907	明治40		鳩の谷地区開発。主に中流階級の人が移り住む		日本領事館開設(1910 総領事館に昇格)
			町の中心部で交差している道路と鉄道とを立体交差にする工事が行われる		大阪商船、敦賀との間に定期航路開設。(「視察録」)
1908	明治41	北満大豆の欧州への輸出始まる		ドイツ人などが信仰するプロテスタントのルーテル教会が建造される	
1909	明治42	再び自由港の精度を撤廃する。(「事情」)	この頃電話が敷設される		
1910	明治43	8月9日 日韓併合		6月21日 官営事業における外人雇用禁止の法律発令する。(「黄色人種問題」)	3月5日 西本願寺がアレウツスカヤ街北に仏教の礼拝堂を建立する
1911	明治44	12月18日 中華民国成立			
1912	大正 1		スヴェトランスカヤ通りに最初の市電が走る。(「小史」)	この頃までに、ウラジオストクには日本、中国、米、英、仏、独各国の正式な領事館が設立されていた	「宗教時報」「東洋学院々報」「沿海州雑誌」「商業会議所報告」「浦鹽」などの日本語雑誌創刊。また、この年石川県内務部の調査報告書「露領浦潮斯徳港視察録」が刊行される
1914	大正 3	第一次世界大戦勃発。市の人口も一時的に減少するが、ロシア唯一の外国物資供給港となり、すぐに大戦前を上回る数に増加する			
1915	大正 4				現地案内本、済軒学人「浦潮斯徳事情」
1916	大正 5	シベリア鉄道完成			

西暦	和暦	一般史・市史	都市形成史	外国人居留史	日本人居留史
1917	大正6	ロシア革命。二月革命・皇帝退位、臨時政府の組織。十月革命・臨時政府崩壊、ソビエト政権発足			12月10日　日本語新聞「浦潮日報」創刊
		5月1日「赤旗」創刊。地方のボリシェビキ（後の共産党）の戦う武器となる			
1918	大正7	1月　ロシア＝ソビエト連邦社会主義共和国成立 4月　日米英3カ国の軍隊がウラジオストク上陸を開始。理由は「居留民の保護」 6月　反革命、自衛軍の「シベリア自治の暫定政府」が権力をとる		日本軍がアメリカとシベリアに共同出兵（シベリア出兵）	
1919	大正8				杉原庄之助「浦潮小観」
1920	大正9	4月　米、ウラジオストクから撤兵。4月6日　極東共和国設立される	極東国立大学創立		ニコラエフスク・ナ・アムーレで日本人虐殺（尼港事件）
1921	大正10				日刊「朝日新聞」が創刊（編集人馬場栄七、主筆南三郎）。同社はカレイスカヤ街にあったが、数年後廃刊
1922	大正11	10月25日　日本軍引き揚げ、ウラジオストク開放			日本軍の撤兵に伴い、民間の日本人の多くがウラジオストクを去る
1925	大正14		5月1日　一番川機関庫に極東地区で初めてのレーニン像を建立。ウラジオストクにおけるレーニン像普及運動の先駆けとなる		日ソ基本条約に調印、日ソの国交成立。日本領事館再開
1926	大正15	極東初のラジオ放送局「PA-17」操業開始			
			極東技術大学創立		
1930	昭和5		太平洋漁業・海洋学研究所創立		
			11月7日　駅前広場にレーニンの銅像が建立される		

西暦	和暦	一般史・市史	都市形成史	外国人居留史	日本人居留史
1931	昭和 6				日本人小学校閉校
1932	昭和 7	満州国誕生			
1936	昭和11	スターリン憲法採択			日独防共協定の締結により，民間日本人はウラジオストクからすべて姿を消す
1937	昭和12	日中戦争勃発			西本願寺，ウラジオストクから撤収
1939	昭和14	第二次世界大戦			
1941	昭和16				日ソ中立条約調印，独ソ戦争勃発
1944	昭和19		極東海洋大学創立		
1945	昭和20	8月18日 日本の神風特攻隊，タンカー「タガンログ」攻撃。日本との戦争の間でウラジオストクに突入したただ一機の爆撃機	8月12日 革命運動家セルゲイ・ラゾの記念碑建立		日ソ戦争，日本の降服。中国東北部（旧満洲）で囚われた日本人捕虜のシベリア抑留
1946	昭和21				日本総領事館引き揚げ。この後日本人居留者は皆無に近くなる
					ソ連，千島・樺太の領有を宣言
1950	昭和25		極東漁業大学創立		
1953	昭和28		ソ連4大艦隊の一つ太平洋艦隊を設立。司令部をウラジオストクにおく		
			アムール湾岸一帯が整備される。近くに総合スタディアム「ジナモ」や総合スポーツ場が併設		
1956	昭和31				日ソ共同宣言に調印，日ソの国交回復
1961	昭和36		4月29日 中央広場に革命記念碑建立		ソ連，ハバロフスクとチタの日本人墓地訪問を許可
1962	昭和37		プーシキン通りと鳩の谷地区のスハノワ通りとを結ぶケーブルカーが開業。階段約500段分		
1966	昭和41		アルセーニエフ郷土博物館の芸術部門が沿海地方美術館となる		

西暦	和暦	一般史・市史	都市形成史	外国人居留史	日本人居留史
1967	昭和42				ナホトカ日本総領事館開設
1968	昭和43		ソビエト貿易極東大学創立。シベリア唯一の貿易大学		
			町で最初の12階建ての建物できる		
1975	昭和50		町で初めての電光掲示板がスヴェトランスカヤ通りとアレウツスカヤ通りの交差点，郷土博物館の上に設置される		
1986	昭和61	ゴルバチョフ書記長ウラジオストク演説			
1991	平成 3	大ウラジオストク圏構想が浮上。20年計画で投資総額は300億ドル			
		ソ連邦崩壊			
1992	平成 4	ロシア連邦成立。ウラジオストク対外的に開放される	政府より歴史的都市の一つとして認定を受ける		
1994	平成 6				ナホトカより日本総領事館移転。ウラジオストク日本人会設立

あ と が き

　本書の原型は1999年に書かれた博士学位論文である（「帝政期のウラジオストク中心市街地の都市空間の形成に関する歴史的研究」）。同論文は，本書に先立って，2年前の2009年に「早稲田大学モノグラフ」シリーズより書籍化された。本書はそれを母体とし，内容を圧縮して再版したものである。

　著者は，10年あまり前にまとめたこの論文や関連の研究について，時折問い合わせをいただく。ウラジオストクやロシア極東の情報を必要としている方や関連の研究者の方からである。この10年間にインターネットは飛躍的に発達し，さまざまな情報をたやすく得ることができるようになってきている。しかしながらウラジオストクやロシア極東でのリサーチには，特有の苦労話がつきまとう。そんなお話を伺うたびに，「同志」的な意識が芽生え，助け合いの精神が自然に発露する。私の研究成果もまさしくそのような助け合いの精神の中で育まれたものにほかならない。だから必要だという方には，研究の成果をお渡しするのがせめてもの恩返しである。2000年当初100部あまり刷った博士論文の私家版は払底し，このような研究成果であっても需要があり，望む人がいることを知っている私は，2008年に「早稲田大学モノグラフ」シリーズに応募し，再版をしていただいた。
　その後学術研究出版制度により叢書化して刊行する運びとなった。単行本化にあたり，早稲田大学出版部にはお骨折りいただいた。記して御礼申し上げたい。

　学位論文を書いた1999年と比較すると，ロシアの都市は大きな変化を遂げており，本書の中で示された当時の都市空間も様変わりしている点が少なくない。10年前の現在形の記述は，すでに「歴史的記述」の範疇に入りつつあるというのが現実だ。
　本書は，ウラジオストクをめぐる20世紀末の「歴史的記述」だと考え，したがって最低限の間違いなどを正した他は，加筆をしないこととした。2011年に出された本としては，ここに生じている10年の「時差」に，本書の限界

もある。

　新たな研究は方々で生まれている。本研究をまとめたことが縁でご一緒させていただいている日本・ウラジオストク協会の方々によるそうした成果にも多く触れることになった。特に本書第6章で扱った日本人とウラジオストクとの関わりについては，本書より後に出された以下の成果がより詳細かつ豊富な資料に基づいて，日本人社会の内側からの視点でまとめられている。

> 堀江満智『ウラジオストクの日本人街―明治・大正時代の日露民衆交流が語るもの』東洋書店，2005，同『遙かなる浦潮（ウラジオストック）―明治・大正時代の日本人居留民の足跡を追って』新風書房，2002
> 舟川はるひ「ウラジオストク総領事館館員拘禁事件についての考察」（所収：『異郷に生きる V 来日ロシア人の足跡』成文社，2010）

　筆者はむしろ，全く新しい方向での成果を目指さねばなるまい。その課題は第7章で触れたが，その後訪れたロシア極東の各都市，シベリアの主要都市なども含めた調査の成果を出すことである。

　研究自体の経緯を簡単に触れ，謝辞を記しておきたい。
　筆者を含む研究グループがウラジオストクの都市空間に訪れたのは1991年の7月に戸沼幸市先生（現：早稲田大学名誉教授）と共に12人の学生たちが青森県のチャーター船に同乗し，開放前のウラジオストクに海路，足を踏み入れたことであった。発端からとりまとめまで，足かけ10年かかり，またそこからさらに10年が経過して現在に至る訳だが，何より戸沼先生という存在がなければ，この研究は進められることができなかった。ウラジオストクに私を誘うきっかけを作って下さり，常に活動の場を設けて下さり，暖かく見守って下さった戸沼幸市先生に深くお礼を申し上げたい。
　そこから多少の紆余曲折を経ながら，手探りで進めてきた研究がこのような形になることは，思いもよらなかった。この研究が形をなしたのは私個人の力だけではなく，多くの方々のご支援とご協力があったからである。

　現地では，資料提供，情報提供に関して，以下の方々にお世話になった。以

下に記して感謝申し上げたい。

◆ウラジオストク
V. A. Obertas, V. I. Smotrikovsky, V. N. Sokolov, S. S. Rusnak, Z. F. Morgun, A. Khisamutdinov, I. Smoryaninov, A. V. Mialk, N. S. Riabov, Svetlana Abtushenko, Valeri Savostenko, Natalia Kuzmenko, 倉田有佳, 仲矢信介, 手島展代, 輪島奈々子, 坂田望

◆ハバロフスク
N. P. Kradin, V. K. Larisa, L. B. Shokurova, A. A. Ternovoy, 岡田和也

◆ハルビン
常懐生, 侯幼彬, 劉松茯, 歩平

◆大連
陸偉

また，研究者の方々から，論文審査をはじめ，さまざまにアドバイスをいただいたり，発表の機会を与えていただいた。記して感謝申し上げたい。

平湯拓, 岩下明裕, 下里俊行, 本田良一, ユ・ヒョジョン, 原暉之, 藤本和貴夫, 杉山公子, 布野修司, 西澤泰彦, 泉田英雄, 藪野健, 板屋緑, 中川武, 佐藤滋, 後藤春彦, 浅野聡

なお本稿の成果は，ひとり佐藤のみのものとして帰すべきではない。ここでは一緒に調査を進めてきたメンバー全員の名前を挙げないが，鷲見和重氏，山崎壮一氏の二人には，調査期間やまとめの時間を通じて，長期間にわたり作業・議論を共にし，大変お世話になった。1994年の調査に同行していただいた，現アルタイ工科大学教授のVladimir Sidorov氏とは，研究を本格的に進められるベースを共に作ることができた。図版作成時には三浦涼氏，中野友貴氏のお手を煩わせた。また，今回の単行本への再版にあたっては，原稿と図版の整理において吉川志津乃氏のお世話になった。なかなか作業の進まない筆者にお付き合い下さり，細かく煩雑な作業をお引き受けいただいた銭谷孝子氏には大変お世話になった。最後に記して感謝の意を表したい。

<資料収集機関>

なお,以下の各機関には資料収集にあたりご協力を賜りました。

早稲田大学中央図書館,早稲田大学理工学図書館,国立国会図書館,同地図室,国会図書館附属東洋文庫,国土地理院図書室,北海道大学付属図書館,同北方資料室,北海道大学スラブ研究センター図書室,函館市立図書館,アジア経済研究所図書室,東京大学総合図書館,東京大学社会科学研究所図書室,敦賀市立図書館,極東工科大学(ウラジオストク),極東歴史資料館(同),沿海地方研究協会図書室(同),アルセーニエフ郷土博物館(同),沿海地方民間都市計画研究所(同),沿海地方歴史・文化記念物保存・利用の学術・産業センター(同),極東学術図書館(ハバロフスク),ハバロフスク地方博物館(同),ハバロフスク地方歴史資料館(同),ハバロフスク地方歴史・文化記念物保存・利用の学術・産業センター(同),ブラゴベシチェンスク市役所(ブラゴベシチェンスク),アムール州郷土博物館(同),大連市立図書館,大連市档案館,ハルビン建築芸術館,ハルビン市図書館,ハルビン建築大学,黒竜江省社会科学院,黒竜江省図書館

本研究の成果は,文部省科学研究費1993-95年度一般研究C,1997-2000年度基盤研究B,1998年度早稲田大学理工学総合研究センター奨励研究Aによる成果の一部であります。記して謝意を表します。

索　引

◆あ行

愛琿条約　　4, 8-11, 33, 41, 43, 44, 55, 418
アムール川　　4, 8, 11, 40-43, 52, 53, 55, 57, 59, 61, 65, 141, 142, 150, 418
アメリカ号　　145
アメリカ人　　127, 129, 141-143, 161, 179, 180, 192, 197, 209, 216, 259, 276, 420
アラスカ　　7, 41-43, 353
有田伊之助　　160, 212, 213, 323
アルセーニエフ郷土博物館　　23, 35, 79, 106, 230, 262, 299, 301, 324, 364, 403, 404, 421, 426, 432
アルベルス　　129, 142-144, 168, 169, 182, 185, 189, 194-196, 198, 208, 209, 216, 272, 279-281, 286-289, 294, 336, 352, 362, 421, 422
アレウツカヤ通り　　87, 97, 99, 104, 112, 134-136, 170, 177, 182, 183, 186-189, 200, 220, 229, 235, 237, 238, 240, 253, 254, 280, 296, 298, 299, 301, 302, 304, 309-311, 317, 318, 322-324, 329, 336, 337, 339, 340, 379-382, 384, 385, 387, 388, 394, 396, 401, 427
イオガン・ランゲリーチェ　　143, 336
イルクーツク　　41, 42, 45, 54, 78, 141, 151
イワン・チューリン　　143
インターナショナルスタイル　　264, 284, 331, 340
ヴォイド空間　　224, 242, 244-246, 248-251, 253, 256, 320, 340, 343
ウスチゼイスク　　52, 55
ウスペンスキー山　　85, 86, 97, 112
ウスリー鉄道　　11, 23, 24, 43, 82, 101, 119, 121, 161, 182, 203, 220, 238, 278, 279, 310, 335, 342, 360, 364, 399, 403
浦潮航路　　166, 215
ウラジオストク　　2-23, 26-28, 32-35, 41-56, 61-71, 76-79, 82-92, 101-103, 113-117, 120-129, 133, 137-158, 162, 165-167, 171, 189, 193, 194, 197, 198, 202, 204-218, 227, 229, 230, 233-238, 254-260, 265-267, 277-279, 286-289, 292, 305, 314-317, 328-336, 338-355, 358-360, 366-370, 391, 393, 418-427, 429-432
『浦潮日報』　　21, 36, 212-215, 256, 292, 324-326

ウンチェルベルゲル　　115, 150
エニセイスク　　41, 42
絵葉書　　13, 22-24, 29-31, 258-260, 262, 265-269, 274, 275, 284, 289
沿海州　　11, 17-20, 34, 41, 43, 54, 55, 79, 82, 84, 118, 137-141, 147, 150-155, 159, 171, 211, 259, 264, 292, 303, 316, 334, 335, 391, 419, 424
エントランス　　224, 241-244, 253, 319, 320
黄禍論　　43, 121, 149, 171
黄色人種　　18, 19, 101, 120, 121, 148, 149, 153, 155, 156, 171, 203-205, 208, 332, 348, 349, 424
欧米人　　77, 82, 127, 129, 141-144, 158, 167, 168, 197, 203, 276, 322, 342, 344
オケアンスキー・プロスペクト（オケアンスキー大通り）　　91, 170, 233, 271, 337
オデッサ　　11, 43, 86, 138, 139, 144-146, 421
オホーツク海岸　　42
オルリノエ・グネズド山　　89, 91, 97, 105, 107, 109, 112, 113, 329, 330

◆か行

街区形態　　4, 5, 28, 34, 54, 78, 217, 222, 226, 235, 240, 242, 247, 249, 252
街路の等級　　65
家屋所有　　29, 131-136, 143, 173, 174, 176, 180, 181, 185, 191, 194, 198, 201, 207, 215, 247, 248, 255, 324, 373, 374
カソイペレウーロク　　61, 295, 298, 299, 303, 306, 318, 320, 321, 389, 391
カッチャン　　197, 263
カトロージュナヤ・スロボーダ　　87, 91
カムチャツカ半島　　7, 34, 41
カレイスカヤ　　91, 93, 105, 135, 182, 183, 186-188, 190, 200, 220, 232, 251, 254, 294, 337, 364, 386, 425
カレイスカヤ通り　　135, 182, 183, 186-188, 190, 200, 220, 251, 254, 337
キタイスカヤ通り　　69, 70, 91, 123, 134, 170, 182, 183, 185-188, 190, 193, 200, 201, 233, 298, 303, 309, 311, 322, 337, 380, 381, 383-385, 389, 390
キャフタ　　41-43
居留空間　　5, 26, 27, 29, 32, 170, 171, 205, 207,

索　引………433

317
グスタフ・アルベルス　143, 194, 208, 216
グスタフ・クンスト　143, 194, 209, 216
クラスノヤルスク　41, 42
グリッドシステム　66, 224
グリッドパターン　57, 59, 61, 64-66, 69, 74, 80, 111, 113, 120, 122, 341, 342, 420
グロデコフ総督　150
軍事施設　74, 77, 88, 89, 95, 114, 117, 347, 362, 368
クンスト・イ・アルベルス商会　129, 142-144, 168, 182, 185, 189, 194-196, 198, 208, 209, 262, 272, 279-281, 286-289, 336, 352, 362
軍務知事　52-55, 79, 82, 119, 153, 211, 215, 334
建築者層　28, 129-131, 133, 173, 191, 198, 199, 246
コルサコフ　54, 64, 65, 70, 146
ゴルドビン半島　114, 118
コレイスカヤ・スロボーダ　101, 102, 104-106, 109, 112, 151, 158, 325, 329, 330, 344, 362
ゴンダッチ　150, 156

◆さ行
ザバイカル州　138, 140, 154
サハリン　11, 20, 34, 41, 43, 45, 212
サンクトペテルブルグ　42
シコタ半島　61, 89, 91, 94, 97, 112, 114, 118, 122
市場空間　226, 233, 234, 249
地主層　28, 79, 129, 131, 133, 168, 173, 180, 191, 194, 198, 201, 202, 207, 208, 233, 332, 342
シベリア　35, 40, 42, 44, 45, 64, 69, 75, 117, 123, 139, 140, 159-162, 167, 352, 425, 427, 430
シベリア横断鉄道　15, 88, 89, 117, 130, 139, 153, 157, 161, 341
シベリア出兵　3, 17, 33, 36, 82, 159, 164, 165, 214, 282, 292, 299, 322, 335, 342, 368, 411, 425
社会層　5, 28, 126-128, 131, 173, 191, 202, 204, 207, 222, 224, 342
自由港　94, 144, 342, 423, 424
自由港時代　164, 233
松花江　74, 79
商店分布　136, 182, 184, 293, 295, 296, 305
新市街　74, 113, 206, 220, 350
（居留の）深度　214, 322, 323
スイフンスカヤ通り　61, 65, 87, 97, 112, 379, 380, 382-384, 386
スヴェトランスカヤ通り　5, 14, 24, 30, 61, 78, 94, 97, 112, 129, 134, 135, 168, 177, 182, 183, 185-189, 194, 196, 198, 200, 201, 207, 218, 220, 229, 231, 232, 235, 240, 256, 258-260, 271, 276, 277, 279, 280, 282, 284, 288, 295-297, 300, 309, 310, 317, 318, 324, 329-331, 334-337, 339, 340, 374, 378, 379, 386, 388-391, 397, 420, 424, 427
杉浦　161, 170, 211, 213, 255, 279, 294, 295, 303, 322, 423
スターリン様式　283
スタロジーロフ　92, 113, 123
スロボートカ　168
ゼーヤ川　52, 57, 152
セミョーノフ　29, 53, 78, 88, 101, 102, 117, 129, 141, 149, 191, 193, 209, 216, 230, 263, 360, 407, 419
セミョーノフスカヤ通り　94, 134, 170, 177, 182, 183, 185-190, 200, 201, 220, 249-251, 286, 298, 304, 311, 317, 322, 324, 337, 383, 384, 387-390
セミョーノフスキーバザール　5, 78, 129, 164, 170, 182, 185, 186, 190, 191, 218, 220, 230, 233, 249, 250, 255, 279, 286, 298, 330, 400, 401
ゼムレメール　73, 80
ゾーニング　63, 117, 171
ゾロトイ・ローグ湾　85, 87, 89, 91-94, 97, 101, 112, 113, 115, 117, 118, 218, 226, 231, 258, 279, 341, 368, 370, 394, 399, 400, 410, 413, 415-417

◆た行
ダッタン　144, 153, 194, 198, 199, 211, 216, 262, 272, 336
建物ユニット　177, 221, 224, 235, 237, 299
ダルニー（大連）　2, 8, 11, 41, 43, 44, 73, 278, 289
チーフー（現煙台）　145, 146, 153
チタ　43, 45, 154, 426
中央シベリア　42
中国人　3, 9, 11, 26, 35, 42, 43, 53, 76, 78, 82-84, 93, 101-103, 109, 110, 112, 120, 121, 127, 137, 139, 140, 143, 148-152, 154, 156, 157, 159, 167, 168, 171, 176-178, 180, 183, 185-189, 192, 193, 197, 199-211, 213, 215, 216, 226, 227, 230, 233, 234, 247, 249, 251, 253, 255, 263, 287, 296, 305, 322, 323, 328, 329, 337, 339-344, 349, 350, 352, 353, 360, 364, 406, 419, 421
中国東北地方　41, 44
チューリン商会　144, 185, 189, 196, 262, 280, 287-289, 294, 301, 332, 333, 337, 352

チュールキン半島　　97
朝鮮人　　3, 9, 10, 35, 76, 84, 93, 101-103, 109, 110, 112, 120, 121, 123, 127, 139, 140, 147-151, 153-156, 158, 159, 167, 168, 170, 171, 202, 203, 205, 206, 208-210, 213, 216, 226, 328-330, 332, 343, 344, 349, 350, 360, 364, 421-423
デ・フリーズ　　128, 129, 193
帝政ロシア　　4, 5, 8-11, 21, 33, 40-42, 44, 64, 69, 75, 76, 80, 221, 278, 347-350
ディレクトリ　　293, 324
デンビ　　129, 143, 161, 178, 193, 199, 200, 207, 216, 289, 336, 339
ドイツ人　　80, 127-129, 142, 143, 178, 180, 197, 259, 276, 289, 419, 420, 424
東清鉄道　　8, 11, 34, 43, 44, 80, 92, 119, 139, 155, 162, 164, 165, 214, 278, 289, 342, 364, 366, 423
同胞会　　162, 170, 322, 422
東北アジア　　4, 7-10, 12, 20, 32-36, 45, 161, 214, 288, 349, 351-355
徳永　　134, 213, 319, 322, 326, 423
徳永茂太郎　　180, 215
都市骨格　　4, 45, 69, 78
土地所有　　14, 68, 141, 143, 153, 156, 178, 196, 198, 199, 203, 215, 221, 280, 323, 347
土地ロット　　4, 28, 29, 46, 57, 59, 63, 64, 66, 68, 69, 73, 77, 99, 107, 111, 122, 123, 131-137, 173, 191, 200, 205, 221, 229, 235, 237, 238, 249, 253, 319, 341, 344, 374
トポグラフ　　73, 80
トボルスク　　41, 42
トムスク　　41, 42, 80, 216
トラクト　　42

◆な行

(皇太子) ニコライ　　43, 139, 422, 423
ニコラエフスク　　8, 9, 11, 41, 43, 53-55, 69, 70, 72, 78, 79, 82, 85, 141-143, 145, 146, 155, 159, 350, 420, 425
ニコリスク (雙城子)　　8, 78, 160, 161, 289
ニコリスク・ウスリースキー　　9, 155
西シベリア　　7, 41, 42, 45, 138
西本願寺　　162, 295, 304, 322, 424, 426
日露戦争　　3, 8, 11, 15-17, 43, 75, 82, 91, 94, 144, 159, 162-164, 166, 170, 191, 213-215, 278, 292, 322, 324, 342, 362, 423
日本人　　3, 6, 9, 10, 12, 14, 15, 18, 20-22, 31-33, 36, 84, 109, 124, 126, 127, 139, 155, 159-161, 163-166, 168, 170, 171, 180, 183, 185-190, 193, 199, 201, 206, 209, 210-216, 238, 255, 258, 286, 292, 293, 295, 296, 298-300, 305, 309-311, 314, 316-318, 322-325, 328, 329, 339, 354, 366, 421-423, 425-427, 430
日本人居留民会　　162, 213, 323, 422
日本人小学校　　162, 164, 170, 212, 213, 322, 323, 426
日本人娼婦　　34, 160, 211, 292
日本人町　　317, 318
ネヴェリスコイ　　23, 41, 43, 267, 413-415
ネヴェリスコイ記念像　　90, 119, 267, 360
ネルチンスク　　40-42, 78
ネルチンスク条約　　40, 42
ノヴォショールイ (新規移住者)　　140
ノヴゴーロド号　　145

◆は行

海参蔵　　15, 53, 212, 418
バタレイナヤ山　　92, 97, 112, 114
ハバロフスク　　4, 8, 9, 11, 23, 26, 33, 34, 41, 43-46, 48, 52, 54, 55, 59, 60, 65, 66, 68, 70, 72, 74, 78, 79, 120, 121, 139, 142, 152, 154, 155, 159, 160, 199, 233, 234, 287-289, 350, 352, 391, 393, 420-422, 426
ハルビン　　3, 8, 11, 26, 34, 41, 43-45, 69, 70, 73, 74, 78, 80, 123, 144, 150, 156, 212, 213, 289, 350, 352, 354, 423, 431, 432
ハンブルグ　　142, 143, 145, 146, 208, 209
ピアニコフ商会　　196
東シベリア総督　　40, 43, 53-56, 64, 65, 141, 143, 420
房子 (ファンザ)　　53, 78, 156, 342, 362
フォンタンナヤ通り　　170, 216, 322, 325
フタラヤ・レーチカ　　115
ブラゴベシチェンスク　　4, 8, 9, 11, 34, 41, 43-46, 48, 50-58, 65, 66, 68-71, 78, 79, 120, 121, 142, 147, 152, 155, 159, 233, 289, 300, 432
プリアムール総督ドゥホフスコイ将軍　　139, 150, 154
プリスタン　　74
ブリヤート　　42
フルシチョフカ　　264, 284, 342
ベーリング海峡　　7, 34, 41, 42
北京条約　　4, 8, 11, 41, 43, 44, 152, 153, 418, 423
ペキンスカヤ通り　　24, 94, 134, 168, 170, 180, 182, 183, 185-190, 192, 193, 200, 201, 206, 207, 220, 233, 235, 249-251, 254, 256, 286, 303, 320, 323, 324, 337, 381, 382, 387-390

ペルヴァヤ・レーチカ　　87, 93, 94, 107, 108,
　　111-113, 115, 123
ヘンリー・クーパー＆マーク・クーパー　　129,
　　143, 161, 192, 193, 207, 216, 247
貿易事務館　　15, 84, 162, 163, 171, 192, 193, 301,
　　305, 324, 422
ポーツマス条約　　43, 213
ポシエツスカヤ通り　　87, 99, 378
ポルト・アルツール（旅順）　　8, 41, 43, 278,
　　289, 338

　◆ま行

間借り人　　129, 130
マトロスカヤ・スロボーダ（水兵村）　　87, 89,
　　94, 101, 102, 107, 111-113, 317
マルケロフスキーペレウーロク　　61
ミリオンカ　　168, 170, 218, 233, 250, 252, 254,
　　255, 263, 400
ムラヴィヨフ・アムールスキー　　40, 41, 43, 53-
　　55, 70, 141
ムラヴィヨフ・アムールスキー通り　　61
門内　　295, 303-305, 311, 318-321, 325

　◆や行

ヤクーツク　　41, 42, 78
屋敷　　25, 28, 61, 252, 320, 321, 342
ユリウス・ブリネル　　143
要塞　　40, 42, 50, 54, 66, 78, 86, 87, 89, 90, 93, 95,
　　114-118, 120, 122, 124, 211, 337, 338, 341, 347,
　　349, 358, 362-365, 368, 420, 421

　◆ら行

ラボートナヤ・スロボーダ（「労働者村」）
　　99, 107, 108, 112, 122
ランゲリーチエ商会　　185, 189, 196, 197, 262
ルースキー島　　115, 338
ルビアンスキー　　33, 54, 55, 70, 73, 85, 101, 260,
　　341, 358, 420
レーニンスカヤ通り　　218, 282, 283, 330
ロシア・アジア銀行　　144, 179
ロシア極東　　2, 4, 7-14, 16, 17, 20, 33-36, 41, 43,
　　44, 55, 69, 74, 121, 127, 137, 142, 144, 148, 152-
　　156, 160, 171, 205, 206, 209, 210, 226, 234, 277,
　　289, 332, 334, 346-350, 352, 354, 429, 430
ロシア人　　3, 8, 9, 26, 27, 41-43, 76, 86, 103, 127-
　　129, 137-141, 143, 144, 147-149, 151, 153-158,
　　167, 168, 171, 176, 178, 186-188, 191, 194, 200,
　　203-210, 216, 255, 276, 279, 301, 303, 305, 322,
　　328, 332, 341, 348-350, 352-354, 419-421, 430

Краткое содержание каждой главы

Данная работа в качестве главного предмета исследования рассматривает эволюцию формирования городского пространства центральной части города Владивостока «царского» периода (с 1860 г. – основание города - и по 1923 г. – утверждение Советской власти). В Японии совершенно отсутствуют исследования, посвященные градообразованию на российском Дальнем Востоке, а потому, думается, что настоящий труд является первым целостным исследованием в данной области.

Введение. Здесь рассматриваются вопросы, предваряющие собственно само исследование, где автор очерчивает круг своих научных интересов, а именно: исследование истории образования современного города Северо-Восточной Азии; исследование истории городов и районов Дальнего Востока России и исследование истории связей Японии и Дальнего Востока России. Среди общих характерных черт в процессе формирования городов Дальнего Востока России и Северо-Восточного Китая, строительство которых царская Россия начала с периода новейшего времени, можно выделить две особенности. Во-первых, они формировались на неиспользуемых и неосвоенных территориях, существенная часть строительства и ведения хозяйства города обеспечивалась за счёт мигрантов; во-вторых, следует отметить на их территории существование многочисленных субкультур различного происхождения. Автор указывает на то, что эти две особенности стали исходными точками его научного исследования. Что касается методов изучения, то автором были использованы: литература и источники, газеты тех лет, карты местности, фотографии и художественные открытки с видом городов того времени, что давало богатый иллюстративный материал для восстановления облика дальневосточных городов.

Глава первая. **«Пространственные условия начального**

планирования улиц колониальных городов Дальнего Востока России». Здесь автор осветил основные принципы градообразования Владивостока в сравнении с Благовещенском и Хабаровском – общими чертами этих городов является то, что они находятся в одном регионе – ДВ России, а также важно то, что они строились почти в одно и то же время. Проводя сравнительный анализ пределов планирования, условий ландшафта, трафаретов костяка, размеров улиц и кварталов, форм и размеров земельных участков, планирования объектов, исходя из тогдашней геополитической обстановки, автор показал, что первоначально планирование улиц не имело законченного характера и не придавало окончательной формы городам, а преследовало иные цели. Среди этих целей основными можно назвать следующие: определение пределов уличного пространства города; закрепление форм и размеров земельных наделов; расположение кладбищ и церквей; расположение основных торговых объектов: пристаней, рынков, открытых базаров и т.п. Все эти схемы планирования можно трактовать как способы быстрого создания и обеспечения военных пунктов, а также мест для проживания в пограничных зонах страны. Относительно центральных улиц города Владивостока автор отметил следующие характерные черты планирования улиц: площадь улиц по планам была наименьшая; изначально разбивка трафаретов улиц хоть и была основана на клетках земли, но местами клетки были нарушены; ширина улиц была самая наименьшая. Автор объясняет эти особенности влиянием сложного рельефа, а также влиянием военного фактора. Автор взял за основную единицу исследования земельный участок, поскольку деление земли на участки составляет основу последующего формирования городского пространства, описал последовавшее за этим формирование пространства.

Глава вторая. **«Формирование костяка улиц города Владивостока «царского» времени».** Здесь автор рассмотрел процесс формирования костяка улиц до 1910 – х гг. на основе карт улиц и показал, что, во-первых, до 1880-х гг. улицы простирались к Востоку и Западу – вдоль бухты

Золотой Рог, во-вторых, начиная с 1890-х гг. костяк улиц пролегал уже на Север через горы, расположенные на «заднем плане» города, а также на юг в связи с открытием железнодорожного вокзала и оборудованием торговой пристани, в-третьих, в 1906 г. был разработан генеральный план застройки города, после чего была спланирована масштабная уличная сетка, и началось использование не тронутого до тех пор Северо-Восточного направления. Далее автор обратил внимание на формы кварталов и деление земли на участки на костяках 9 районов города, пояснив, что, несмотря на наличие с 1900 года прямоугольных кварталов, наблюдались также и радиальные, хотя методического различия в земельном делении на участках в этих кварталах не наблюдается; к тому же минимальная ширина улиц составляла 10 сажeней (около 21.3 м). Кроме этого автор рассмотрел влияние ландшафтных факторов, упомянутых в предыдущей главе, на способы нарезки земельных участков. Автор пришел к выводу, что нарезка менялась от клеток - к радиальному, а затем и к улицам, подогнанным под особенности рельефа. Что касается военного фактора, после уточнения автором расположения оборонительных линий фортификационных сооружений, окружающих городские улицы, и находящихся в портах, стало ясно, что развитие городских улиц определялось их наличием. Автор определили структурные особенности центральных городских улиц с двух точек зрения: среди земельных наделов самые большие составляли 25 сажeней в длину и ширину; существовали также частные наделы, и единственный из них под частным контролем соприкасался с сушей и водой.

В следующих с третьей по шестую главы внимание автора занимают проблемы формирования внутригородского пространства. Глава третья. **«Проживание различных иностранных граждан и распределение ареала их проживания на центральных городских улицах».** Здесь, прежде всего в качестве фонового фактора распределения в пространстве автор рассмотрел динамику притока русских, китайцев, корейцев, японцев, европейцев на Дальний Восток России и изменение политических пристрастий российских властей. Автор отмечает, что на всём Дальнем Востоке существовала проблема противостояния русских и людей жёлтой расы, осветил динамику притока людей в город Владивосток. Далее автор, беря за основу эти сведения, описал социальное расслоение, имеющее влияние на формирование облика пространства на отдельно взятой единице пространства. На основе данных первой половины 1910-х гг. автор взял в качестве основного предмета исследования 6 кварталов центральных городских улиц и проанализировал национальный и социальный состав жителей. Автор приходит к выводу, что слой землевладельцев состоял, в основном, из русских., китайских торговцев, а также авантюристов от торговли немецкого и английского происхождения, которые начали свою деятельность уже в в 1870-х гг., а к 1910-м гг. они имели в своих руках значительную часть недвижимости. В силу строительного бума, вызванного оживлением с 1980-х гг. хозяйственной деятельности, образовался слой архитекторов, и потому уже в 1910-х гг. большинство земельных участков были поделены. Как отмечает автор, среди слоя арендаторов, в частности, среди арендаторов магазинов китайского и японского происхождения наблюдалось неравномерное распределение по земельным участкам. Магазинов китайских владельцев было много в районе Семёновского базара и Пекинской улицы, эти магазины составляли контраст со Светланской улицей, где стояли в ряд большие магазины русских, немцев и др.

Глава четвертая. **«Формирование и преобразование кварталов бывшего Семёновского базара и вокруг него».** Здесь автор выбрал два квартала около этого базара, исходя из пространственного использования внутри земельных участков и трафаретов блоков зданий, восстанови формы кварталов до и после 1890 г., и сравнил их с нынешним состоянием. В результате проделанного анализа автор пришел к выводу, что, во-первых, уже около 1890 г. земельные участки были разделены на более мелкие, и внутри участков возникали более мелкие блоки, во-вторых, наблюдая нынешнее расположение зданий, можно найти пространственную единицу в виде больших блоков, переходящих границы участков, что зависело от формы собственности, в-третьих, процесс интенсивности использования пространства внутри участков выражается в развитии форм входов внутрь кварталов: вначале они напоминали выщербины, затем расширились до щелей, а в дальнейшем в связи с более плотной застройкой зданий вдоль дорог без пространства между ними, появились входы в виде туннелей, в-четвертых, часть кварталов в настоящее время превращена в открытые пространства, т.к. с 1960-х гг. здания разрушались, нарушилась целостность квартального пространства. К тому же, появилась тенденция возникновения улиц внутри участков, они могли соединяться меду собой, широко использовались и являлись жизненным пространством китайцев.

Глава пятая. **«Формирование и преобразование городского пространства вдоль Светланской улицы».** Здесь на основе существующих зданий вдоль улицы Светланской, являющейся главной улицей города на морском побережье, автор описал формирование городского пространства и привел предположительные годы возведения построек вдоль улицы по художественным открыткам и другим историческим материалам. В итоге, были обозначены основные периоды застройки: открытие порта (1860-1880-е гг.), строительство города (1890-1910-е гг.), время Советской власти (1920-1991-й гг.) и пояснены процессы строительства и преобразования построек вдоль названной улицы. В результате автор пришел к следующему выводу: ряды домов до 1880-х гг., в период открытия порта, состояли из простых деревянных домов, и до нынешнего времени они не сохранились; основная часть существующих рядов домов состоит из совокупности построек, возведённых с 1890-х гг. по начало 1910-х гг., когда стало очевидным важное значение этого города; с 1890-х гг. производилось обновление построек, пик которого приходится на до и после 1900 г.; в период Советской власти вместе с обобществлением земли и зданий приостановилось частное строительство, оно ограничивалось возведением надстроек, реконструкцией и строительством нескольких новых зданий, ряды домов менялись частично. На основе этих фактов автор отметил, что людьми, сформировавшими архитектурный облик города, в основном были купцы царского времени, значение этого социального слоя аналогично тому, что автор описывает в шестой главе.

Глава шестая. **«Пространство проживания японцев в начале 1920-х гг.».** Здесь автор очерчивает ареал жизненного пространства японцев на центральных улицах, используя в качестве анализируемого материала местную газету на японском языке «Урадзио ниппо», а также исходя из действительного положения с расселением японцев и названий городских объектов. В частности, на основе газетного материала автор наглядно продемонстрировал, что пространственные блоки внутри участков, о которых идет речь в шестой главе, среди японцев назывались «моннай», и представляли собой единое целое.

Глава седьмая. **«Размышление об историческом значении городского пространства Владивостока».** Эту главу автор посвятил преобразованиям Советского периода. На основе данных о сохранности исторических зданий сегодняшнего Владивостока сделал выводы об исторических наслоениях, видимых в архитектуре, центральных улиц и привел свои размышления об их историческом значении. Итак, в данной работе автор изложил различные внутренние аспекты формирования центральных улиц Владивостока, однако, автор считает, что итоги этого исследования можно назвать фундаментальными в свете исследования формирования городов Дальнего Востока и могут служить в качестве путеводной звезды для дальнейших исследований формирования пространства царской Россией городов Сибири и Дальнего Востока или Северо-Восточного Китая, а таковых исследований в Японии ещё очень мало.

Заключение. Этот раздел работы состоит из краткого описания содержания каждой главы.

A Historical Study on Forming Urban Space in Vladivostok Central District (1860's–around 1920)

Yoichi SATO

The aim of this study is to explain how the formation of urban space in the central district of Vladivostok was carried out during the Tsarist period in Russia. In Japan, there has been no significant research on the formation of urban space in the Russian Far East, and this paper appears to be the first work about this subject.

In my introduction titled "The framing of the research," I discussed the relationship between this study and three other related topics: urban history in Northeast Asia, the regional and urban history of the Russian Far East, and the history of exchanges between Japan and the Russian Far East. I pointed out that the Russian Far East and the Northeastern part of China were underdeveloped before the process of urban formation and construction began, and that the construction of towns and cities only commenced during the era of Tsarist Russia. A common basic characteristic of the urban formation of this region was that construction was carried out by incoming people. This paper is focused on the study of how different cultural groups contributed to the formation of urban settlements. The research methodology, with regard to the use of relevant studies, newspapers, maps, picture postcards, and photographs, was also outlined.

In chapter 1—"The spatial requirements of the initial plans for colonial cities in Russian Far East"—the methods of urban formation in Vladivostok were compared with the initial plans for the construction of Bragoveshchensk and Khabarovsk, which were built at roughly the same time. The extent of the planning areas used, the condition of the land, the patterns of the streets, the width of the streets and the size of the housing blocks, and the form and dimensions of the land lots and the facilities available were compared. The geopolitical background of that historical period was also considered. It was pointed out that the complete form of the city was not outlined in the initial plans. The focus of the planning was on four fundamental aspects: (1) the extent of the urban area being planned, (2) the form and dimension of the land lots for sale, (3) the position of graveyards and churches, and (4) the positions of wharves, market, and open spaces for trading. It was also demonstrated that these initial plans could be understood as measures to secure military bases and settlement in the frontier region. The characteristics of the central district of Vladivostok indicate that both the extent of the original planning area and the street width were restricted and that the basic grid pattern was shown to be irregular. This was a result of physiographic and militaristic factors. It was pointed out that the process of the formation of urban space, from the initial stage onwards, can be understood by examining the nature of the original division of land lots.

In chapter 2—"The formation of street patterns in the Vladivostok urban area in the Tsarist period"—the formation process of the street pattern of the urban area of Vladivostok in the period up to the 1910s was outlined by an analysis of city maps. It was demonstrated that, by the 1880s, the urban area had expanded along the Zolotoi Rog Bay in an east-west direction. After the 1890s, the street pattern in the northern part of the city was extended in the direction of the mountains to the north. At the same time, a railway station and a commercial wharf were built and the city was extended to the south. As a result of the urban planning of 1906, the urban area was also extended to the northeast. A comparison of the dimensions and divisions of the lots in nine districts in the urban area shows that the technique of dividing the blocks and lots had been carried out in a standardized way and that the minimum width of the streets was usually 10 sazhen (about 21.3 m). The effect of the physiographic and militaristic factors, which are mentioned in the previous chapter, has been discussed repeatedly. It has become clear that the technique of creating a street pattern, which corresponds to the landform, included (1) a grid pattern, (2) a half radial street pattern, and (3) a street pattern matched to the landform. With regard to the latter, it has been shown that the development of the urban area was regulated both by fortifications and a naval port. The structural characteristics of the central district were regulated in the following two ways: (1) It was the only node that connected the land and water under non-military management, and (2) it was the area that comprised the largest land lot size in the urban area at around 25 sazhen.

At the beginning of chapter 3—"The development of urban space in the central district by residents from various countries"—the inflow of Russians, Koreans, Chinese, Japanese, and Europeans into the Russian Far East and Vladivostok, and the Russian authorities' policies towards them, were outlined as key factors in how the space was used. The racial antagonism between the Russian authorities and the "yellow race" was also looked at in detail. Second, the stratification of the social relationships between these groups was analyzed in relation to the formation of space in the first half of the 1910s, which was carried out in nine blocks in the central district by using various materials in each land lot. The landowner class comprised German, British, Russian, and Chinese merchants who had already started purchasing land in the 1870s. By the 1910s, they had taken over most of the real estate. The developer class was formed in the construction boom that originated from the economic activity after the 1890s and caused the initial land lot be divided into smaller ones. Within the tenant class, Chinese and Japanese stores were generally clustered in specific lots. In particular, Chinese stores were located around the Semenovsky bazaar and along Pekinskaia Street, whereas Svetlanskaia Street was dominated by large Russian and German stores.

In chapter 4—"The formation and modification of block patterns around the former Semenovsky bazaar"—two blocks around the bazaar were focused on and a diagram of the restored composition of the block pattern from around 1890 was compared with the present condition of the streets from the viewpoint of space utilization and the number of building units in the land lots. By 1890, it was found that the land lots had already been segmented, whereas the large unit that now bestrides the initial lot division lines was created by using a modern building configuration. These types of building units were improved from the condition they were in during the Tsarist era. From around 1900 to the mid-1910s, much construction was carried out and more varied building units appeared, although the facades of the buildings themselves became more uniform. It is demonstrated here that the process of upgrading space utilization of a block can be seen in the evolution of the shape of the entrance to the inside of the block. The block pattern set up in the 1910s has been partially destroyed since the 1960s because of the authority's policy of knocking down small and decrepit buildings.

In chapter 5—"The formation and modification of the urban space along Svetlanskaia Street"—the process of the formation of the urban space was explained by examining the existing condition of the buildings located in Svetlanskaia Street, which runs along the north shore of Zolotoi Rog Bay. Using an analysis of contemporary picture postcards, the transition of the buildings along this street can be separated into three stages: (1) the open port stage (from the 1860 to the 1880s), (2) the construction stage (from the 1890 to the 1910s) and (3) the Soviet stage (from the 1920s to 1991). The simple wooden buildings built during the open port stage no longer exist, whereas the rougher part of the present townscape was constructed during the stage after the importance of the city had been made clear. During the Soviet stage, due to the abolition of private ownership of land lots and buildings, construction by private merchants stopped. Apart from some remodeling and extension work, only a handful of new buildings were constructed and the townscape underwent little change. In the Tsarist era, most of those who had ordered the construction of the roadside buildings had been merchants, and here the spatial representation of their commercial function was contrasted with the cases outlined in the previous chapter.

In chapter 6—"Japanese settlement around 1920"—the extent of the influx of Japanese residents into the central district of Vladivostock is calculated by examining the number of Japanese residents and Japanese place names. This data was largely gathered from the Japanese newspaper Urajio Nippo, which was published in Vladivostok at that time. It was shown that one type of the building unit in the land lot examined in chapter 6 was called Mon-nai (inside a gate) by the Japanese residents.

In chapter 7—"A consideration of the historical significance of urban space in Vladivostok"—the extent of space modification in the Soviet era was outlined and the historical strata of the central district were explained, with particular reference to the recent tendency towards the preservation of the historical environment in Vladivostok. Finally, the historical significance of the central district was discussed.

This paper has mainly focused on explaining the internal phenomena of the

Vladivostok central district in the Tsarist era. It reports the findings of the first in-depth study of the formation of this colonial city in the Russian Far East. In addition to this, some suggestions are made regarding how the urban history of various cities in Siberia and Northeast China, which were formed during the era of Tsarist Russia, have evolved.

著者紹介

佐藤 洋一（さとう よういち）

1966年生まれ。都市形成史および都市空間における映像表現を専門とする。ロシア極東・中国東北のほか、東京の都市空間にフィールドとしてリサーチを続けているほか、地方自治体の写真映像アーカイブスに関わる調査研究にも多数携わる。博士（工学）。著書に「図説占領下の東京」（河出書房新社）、シリーズ「地図物語（浅草・銀座・日本橋・新宿・神田神保町）」（武揚堂）など。2010年4月より早稲田大学社会科学総合学術院教授。

早稲田大学学術叢書 10

帝政期のウラジオストク
―市街地形成の歴史的研究―

2011年3月30日　初版第1刷発行

著　者	佐藤 洋一
発行者	島田 陽一
発行所	株式会社 早稲田大学出版部
	169-0051 東京都新宿区西早稲田1-9-12-402
	電話 03-3203-1551　http://www.waseda-up.co.jp/
装　丁	笠井 亞子
印　刷	理想社
製　本	ブロケード

ⓒ2011, Yoichi Sato, Printed in Japan　　ISBN978-4-657-11702-1
無断転載を禁じます。落丁・乱丁本はお取替えいたします。

刊行のことば

　早稲田大学は、2007年、創立125周年を迎えた。創立者である大隈重信が唱えた「人生125歳」の節目に当たるこの年をもって、早稲田大学は「早稲田第2世紀」、すなわち次の125年に向けて新たなスタートを切ったのである。それは、研究・教育いずれの面においても、日本の「早稲田」から世界の「WASEDA」への強い志向を持つものである。特に「研究の早稲田」を発信するために、出版活動の重要性に改めて注目することとなった。

　出版とは人間の叡智と情操の結実を世界に広め、また後世に残す事業である。大学は、研究活動とその教授を通して社会に寄与することを使命としてきた。したがって、大学の行う出版事業とは大学の存在意義の表出であるといっても過言ではない。そこで早稲田大学では、「早稲田大学モノグラフ」、「早稲田大学学術叢書」の2種類の学術研究書シリーズを刊行し、研究の成果を広く世に問うこととした。

　このうち、「早稲田大学学術叢書」は、研究成果の公開を目的としながらも、学術研究書としての質の高さを担保するために厳しい審査を行い、採択されたもののみを刊行するものである。

　近年の学問の進歩はその速度を速め、専門領域が狭く囲い込まれる傾向にある。専門性の深化に意義があることは言うまでもないが、一方で、時代を画するような研究成果が出現するのは、複数の学問領域の研究成果や手法が横断的にかつ有機的に手を組んだときであろう。こうした意味においても質の高い学術研究書を世に送り出すことは、総合大学である早稲田大学に課せられた大きな使命である。

　「早稲田大学学術叢書」が、わが国のみならず、世界においても学問の発展に大きく貢献するものとなることを願ってやまない。

2008年10月

早稲田大学

早稲田大学学術叢書シリーズ

　2007年に創立125周年を迎えた早稲田大学が「早稲田第2世紀」のスタートにあたり，大学が擁する幅広い学問領域から日々生み出される優れた研究成果をシリーズ化。学術研究書としての質の高さを保つために，大学での厳しい審査を経て採択されたもののみを刊行する。

中国古代の社会と黄河　　濱川　栄 著（¥5,775　978-4-657-09402-5） 　中国の象徴とも言える黄河。幾多の災害をもたらす一方，その泥砂で華北に大平原を形成してきたこの大河は，中国古代の歴史といかなる関わりをもったかを検証。
東京専門学校の研究 ―「学問の独立」の具体相と「早稲田憲法草案」― 　　　　　　　　　　　　　　　　　　　真辺 将之 著（¥5,670　978-4-657-10101-3） 　早稲田の前身・東京専門学校の学風を，講師・学生たちの活動より描き出した書。近代日本の政治史・思想史・教育史上の東京専門学校の社会的役割を浮き彫りに。
命題的推論の理論 ―論理的推論の一般理論に向けて― 　　　　　　　　　　　　　　　　　　　　中垣　啓 著（¥7,140　978-4-657-10207-2） 　命題的推論（条件文や選言文に関する推論）に関する新しい理論（MO理論）を提出し，命題的推論に関する心理学的諸事実をその理論によって説明したものである。
一亡命者の記録 ―池明観のこと― 　　　　　　　　　　　　　　　　　堀　真清 著（¥4,830　978-4-657-10208-9） 　現代韓国の生んだ最大の知識人，『韓国からの通信』の著者として知られる池明観の知的評伝。韓国併合から百年，あらためて日本の隣国とかかわりかたを問う。
ジョン・デューイの経験主義哲学における思考論 ―知性的な思考の構造的解明― 　　　　　　　　　　　　　　　　　　藤井 千春 著（¥6,090　978-4-657-10209-6） 　長く正当な評価を受けてこなかったデューイの経験主義哲学における，西欧近代哲学とは根本的に異なった知性観とそれに基づく思考論を描き出した。
霞ヶ浦の環境と水辺の暮らし ―パートナーシップ的発展論の可能性― 　　　　　　　　　　　　　　　　　　鳥越 皓之 編著（¥6,825　978-4-657-10210-2） 　霞ヶ浦を対象にした社会科学分野でのはじめての本格的な研究書。湖をめぐって人間はいかなるルールを作り，技術を開発し，暮らしを営んできたか，に分析の焦点をあてた。
朝河貫一論 ―その学問形成と実践― 　　　　　　　　　　　　　　　　　山内 晴子 著（¥9,345　978-4-657-10211-9） 　イェール大学歴史学教授朝河貫一の戦後構想は，これまで知られている以上に占領軍に影響があったのではないか。学問的基礎の形成から確立，その実践への歩みを描く。
源氏物語の言葉と異国 　　　　　　　　　　　　　　　　　金 孝淑 著（¥5,145　978-4-657-10212-6） 　『源氏物語』において言葉としてあらわれる「異国」を中心に，その描かれ方を検討し，その異国の描かれ方がどのような機能を果たしているのかを分析する。

―2011年春季刊行の8冊―

経営変革と組織ダイナミズム ―組織アライメントの研究― 　　　　　　　　　　　　　　　　　鈴木 勘一郎 著（¥5,775　978-4-657-11701-4） 　パナソニックや日産自動車などにおける変革プロセスの調査・分析をもとに，新しい時代の企業経営のために「組織アライメント・モデル」を提示する。

帝政期のウラジオストク ―市街地形成の歴史的研究― 佐藤 洋一 著（¥9,765　978-4-657-11702-1） 国際都市ウラジオストクの生成・発展期における内部事象の特質を研究。これからの日露両国の交流や相互理解を進める上での必読書。
民主化と市民社会の新地平 ―フィリピン政治のダイナミズム― 五十嵐 誠一 著（¥9,030　978-4-657-11703-8） 「ピープルパワー革命」の原動力となった市民社会レベルの運動に焦点をあて，フィリピンにおける民主主義の定着過程および今後の展望を明らかにする。
石が語るアンコール遺跡 ―岩石学からみた世界遺産― 内田 悦生 著　下田 一太（コラム執筆）（¥6,405　978-4-657-11704-5） アンコール遺跡の文化財科学による最新の調査・研究成果をわかりやすく解説するほか，建築学の視点からみた遺跡にまつわる多数のコラムによって世界遺産を堪能。
モンゴル近現代史研究：1921～1924年 ―外モンゴルとソヴィエト，コミンテルン― 青木 雅浩 著（¥8,610　978-4-657-11705-2） 1921～1924年に外モンゴルで発生した政治事件の発生および経緯を，「外モンゴルとソヴィエト，コミンテルンの関係」という視点から，明らかにした力作。
金元時代の華北社会と科挙制度 ―もう一つの「士人層」― 飯山 知保 著（¥9,345　978-4-657-11706-9） 女真とモンゴルの支配下にあった「金元時代」の中国華北地方において，科挙制度の果たした社会的役割，特に在来士人層＝知識人たちの反応を解説。
平曲譜本による近世京都アクセントの史的研究 上野 和昭 著（¥10,290　978-4-657-11707-6） 江戸期における京都アクセントの体系を，室町期以降のアクセントの変遷もふまえながら，平曲譜本を中心とした豊富な資料をもとに緻密に考察する。
Pageant Fever: Local History and Consumerism in Edwardian England YOSHINO, Ayako 著（¥6,825　978-4-657-11709-0） The first-book length study of English historical pageantry looks at the vogue for pageants that began when dramatist Louis Napoleon Parker organised the Sherborne Pageant in 1905.

―2011年度中に刊行予定―（書名は仮題）

全契約社員の正社員化 ―広島電鉄労働組合・混沌から再生へ（1993年～2009年）―	河西 宏祐
対話のことばの科学 ―話すと同時に消えるにもかかわらずなぜ対話は円滑に進むのか―	市川 熹
チベット仏教世界から見た清王朝の研究	石濱 裕美子

書籍のご購入・お問い合わせ
当出版部の書籍は，全国の書店・生協でご購入できます。書店等に在庫がない場合は，書店等にご注文ください。
また，インターネット書店でもご購入できます。

早稲田大学出版部
http://www.waseda-up.co.jp/

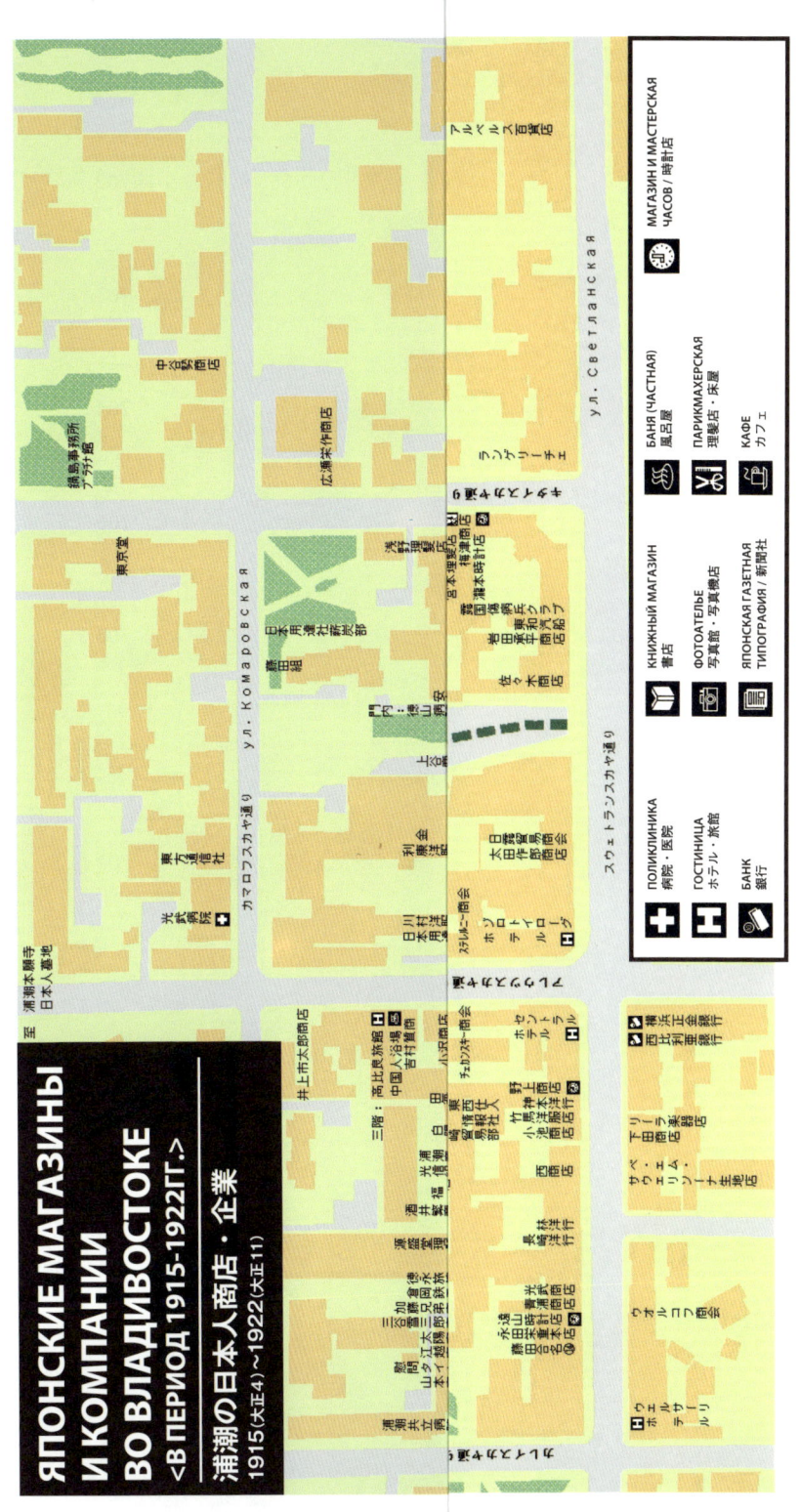

ЯПОНСКИЕ МАГАЗИНЫ И КОМПАНИИ ВО ВЛАДИВОСТОКЕ
<В ПЕРИОД 1915-1922ГГ.>

浦潮の日本人商店・企業
1915(大正4)～1922(大正11)

Легенда:

- ПОЛИКЛИНИКА / 病院・医院
- ГОСТИНИЦА / ホテル・旅館
- БАНК / 銀行
- КНИЖНЫЙ МАГАЗИН / 書店
- ФОТОАТЕЛЬЕ / 写真館・写真機店
- ЯПОНСКАЯ ГАЗЕТНАЯ ТИПОГРАФИЯ / 新聞社
- БАНЯ (ЧАСТНАЯ) / 風呂屋
- ПАРИКМАХЕРСКАЯ / 理髪店・床屋
- КАФЕ / カフェ
- МАГАЗИН И МАСТЕРСКАЯ ЧАСОВ / 時計店

На этой карте современного состояния <1992.10> показано размещение <1915-1922гг.> японских магазинов и компаний, а также иностранных магазинов и компаний.Эти данные получены из газет "ВЛАДИО- НИППО" в Библиотеке города Тсуруга за период <1917.12.9-1918.2.23> в Японской Национальной Библиотеке за период <1921.5.4-1922.9.30>, а так же из японских путеводителей <1915- 1922гг.>, и от японцев, кто жил во Владивостоке.

1915～1922年当時の日本人商店・企業および他国人経営の主な商店の分布を1992年の調査により作成した地図上に示した。当時ウラジオストクにて発行されていた邦字新聞「浦潮日報」(*)、当時の案内書に記載された広告、そして当時の在留邦人からのヒアリングをもとに所在が判明したもののみを地図上に記した。

*「浦潮日報」の対象としたものは、1917.12.9～1918.2.23：敦賀市立図書館所蔵分、1921.5.4～1922.9.30：国立国会図書館所蔵分である。

作図：佐藤洋一、杉山公子、鷲見和重